KB047187

뉴스 영어의 결정적 표현들

박종홍
- 고려대학교 일반대학원 영어교육학 석사
- 순천향대학교 영어영문학과 겸임교수 (2013~2020)
- 아리랑TV 공채 1기 보도기자/뉴스앵커 (23년)
- (현) KBS 월드 라디오 영어 전문 기자
- (현) CLASS101 뉴스영어 "박앵커의 시사영어101"
- (현) 소통영어 영화영어 강의
- (현) 파고다어학원 강남, 일반영어 강의
- (현) CY 통번역센터 대표 영어 MC
- (현) 이창용어학원 통역강의
- 유튜브 채널 "박앵커의 뭉치영어"
- 박앵커의 마스터클래스(대표)
  parkanchor.com

뉴스 영어의 결정적 표현들

지은이 박종홍
초판 1쇄 발행 2021년 3월 26일
초판 7쇄 발행 2024년 8월 15일

발행인 박효상　**편집장** 김현　**기획 · 편집** 장경희, 이한경　**디자인** 임정현
본문 · 표지디자인 고희선
마케팅 이태호, 이전희　**관리** 김태옥

종이 월드페이퍼　**인쇄 · 제본** 예림인쇄 · 바인딩

출판등록 제10-1835호　**발행처** 사람in　**주소** 04034 서울시 마포구 양화로 11길 14-10 (서교동) 3F
전화 02) 338-3555(代)　**팩스** 02) 338-3545　**E-mail** saramin@netsgo.com
Website www.saramin.com

ISBN
978-89-6049-892-1 14740
978-89-6049-783-2 세트

우아한 지적만보, 기민한 실사구시 사람in

뉴스 영어의 결정적 표현들

The super-affordable costs of no-frills airlines appeal to those in their 20s.

Dozens of battery packs generate electricity for the electric car.

Efforts to tap into recyclable energy resources like solar heat are spreading across the world.

The voter turnout was the highest ever, which reflects the people's desire for change.

박종홍 저

고빈출 표현만
모아 놓은
뉴스 영어
아카이브

고급 영어를
익히는
최고의
방법

NEWS ENGLISH EXPRESSIONS

VOTE

사람in

"뉴스는 되풀이됩니다. 선거, 경제 전망, 날씨 같은 소재는
전 세계 어디서나, 언제나 뉴스를 장식합니다.
이런 영어 뉴스의 고빈출 말뭉치를 익히면
영어 구사력이 자연히 커집니다."

이 책은 한 번 읽고 잊어버리는 것이 아니라 두고두고 꺼내 보는 책으로
기획했습니다. 예를 들어, 국내 선거 관련 뉴스를 보다가 '압승을 거두다'란
말을 듣고 그런 뜻의 영어 표현이 뭔지 궁금할 때, 이 책을 꺼내 그에
대응되는 뭉치 표현과 관련 표현들을 학습하고 그 표현이 쓰인
실제 뉴스 지문도 읽어 볼 수 있습니다. 그렇게 수시로 꺼내 보는 책입니다.
우리말과 영어는 어순과 표현 방식, 언어 외적인 문화에서 차이가 많아
1 대 1 대응이 어렵습니다. 하지만 영어를 꾸준히 공부한 분이라면 숙어와
구문, 즉 의미 단위의 '뭉치 표현'에서 우리말과 영어에 비슷한 점이
많다는 걸 아실 겁니다. 뭉치 표현은 우리가 흔히 말하는 패턴 혹은 항상 함
께 쓰이는 표현을 제가 부르는 말입니다.
예를 들어, '호우경보를 발령하다', '호우경보를 해제하다'를 영어로 각각
issue a torrential rain alert, lift the torrential rain alert라고 하는데, '발령'과
'해제'라는 단어가 정해져 있고 어순이 다를 뿐 의미 뭉치의 느낌은
비슷합니다. 이런 접근법으로 공부하면 비슷한 상황과 문맥에서
단어들이 호환된다는 직관력까지 기를 수 있습니다.
낱개 단어가 아닌 짝꿍 단어들, 동사구와 숙어, 관용구 등의
연어(collocation), 활용도 높은 구문들을 정확한 뭉치 발음과
뭉치 활용법으로 체화하는 것이 중고급 영어로의 도약과
영어다운 영어를 익히는 정도(正道)입니다.
뉴스는 새로울 것 같지만 사실 반복됩니다. 매년 태풍이 지나가고,
매년 국내외 경제연구소의 경제 전망이 발표되며, 매년 유사한 정치 행사가
열리는 등, 예측 가능하고 일관성 있는 뉴스가 각종 매체에서 쏟아져
나옵니다. 따라서 뉴스 주제별로 많이 활용하는 영어 뭉치 표현을

섭렵하는 것이 학습자들에게 큰 도움이 됩니다.

주제에 따라 9개 파트로 구성된 이 책을 관심 있는 파트부터 먼저 읽어도
좋고, 국내 뉴스에서 본 내용에 대한 영어 참고서로 활용해도 좋습니다.
물론 이 책이 뉴스에 나오는 수많은 용어와 구문들을 총망라하고 있지는
않습니다. 제가 20년 넘게 기자로 일하면서 가장 많이 활용한 뉴스
영어 패턴 230개를 엄선했고, 패턴을 사용한 예문과 실제 뉴스 지문을
발췌 수록하는 등, 살아 있는 영어로 알차게 구성했습니다. 독자 여러분이
재미있게 영어 실력을 쌓고 일상과 직장에서 엘리트 원어민들이
실제 사용하는 말뭉치를 활용할 수 있도록 심혈을 기울였습니다.

영어 공부를 주도적으로 해 오신 분들은 영어 원서를 읽고 미드를 보고
학원에서 원어민 회화나 영작 등의 수업도 들으셨을 겁니다.

상기 공부 방식의 장점이 각각 있지만 이 책은 뉴스 영어 패턴을 정리하고
구사력을 한 단계 높여 시야를 넓히려는 분들을 염두에 두고 집필했습니다.
특히 뉴스 위주로 공부해야 하는 통번역대학원 입시생들과
비즈니스 영어를 한 단계 높이려는 회사원, 대학생, 유학 준비생들에게
큰 도움이 될 것입니다.

관심 주제의 파트를 학습하고, 뉴스 진행자처럼 낭독하면서 녹음하고,
그 오디오 파일을 들으며 복습하면 딱딱하게 느껴졌던 뉴스 영어가 어느새
내 안에 녹아들어 언제든 자연스럽게 꺼내 활용할 수 있을 것입니다.
무엇보다 뉴스 영어 표현이 뉴스에만 사용되는 것이 아니라 일상에서
고급스런 영어를 구사하는 데에도 핵심적인 범용 구문이라는 점을
기억하고 학습해 주시면 좋겠습니다.

뉴스 속 주옥같은 뭉치 표현들을 익히고 활용해서 독자 여러분 모두가
영어 업그레이드에 성공하시길 바랍니다.

박종홍

이 책은 영어 뉴스에서 활용 빈도가 높은 230개의 뭉치 표현(패턴)을 주제별로 크게 9개 Part로 나누고 다시 세부 Chapter로 나누어 풍부한 예문과 실제 뉴스 지문을 통해 익히도록 했습니다.

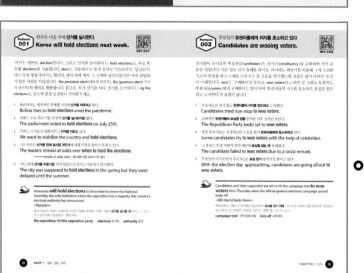

Chapter 도입글

각 Chapter는 해당 Chapter의 주제에 대한 간단한 설명으로 시작합니다. 이를 읽어
보면 학습할 내용을 좀 더 포괄적으로 이해할 수 있습니다.

주요 용어

Chapter에서 학습할 주제와 관련한 20개의 주요 용어를 엄선하여 소개합니다.
해당 주제와 관련한 영어 대화를 할 때 자주 사용하는 용어이니 알아 두고 활용하세요.

패턴 설명

먼저 패턴에 대해 문법과 어휘, 어원 측면에서 설명합니다. 패턴이 어떤 형태이며
왜 그렇게 쓰이고 어떻게 그런 의미를 갖게 되었는지 이해할 수 있습니다.
관련한 참고 표현도 함께 배울 수 있습니다.

대표 예문

패턴을 활용한 예문을 4~5개씩 소개하여 패턴의 활용 원리와 쓰임을 익힐 수 있습니다.
영어 뭉치 표현과 우리말 뭉치 표현이 어떻게 대응되는지도 눈여겨보시기 바랍니다.
대표 예문과 아래 활용 예문은 원어민 성우가 녹음하여 정확한 발음을 익힐 수 있습니다.
눈으로만 읽지 말고 따라 읽으며 익히시기를 권합니다.

실제 뉴스 지문

패턴이 사용된 실제 영어 뉴스 기사를 소개합니다. BBC 뉴스, Voice of America,
KBS 월드 라디오 뉴스, New York Times(뉴욕 타임스), Guardian(가디언) 등 유수의
영어 뉴스 매체에 실제로 쓰인 뉴스 영어 패턴을 확인할 수 있습니다. 살아 있는
뉴스 영어를 직접 보고 학습할 수 있는 좋은 기회이니 역시 눈으로만 읽지 말고
따라 읽으며 익히시기 바랍니다.

PART 1 정치, 안보, 국제

CHAPTER 1 선거

빈출 표현 001 한국은 다음 주에 **선거를 실시한다.** hold elections ················· 024

빈출 표현 002 후보들이 **유권자들에게 지지를 호소하고 있다.** woo voters ················· 025

빈출 표현 003 **투표율이 사상 최고였다.** The voter turnout was the highest ever. ················· 026

빈출 표현 004 야당이 **압승을 거두었다.** win by a landslide ················· 027

빈출 표현 005 그 후보는 가까스로 **승리를 거머쥐었다.** win by a narrow margin ················· 028

CHAPTER 2 국회

빈출 표현 006 의회는 **법안을 표결에 부쳤다.** put the bill to a vote ················· 030

빈출 표현 007 국회가 **파행 중이다.** be mired in conflict ················· 031

빈출 표현 008 소위원회는 **국회 청문회를** 개최했다. a parliamentary hearing ················· 032

빈출 표현 009 동의안이 국회에 **계류 중이다.** be pending approval ················· 033

빈출 표현 010 요즘 정당들이 **초당적인 노력을 하고 있다.** make bipartisan efforts ················· 034

CHAPTER 3 정권

빈출 표현 011 그 정당은 **정권 교체를 이뤘다.** bring about a transition of power ················· 036

빈출 표현 012 그는 **대통령으로 취임했다.** be sworn in as president ················· 037

빈출 표현 013 그 위원회는 새로운 **정책을 수립했다.** draw up a policy ················· 038

빈출 표현 014 그들은 **반정부 시위를 벌였다.** stage anti-government protests ················· 039

빈출 표현 015 오는 11월에 **그의 임기가 만료된다.** one's term expires ················· 040

CHAPTER 4 비리

빈출 표현 016 **부정부패가 만연하다.** Irregularities and corruption are running amok. ················· 041

빈출 표현 017 **정경유착의 고리를 끊어야** 한다.
sever the collusive ties between business and politics ················· 042

빈출 표현 018 **수상쩍은 거래** 조짐이 역력하다. shady dealings ················· 043

빈출 표현 019   한 유명 정치인이 **탈세** 비리에 연루됐다.
be implicated in a tax evasion scandal ·· 045

빈출 표현 020   그 거물 정치인이 **뇌물** 수수로 **구속**됐다. be arrested for taking bribes ················ 046

CHAPTER 5 안보

빈출 표현 021   두 나라는 **안보 동맹**을 구성했다. form a security alliance ······························ 048

빈출 표현 022   한미는 **합동 군사 훈련**을 할 것이다. conduct a joint military exercise ············ 049

빈출 표현 023   남북한은 **남북 장관급 회담**을 재개했다.
resume inter-Korean ministerial talks ·· 050

빈출 표현 024   두 국가는 **무력 분쟁**을 벌였다. engage in armed conflict ·························· 051

빈출 표현 025   두 경쟁 국가는 **영토 분쟁**에 휘말려 있다.
be embroiled in a territorial dispute ·· 052

CHAPTER 6 군사, 전쟁

빈출 표현 026   그 가수는 **병역**을 기피했다. dodge the draft ······································· 054

빈출 표현 027   미국은 **전쟁 억제력**이 막강하다. war deterrence capability ························· 055

빈출 표현 028   미국은 무력을 과시했다. rattle one's saber / flex one's muscle ········· 056

빈출 표현 029   그들은 **무력 도발**을 했다. an armed provocation ································· 057

빈출 표현 030   접경 지역에서 **전쟁이 발발**했다. a war breaks out ······························· 058

빈출 표현 031   러시아는 **공격 수위를 높였다**. up the ante (in) ································· 059

빈출 표현 032   세 당사자들은 **휴전 협정**에 서명했다. sign a ceasefire agreement ················ 060

빈출 표현 033   그 도시 주민들은 전쟁의 **희생자가 되었다**. fall victim to ························· 061

CHAPTER 7 국제

빈출 표현 034   두 나라는 **긴밀한 관계**를 유지하고 있다. maintain close relations ··············· 063

빈출 표현 035   경쟁 국가 간에 **긴장이 고조**되고 있다. tension is mounting ····················· 064

빈출 표현 036   많은 나라들이 **다자간 협력**을 한다. engage in multilateral cooperation ········· 065

빈출 표현 037   그들은 **국수주의를 적극 지향**한다. promote nationalist ideals ··············· 066

빈출 표현 038   그들은 **차별적인 정책**을 시행했다. biased policies ····························· 067

빈출 표현 039   두 나라는 **외교 관계**를 수립했다. establish diplomatic ties ··················· 068

빈출 표현 040   양국은 **난관에 봉착**했다. hit rough waters ······································· 069

CHAPTER 8 테러

빈출 표현 041   그들이 **무차별적 테러 공격을** 가했다. **random terrorist attacks** 071

빈출 표현 042   경찰은 **테러 공격에 대비했다. prepare against terrorist attacks** 072

빈출 표현 043   그 도시는 **테러 공격을 받기 쉽다. be prone to terrorism** 073

박앵커 학습 칼럼: 영어 학습의 나침반 074

PART 2   경제, 경영, 산업

CHAPTER 1 경기

빈출 표현 044   경기가 **호전될 전망이다. be set for an upturn** 082

빈출 표현 045   이렇게 **경기가 어려울 때** 우리는 더 열심히 일해야 한다.
in these tough economic times 083

빈출 표현 046   주가는 **바닥을 치고 나서** 반등하고 있다. **after hitting rock bottom** 084

빈출 표현 047   소비자 물가가 **전년 대비** 1.5퍼센트 증가했다. **on-year** 085

CHAPTER 2 수요와 공급

빈출 표현 048   수요는 **경기를 탄다. be affected by fluctuations** 087

빈출 표현 049   과잉 수요는 **대폭적인 가격 인상을 유발했다. lead to price spikes** 088

빈출 표현 050   **수요가 공급을 앞질렀다. Demand outstripped supply.** 089

빈출 표현 051   40대들이 **소비를 줄이고 있다. tighten one's purse strings** 090

빈출 표현 052   **수입과 지출의 균형을 맞추기**는 어렵다. **make both ends meet** 091

CHAPTER 3 금융

빈출 표현 053   우리 회사는 **유동성을 제고했다. improve liquidity** 093

빈출 표현 054   중앙은행은 **금리를 인상했다. hike interest rates** 094

빈출 표현 055   **외환 보유고**가 증가했다. **the foreign currency reserves** 095

빈출 표현 056   그 대기업은 **파산했다. go bankrupt** 096

빈출 표현 057   그 회사는 **대출을 받았다. take out a loan** 097

CHAPTER 4 무역

빈출 표현 058   한국은 **수출 주도형** 국가다. **an export-driven economy** ·········· 099

빈출 표현 059   **무역 분쟁**이 발생했다. **a trade dispute** ·········· 100

빈출 표현 060   한국은 3개월 연속 무역 적자를 기록했다. **for the third straight month** ··· 101

빈출 표현 061   유엔이 북한에 **무역 제재를** 가했다. **imposed trade sanctions** ··· 102

빈출 표현 062   정부는 새 **무역 정책을** 시행했다. **implement a new trade policy** ·········· 103

CHAPTER 5 주식

빈출 표현 063   코스피는 **상승 장세를** 누렸다. **enjoy a bull market** ·········· 105

빈출 표현 064   코스닥은 **강세장에서 약세장으로** 급변했다.
suddenly shift from a bullish to bearish market ·········· 106

빈출 표현 065   코스피 지수는 외국인들의 **순매수에** 힘입어 반등했다. **net buying** ··· 107

빈출 표현 066   그 회사의 **주식은 저평가되었다. stocks are undervalued** ··· 108

빈출 표현 067   그 회사는 **기업 공개를** 했다. **go public** ·········· 109

CHAPTER 6 산업

빈출 표현 068   **굴뚝 산업은 사양 산업이** 되었다. **a smokestack industry, a waning industry** ··· 111

빈출 표현 069   과학자들은 나노 기술에서 획기적인 발전을 이뤘다. **make a breakthrough** ·········· 112

빈출 표현 070   기간산업이 **경제의 기둥이다. the backbone of the economy** ·········· 113

빈출 표현 071   고부가가치 산업이 **파급 효과가** 크다. **have a huge spillover effect** ·········· 114

CHAPTER 7 기업

빈출 표현 072   그 회사는 업계에서 **뒤처졌다. fall behind** ·········· 116

빈출 표현 073   우리는 가까스로 **장기 계약을** 맺었다. **conclude a long-term contract** ·········· 117

빈출 표현 074   요즘 **장사가 잘된다. get a lot of business** ·········· 118

빈출 표현 075   신형 핸드폰이 **불티나게 팔리고** 있다. **fly off the shelves** ·········· 119

CHAPTER 8 근로

빈출 표현 076   그는 **출근했다.** / 그는 **퇴근했다. get to work / get off work** ·········· 121

빈출 표현 077 그 사원은 회사에서 승승장구했다. climb up the corporate ladder ·········· 122

빈출 표현 078 그들은 정리해고당했다. get laid off ············· 123

빈출 표현 079 임원들만 임금 인상을 받았다. get a pay raise ············· 124

빈출 표현 080 그들의 임금이 두 달 체불됐다. back pay ············· 125

CHAPTER 9 에너지

빈출 표현 081 한국은 수입 원유 의존도가 높다. have a heavy dependence on ·········· 127

빈출 표현 082 우리 회사는 전력을 생산한다. generate electricity ············· 128

빈출 표현 083 한국은 해외 천연 자원을 개발하고 있다. tap into ············· 129

빈출 표현 084 정부는 대체 에너지 개발에 박차를 가하고 있다.
spur the development of alternative energy ·········· 130

빈출 표현 085 그 정부 기구는 비밀리에 플루토늄을 생산하고 있다. under the radar ·········· 131

박앵커 학습 칼럼: 바람직한 듣고 받아쓰기 방법 ·········· 132

PART 3 사회

CHAPTER 1 사회 일반

빈출 표현 086 한국은 저출산율이 심각하다. the low birth rate ·········· 136

빈출 표현 087 평균 기대 수명이 증가해 왔다. the average life expectancy ·········· 137

빈출 표현 088 고령화 사회의 여파가 크다. have a far-reaching fallout ·········· 138

빈출 표현 089 사회 구성원들이 세대 차이를 좁혀야 한다. bridge the generational gap ·········· 139

빈출 표현 090 실업률이 증가하고 있다. the jobless rate ·········· 140

빈출 표현 091 소득 격차가 벌어지고 있다. the income divide ·········· 141

빈출 표현 092 그들은 더 큰 상대적 박탈감을 느낀다. a sense of relative deprivation ·········· 142

빈출 표현 093 정부는 빈곤을 퇴치하려고 노력한다. eliminate poverty ·········· 143

빈출 표현 094 그 마을은 영양실조에 맞서 싸우고 있다. fight malnutrition ·········· 144

CHAPTER 2 가족

빈출 표현 095   그 스타 커플이 **결혼했다**. **tie the knot** ································· 146

빈출 표현 096   그 부부는 이혼 소송을 제기했다. **file for divorce** ················· 147

빈출 표현 097   **기러기 아빠 현상**이 확산되고 있다. **the orphan father phenomenon** ······ 148

CHAPTER 3 성평등

빈출 표현 098   **여성 차별**을 철폐해야 한다. **prejudice against women** ············· 150

빈출 표현 099   그 조직은 **성 불평등**을 해소했다. **resolve gender inequality** ········· 151

빈출 표현 100   **성희롱** 사건이 급감했다. **sexual harassment** ···················· 152

빈출 표현 101   **성비 불균형**이 여전하다. **the gender ratio imbalance** ············· 153

빈출 표현 102   **여권 신장**에 개선의 여지가 있다. **women's empowerment** ·········· 154

CHAPTER 4 교육

빈출 표현 103   공교육이 사교육보다 **뒤처져 있다**. **lag behind** ···················· 156

빈출 표현 104   **능력주의**가 **학벌지상주의**보다 중요하다. **meritocracy, elitism** ······· 157

빈출 표현 105   영어 실력이 **경쟁력을 높여 준다**. **hone one's competitive edge** ····· 158

빈출 표현 106   이 학교에서는 **또래 압력 현상**이 매우 드물다. **peer pressure** ········· 159

CHAPTER 5 사건, 사고

빈출 표현 107   승용차 두 대가 **정면충돌했다**. **collide head-on** ·················· 161

빈출 표현 108   범퍼는 **충격을 완화시켜 준다**. **cushion the impact** ··············· 162

빈출 표현 109   그는 사고 **책임을** 상대 운전자에게 **전가했다**. **pass the buck ~ to** ··· 163

빈출 표현 110   그는 위법 행위에 **책임을 졌다**. **be held accountable for** ·········· 164

CHAPTER 6 날씨

빈출 표현 111   내일은 **화창하고 맑은 날씨를** 보일 것이다. **clear and sunny weather** ··· 166

빈출 표현 112   내일은 **수은주가 뚝 떨어질** 것이다. **the mercury will plunge** ······· 167

빈출 표현 113   기상청은 **한파 주의보를** 발령했다. **issue a cold wave advisory** ····· 168

빈출 표현 114   **체감 온도를** 감안하면 섭씨 영하 20도다. **the wind chill factor** ····· 169

빈출 표현 115   **기상 이변**이 빈번해지고 있다. **extreme weather events** ··········· 170

PART 4 취미, 건강

CHAPTER 1 취미

빈출 표현 116 가장 즐기는 취미가 무엇인가요? favorite pastime ⋯⋯⋯⋯ 174

빈출 표현 117 스트레스를 해소하기 위해 취미를 가져 봐. pick up a hobby ⋯⋯ 175

빈출 표현 118 그녀는 몹시 흥분시키는 익스트림 스포츠를 자주 즐긴다. adrenaline-charged ⋯⋯ 176

빈출 표현 119 그건 스트레스 풀기에 딱이다. be ideal for ⋯⋯⋯⋯⋯⋯⋯⋯ 177

CHAPTER 2 여행

빈출 표현 120 여행사들이 호황을 누리고 있다. enjoy booming business ⋯⋯⋯ 179

빈출 표현 121 이번 여행은 3박 4일 일정이다. be scheduled for 3 nights and 4 days ⋯ 180

빈출 표현 122 그 여행사는 신혼부부를 겨냥한 상품을 출시했다. cater to ⋯⋯⋯ 181

빈출 표현 123 저가 항공사의 전성시대다. no-frills airlines ⋯⋯⋯⋯⋯⋯⋯ 182

CHAPTER 3 운동

빈출 표현 124 가볍게 운동합시다. have a light workout ⋯⋯⋯⋯⋯⋯⋯⋯ 184

빈출 표현 125 운동을 통해 활력을 되찾길 바랍니다. get recharged ⋯⋯⋯⋯⋯ 185

빈출 표현 126 운동하는 습관을 들이면 건강해진다. make it a habit of exercising ⋯ 186

CHAPTER 4 질병

빈출 표현 127 그는 어렸을 때 병에 걸렸다. contract a disease ⋯⋯⋯⋯⋯⋯ 188

빈출 표현 128 그녀는 독감 진단을 받았다. be diagnosed with the flu ⋯⋯⋯⋯ 189

빈출 표현 129 그는 상담과 약물 치료 병행을 처방 받았다. be prescribed ⋯⋯⋯ 190

빈출 표현 130 그녀는 입원했다. / 그녀는 퇴원했다.
be admitted to the hospital / be discharged from the hospital ⋯⋯ 191

빈출 표현 131 그는 코로나바이러스19 치료를 받고 있다. get treatment for ⋯⋯ 192

빈출 표현 132 땀을 흘려 감기를 이겨 내는 건 좋은 생각이다. sweat out a cold ⋯ 193

CHAPTER 5 스트레스

빈출 표현 133 그는 만성 피로에 시달린다. suffer from chronic fatigue ⋯⋯⋯ 195

빈출 표현 134 그녀는 스트레스를 많이 받고 있다. be under a lot of stress ⋯⋯ 196

빈출 표현 135   학생들은 **과로 직전이다.** be on the brink of overexertion ·············· 197

빈출 표현 136   폭음은 건강에 **해롭다.** be detrimental to ·············· 198

빈출 표현 137   **스트레스를 날려 버려야** 한다. blow away stress ·············· 199

CHAPTER 6   비만

빈출 표현 138   비만 **퇴치 노력이** 절실하다. anti-obesity efforts ·············· 201

빈출 표현 139   많은 남녀들이 **살과의 전쟁을** 벌인다. a battle of the bulge ·············· 202

빈출 표현 140   끼니를 거르면 **폭식** 위험이 있다. binge eating ·············· 203

빈출 표현 141   균형 잡힌 식단이 비만을 **물리친다.** wards off ·············· 204

CHAPTER 7   중독

빈출 표현 142   청소년 인터넷 중독의 **뿌리가 깊다.** be deep-rooted ·············· 206

빈출 표현 143   그는 온라인 게임에 **중독되었다.** get hooked on online games ·············· 207

빈출 표현 144   담배를 **단박에 끊기는** 어렵다. quit ~ cold turkey ·············· 208

빈출 표현 145   그는 오랫동안 **금단 증상에** 시달렸다. suffer withdrawal symptoms ·············· 209

박앵커 학습 칼럼: 발음이 좋으면 대접이 다르다? ·············· 210

PART 5   문화, 연예

CHAPTER 1   영화

빈출 표현 146   이 영화의 **주연은** 배우 제니퍼 로렌스다. stars actress Jennifer Lawrence ·············· 216

빈출 표현 147   이 영화는 실화에 **바탕을 두고 있다.** be based on ·············· 217

빈출 표현 148   영화 〈대부〉의 배경은 1940년대 미국**이다.** be set in ·············· 218

빈출 표현 149   그 영화는 **흥행에 성공을 거뒀다.** be a box office hit ·············· 219

빈출 표현 150   표가 **매진됐다.** be sold out ·············· 220

CHAPTER 2   TV

빈출 표현 151   이 뉴스 보도는 화요일 오후 8시에 **방송될 예정이다.** be set to air ·············· 222

빈출 표현 152   모든 뉴스는 **생방송으로 방영된다.** be broadcast live ·············· 223

빈출 표현 153   드라마 〈기묘한 이야기〉의 시청률이 **최고 기록을 세웠다. set a new record** ·············· 224

빈출 표현 154   이 프로그램은 주말에 **재방송될 것이다. will be rerun** ·· 225

빈출 표현 155   그 장면이 **검열에서 삭제되었다. be edited out** ··· 226

CHAPTER 3   공연

빈출 표현 156   이 뮤지컬은 흥행 영화를 **각색한 것이다. be adapted from** ······························ 228

빈출 표현 157   아이들은 그 뮤지컬에서 **눈을 떼지 못했다. be transfixed by** ························· 229

빈출 표현 158   그 공연은 다음 주까지 **상연된다. run until** ··· 230

빈출 표현 159   그 음악회에 대한 관객의 **반응이 뜨거웠다. get rave reviews from** ············· 231

빈출 표현 160   이 공연은 연극에 **새로운 시도를 보여 주고 있다. take a fresh approach to** ···· 232

CHAPTER 4   연예가 화제

빈출 표현 161   그 신예 걸그룹은 음악계를 **강타했다. take ~ by storm** ······························ 234

빈출 표현 162   그 이상한 소문이 **급속도로 퍼졌다. spread like wildfire** ······························ 235

빈출 표현 163   그 톱스타들은 **교제 중이라는 것을 인정했다. be in a relationship** ·········· 236

빈출 표현 164   그 톱스타는 **스토커에게 시달렸다. be harassed by** ····································· 237

CHAPTER 5   인플루언서

빈출 표현 165   그는 결국 **스타의 반열에 올랐다. rise to stardom** ······································· 239

빈출 표현 166   그녀는 10대들에게 **역할 모델이 되었다. become a role model for** ·········· 240

빈출 표현 167   그 유튜버는 제품 홍보 **시류에 편승했다. jump on the bandwagon** ·········· 241

빈출 표현 168   **인기에 힘입어** 그는 특별 할인 혜택을 받았다. **backed by one's popularity** ···· 242

빈출 표현 169   구독자들은 그 유튜버에게 **등을 돌렸다. turn one's back on** ······················· 243

PART 6   스포츠

CHAPTER 1   축구

빈출 표현 170   우리 팀은 **골을 넣었다. / 골키퍼가 골을 허용했다. score a goal / allow a goal** ·········· 246

빈출 표현 171   경기는 **연장전에 돌입했다. go into overtime** ··· 247

빈출 표현 172　　상대 팀은 아직 갈 길이 멀다. **have a long way to go**　········· 248

빈출 표현 173　　우리 팀은 짜릿한 역전승을 거두었다.
　　　　　　　　achieve a come-from-behind victory　········· 249

빈출 표현 174　　모든 열세(역경)에도 불구하고 우리 팀은 우승했다. **against all odds**　········· 250

CHAPTER 2　야구

빈출 표현 175　　그 투수는 부상에도 완투했다. **throw the full nine innings**　········· 252

빈출 표현 176　　그의 기록은 다른 선수들의 기록을 훨씬 뛰어넘었다. **eclipse**　········· 253

빈출 표현 177　　우리 팀은 연승 가도를 달리고 있다. **be on a winning streak**　········· 254

빈출 표현 178　　어느새 만루 상황이 됐다. **the bases are loaded**　········· 255

빈출 표현 179　　연봉 문제로 구단주와 감독 사이가 틀어졌다. **have a falling out**　········· 256

CHAPTER 3　농구

빈출 표현 180　　팀의 시즌 전망은 위태로웠다. **hang in the balance**　········· 258

빈출 표현 181　　그의 재능은 위기 때 빛이 난다. **in the clutch**　········· 259

빈출 표현 182　　그는 후보 선수 신세를 면했다. **graduate from being a bench warmer**　········· 260

빈출 표현 183　　그는 다른 선수들과 궁합이 맞지 않는다. **have little chemistry**　········· 261

CHAPTER 4　골프

빈출 표현 184　　그는 매스터스 토너먼트에서 출발이 아주 좋다. **be off to a great start**　········· 263

빈출 표현 185　　두 선수는 공동 2위에 올랐다. **be tied in second place**　········· 264

빈출 표현 186　　그녀는 보기로 주춤했다. **suffer a stumble with a bogey**　········· 265

빈출 표현 187　　그는 작년 시즌에 두둑한 상금을 받았다. **earn a hefty paycheck**　········· 266

CHAPTER 5　올림픽

빈출 표현 188　　올림픽은 2주간 열리는 세계 스포츠 축제다. **a 2 week-long global sports gala**　········· 268

빈출 표현 189　　두 나라는 결승전에서 맞붙을 것이다. **go head to head**　········· 269

빈출 표현 190　　그 약체팀이 예상을 뒤엎었다. **buck expectations**　········· 270

빈출 표현 191　　한국은 종합 메달 랭킹 9위다. **rank ninth on the overall medal tally**　········· 271

　　　　　　　　박앵커 학습 칼럼: 연속으로 말하는 능력과 유창성 키우기 연습　········· 272

PART 7 환경

CHAPTER 1 오염

빈출 표현 192 환경 오염이 도를 넘었다. environmental pollution ⋯⋯⋯⋯⋯ 278

빈출 표현 193 생태계 파괴는 심각한 문제다. ecological destruction ⋯⋯⋯⋯⋯ 279

빈출 표현 194 자동차가 대기 오염을 일으킨다. air pollution ⋯⋯⋯⋯⋯ 280

빈출 표현 195 소비자들은 일회용품을 줄이고 있다. disposable products ⋯⋯⋯⋯⋯ 281

빈출 표현 196 그 시설은 방사능 오염을 유발했다. radioactive contamination ⋯⋯⋯⋯⋯ 282

CHAPTER 2 지구 온난화

빈출 표현 197 그 지역 사회는 탄소 발자국을 줄이고 있다. reduce carbon footprints ⋯⋯⋯⋯⋯ 284

빈출 표현 198 그 공장은 온실 가스를 다량 배출한다. emit large amounts of greenhouse gases ⋯ 285

빈출 표현 199 오존층 파괴가 가속화되고 있다. ozone depletion ⋯⋯⋯⋯⋯ 286

빈출 표현 200 북극의 만년설이 녹고 있다. ice caps are melting ⋯⋯⋯⋯⋯ 287

빈출 표현 201 쓰나미는 재앙을 몰고 왔다. have catastrophic consequences ⋯⋯⋯⋯⋯ 288

PART 8 인터넷, 스마트폰

CHAPTER 1 인터넷

빈출 표현 202 한국은 세계 최고의 인터넷 보급률을 지닌 국가이다. the world's most wired country ⋯ 292

빈출 표현 203 그는 승인을 받아 이제 인터넷에 접속할 수 있다. have access to the Internet ⋯⋯⋯⋯⋯ 293

빈출 표현 204 인터넷 보안 시스템이 뚫렸다. a security system is breached ⋯⋯⋯⋯⋯ 294

빈출 표현 205 로그아웃을 안 하는 건 개인 정보 도난에 위협이 된다.
pose a threat to personal identity theft ⋯⋯⋯⋯⋯ 295

빈출 표현 206 이 인터넷 뱅킹 시스템은 첨단 기술을 사용한다. state-of-the-art technology ⋯⋯⋯⋯⋯ 296

CHAPTER 2 스마트폰

빈출 표현 207 그들은 스마트폰에서 눈을 못 뗐다. eyes are glued to the smartphone ⋯⋯⋯⋯⋯ 298

빈출 표현 208　그는 스마트폰을 **무음 모드로 전환했다.** put ~ on silent mode ·············· 299

빈출 표현 209　그는 재안내 **문자 메시지를 보냈다.** send a text message ·············· 300

빈출 표현 210　내 업무용 전화에 **스팸 문자가 쇄도한다.** be flooded with spam messages ·············· 301

박앵커 학습 칼럼: 우리말을 영어로 다양하게 표현하기 ·············· 302

PART 9　사설, 논평

CHAPTER 1　긍정적 평가

빈출 표현 211　우리는 **순탄한 앞날을 예상한다.** see a smooth road ahead ·············· 308

빈출 표현 212　그의 탁월한 재능은 **유례가 없다.** be unprecedented ·············· 309

빈출 표현 213　그는 **영웅으로 칭송 받았다.** be hailed as ·············· 310

빈출 표현 214　정부는 **장밋빛 전망을 그렸다.** paint a rosy picture ·············· 311

CHAPTER 2　부정적 평가

빈출 표현 215　그 교수는 **평판을 떨어뜨렸다.** undermine one's reputation ·············· 313

빈출 표현 216　그 정치인은 **부적절한 행동** 때문에 맹비난을 받았다. the inappropriate behavior ·············· 314

빈출 표현 217　그는 횡령 **혐의를 받고 있다.** be charged with ·············· 315

빈출 표현 218　**설상가상으로,** 문제가 더 커졌다. to make matters worse ·············· 316

빈출 표현 219　외교 관계는 **불안정한 상태에 있다.** in a precarious situation ·············· 317

빈출 표현 220　그들은 국민들의 요구 충족 **기대에 못 미쳤다.** fall short of expectations ·············· 318

CHAPTER 3　의문

빈출 표현 221　그는 **도대체 왜** 그랬을까? why on earth ·············· 320

빈출 표현 222　**도대체 뭔 생각이야? / 정말 어이가 없네.** What were they thinking? ·············· 321

빈출 표현 223　그들은 다음에 무엇을 해야 할지 **전혀 모르고 있다.** don't have a clue ·············· 322

CHAPTER 4 요구

빈출 표현 224   이 문제에 **즉각적인 행동이 요구된다**. **call for immediate action** ·············· **324**

빈출 표현 225   이번 인재는 **주의를 촉구하는 계기가 되었다**. **serve as a wake-up call** ·············· **325**

빈출 표현 226   그들은 종종 노조의 **요구에 순응한다**. **comply with demands** ·············· **326**

빈출 표현 227   증인은 **익명을 요구했다**. **ask for anonymity** ·············· **327**

CHAPTER 5 변화

빈출 표현 228   회사는 **변화의 물결을 타고 있다**. **ride the tides of change** ·············· **329**

빈출 표현 229   그 학생들은 **틀을 벗어나 생각한다**. **think outside the box** ·············· **330**

빈출 표현 230   그들은 **큰 변화를 만들어 냈다**. **make a world of difference** ·············· **331**

박앵커 학습 칼럼: 영어의 품격을 높여 주는 엄선 외래어 ·············· **332**

INDEX ·············· **336**

PART 1

정치, 안보, 국제

CHAPTER 1

⚜

선거

4년마다 돌아오는 국회의원 선거(총선), 그리고 5년마다 실시하는 대통령 선거(대선)는 국가의 통치 방향과 국민의 삶의 질을 결정하는 중요한 일입니다. 선거를 통해 선출되어야 활동할 수 있는 정치인들은 선거에 사활을 걸고 모든 힘을 집중합니다. 선거철이 되면 각종 선거 공약을 내세우며 표심을 잡으려고 안간힘을 씁니다. 그리고 2주간의 공식 선거운동 기간에는 가능한 모든 힘을 동원하여 유세전을 벌이지요. 정치가들이 비단 선거철뿐 아니라 평소에도 진정으로 국민을 섬기기를 기대하면서, 이 장에서는 선거와 관련한 뭉치 표현들을 배워 보겠습니다.

선거 관련 주요 용어

1. 유권자 : (eligible) voter
2. 투표하다 : vote, cast a vote[ballot]
3. 출마하다 : run for office
4. 총선 : general election
5. 대선 : presidential election
6. 대통령 당선자 : president elect
7. 지방 선거 : local election
8. 자치 단체장 선거 : municipal election
9. 광역 단체장 선거
  : mayoral and gubernatorial election
10. 보궐 선거 : by-election
11. 선출직 : elected official
12. 대통령 경선
  : presidential primary election
13. 비례 대표제 : proportional representation (system)
14. 선거구
  : constituency, electoral district
15. 정당 공천 : party nomination

16. 선거 공약 : election pledge
  대선 공약 : presidential election pledge
17. 지역 선심 사업 : pork barrel project (pork barrel : 지방 개발 사업 혹은 그것에 쓰이는 정부 보조금)
18. 낙선 운동 : negative campaign to block election
19. 중간 선거 : mid-term election (4년 임기의 미국 대통령 집권 2년 차에 실시되는 상하 양원의원 및 공직자 선거로, 대통령의 국정 운영에 대한 중간 평가의 성격을 지닌다.)
20. 결선 투표
  : run-off vote, run-off election (재투표의 하나로, 당선인을 결정하기 위해서 일정 득표수 이상이 요구되는 경우, 그 득표수에 해당하는 자가 없어서 당선인을 결정할 수 없을 때 최고 득표자 두 명을 대상으로 다시 선거하는 투표 제도)

한국은 다음 주에 **선거를 실시한다.**
Korea will hold elections next week.

MP3 001

'선거'는 영어로 election입니다. 그리고 '선거를 실시하다'는 hold elections로, 주로 복수형 elections를 사용합니다. elect는 '선출하다'는 뜻의 동사로 익숙하지만, '당선된'이라는 뜻의 형용사이기도 합니다. 명사 뒤에 써서 그 직책에 당선되었지만 아직 취임하지 않은 사람을 가리킵니다. the president elect(대통령 당선자), the governor elect(주지사 당선자)의 형태로 활용합니다. 참고로, '부정 선거를 하다, 선거를 조작하다'는 rig the elections로, 뉴스에 종종 등장하니 기억해 두세요.

1 볼리비아는 세계적인 유행병 시국에 **선거를 치르려고** 한다.
Bolivia tries to **hold elections** amid the pandemic.

2 의회는 투표 결과 7월 25일에 **선거를 실시하기로** 했다.
The parliament voted to **hold elections** on July 25th.

3 우리는 국가를 안정화시키고 **선거를 치르고** 싶다.
We want to stabilize the country and **hold elections**.

4 지도자들은 **선거를 언제 실시할 것인가**에 대해 의견을 좁히지 못하고 있다.
The leaders remain at odds over **when to hold the elections**.
———— remain at odds over ～에 대해 의견 일치가 안 되다

5 시는 봄에 **선거를 치르기로** 되어 있었으나 선거는 여름까지 연기됐다.
The city was supposed to **hold elections** in the spring but they were delayed until the summer.

Venezuela **will hold elections** in December to renew the National Assembly, the only institution where the opposition has a majority, the country's electoral authority has announced.
<Aljazeera>
베네수엘라는 야당이 유일하게 다수인 국회를 쇄신하기 위해 12월에 **선거를 실시할 것**이라고 그 나라 선거 당국자들이 발표했다. 〈알자지라〉

the opposition 야당(the opposition party)　**electoral** 선거의　**authority** 당국

후보들이 **유권자들에게 지지를 호소하고 있다.**
Candidates are wooing voters.

MP3 002

선거철이 돌아오면 후보자들(candidates)은 선거구(constituency)를 순회하며 선거 운동을 벌입니다. 다른 말로 선거 유세를 하지요. 과거에는 확성기를 이용해 크게 소리를 지르며 연설을 하고 노래를 크게 트는 등 소음을 야기했는데, 요즘은 많이 나아진 것 같아 다행입니다. woo는 '구애하다'의 뜻이고, woo voters라고 하면 말 그대로 유권자들, 투표자들(voters)에게 구애한다는 말이 되어 '유권자들의 지지를 호소하다, 표심을 얻으려고 노력한다'의 표현이 됩니다.

1 후보자들은 쉬지 않고 **유권자들의 지지를 얻으려고** 노력했다.
Candidates tried non-stop **to woo voters.**

2 공화당은 **유권자들의 표심을 잡을** 준비를 갖춘 것처럼 보인다.
The Republican Party looks set to **woo voters.**

3 몇몇 후보자들은 유명인들의 도움을 받아 **유권자들에게 호소하려고** 한다.
Some candidates try **to woo voters** with the help of celebrities.

4 그 후보는 인종 차별적 발언 때문에 **표심을 잡는 데** 실패했다.
The candidate failed to **woo voters** due to a racist remark.

5 투표일이 다가오면서 후보자들은 **표심 잡기** 총력전을 벌이고 있다.
With the election day approaching, candidates are going all out **to woo voters.**

Candidates and their supporters are set to hit the campaign trail **to woo voters** from Thursday when the official general elections campaign period kicks off.
<KBS World Radio News>
후보자들과 그들의 지지자들은 목요일부터 **표심을 잡기 위해** 선거 유세 여정에 오를 예정인데, 목요일은 공식 총선 선거 운동이 시작되는 날이다. 〈KBS 월드 라디오 뉴스〉

campaign trail 선거 유세 여정   **kick off** 시작되다

투표율이 사상 최고였다.
The voter turnout was the highest ever.

MP3 **003**

투표율(voter turnout, turnout)이 높아야 선거 결과의 의미가 더 커지는 법이죠. '사상 최고다'의 표현은 be the highest ever라고 쓸 수 있습니다. 가끔은 투표율이 역대 최저(a record low)인 경우도 발생하는데, 이는 정치에 대한 환멸(disillusionment)을 반영하기도 합니다. 그래도 소중한 투표권을 포기하면 변화를 가져오기 어렵겠죠. 민주 국가 국민의 권리이자 의무인 투표권(the right to vote)을 모두 행사하시기 바랍니다.

1   1992년 총선 이후 **투표율이 사상 최고였다.**
The voter turnout was the highest ever since the 1992 general elections.

2   **투표율이 사상 최고였는데,** 이는 국민들의 변화에 대한 열망을 반영한 것이다.
The voter turnout was the highest ever, which reflects the people's desire for change.

3   **투표율이 역대 최고였는데,** 80퍼센트가 살짝 넘는 등록 유권자가 투표를 했다.
The voter turnout was the highest ever, with just over 80 percent of the registered voters casting a ballot.
—— registered voter 등록된 유권자

4   **투표율은 역대 두 번째로 높았다.**
The voter turnout was the second highest ever.

5   유권자들이 정치에 환멸을 느낀 나머지 **투표율이 사상 최저를 기록했다.**
With voters disillusioned by politics, **the voter turnout was the lowest ever.**
—— be disillusioned by[at, with] ~에 환멸을 느끼다

The lowest ever voter turnout of under 6% may not seem like an achievement for democracy, but it made Texas Democrats optimistic Wednesday as they look to break Republicans' statewide dominance this fall.
<The Texas Tribune>

6퍼센트 미만의 **사상 최저 투표율은** 민주주의를 향한 성과로는 보이지 않을지 모르지만, 그로 인해 올가을 공화당의 주 전체 우세를 와해하려는 텍사스 민주당원들은 수요일에 낙관적이 되었다.
〈텍사스 트리뷴〉

achievement 성취, 성과, 업적   **Democrat** 민주당원, 민주당 지지자
Republican 공화당원, 공화당 지지자   **statewide** 주 전체의   **dominance** 우세, 우월, 지배

야당이 **압승을 거두었다.**

The opposition party won by a landslide.

MP3 004

선거가 끝나면 저녁부터 개표(vote[ballot] count, vote[ballot] counting)에 들어갑니다. 뉴스 방송사는 저마다 각 당에 취재진을 파견해 생방송으로 당내 분위기를 전하지요. 우리나라에서는 대개 자정쯤에 당락이 확정됩니다. 이때 특정 당이나 후보가 압승을 거두는 결과가 나타나기도 하는데, 이처럼 '압승을 거두다'는 영어로 win by a landslide라고 합니다. 산사태처럼 와르르 한쪽으로 표가 몰린 모습을 상상하면 됩니다.

1   그 후보는 자신이 **압승을 거둘 것으로** 예상한다.
The candidate expects he **will win by a landslide.**

2   만약 그녀가 출마한다면 **압승을 거둘 것이다.**
If she ran for office, she **would win by a landslide.**

3   잘 알려지지 않은 무소속 후보가 **압승을 거두었다.**
The little-known independent candidate **won by a landslide.**
———— independent candidate 무소속 입후보자

4   시 의회 선거에서 보수당이 **압승을 거두었다.**
In the city council elections, the conservative party **won by a landslide.**

5   공식 집계에 따르면 그 여성 후보가 70퍼센트의 표를 차지하며 **압승을 거두었다.**
Official tally shows that the female candidate **won by a landslide** with 70 percent of the votes.

Some reports show that the left-wing candidate **would win by a landslide** if the election were held today.
<The New York Times>

일부 보도에 따르면 만약 오늘 선거가 치러진다면 그 좌익 성향의 후보가 **압승을 거둘 것**이라고 한다. 〈뉴욕 타임스〉

left-wing 좌파의

그 후보는 **가까스로 승리를 거머쥐었다.**

The candidate **won by a narrow margin.**

MP3 005

박빙이거나 막상막하인 상황을 neck-and-neck이라고 합니다. 경마에서 두 경주마의 머리가 앞서거니 뒤서거니 하는 상황을 그려 보세요. They were neck and neck in the contest(그들은 대회에서 우열을 가리기 어려웠다). 혹은 They ran neck and neck(그들은 앞서거니 뒤서거니 달렸다).처럼 씁니다. 그러다가 근소한 차이로 우승하면 win by a narrow margin이라고 표현합니다. '가까스로 승리하다'라고 할 수 있죠. 선거를 비롯한 모든 경쟁에서 사용하는 표현입니다.

1 연립당은 **가까스로 승리했다**.
   The coalition party **won by a narrow margin.**
   —— coalition 연합, 합동

2 당선된다고 해도 그는 **가까스로 승리할** 가능성이 높다.
   Even if he wins, he is likely to **win by a narrow margin.**

3 총선에서 진보당은 **가까스로 승리했다**.
   In the general elections, the progressive party **won by a narrow margin.**

4 두 거물 정치인들이 출마를 포기하면서 그는 **가까스로 승리했다**.
   With two political heavyweights stepping down, he **won by a narrow margin.**
   —— heavyweight 영향력 있는 인물, 거물

5 예상을 깨고 그 정치 초심자는 선전했고 **가까스로 승리했다**.
   Bucking expectations, the newcomer in politics put up a good fight and **won by a narrow margin.**

He's got to worry about Michigan, Pennsylvania and Wisconsin—all of which he **won by a narrow margin** in 2016.
<Fox News>

그는 미시건, 펜실베이니아, 그리고 위스콘신 주를 걱정해야 한다. 이 모든 지역에서 그는 2016년에 **가까스로 승리했다**. 〈폭스 뉴스〉

CHAPTER 2

국회

정치 뉴스 가운데에는 국회와 관련한 뉴스가 큰 비중을 차지합니다. 그만큼 국회와 관련하여 다양한 상황별 표현들이 존재하지요. 그 가운데 국회가 파행 중이다(be mired in conflict), 법안을 표결에 부치다(put the bill to a vote), 국회 청문회를 개최하다(open a parliamentary hearing) 등의 격식 있는 뭉치 표현들을 엄선하여 소개합니다. 뉴스에만 국한되지 않는 중요한 뭉치 표현들을 실무에서, 그리고 일상에서도 고급스럽게 활용해 보세요.

국회 관련 주요 용어

1. 의회 : parliament
2. 국회 : National Assembly
   (우리나라에서 사용하는 용어.
   미국은 Congress, 일본은 Diet이며
   parliament는 '의회'를 뜻하는 일반명사)
3. 양원제 : bicameral system
4. 단원제 : unicameral system,
   one chamber system
5. 다수의 횡포 : tyranny of the majority
6. 삼권 분립 : division of power into
   the three branches of government
7. 입법부
   : legislative branch, the legislature
8. 행정부
   : executive branch, the administration
9. 사법부 : judicial[judiciary] branch,
   the judiciary
10. 견제와 균형 : checks and balances
11. 거부권 : veto
12. 탄핵 : impeachment
13. 삼선 의원 : three-time elected
    member of the parliament,
    third-term lawmaker
14. 회기 : session
15. 휴회 : recess
    휴회 중이다 : be out of session
16. 입법 예고 : notification of legislation
17. 날치기 법안 통과 : railroading
18. 국가 예산안 심의
    : deliberation of the national budget
19. 국정 감사 : parliamentary audit
20. 불체포 특권 : immunity from arrest

의회는 **법안을 표결에 부쳤다.**
The parliament **put the bill to a vote.**

MP3 006

국회에서는 각종 법안을 심의하고 본회의(plenary session)에서 법안을 표결에 부치고 (put the bill to a vote) 법제화하죠. 이를 입법 과정(legislative procedures)이라고 합니다. '무언가에 대해 투표를 실시하다'는 put something to a vote라고 하고, '~에 찬성표를 던지다'는 vote for ~, '~에 반대표를 던지다'는 vote against ~라고 표현합니다.

1 국회는 금요일에 **법안을 표결에 부칠 것이다.**
The National Assembly **will put the bill to a vote** on Friday.

2 야당들은 회의장에 박차고 들어갔지만 여당이 **법안을 표결에 부치고** 통과시키는 걸 막지 못했다.
The opposition parties stormed into the assembly hall but couldn't prevent the ruling party from **putting the bill to a vote** and passing it.

3 국회는 내일 **그 법안을 표결에 부치려고** 했으나 국회 파행으로 무기한 연기됐다.
The National Assembly planned to **put the bill to a vote** tomorrow but with the parliament mired in conflict, this has been indefinitely postponed.

4 국회는 오늘 **무려 30개 법안을 표결에 부칠 것이다.**
The National Assembly **will be putting up to 30 bills to a vote** today.

5 추석 이후 국회는 **법안을 원내 투표할** 예정이다.
The National Assembly is slated to **put the bill to a floor vote** after the Chuseok Holidays.

—— be slated to ~할 예정이다   the floor 의원석, 참가 의원

Legislators held discussions throughout Tuesday to try **to put the bill to a vote** but the session was adjourned close to midnight.
<BBC>
국회의원들은 **법안을 표결에 부치기 위한** 노력으로 화요일에 종일 논의를 이어 갔지만 회기는 자정 가까운 시간에 휴회됐다. 〈BBC〉
adjourn 휴회하다, 휴정하다

빈출 표현 007

국회가 **파행 중이다**.
The National Assembly is mired in conflict.

MP3 007

국회의원들의 의정 활동을 보면 갈등과 파행으로 얼룩져 있을 때가 많습니다. 정당 정치에 주력하다 보면 민생은 뒷전이라는 인상을 줄 때도 있습니다. 여당과 야당이 무조건 대립만 하는 듯 보이기도 하는데, 선거철에 국민들에게 약속했던 것을 모두 잊은 것인가 하는 아쉬움이 자주 듭니다. mire는 '진창, 수렁', '진창이나 수렁에 빠뜨리다'는 뜻이어서, be mired in은 '~의 수렁에 빠지다'의 뜻입니다. be mired in conflict는 '갈등의 수렁에 빠져 있다, 파행 중이다'라고 해석할 수 있겠습니다.

1   야당들은 **파행 중이다**.
    The opposition parties **are mired in conflict**.

2   정당 내 당파들은 이해상충의 **늪에 빠져 있다**.
    The factions within the party **are mired in conflict** of interest.

3   국회는 10일째 **파행 중이다**.
    The National Assembly **has been mired in conflict** for the 10th day.

4   소말리아는 1991년 내전 발발 이후 **갈등의 수렁에 빠져 있다**.
    Somalia **has been mired in conflict** since a civil war broke out in 1991.

5   국회는 새 법안의 통과를 놓고 **파행 중이다**.
    The National Assembly **is mired in conflict** over the passage of the new bill.

As the current decade draws to a close, large parts of the world **are mired in conflict**, stable democracies have suddenly been knocked off kilter, and societies are increasingly divided by race, religion, and political ideology. <Project Syndicate>

현 10년이 저물어 가면서 세계 많은 지역이 **갈등의 수렁에 빠지고**, 안정적인 민주 국가들이 갑자기 파행을 겪고 있으며, 사회는 점점 더 인종, 종교와 정치 이념으로 분열되고 있다. 〈프로젝트 신디케이트〉

draw to a close 끝나가다, 종말이 다가오다   **kilter** 정상 상태, 양호한 상태
increasingly 점점 더

소위원회는 **국회 청문회**를 개최했다.
The sub-committee opened a parliamentary hearing.

MP3 008

청문회(聽聞會)는 말 그대로 듣고(聽) 물어보는(聞) 모임이자 회의입니다. 국회 청문회를 parliamentary hearing이라고 하고 고위 공직자 인사 청문회는 confirmation hearing 이라고 합니다. 국회 청문회는 종종 TV로 생방송되기도 하는데, 이는 a live televised parliamentary hearing이라고 합니다.

1 두 남성은 **국회 청문회**에서 진술했다.
The two men testified at **a parliamentary hearing**.

2 이 청문회는 **유례가 없는 국회 청문회**다.
This hearing is **an unprecedented parliamentary hearing**.

3 기업 총수들은 **국회 청문회**에서 의원들의 질문 공세를 받았다.
The corporate chiefs were grilled by lawmakers at **the parliamentary hearing**.
—— grill 다그치다, 닦달하다

4 **국회 청문회**에서 그는 1억 원의 뇌물을 준 혐의로 비난을 받았다.
He was accused of giving 100 million won in bribes at **a parliamentary hearing**.

5 **국회 청문회**에서 의원들은 각종 혐의에 대해 장관을 다그쳤다.
During **the parliamentary hearing**, the lawmakers grilled the minister on various allegations.
—— allegation 충분한 증거가 없는 주장, 혐의

Once **a parliamentary hearing** began, opposition lawmakers buffeted Mr. Kim with allegations of tax evasion, bribery and shady financial transactions. <The New York Times>

일단 **국회 청문회**가 시작되자 야당 의원들은 탈세, 뇌물 수수와 수상한 금융 거래 혐의에 대해 김 씨를 뒤흔들었다. 〈뉴욕 타임스〉

buffet 뒤흔들다, 괴롭히다　**tax evasion** 탈세　**bribery** 뇌물 수수
shady (부정, 불법 등) 수상한 데가 있는　**financial transaction** 금융 거래

동의안이 국회에 **계류 중이다**.
The motion is pending approval at the National Assembly.

MP3 009

법안은 bill, 동의안은 motion이라고 합니다. be pending approval은 '(승인을) 계류 중이다'는 뜻인데요, '승인을 기다리고 있다, 승인이 아직 처리되지 않았다'는 의미죠. pending은 중요한 단어로, 몇 가지 의미가 있습니다. 형용사로는 '미결정인, 계류 중인, 임박한'의 뜻으로, the pending issue는 '현안 문제'라는 뜻입니다. the pending issue 같은 표현은 뭉치째로 기억하면 좋습니다. 전치사로 pending은 '~까지'의 뜻이어서 pending his arrival은 '그가 도착할 때까지'입니다.

1   여전히 많은 법안들이 파행 중인 국회에 **계류 중이다**.
    Still many bills **are pending approval** at the parliament that is mired in conflict.

2   국회가 **계류 중인 추가예산안**을 신속히 통과시켜 주길 바란다.
    We hope that the parliament swiftly passes **the pending extra budget bill**.

3   추가경정예산은 경쟁 구도에 있는 양당 원내 총무들의 **승인을 기다리고 있다**.
    The supplementary revised budget **is pending approval** by floor leaders of the rival camps.

4   주요 법안들은 국회에 제출된 지 10일이 됐는데 **여전히** 국회에 **계류 중이다**.
    The major bills were submitted to the parliament 10 days ago and **are still pending approval** at the National Assembly.

5   **국회에서 계류 중인** 이 법안들은 상당한 관심을 모으고 있다.
    Pending parliamentary approval, these bills are garnering much attention.

The government called on the National Assembly to swiftly discuss the revision of the Tele Medicine law that**'s pending approval** in Parliament.
<KBS WORLD Radio News>
정부는 국회에 **계류 중인** 원격의료법 개정을 신속히 논의해 줄 것을 국회에 요청했다.
〈KBS 월드 라디오 뉴스〉

call on ~ to부정사 ~에게 to부정사 할 것을 요청하다   **revision** 개정, 수정

빈출 표현 010

요즘 정당들이 **초당적인 노력을** 하고 있다.
These days political parties are making bipartisan efforts.

MP3 010

정치가들이 국민들의 더 나은 삶에 도움이 되는 법안을 통과시키거나(pass a bill) 성과를 내고자 한다면 당리당략을 고수하면(play partisan politics) 안 됩니다. 필요할 때는 초당적인(non-partisan, bipartisan) 노력을 해야 합니다. party가 '당'이고 partisan은 '당파적인, 편파적인'의 뜻입니다. 그리고 bipartisan은 '두 정당의'라는 뜻에서 나아가 '초당파적인'의 뜻을 갖습니다. '초당적인 노력'은 bipartisan efforts라고 표현할 수 있겠죠? 늘 국민의 삶을 우선시하고 초당적인 노력을 하는 국회를 기대합니다.

1   대통령은 법을 개정하기 위한 **초당적인 노력**을 요청했다.
   The president called for **bipartisan efforts** to revise the law.

2   **초당적인 노력**이 부족해서 현안 문제가 산적해 있다.
   A lack of **bipartisan efforts** has led to a pileup of pending issues.

3   **최근의 초당적인 노력**은 주택 값을 낮춰 줄 것으로 기대된다.
   Recent bipartisan efforts are expected to make housing more affordable.

4   정부와 여야당은 **초당적인 노력을 해서** 일본의 보복에 응수할 것이다.
   The government with ruling and opposition parties **will make bipartisan efforts** to counter Japan's retaliation.

5   그 **초당적 조치**는 수년 동안의 신중한 연합 형성에서 비롯된 것이다.
   The bipartisan measure emerged from years of careful coalition-building.

Our beautiful Sunshine State needs our protection, so we Floridians **should make bipartisan efforts** to save Florida from pollution's devastation.
<Tampa Bay Times>

우리의 아름다운 햇빛주는 우리의 보호를 필요로 하므로, 우리 플로리다 주민들은 플로리다를 오염의 파괴로부터 구하기 위해 **초당적인 노력을 해야 한다.** 〈탬파베이 타임스〉

Sunshine State 플로리다 주의 속칭   **devastation** 대대적인 파괴, 황폐하게 함

CHAPTER 3

정권

정당의 목표는 권력을 쟁취하는 것입니다. 우리나라는 5년 단임제인 대통령제 국가로, 5년마다 각 정당의 후보 중 국민이 직접 뽑은 사람이 대통령이 됩니다. 의원내각제에서는 의원 수가 가장 많은 당의 대표가 총리가 되어 통치합니다. 대통령이든 총리든 정권을 잡으면 그 힘은 막강합니다. 그래서 정당은 혼신의 힘을 다해서 정권을 유지하려고 노력하거나 정권 교체를 이루려고 애씁니다. 이 장에서는 정권과 관련하여 특히 활용도 높은 핵심 뭉치 표현을 공부하겠습니다.

정권 관련 주요 용어

1. 정권 : political power
2. 집권하다 : be in power, rule
3. 취임하다 : take office, be sworn in
4. 퇴임하다 : leave office
   대통령이 퇴임하다 : end presidential term
5. 대통령제 : presidential system
6. 의원내각제 : parliamentary system
7. 대통령 단임제 : single-term presidency
8. 대통령 중임제
   : multiple-term presidency
9. 국정 : state administration
10. 국정 운영 : governing the state
11. 지지율 : approval rating
12. 신임 투표 : vote of confidence
13. 권력 승계 : succession of power
14. 의회를 해산하다
    : dissolve parliament
15. 풀뿌리 정치 : grass-roots politics
16. 탄핵 : impeachment
17. 정치적 혼란 : political turmoil
18. 반정부 인사, 반체제 인사
    : political dissident
19. 정권에서 축출된 : ejected from power
20. 다시 정권을 잡다, 재집권
    : return to power

빈출 표현 **011**

그 정당은 **정권 교체를 이뤘다.**

The party **brought about a transition of power.**

MP3 **011**

'교체' 하면 replacement를 흔히 떠올리지만 정권 교체라는 의미로는 transition, 즉 '이행, 변화'라는 뜻을 가진 단어를 사용합니다. 정권이 한쪽에서 다른 쪽으로 옮겨 가는, 이행하는 것이기 때문이겠죠. 그래서 transition of power가 '정권 교체'라는 표현입니다. 이와 호환해서 사용할 수 있는 뭉치 표현으로 transfer of power가 있습니다. transition 의 형용사형을 사용한 transitional government는 '과도 정부'의 뜻입니다. bring about 은 '야기하다, 유발하다'로, 의역하면 '이루어 내다'가 자연스럽습니다.

1 야당은 **정권 교체를 이루는 것을** 목표로 하고 있다.
   The opposition party aims to **bring about a transition of power.**

2 소수 정당은 **평화로운 정권 교체를 이루었다.**
   The minority party **brought about a peaceful transfer of power.**

3 외국인 투자자들은 선거에서 **정권 교체를** 기대하고 있다.
   Foreign investors look forward to **a transfer of power** in the elections.

4 **정권이 교체되는 동안에** 현 정부는 취약한 상태에 놓인다.
   The current government finds itself in a vulnerable position **during a transition of power.**

5 선거에서 패할 경우를 대비해 정부는 **정권 교체에** 대비하는 작업에 돌입했다.
   The government started the process of preparing for **a transition of power** should it lose in the elections.

At an impromptu news conference in Geneva, Annan said the international community and Security Council had not supported his efforts to enforce a cease-fire and bring about **a transition of power.**
<The Washington Post>

제네바에서 열린 즉석 기자 회견에서 코피 아난은 국제 사회와 유엔 안전보장이사회는 휴전을 실시하고 **정권 교체를** 이루려는 그의 노력을 지지하지 않았다고 말했다. 〈워싱턴 포스트〉

impromptu 즉석에서 한   **news conference** 기자 회견(= **press conference**)
Security Council 유엔 안전보장이사회   **enforce** 실시하다, 집행하다, 시행하다
cease-fire 휴전, 정전

그는 **대통령으로 취임했다**.
He was sworn in as president.

대통령 선거(presidential election)가 끝나면 대통령 당선자(the president elect)를 중심으로 대통령직 인수위원회가 정권 교체 준비를 합니다. 그리고 취임식(inauguration ceremony)이 거행되죠. '대통령으로 취임하다'를 be sworn in as president 또는 take office as president라고 표현합니다. be sworn in as president에서 sworn은 '선서한'으로, 대통령으로 선서한 후 취임한다는 뜻이 담겨 있지요.

1   사르코지는 2007년 5월 16일에 **대통령으로 취임했다**.
Sarkozy **was sworn in as president** on May 16, 2007.

2   그는 정확히 1년 전 오늘 **대통령으로 취임했다**.
He **was sworn in as president** exactly one year ago today.

3   내 대통령직 최고의 날은 **대통령으로 취임했을** 때였다.
The best day of my presidency was when I **was sworn in as president**.

4   연립 정부를 구성할 것을 다짐한 후 그는 **대통령으로 취임했다**.
Following his pledge to form a coalition government, he **was sworn in as president**.

5   아르헨티나의 알베르토 페르난데스는 화요일에 **대통령으로 취임했고**, 이로써 중남미 3위 경제 대국의 좌경화를 알렸다.
Argentina's Alberto Fernandez **was sworn in as president** on Tuesday, marking a shift to the left for Latin America's number 3 economy.

Before he **was sworn in as president**, Donald J. Trump made clear that he would treat the stock market as a crucial yardstick of his success in office. <The New York Times>

도널드 J. 트럼프는 **대통령으로 취임하기** 전, 주식 시장을 자신의 대통령직 성공의 결정적인 척도로 다루겠다는 뜻을 분명히 했다. 〈뉴욕 타임스〉

make clear that ~를 분명히 하다   **crucial** 결정적인, 중대한   **yardstick** 기준, 척도

그 위원회는 새로운 **정책을 수립했다**.
The committee **drew up a new policy.**

MP3 013

정권의 주요 책무는 국가 운영을 위한 정책(policy)을 마련하고 시행하고 수정하는 등의 일일 것입니다. draw up이 '수립하다, 작성하다'는 뜻이어서 draw up a policy는 '정책을 세우다, 수립하다'의 뜻입니다. 이와 비슷한 표현으로 map out이 있는데, 이는 '상세히 마련하다'의 어감으로 사용합니다.

1   그 부처는 이달에 **정책을 수립할 것**이라고 발표했다.
    The ministry announced it **will draw up a policy** this month.

2   정부가 모든 금융기관이 도입한 **그 정책을 수립했다**.
    The government **had drawn up the policy** that was adopted by all financial institutions.

3   **정부가 수립한 정책**을 국회가 법으로 제정했다.
    The National Assembly legislated into law **the policy drawn up by the government**.

4   의회는 고위 공무원을 신속히 해임할 수 있는 **정책을 수립했다**.
    The parliament **drew up a policy** that allowed for the swift dismissal of senior officials.

5   대통령은 정부가 기업체 재건을 목표로 하는 **정책을 수립할 것**이라고 말했다.
    The president said his government **would draw up a policy** aimed at rebuilding businesses.

The task force, set up in August, has been asked to **draw up a policy** for the accelerated deployment of AI and a five-year roadmap for its use in government and industry research programmes.
<Business Standard>

8월에 설립된 그 태스크포스는 인공지능을 신속히 배치하기 위한 **정책을 수립하고** 이를 정부와 업계 연구 프로그램에 사용하기 위한 5개년 로드맵을 작성하라는 요청을 받았다. 〈비즈니스 스탠더드〉

accelerated 속도가 붙은, 가속된   **deployment** 배치, 전개

그들은 **반정부 시위를 벌였다.**
They staged anti-government protests.

MP3 **014**

정부가 국정 운영을 잘못하거나 논란을 일으키면 국민들은 거리로 나가 반정부 시위를 벌입니다. 선진 민주 국가에서 이런 일이 더 빈번하죠. '무대'의 뜻으로 익숙한 stage는 '(판을) 벌이다'는 뜻의 동사로도 쓰여서, '시위를 벌이다'는 stage a protest, '반정부 시위를 벌이다'는 stage an anti-government protest라고 표현합니다. 한편 '파업을 하다'는 stage a strike 또는 wage a strike라고 표현합니다.

1 수천 명의 사람들이 프라하에서 **반정부 시위를 벌이고 있다.**
Thousands of people **are staging anti-government protests** in Prague.

2 정부 정책에 불만을 품은 사람들이 **반정부 시위를 벌이고 있다.**
People disgruntled with government policies **are staging anti-government protests.**
——— disgruntled with ~에 불만인, ~으로 기분이 상한

3 수만 명의 시위자들이 **반정부 시위를 벌이기 위해** 집결하고 있다.
Tens of thousands of demonstrators are gathering **to stage anti-government protests.**

4 홍콩 시민들은 11주째 계속 **반정부 시위를 벌이고** 있다.
Hong Kong citizens continue to **stage anti-government protests** for the eleventh week.

5 다양한 업계의 노조들이 대규모 반대 세력을 형성하여 **반정부 시위를 벌였다.**
Labor unions of various industries have formed a massive opposition force to **stage anti-government protests.**

Several thousand **anti-government protesters** rallied in Thailand's capital on Saturday to call for a new constitution, new elections and an end to repressive laws.
<VOA News>
수천 명의 **반정부 시위자들**이 토요일에 태국 수도에서 집회를 갖고 새로운 헌법, 새로운 선거, 그리고 억압적인 법률의 폐지를 요구했다. 〈미국의 소리 뉴스〉

rally 모이다, 집결하다   **repressive** 억압적인, 탄압하는

오는 11월에 **그의 임기가 만료된다.**

His term expires this coming November.

MP3 015

임무를 맡아 보는 기간인 임기는 term이라고 합니다. term 외에 tenure(재임 기간)라는 단어도 많이 활용합니다. term이 사용되는 뭉치 표현들 가운데 자주 쓰는 것으로 '임기가 ~에 만료되다[끝나다]'는 'the term expires[ends] in 월, 연/on 날짜'이고, '임기가 ~에 시작되다'는 'the term begins in 월, 연/on 날짜'입니다. 그 외에 the term lasts until 연, 월, 일(임기는 ~까지다), renew the term(재임하다) 등이 있습니다.

1   2022년 12월에 **그의 임기가 끝난다**.
His term expires in December of 2022.

2   시장은 **임기가 끝나면** 은퇴할 것이라고 한다.
The mayor says he will retire **after his term expires**.

3   그 장관은 **임기가 끝나면** 대통령에 출마할 계획이다.
The minister plans to run for president **after her term expires**.

4   그는 1월 20일에 **임기가 끝나기 전에** 탄핵될 수가 있다.
He could be impeached **before his term expires** on January 20.

5   그녀는 6월 30일에 **임기가 끝나는** 톰 스미스의 뒤를 이어 의회 의장직에 오를 가능성이 높다.
She will likely succeed Tom Smith **whose term expires** on June 30th as the Speaker.

In a landslide vote, 78% of Russians supported amendments giving Mr. Putin the option to run twice **after his term expires** in 2024. A total of 160 members of the chamber voted for the bill on Wednesday, while one voted against it and three abstained.
<VOA News>

압도적인 찬성 투표로 러시아인의 78퍼센트는 헌법 개정안을 지지했고, 이로써 푸틴 대통령은 2024년에 **임기가 끝난 후** 두 번 출마할 수 있는 선택권을 얻었다. 의회 상원의원 총 160명이 수요일 법안 투표에 찬성표를 던졌고, 1명은 반대표를 던지고 3명은 기권했다. 〈미국의 소리 뉴스〉

landslide 압도적인, 압승의   **amendment** (법안, 헌법의) 개정(안), 수정(안)
chamber 의회, 국회   **abstain** 기권하다

CHAPTER 4

비리

비리와 부패를 생각하면 가장 먼저 떠오르는 말들이 권력형 비리, 정경유착, 탈세 등입니다. 한자 기반의 합성명사를 영어로 옮길 때는 의미를 곱씹어서 풀어내야 합니다. 예컨대 정경유착은 '정치인들과 재계의 유착(불법 관계)'처럼 의미를 풀어서 영어로 collusion between business and politics라고 말하면 됩니다. 비리 관련해서는 '뇌물 특혜 비리'도 종종 뉴스를 장식하는데요, 이를 a bribes-for-favors scandal이라고 합니다. 여기서 for는 '교환'의 for로 in exchange for를 줄인 말로 보면 됩니다. 이 장에서는 이처럼 비리, 부패와 관련한 뭉치 표현들을 배워 보겠습니다.

비리 관련 주요 용어

1. 부정 : illegality, irregularity
2. 부패 : corruption
3. 유착 : collusion
4. 공범자 : accomplice
5. 정경유착 : collusion between politics and business
6. 증거 인멸 : destroying evidence
7. 뇌물 수수(賂物授受, 뇌물을 주고받는 것) : bribery
8. 뇌물 수수(賂物收受, 뇌물을 받는 것) : taking[accepting] bribes
9. 뇌물 공여 : offering[giving] bribes
10. 화이트칼라 범죄자 : white collar criminal
11. 횡령, 착복 : misappropriation
12. 탈세 : tax evasion
13. 부동산 투기 : real estate speculation
14. 권력 남용 : abuse of power
15. 직권 남용 : abuse of one's authority
16. 성폭력 : sexual violence
    성희롱 : sexual harassment
    성추행 : indecent assault, sexual molestation
    성폭행 : sexual assault, rape
17. 범법[부정] 행위 : wrongdoing
18. 공무 집행 방해 : obstruction of official duty
19. 직무 유기 : dereliction of duty
20. 직무상의 부당 취득, 공무원의 금품 강요 : extortion

빈출 표현 016
부정부패가 만연하다.
Irregularities and corruption are running amok.

MP3 016

공직사회(officialdom)에서 부정부패가 완전히 척결되지 않는 경우를 많이 볼 수 있습니다. 부정부패는 영어로 어떻게 표현할까요? irregularities가 '부정 행위'의 뜻이고 corruption이 '부패'이므로 irregularities and corruption이라고 표현할 수 있겠죠. 권력을 잡은 사람들은 각종 유혹을 느끼고 사리사욕을 취하기 위해 본분을 망각하는 경우가 있습니다. 이런 일들이 무절제하게 일어나는 것을 run amok이라고 합니다. 원래 뜻은 '미친 듯이 날뛰다'입니다.

1 당국자들은 **부정부패가 만연하도록** 놔둬서는 안 된다.
Authorities should not let irregularities and corruption run amok.

2 대통령이 취임한 지 1년 만에 **부정부패가 만연하고 있다.**
Irregularities and corruption have been running amok just a year since the president took office.

3 전염병이 발생한 후에 **의회의 부패는 통제불능 상태가 됐다.**
Congressional corruption ran amok after the outbreak of the epidemic.

4 지난해에 정부가 단속을 한 후에 **각종 부정부패가** 다시 수면 위로 올라왔다.
Various irregularities and corruption have resurfaced after the government cracked down on them last year.

5 그 나라 전 지역에서 **테러 행위가 마구 일어나고 있다.**
Terrorist activities are running amok in all parts of the country.

The Nation Investigative Desk got wind of **a corruption racket running amok** at the National Youth Service (NYS) when many suppliers approached the newspaper months ago complaining that they had not been paid for supplies of goods and services to the agency since 2015.
<Daily Nation>

본 일간지 〈네이션〉의 수사 데스크는 국가청소년군단(NYS)에서 **만연하고 있는 부패**에 관한 시끄러운 소문을 접했다. 수개월 전에 많은 납품업체들이 우리 신문사에 접촉하여 2015년부터 그들이 그 기관에 납품한 재화와 용역에 대한 대금을 받지 못했다고 항의했다. 〈데일리 네이션〉

get wind of ~의 소문을 듣다, ~을 알아내다　　**racket** 시끄러운 소리, 소음, 법석

정경유착의 고리를 끊어야 한다.
We have to sever the collusive ties between business and politics.

MP3 017

부패와 비리는 권력과 돈이 결부된 경우가 대부분입니다. 대표적인 당사자들은 정치인들과 사업가들이죠. 뉴스 용어로 이 관계를 정경유착이라고 합니다. '유착'이라는 뜻으로 '공모, 결탁'의 collusion을 쓸 수 있습니다. 그래서 '정경유착'은 the collusion between business and politics라고 하면 됩니다. 나아가 '정경유착의 고리'는 the collusive ties[link] between business and politics라고 표현할 수 있습니다. '끊다'라는 뜻을 지닌 격식 있는 표현은 sever, 캐주얼한 단어는 cut 또는 cut off가 있습니다.

1   그는 당선되면 **정경유착의 고리를 끊겠다**고 약속했다.
    He promised to **sever the collusive ties between business and politics**
    if he is elected.

2   그들은 **정경유착의 어두운 고리를 끊으려고** 안간힘을 쓰고 있다.
    They are bending over backwards **to sever the shadowy link between**
    business and politics.
    —— bend over backwards 무진 애를 쓰다

3   그는 **정경유착의 고리를 끊겠다던** 약속을 지키지 못했다.
    He failed to deliver on his promise **to sever the collusive ties between**
    business and politics.

4   **정경유착의 고리**는 만성적인 문제이며 끊기란 말이 쉽지 실천하기 어렵다.
    The collusive link between business and politics is a chronic problem
    and severing it is easier said than done.

5   야당의 승리가 과연 **뿌리 깊은 정경유착의 고리를 끊을** 수 있을지 미지수다.
    It is unclear whether the opposition party's victory will lead to
    severing the deep-rooted collusive link between business and politics.

There is overdue debate about **the links between big business and**
politics, as well as about inequalities of class, race and gender.
<The Guardian>

계층, 인종, 성 불평등에 대한 논의는 물론 **대기업과 정치 사이의 유착 고리**에 대한 논쟁이 벌써
이루어졌어야 하는데 그렇지 못하다. 〈가디언〉

overdue 벌써 행해졌어야 할, 이미 늦어진   **inequality** 불평등

수상쩍은 거래 조짐이 역력하다.
Signs of shady dealings are evident.

MP3 018

dealing은 '거래'라는 뜻입니다. '수상쩍은'이란 의미로는 shady와 suspicious가 모두 쓰이는데, shady는 shade(그늘)의 형용사로, 그늘이 드리워져 있으니 뭔가 선명하지 않고 수상한 구석이 있다는 뜻을 갖게 되었습니다. shady보다는 suspicious가 조금 더 격식이 느껴지는 단어입니다. '수상쩍은 거래'는 shady dealing이나 suspicious dealing이라고 표현할 수 있겠죠. '조짐'은 sign으로 나타낼 수 있습니다.

1   대규모 공사 계약 과정에서 **수상쩍은 거래** 조짐이 역력했다.
Signs of **shady dealings** were evident in the mega construction deal.

2   부패한 공무원들은 **수상한 거래**를 통해 추가 수입을 얻는데, 이런 조짐들은 역력하다.
Corrupt public servants rely on **shady dealings** for extra income and these signs are evident.

3   해외 자원 개발에서 **수상한 거래**가 나타나기 쉽다.
Overseas resource development is prone to **shady dealings**.

4   그는 **수상한 거래**로 고발당한 장관 두 명을 지지해서 비난을 받았다.
He was denounced for backing two ministers accused of **shady dealings**.

5   그는 영향력 있는 사업가들과 **수상한 거래**를 한 것으로 널리 의심받았다.
He was widely suspected of his **shady dealings** with influential businessmen.

Dodd says he originally thought BBI represented a good business deal, but soon discovered financial mismanagement and various **shady dealings**.
<The Guardian>

도드는 당초에 BBI가 좋은 사업 거래라고 생각했으나 곧 재정 관리 부실과 여러 가지 **수상한 거래를** 발견했다고 말한다. 〈가디언〉

business deal 사업 거래   **mismanagement** 그릇된 관리[경영], 실수

한 유명 정치인이 **탈세 비리에 연루됐다.**

A well-known politician was implicated in a tax evasion scandal.

MP3 019

'~에 연루되다'는 영어로 be involved in ~, be implicated in ~이라고 표현할 수 있습니다. be involved in ~은 쉬운 표현이고, be implicated in ~은 격식 있는 표현입니다. '범죄에 연루되다'는 be implicated in a crime이나 be involved in a crime이라고 표현할 수 있겠죠. 법이나 범죄 관련 용어는 낯설고 딱딱합니다. 범죄 관련 뉴스를 볼 때마다 우리말 단어를 정리하고 해당 영어 표현을 찾아서 공부하는 습관을 들여 보세요.

1 더 많은 정치인들이 **그 탈세 비리에 연루되었다.**
   More politicians **were implicated in the tax evasion scandal.**

2 사람들의 충격 속에 그는 **성매매 사건에 연루되었다.**
   To the shock of people, he **was implicated in a sex trafficking case.**

3 그는 **살인 사건에 연루될까** 두려워 법정에서 위증을 했다.
   He committed perjury for fear of **being implicated in a murder case.**
   —— commit (a) perjury 위증죄를 범하다

4 그 현역 국회의원은 **범죄 스캔들에 연루되어** 정계에서 은퇴했다.
   The sitting lawmaker retired from politics **after being implicated in a crime scandal.**

5 몇몇 정치인들이 **성희롱 스캔들에 연루되어** 사과 기자 회견을 가졌다.
   With several politicians **being implicated in a sexual harassment scandal**, they held press conferences to issue an apology.

Mary is held in high regard and respected for the help that she gives to homeless children in her community. Despite her stellar reputation, her hidden demons will cause havoc for her family and friends, who **get implicated in her unethical business deals.**
<JustNje>

메리는 지역 사회의 집 없는 아동들을 도와줘서 높이 평가 받고 존경을 받고 있습니다. 그녀의 훌륭한 평판에도 불구하고 그녀의 추악한 비밀은 가족과 친구들에게 엄청난 피해를 끼치게 될 것인데, 이들은 **그녀의 비윤리적인 사업 거래에 연루되어 있습니다.** 〈JustNje〉

be held in high regard 높은 평가를 받다   **stellar** 별의, 뛰어난
havoc 큰 피해, 대혼란, 파괴   **unethical** 비윤리적인

빈출 표현
020

그 거물 정치인이 **뇌물 수수로 구속됐다.**

The political heavyweight was arrested for taking bribes.

MP3 020

arrest는 '체포'라는 명사로도 쓰이고 '체포하다'라는 동사로도 쓰여서 be arrested는 '체포되다'는 뜻이고, be arrested for ~는 '~로 체포되다'의 뜻이 됩니다. bribe는 뇌물입니다. take a bribe는 '뇌물을 받다'이고 offer[give] a bribe는 '뇌물을 주다'입니다. bribery는 뇌물을 주거나 받는 행위인 뇌물 수수(賂物授受)를 가리킵니다. 2015년에 제정된 (legislated) 부정청탁 및 금품 등 수수의 금지에 관한 법률(김영란법)은 이 불법적인 관행을 많이 바로잡고 있는 것 같습니다. heavyweight은 말 그대로 무게가 평균 이상인 사람을 나타내서, 비유적으로 '영향력 있는 사람, 거물'을 뜻합니다.

1   그는 **뇌물 수수로 구속됐고** 10년 형을 받았다.
   He **was arrested for taking bribes** and sentenced to 10 years in prison.

2   그 장관의 전임자는 **뇌물 수수로 구속되어** 15년 징역을 살았다.
   The minister's predecessor **was arrested** and jailed for 15 years **for taking bribes.**

3   그는 **거액의 뇌물을 수수하고** 그 돈으로 집과 고급 차를 산 **죄로 구속됐다.**
   He **was arrested for taking a sizeable amount in bribes** with which he bought a house and a luxury car.

4   **뇌물 수수와 성추행 혐의로 구속된** 후 그는 신임을 잃었다.
   Following his **arrest on charges of taking bribes and sexual molestation,** he fell from grace.

5   회사의 대표이사가 **뇌물 공여로 구속된** 후 회사는 파산했다.
   After the company's CEO **was arrested for giving bribes,** the company went bankrupt.

Two sitting opposition lawmakers **were arrested** early Thursday **for taking bribes** and illegal political funds under the previous Park Geun-hye government, a Seoul court said. The court acknowledged that the suspects present the risk of flight and destroying evidence.
<Yonhap News Agency>

현역 야당 국회의원 두 명이 박근혜 전 정부 시절 **뇌물수수와** 불법 정치 자금을 받은 혐의로 목요일 오전 **구속됐다고** 서울 법원은 말했다. 법원은 용의자들이 도주와 증거 인멸의 우려가 있다고 인정했다.
〈연합뉴스〉

the risk of flight and destroying evidence 도주와 증거 인멸의 우려

CHAPTER 5

⚜

안보

한반도는 세계 유일의 분단 국가이며 냉전 시대의 마지막 잔재라고 외국 뉴스에서 종종 보도합니다. 이를 영어로는 이렇게 말할 수 있습니다. Korea remains the only divided country in the world and the last vestige of the Cold War Era. (vestige는 자취, 흔적, 잔재라는 뜻입니다.) 최근 여론 조사에서는 통일을 찬성하는 의견보다 반대하는 의견이 더 우세하게 나타나기도 했는데요, 어쨌든 우리나라 현실에서는 안보와 국방이 여전히 중요한 것 같습니다. 이 장에서는 안보와 관련한 뭉치 표현들을 배워 보겠습니다.

안보 관련 주요 용어

1. 안보 질서 : security order
2. 안보 위협 : security threat
3. 평화 체제 : peace regime
4. 국제 분쟁 : international conflict
5. 영토 분쟁 : territorial dispute
6. 무력 분쟁 : armed conflict
7. 군비 경쟁 : arms race
8. 신뢰 구축 : confidence building
9. 중재 : arbitration
10. 병력 증강 : force augmentation
11. 군비 통제[제한] : arms control
12. 군비 축소
    : disarmament, arms reduction
13. 대량 살상 무기
    : weapon of mass destruction
14. 핵 보유국 : nuclear power
15. 핵 확산 금지 조약
    : Nuclear Non-Proliferation Treaty
16. 군사 대치 상황 : military standoff
17. 군사 정전 협정
    : military armistice agreement
18. 군사 분계선
    : Military Demarcation Line (MDL)
19. 비무장 지대
    : Demilitarized Zone (DMZ)
20. 군사 직통 전화 : military hotline

빈출 표현 021

두 나라는 **안보 동맹을 구성했다.**
The two countries formed a security alliance.

MP3 021

안보 동맹은 a security alliance, 군사 동맹은 a military alliance라고 합니다. ally는 '동맹국', allied forces는 '동맹군, 연합군'입니다. security는 '안보, 보안'이라는 뜻이며, '안전'이라는 뜻의 safety와 구분해서 사용해야 하니 유의하시기 바랍니다. '안보 동맹을 구성하다'라고 표현하려면 form a security alliance라고 하면 됩니다. form 대신에 forge란 동사도 많이 활용하는데, forge에는 '구축하다, 위조하다'의 뜻이 있습니다.

1 한국은 많은 국가를 포함한 **안보 동맹을 구성했다**.
   Korea **formed a security alliance** that includes dozens of countries.

2 터키, 파키스탄과 사우디아라비아가 **안보 동맹을 구성할 수 있을까?**
   Can Turkey, Pakistan and Saudi Arabia **form a security alliance?**

3 트럼프 대통령은 이스라엘과 **안보 동맹을 구성하겠다고** 맹세했다.
   President Trump vowed to **form a security alliance** with Israel.

4 그 나라는 상호 원조 협정을 체결함으로써 유럽에서의 **안보 동맹 구성을** 꾀했다.
   The country sought to **form a security alliance** in Europe by signing mutual assistance pacts.
   ——— pact 약속, 협정, 조약

5 우리의 목표는 **다자간 안보 동맹체를** 구성하는 것이다.
   Our goal is **to form a multilateral security alliance.**
   ——— multilateral 다자간의, 다국간의

China and the EU **wouldn't forge a security alliance**; the rhetoric elevation of their relationship to a "strategic partnership," is immediately made hollow by the existing EU arms embargo against China and incessant trade disputes.
<Foreign Policy>

중국과 EU는 **안보 동맹을 맺지 않을 것이다**. 그들의 관계를 '전략적 동반자' 관계로 미사여구를 곁들여 격상시켜도 현존하는 EU의 대중국 무기 수출 금지 조치와 끊임없는 무역 분쟁으로 인해 순식간에 공허해진다. 〈포린 폴리시〉

rhetoric 미사여구, 수사법   **elevation** 승격, 들어 올림   **hollow** 속이 빈, 공허한
embargo 금수 조치, 수출 금지   **incessant** 끊임없는

한미는 **합동 군사 훈련을 할 것이다.**
Korea and the US will conduct a joint military exercise.

MP3 022

한국과 미국의 합동 군사 훈련에 북한은 오래전부터 민감한 반응을 보여 왔습니다. 정권 붕괴의 위협을 느끼기 때문이겠죠. '군사 훈련'은 military exercise, '합동 군사 훈련'은 '합동의, 공동의'라는 형용사 joint를 써서 joint military exercise라고 표현할 수 있습니다. conduct는 carry out의 격식 있는 표현으로, '실시하다, 시행하다'의 뜻입니다.

1   한국과 미국은 예정대로 **연례 합동 군사 훈련을 실시할 것이다.**
South Korea and the United States **will conduct an annual joint military exercise** as scheduled.

2   북한은 한국과 **합동 군사 훈련을 실시하려는** 계획에 대해 미국 정부를 맹비난했다.
North Korea slammed Washington for plans **to conduct a joint military exercise** with South Korea.

3   파키스탄과 러시아 군은 우정 2018이라 명명된 **합동 군사 훈련을 실시할 것이다.**
The Pakistani and Russian militaries **will conduct a joint military exercise**, dubbed Friendship 2018.

4   **합동 군사 훈련**의 목표는 잠수함 공격을 차단하는 것이다.
The aim of **the joint military exercise** is to thwart submarine attacks.
———— thwart 방해하다, 좌절시키다

5   **연례 합동 군사 훈련**은 6월 17일까지 계속된다.
The annual joint military exercise will continue until June 17th.

On Friday, the North's official Korean Central News Agency reported the test was for a "new-type tactical guided weapon" and it was aimed at sending a "solemn" warning against South Korea's plan **to conduct a joint military exercise** with the United States next month.
<NIKKEI Asian Review>

금요일, 북한 관영 조선중앙통신은 그 시험 발사는 '신형 전술 유도 무기'를 평가하기 위한 것이었고 다음 달 미국과 **합동 군사 훈련을 실시하려는** 한국의 계획에 '엄숙한' 경고를 보내기 위한 목적이라고 보도했다. 〈니케이 아시안 리뷰〉

guided weapon 유도 무기   **solemn** 엄숙한, 침통한

남북한은 **남북 장관급 회담을 재개했다.**
The two Koreas resumed inter-Korean ministerial talks.

MP3 023

남한과 북한을 합해서 '남북한'이라고 할 때 영어로는 흔히 the two Koreas라고 말합니다. 그리고 '남북한 간의 ~'는 inter-Korean이나 inter-Korea라고 합니다. inter는 '서로 간의'라는 뜻의 접두어로, inter-Korean economic cooperation은 '남북 경제 협력', inter-Korean summit은 '남북 정상 회담'을 가리킵니다. ministerial talks는 '장관급 회담', '실무급 회담'은 working-level talks라고 합니다. resume은 '다시 시작하다, 재개하다'라는 뜻으로, resume 대신 revive를 쓸 수도 있습니다. 회담을 '열다'라고 표현하려면 hold를 쓰면 됩니다.

1 두 지도자는 가능한 한 빨리 **남북 장관급 회담을 재개하기로** 합의했다.
Both leaders agreed to **resume inter-Korean ministerial talks** at the earliest possible date.

2 관계를 회복하기 위해 **남북 장관급 회담**이 열릴 것이다.
Inter-Korean ministerial talks will be held to restore ties.

3 양국은 **중단된 장관급 회담을 되살리기로** 결정했다.
The two countries decided to **revive the stalled ministerial talks**.

4 양국의 경제를 되살리기 위해 **남북 장관급 회담이 재개될 것이다.**
Inter-Korean ministerial talks will be resumed to jumpstart both economies.

—— jumpstart 재생시키다, 활성화하다

5 **남북 장관급 회담**은 이산가족 상봉 재개로 이어졌다.
The inter-Korean ministerial talks led to the resumption of reunions of families separated across the border.

 A four-day inter-Korean ministerial talks in early July came to a sudden closure as the North's five-member delegation, headed by chief councilor of the Cabinet Kwon Ho-ung, cut short of its schedule by one day and returned home.
<Hankyoreh >

권호웅 내각 책임 참사를 단장으로 한 북측 대표단 5명이 일정을 하루 단축하고 귀국하면서 7월 초 **나흘간의 남북 장관급 회담**이 갑자기 폐막되었다. 〈한겨레〉

closure 종료, 종결, 폐쇄, 마감   **delegation** 대표단

빈출 표현 024

두 국가는 **무력 분쟁을 벌였다.**

The two countries engaged in armed conflict.

MP3 024

분단국가인 우리나라는 NLL (Northern Limit Line), 즉 북방한계선에서 가끔 남북한 군인들 간의 무력 충돌이 발생하기도 합니다. 그럴 때마다 긴장이 고조되고 국민들은 안보상의 위협을 느끼기도 하는데요. '무력 분쟁'은 armed conflict, '무력 분쟁을 벌이다(전개하다)'는 engage in armed conflict라고 표현합니다.

1 군은 **무력 분쟁을 벌여도 된다는** 권한을 위임 받았다.
The military received the mandate **to engage in armed conflict.**

2 군은 의회의 승인 없이 **무력 분쟁을 전개했다.**
The military **engaged in armed conflict** without parliamentary approval.

3 두 나라는 **무력 분쟁을 전개했고** 그 결과 100여 명이 사망했다.
The two countries **engaged in armed conflict** and this resulted in some 100 deaths.

4 지금은 **무력 분쟁을 벌일** 때가 아니라 하나의 국가로서 단결해야 할 때다.
This is not the time **to engage in armed conflict** but rather the time to be united as a nation.

5 야당들은 백악관이 단독으로 **무력 분쟁을 전개할 수 있는** 권한에 우려를 느낀다.
The opposition parties feel uneasy about the White House's authority **to unilaterally engage in armed conflict.**

—— unilaterally 일방적으로, 단독으로

The Pentagon has rejected President Trump's threats to bomb cultural sites like this one if Iran and the United States **engage in armed conflict.**
<Washington Post >

만약 이란과 미국이 **무력 분쟁을 전개할** 경우 이와 같은 문화 유적지들을 폭파하겠다는 트럼프 대통령의 위협을 국방부는 받아들이지 않았다. 〈워싱턴 포스트〉

the Pentagon 미국 국방부

빈출 표현
025

두 경쟁 국가는 **영토 분쟁에 휘말려 있다.**
The two rival nations **are embroiled in a territorial dispute.**

MP3 **025**

과거에도 현재도 지구 곳곳에서 영토 분쟁(territorial dispute)은 끊임없이 발생합니다. 그와 같은 국가 주권(sovereignty)과 관련한 외교 문제는 영원히 끊이지 않을 것입니다. 우리나라도 일본과의 영토 분쟁이 진행 중이고요, 일본은 우리나라뿐 아니라 중국과도 영토 분쟁에 휘말려 있고, 남중국해는 중국, 대만, 필리핀, 베트남이 영토 분쟁을 벌이고 있는 지역입니다. '~에 휘말려 있다'는 be embroiled in ~으로 표현할 수 있습니다.

1   필리핀과 중국 정부는 현재 **영토 분쟁에 휘말려 있다.**
Manila and Beijing **are** currently **embroiled in a territorial dispute.**

2   인도와 중국은 히말라야 산맥 국경을 따라 **수십 년간 영토 분쟁을 지속해 왔다.**
India and China **have been embroiled in a decades-old territorial dispute** along the Himalayan border.

3   두 나라는 **영토 분쟁에 휘말려 있고** 서로 주권 침해라며 상대를 비난하고 있다.
The two countries **are embroiled in a territorial dispute** and are criticizing each other for encroaching its sovereignty.

4   두 나라는 19세기부터 육상과 해상 경계선을 둘러싼 **영토 분쟁에 휘말려 왔다.**
The two countries **have been embroiled in a territorial dispute** over land and maritime boundaries since the 19th century.

5   일본과 중국은 센카쿠열도(중국인들에게는 댜오위다오로 알려져 있다)를 둘러싼 **영토 분쟁에 휘말려 있다.**
Japan and China **are embroiled in a territorial dispute** over the Senkaku Islands, otherwise known as the Diaoyu Islands by the Chinese.

It should be noted that besides India, China **is** currently also **embroiled in a territorial dispute** with Japan and has been encroaching into its maritime territory.
<Swarajya>
인도 외에도 중국이 현재 일본과 **영토 분쟁에 휘말려 있고** 일본의 해상 영토를 침해해 왔다는 점에 주목해야 한다. 〈스와라지아〉

encroach 침해하다, 잠식하다   **maritime** 바다의, 해양의

CHAPTER 6

❧

군사, 전쟁

민족주의(nationalism)가 고개를 들면서 일본, 파키스탄, 인도 등이 무력을 증강하고 있습니다. 또 북한은 수십 년째 세계의 우려 속에 핵 개발 야욕을 부리며 고립주의(isolationism)를 자초하고 있지요. 이러한 군사력 증강의 배경에는 9.11 테러와 알카에다가 있지 않을까 싶습니다. 미국 뉴욕의 무역센터가 순식간에 무너지는 모습은 보호주의와 국수주의를 강화하는 계기가 된 것으로 보입니다. 일본의 자위대(Self Defense Forces)는 북한의 미사일 위협 때문에 증강의 명분을 얻고 있고, 소말리아의 해적 문제는 해결이 요원한 상태죠. 이처럼 시사 핵심 패턴에서 빼놓을 수 없는 것이 무력, 군사, 전쟁 등의 표현입니다.

군사, 전쟁 관련 주요 용어

1. (한 국가의) 군대 : armed forces
2. 육군 : the army
   해군 : the navy
   공군 : the air force
   해병대 : the Marine Corps
3. 육군/해군/공군 참모총장 : the Army/ Navy/Air Force Chief of Staff
4. 현역 군인 : active-duty soldier
5. 사병 : soldier
   장교 : officer
6. 병장 : sergeant(육군), petty officer second class(해군), staff sergeant(공군)
7. 의무 병역 제도
   : compulsory military service system
8. 지원 병역 제도
   : voluntary military service system
9. 신병 훈련소
   : recruit training center
10. 보병(대) : the infantry
11. 포병(대) : the artillery
12. 공대공 방어 : air-to-air defense
13. 군사정전위원회
    : Military Armistice Commission (MAC)
14. 대량 살상 무기
    : Weapons of Mass Destruction (WMD)
15. 대륙간 탄도미사일
    : Intercontinental Ballistic Missile (ICBM)
16. 군사 포위 : military siege
17. 탈영하다
    : go AWOL (absent without leave)
18. 퇴역 군인 : retired soldier
19. 참전 용사 : war veteran
20. 유공자 : man of merit

빈출 표현 026

그 가수는 **병역을 기피했다.**
The singer dodged the draft.

MP3 026

연예인들의 병역 기피가 큰 문제였던 시절이 있습니다. 최고 전성기를 누릴 때 군대를 가자니 기회 비용 때문에 고민이 많을 수밖에 없었겠죠. '병역을 기피하다'는 영어로 dodge the draft나 evade the draft라고 합니다. draft는 '징병, 징집'이라는 뜻이죠. dodge가 '피하다'란 뜻이라서 '병역 기피자'는 draft dodger가 됩니다. dodgers 하니까 미국의 프로야구팀이 떠오를 텐데요, LA로 옮겨오기 전에 원래 뉴욕의 브루클린에서 창설된 팀입니다. dodgers라는 이름은 전차(tram)를 날쌔게 피하는 사람의 모습에서 유래했다는 설이 있습니다.

1 매년 수천 명이 **병역을 기피한다.**
Every year, thousands **dodge the draft.**

2 그는 베트남전 **징병을 피했다.**
He **dodged the draft** for the Vietnam War.

3 그는 **병역을 기피하기 위해** 장애가 있는 척했다.
He pretended to be disabled **to dodge the draft.**

4 남자들은 대학에 진학하며 **병역을 기피하곤 했다.**
Men **used to dodge the draft** by going to university.

5 **징병을 기피하는** 자들은 최고 징역 1년 형을 받는다.
Those who **dodge the draft** face up to a year in prison.

Russian men aged 18-27 are legally required to serve one year in the army. Some Russians go to lengths **to dodge the draft** in part because of fears of hazing despite the government's drive to overhaul the military.
<Business Insider>

18세에서 27세의 러시아 남성들은 법적으로 1년 군 복무를 해야 한다. 일부 러시아인들은 정부의 군 개혁 추진에도 불구하고 부분적으로는 신참 괴롭히기가 두려워 **징병을 피하기 위해** 안간힘을 쓰고 있다. 〈비즈니스 인사이더〉

go to lengths 많은 애를 쓰다   **hazing** 신참자 못살게 굴기   **overhaul** 정비하다

미국은 **전쟁 억제력**이 막강하다.
The US has a formidable war deterrence capability.

MP3 027

분쟁 지역에 대한 전쟁 억제력은 갈등과 피해를 최소화하기 위해 필수입니다. '억제'는 deterrence이므로 '전쟁 억제'는 war deterrence입니다. '전쟁 억제력'은 '능력'을 뜻하는 capability를 써서 war deterrence capability라 쓰면 되고, war deterrence도 전쟁 억제력을 나타낼 수 있습니다. '전쟁을 억제하다'라고 말하려면 deterrence의 동사형 deter(막다, 억제하다)를 써서 deter a war라고 하면 됩니다.

1   한국군의 **전쟁 억제력**은 막강하다.
The South Korean armed forces' **war deterrence capability** is formidable.

2   현재 한국군의 **핵전쟁 억제력**은 어느 정도인가?
What is the current status of the Korean armed forces' **nuclear war deterrence capability**?

3   북한 지도부는 의도적으로 '**핵전쟁 억제력**'이란 말을 사용하고 있다.
North Korean leadership is intentionally using the term "**nuclear war deterrence**".

4   우리는 한반도에서 **전쟁을 억제하는** 중추적인 역할을 수행할 수 있다.
We can play a pivotal role in **deterring a war** on the Korean peninsula.

5   북한의 핵무기 보유 목적은 전쟁용이라기보다는 **전쟁 억제용**이라고 본다.
It seems North Korea's purpose of retaining nuclear arms is not to wage a war but rather **to deter a war**.

The North's first mention of **"nuclear war deterrence"** since early 2018 came amid an impasse in nuclear talks between Washington and Pyongyang, and its struggle to improve its economy crippled by global sanctions and a pandemic-driven plunge in trade with China.
<The Korea Times>

2018년 초 이후 북한이 처음으로 '**핵전쟁 억제력**'을 언급한 것은 북미 간 핵 협상이 교착 상태에 빠지면서, 그리고 국제 경제 제재와 전 세계적인 유행병으로 인해 중국과의 무역이 급감해 무력화된 경제를 개선하려는 몸부림 속에서 나온 것이다. <코리아 타임스>

impasse 교착 상태, 난국, 곤경   **cripple** 무력하게 만들다   **sanction** 제재, 처벌
plunge 추락, 급락

빈출 표현 028

미국은 **무력을 과시했다.**

The US rattled its saber / flexed its muscle.

MP3 028

'무력을 과시하다' 혹은 '힘을 과시하다'의 의미를 갖는 비유적 표현으로 rattle one's saber(검으로 덜걱덜걱 소리가 나게 하다)나 flex one's muscle(근육을 풀다)이 있습니다. 칼집(sheath, scabbard)에 들어 있는 칼(saber, 기병대의 검)을 흔들면 덜걱덜걱 소리가 나면서 상대방에게 공포감을 주지요. 그래서 saber rattling은 '무력에 의한 위협, 무력 과시'의 뜻입니다. 또한 근육을 풀며 한껏 과시하는 것 역시 상대방을 위축시키는 결과를 가져오지요. 둘 다 모두 굉장히 청각적이고 시각적인 느낌의 뭉치 표현입니다.

1 그는 미국이 이라크에서 **힘을 과시한 것**은 옳았다고 말했다.
   He said the US was right **to flex its muscle** in Iraq.

2 중국은 전함을 급파함으로써 대만을 상대로 **무력을 과시하고 있다.**
   China **is rattling its saber** at Taiwan by dispatching war ships.

3 북한의 가장 최근 행동들은 **전형적인 무력 과시**로 비치고 있다.
   North Korea's latest actions are seen as **typical saber rattling.**

4 북한은 탄도 미사일 발사 능력으로 **무력을 과시하고 있다.**
   North Korea **is engaging in saber-rattling** with its ballistic missile launch capability.

5 북한은 **로켓 발사 능력을 과시함으로써** 체제 보장의 토대를 마련할 수 있었다.
   By flexing its rocket muscle, North Korea was able to lay a foundation for the security of its regime.

Russia again **flexed its muscle** in space by testing a ground-based, direct-ascent anti-satellite weapon on April 15, drawing criticism from U.S. Space Command.
<Air Force Magazine>

러시아는 4월 15일에 지상, 수직 발사식 위성 요격 무기를 시험함으로써 우주 기술 분야에서의 **능력을** 또다시 **과시했고,** 이로 인해 미국 우주 사령부로부터 비난을 샀다. 〈에어 포스 매거진〉

ground-based 지상의 ~   **direct-ascent** 수직 발사식
anti-satellite weapon 위성 요격 무기   **draw criticism** 비난을 사다

그들은 **무력 도발**을 했다.
They made an armed provocation.

MP3 029

provoke는 '도발하다'이고, 형용사형인 provocative는 '도발적인', 명사형인 provocation 은 '도발'입니다. 그래서 '무력 도발'은 armed provocation, '미사일 도발'은 missile provocation입니다. 무력 도발(armed provocation)을 하면 외교적 노력(diplomatic efforts)으로도 해결이 안 되고, 대립 상황(confrontation)이 발생하여 보복 조치 (retaliation)가 내려지고 때로는 전쟁으로 비화될 수 있습니다. '어그로 끌다'라는 신조어 가 많이 쓰이는데, 이에 해당하는 영어 단어가 바로 provoke라고 할 수 있습니다.

1   **무력 도발**에 대비하라.
    Prepare against **an armed provocation**.

2   중국은 **해상 무력 도발**을 했다.
    China made **a naval armed provocation**.

3   그 테러범은 **무력 도발**을 기획하고 있었다.
    The terrorist was plotting **an armed provocation**.

4   한국은 **무력 도발**에 강경 대응했다.
    South Korea sternly responded to **the armed provocation**.

5   러시아 해군은 **무력 도발**을 억제하기 위해 사전 경고 없이 무력을 사용할 수 있다.
    The Russian Navy can use arms without warning to suppress **armed provocation**.

North Korean experts described the latest statement from Pyongyang as unusually strong, raising the possibility of **armed provocation** by Pyongyang and further tension around the peninsula for a while.
<CNN>

북한 전문가들은 북한 정부가 발표한 가장 최근의 성명이 이례적으로 강경하다고 설명하며 북한의 **무력 도발** 가능성과 한동안 한반도 주변의 긴장이 고조될 가능성을 제기했다. 〈CNN〉

statement 성명   **tension** 긴장

접경 지역에서 **전쟁이 발발했다.**
A war broke out in the border area.

MP3 **030**

전쟁과 관련된 표현으로 '전쟁이 발발하다'는 a war breaks out, '전쟁을 벌이다'는 wage a war가 많이 쓰입니다. 동사 stage를 사용하여 stage a war(전쟁을 벌이다)라고 쓰기도 합니다. 명사형으로 '전쟁 발발'은 an outbreak of war라고 표현합니다. 특정 명사와 어울려 다니는, 즉 통용되는 단어의 뭉치 조합이 있다는 걸 기억하세요. 다른 단어를 쓰면 '콩글리시'가 될 가능성이 높습니다.

1   자정 즈음에 **전쟁이 발발했다.**
The war broke out at around midnight.

2   두 나라 사이에 **전쟁이 발발했다.**
A war broke out between the two countries.

3   평화 협상이 결렬되자 **전쟁이 발발했다.**
A war broke out as peace negotiations broke down.

4   **전쟁이 발발한** 이래 수십 만 명이 목숨을 잃었다.
Hundreds of thousands of people have died since **the war broke out.**

5   그는 **그 전쟁의 발발**이 예측됐다고 주장했다.
He claimed that **the outbreak of the war** had been predicted.

A U.N. arms embargo against Somalia has been in place **since civil war broke out** there in 1991, but the country is bristling with illegal weapons. <CBS News>

1991년에 소말리아에서 **내전이 발발한 이래로** 유엔 무기 수출 금지 조치가 내려져 유지되어 오고 있으나, 여전히 그 나라에서는 불법 무기가 판을 치고 있다. 〈CBS 뉴스〉

bristle with ~로 가득하다, ~ 투성이다

러시아는 공격 **수위를 높였다.**
Russia upped the ante in its attacks.

MP3 031

ante는 포커에서 패를 돌리기 전에 참가자가 내는 일정액의 돈이고, stake는 내기 도박 등에 건 돈을 뜻합니다. 그래서 up the ante, raise the stakes는 '판돈을 키우다'는 뜻인데, 이것이 '긴장 수위를/공격 수위를 높이다'는 의미로 확대되어 쓰이게 되었습니다. 관련 어로 '벼랑 끝 전술'이 있는데, 이를 brink(s)manship이라고 하죠. 벼랑으로 몰고 가는 아 찔하고 막가는 전술을 생각하시면 되겠습니다.

1 북한은 **긴장 수위를 높이고 있다.**
   North Korea **is upping the ante.**

2 **수위를 높이라는** 요구의 목소리가 커져 가고 있다.
   There are growing calls for us to **up the ante.**

3 시민 단체들은 정부에게 제재 **수위를 높이라고** 요구하고 있다.
   Civic groups are calling on the government to **up the ante in** sanctions.

4 북한은 핵무기 개발 **수위를 높여 오고 있다.**
   North Korea **has been upping the ante in** its nuclear weapons program.

5 채권 은행들이 공동 대응을 통해 압박 **수위를 높이기로** 결정했다.
   The creditor banks have decided to **up the ante in** raising the pressure by taking joint action.

Trump just **upped the ante** in the Middle East. Is he ready for what comes next?
<The Washington Post>
트럼프는 중동 지역에서 (군사 압박) **수위를** 이제 막 **높였다.** 그는 그다음 수순에 준비가 되어 있는가?
〈워싱턴 포스트〉

세 당사자들은 **휴전 협정에 서명했다**.

The three parties signed a ceasefire agreement.

MP3 032

'휴전, 정전'은 영어로 ceasefire 또는 truce입니다. 종전과 달리 잠시 전쟁을 멈추는 것 이죠. 우리나라는 현재 종전 상태가 아니라 휴전 상태입니다. 영미권 언론에서는 우리 나라의 판문점을 보도할 때 the truce village of Panmunjom이라고 부르면서 우리나 라가 현재 종전국이 아닌 휴전국임을 간단하지만 정확히 묘사하고 있습니다. 협정은 agreement로 쓸 수 있어서 '휴전 협정'은 a ceasefire agreement나 a truce agreement라 고 표현하면 됩니다.

1 마침내 1973년 1월 27일에 **휴전 협정이 체결됐다**.
   At last **the ceasefire agreement was signed** on January 27th, 1973.

2 수세에 몰린 반군은 어쩔 수 없이 **휴전 협정을 체결했다**.
   The rebels on the defensive were forced to **sign a ceasefire agreement**.

3 민병대는 **휴전 협정을 거부한 채** 저항하고 있다.
   The militia **is rejecting a ceasefire agreement** and putting up resistance.

4 1953년에 **체결된 휴전 협정**은 공식적으로 종전 상태가 되도록 하기 위해 평화 협정으로 대체해 야 한다.
   The ceasefire agreement signed in 1953 has to be replaced by a peace accord in order to formally establish an end of the war.

5 미 행정부는 전쟁을 벌이는 진영 간의 **휴전 회담**을 추진하기를 원한다.
   The US administration wants to push for **ceasefire talks** between the warring parties.

Armed groups in the restive North Kivu province of the Democratic Republic of Congo are threatening to **withdraw from a ceasefire agreement** with Kinshasa vowing to once again begin their insurgency today.
<Voice of America>

콩고민주공화국의 불안정한 북키부 지방의 무력 단체들은 킨샤사와의 **휴전 협정을 철회하겠다**고 위협하며 오늘 다시 한 번 반란을 일으키겠다고 다짐하고 있다. 〈미국의 소리〉

restive 차분하지 못한, 다루기 힘든   **insurgency** 반란, 내란

그 도시 주민들은 전쟁**의 희생자가 되었다.**
The city residents **fell victim to war.**

MP3 033

전쟁은 많은 무고한 사람들을 희생자, 피해자로 만듭니다. 이 어감에 딱 맞는 영어 표현이 바로 fall victim to ~입니다. 이 표현은 '~의 희생자가 되다'는 의미뿐 아니라 '파산하다', '불이익을 당하다'라는 의미로도 쓰이는데요, The company fell victim to bankruptcy(그 회사는 파산했다)., He fell victim to burglary(그는 강도의 희생양이 됐다). 등으로 응용할 수 있습니다.

1　난민들이 이러한 격변**의 희생자가 되었다.**
　The refugees **fell victim to** this kind of upheaval.

2　많은 무고한 민간인들이 기아**의 희생자가 되고 있다.**
　Many innocent civilians **are falling victim to** starvation.

3　원주민들은 착취**의 대상으로 전락했다.**
　The native residents **have fallen victim to** exploitation.

4　최대 250만 명의 주민들이 난민 신분**으로 전락했다.**
　Up to 2.5 million residents **fell victim to** refugee status.

5　마을 주민 전체가 화학전**의 희생자로 전락했다.**
　All the residents of the town **fell victim to** chemical warfare.

Between 2014 and 2018, over 8,000 civilians **fell victim to** explosives such as IEDs and mines. 84 percent of the victims of explosive remnants of war are children.
<Save the Children>

2014년과 2018년 사이에 8천 명이 넘는 민간인들이 사제 폭탄과 지뢰 같은 폭발물**의 희생자가 되었다.** 이 전쟁 폭발물 잔재의 희생자 중 84퍼센트는 아이들이다. 〈세이브 더 칠드런〉

explosive 폭발물, 폭약　　**IED** 사제 폭탄　　**mine** 지뢰　　**remnant** 나머지, 잔재

CHAPTER 7

국제

국제 사회에서 국가들은 국제 질서를 준수하며 공존합니다. 국가들은 서로 외교 관계를 수립하고 재화의 교역과 인적 교류를 하며 우호적인 관계를 유지하고자 노력합니다. 서로 긴밀한 관계를 유지하는 상대국으로 성장하기도 하고, 외교 분쟁이 발생하기도 하며, 국수주의가 고개를 들며 관계가 소원해지기도 합니다. 확실한 것은 현대 사회에서는 어떤 나라도 혼자 살아갈 수 없고, 국익을 위해서는 다른 나라들과의 관계를 잘 유지해야 한다는 사실입니다. 이 장에서는 국제 문제와 관련한 주요 뭉치 표현들을 배워 보겠습니다.

국제 관련 주요 용어

1. 주권 국가 : sovereign state
2. 국제 질서 : international order
3. 외교 관계 : diplomatic relations[ties]
4. 외교 정책 : foreign policy
5. 국익 : national interest
6. 양자 관계 : bilateral relations
7. 협력 관계 : cooperative ties
8. 다자간 협력 : multilateral cooperation
9. 긴밀한 관계 : close relations
10. 우호 관계 : friendly relations
11. 긴장 완화 : détente

12. 화해 : reconciliation, rapprochement
13. 세력 균형 : balance of power
14. 상호주의 : reciprocity
15. 다자주의 : multilateralism
16. 헤게모니, 패권 : hegemony
17. 고립주의 : isolationism
18. 국수주의
    : nationalism, nationalist ideals
19. 중립국 : neutral state
20. 아시아 태평양 경제 협력체
    : Asia-Pacific Economic Cooperation
    (APEC)

빈출 표현
034

두 나라는 **긴밀한 관계를 유지하고 있다.**
The two countries maintain close relations.

MP3 034

국가 간의 이익이 부합하면 긴밀한(close) 관계(relations)를 유지하고(maintain) 공조하는(cooperate, work together, help each other) 건 당연한 것 같습니다. 가령, 두 나라 간의 교역량이 많다면 특혜 관세를 부과하거나 해서 다른 나라들보다 우대해 주고 더욱 관계를 발전시켜 나갈 수 있겠죠. 관련 예문들을 통해 이 뭉치 표현을 숙달시켜 보세요.

1 영국과 프랑스는 대체로 **긴밀한 관계를 유지하고 있다.**
The United Kingdom and France generally **maintain close relations.**

2 처음에 보헤미아는 이웃한 바바리아와 **긴밀한 관계를 유지했다.**
At first, Bohemia **maintained close relations** with neighboring Bavaria.

3 러시아는 러시아 이민자 수백만 명의 고향인 이스라엘과 **긴밀한 관계를 유지하고 있다.**
Russia **maintains close relations** with Israel, home to millions of Russian immigrants.

4 이 행정부는 미국의 테러와의 전쟁을 지원함으로써 미국과 **긴밀한 관계를 유지하려고** 노력했다.
This administration tried **to maintain close relations** with the US by supporting its war on terror.

5 대사는 두 나라의 **긴밀한 관계를 유지하는 데** 일조하려고 노력했지만 허사였다.
The ambassador tried to help **maintain close relations** between the two countries but to no avail.

———— to no avail 아무 소용이 없어, 헛되이

One of the remarkable features of Singapore's foreign policy under Lee Kuan Yew was the country's ability **to maintain close relations** with Taiwan without jeopardizing relations with China.
<The Economist>

리콴유 집권 시절 싱가포르 외교 정책의 놀라운 특징 중 하나는 중국과의 관계를 위태롭게 하지 않으면서 대만과 **긴밀한 관계를 유지할 수 있었던** 그 나라의 역량이었다. 〈이코노미스트〉

remarkable 놀라운   **feature** 특징   **jeopardize** 위태롭게 하다

경쟁 국가 간에 **긴장이 고조되고 있다.**
Tension is mounting between the rival nations.

MP3 035

다양한 이유로 인해 두 나라의 관계는 경색될 수 있습니다. '긴장이 고조되고 있다'는 영어 뭉치 표현은 tension is mounting입니다. tension이 '긴장 상태, 긴장'이라는 뜻이죠. mount는 명사로는 '산'이고 동사로는 '오르다, 올라가다, 상승하다'의 뜻입니다. tension is mounting은 tension이 올라간다, 즉 고조된다는 뜻이 되겠죠. 참고로 mount a hill은 '산에 오르다', mount a horse는 '말에 올라타다'입니다.

1 중국과 대만 간에 **긴장이 고조되고 있다.**
 Tension is mounting between China and Taiwan.

2 러시아와 이제 독립국이 된 우크라이나 간에 **긴장이 고조되고 있다.**
 Tension is mounting between Russia and the now independent Ukraine.

3 12월 15일 이라크 총선을 앞두고 **긴장이 고조되고 있다.**
 The tension is mounting in the run-up to Iraq's general election on December 15th.
 ——— run-up 준비 기간, 전단계

4 각 측이 서로가 비열한 장난을 하고 있다고 비난하며 양측 간에 **긴장이 고조되고 있다.**
 Tension is mounting between the two sides, with each accusing the other of dirty tricks.

5 합의에 이르지 못하여 이집트와 에티오피아 간에 **긴장이 고조되고 있다.**
 Tension is mounting between Egypt and Ethiopia over the failure to reach an agreement.

Tension is mounting between Europeans and Iranians over implementation of nuclear deal.
<Agence Europe>
핵 협상 이행과 관련하여 유럽과 이란 사이에 **긴장이 고조되고 있다.** 〈아장스 유럽〉

implementation 이행, 실행

많은 나라들이 **다자간 협력을 한다.**
Many countries engage in multilateral cooperation.

MP3 036

동남아 국가 연합(ASEAN, Association of South East Asian Nations) 같은 지역 다자간 협력체제를 통해 국가들은 전략적인 공조를 하는 경우가 많습니다. unilateral은 '일방적인', bilateral은 '양자 간의', multilateral은 '다자간의'란 뜻입니다. cooperation은 '협력'이라는 뜻으로 익숙한 단어죠. engage in ~은 '~에 참여/관여/종사하다'라는 뜻으로, 흔히 '~을 하다'라고 해석하면 되는 경우가 많습니다. engage in multilateral cooperation이라고 하면 '다자간 협력을 하다'는 뭉치 표현입니다.

1 위기를 해소하기 위해 미국 정부는 **다자간 협력을 해야 한다.**
The US government **must engage in multilateral cooperation** to defuse the crisis.

2 전염병 이후 시대에 중국은 계속 (전 세계 국가들과) **다자간 협력을 할 것**이라고 한다.
In the post-epidemic era, China says it will continue to **engage in multilateral cooperation.**

3 **다자간 협력을 하지** 않으려는 자세는 위험 요소를 안고 있다.
An unwillingness **to engage in multilateral cooperation** poses risks.

4 인도양의 광활함 때문에 인도는 어쩔 수 없이 **다자간 협력을 해야** 한다.
The vastness of the Indian Ocean necessitates India to **engage in multilateral cooperation.**

5 성공적인 기후 변화 완화의 열쇠는 **다자간 협력**에 있다.
The key to successful climate change mitigation lies in **multilateral cooperation.**

The incoming US government may also seek to strengthen alliances and **multilateral cooperation** over regional security, trade rules and technological leadership to keep an assertive China in check, and call for closer cooperation with South Korea along the line, the institute said.
<Yonhap News Agency>

새로 선출된 미국 정부는 또한 기세가 세지는 중국을 견제하기 위해 지역 안보, 무역 규칙, 기술적 지도력을 둘러싸고 동맹과 **다자간 협력**을 모색할지도 모른다고 연구소는 전망했다. 그리고 그 과정에서 한국과의 더 긴밀한 협력을 요청할 수도 있다고 했다. 〈연합뉴스〉

keep ~ in check 견제[저지]하다   **assertive** 적극적인, 확신에 찬, 자신감이 넘치는

빈출 표현 037

그들은 **국수주의를 적극 지향한다.**
They promote nationalist ideals.

MP3 **037**

각 나라는 자기 나라의 이익을 우선시하는 것이 당연합니다. 하지만 국제 사회에서 그것이 도를 지나쳐 국수주의가 되면 바람직하지 않을 것입니다. 트럼프 전 대통령의 미국 우선주의 정책(America First Policy)이 대표적인 예로 많은 나라들의 빈축을 산 바가 있습니다. '국수주의'는 nationalism 또는 nationalist ideals라고 합니다. 동사 promote나 push와 함께 써서 '국수주의를 추진하다/지향하다/밀다'의 의미가 됩니다.

1 보수당은 **국수주의를 적극 추진하고 있다.**
   The conservative party is **promoting nationalist ideals.**

2 그는 **국수주의를 지향**해서 신랄한 비난에 직면했다.
   He faced scathing criticism for **promoting nationalist ideals.**
   ── scathing 신랄한, 가차없는, 통렬한

3 아랍의 지식인들은 **국수주의**에 관한 글을 많이 썼다.
   Arab intellectuals wrote a lot about **nationalist ideals.**

4 그들의 외국인 혐오증과 **국수주의**는 빈축을 샀다.
   Their xenophobia and **nationalist ideals** were frowned upon.

5 여러 세대에 걸쳐 아일랜드 공화국의 정치는 **국수주의**의 지배를 받았다
   For generations, the politics of the Republic of Ireland was
   dominated by **nationalist ideals.**

The middle class spread the **nationalist ideals** and became closely
interconnected with "nation-building" in the post-Independence era, through
work in government institutions, the media and business.
<Forbes>
중산층은 **국수주의**를 확산시켰고, 독립 이후 시대에 정부 기관, 언론, 그리고 기업에서의 활동을 통해
'국가 건설'과 긴밀하게 연결되었다. 〈포브스〉

interconnected 상호 연결된   **era** 시대

빈출 표현
038

그들은 **차별적인 정책**을 시행했다.
They implemented biased policies.

MP3 038

'차별'의 뜻으로 많이 쓰는 단어는 bias(편향), prejudice(편견), 그리고 discrimination(차별)입니다. 형용사는 각각 biased, prejudiced, discriminatory인데, 엄밀히 따지면 뉘앙스가 약간 달라도 넓은 의미로 뉴스에서 혼용합니다. biased는 '편향된, 편견을 지닌'이라고 보통 해석하는데, 영영사전에 unfairly prejudiced for or against someone or something이라고 정의되어 있습니다. 누군가 혹은 무엇에 대해 부당한 선호나 반대의 편향된 입장을 나타낸다는 뜻으로, 타인에 대해 '차별적인'이란 의미로도 쓰입니다.

1 **차별적인 정책**을 철폐하고 공정성을 높여야 한다.
We must dismantle **biased policies** and promote fairness.

2 그들은 자신들의 이해관계와 부합하는 **차별적인 정책**을 도입했다.
They adopted **biased policies** in line with their interests.

3 **차별적인 정책**을 시행하는 것은 많은 부작용을 낳는다.
Implementing **biased policies** results in a lot of side effects.

4 **차별적인 정책**과 관행을 뿌리 뽑는 것이 시급한 과제다.
Rooting out **biased policies** and practices is an urgent task.

5 넬슨 만델라는 인종 차별 정책과 각종 **차별 정책**에 대항했다.
Nelson Mandela stood up against Apartheid and various **biased policies**.

Chinese state media has lambasted social networking site Twitter over its **biased policies** towards China. Twitter recently announced that it blocked over 170,000 accounts that are "state-linked" and "spread geopolitical narratives favourable to the Communist Party of China."
<The Eurasian Times>

중국의 국영 매체는 소셜 네트워크 사이트 트위터의 대중국 **차별 정책**을 맹비난했다. 트위터는 최근에 '정부와 연결되어 있고' '중국 공산당에 우호적인 지정학적인 발언을 퍼트리는' 17만 개 이상의 계정을 차단했다고 발표했다. 〈유라시안 타임스〉

lambast 맹비난하다   **geopolitical** 지정학적인

빈출 표현
039

두 나라는 **외교 관계를 수립했다.**
The two countries established diplomatic ties.

MP3 **039**

'외교 관계'는 diplomatic ties나 diplomatic relations이고, '외교 관계를 수립하다'는 동사 establish를 써서 establish diplomatic ties라고 표현할 수 있습니다. 이를 명사형으로 표현해서 '외교 관계 수립'이라고 말하려면 establishment of diplomatic ties라고 하면 됩니다. 타동사(establish)를 명사(establishment)로 바꿔 사용할 때 거의 항상 목적의 전치사 of를 붙입니다. 참고로, '관계를 정상화하다'는 normalize relations 표현을 사용하면 됩니다.

1 중국의 압박에 저항하며 대만과 소말리랜드는 **외교 관계를 수립했다.**
Taiwan and Somaliland **established diplomatic ties**, defying pressure from China.

2 볼리비아는 10년 동안의 분쟁 끝에 이스라엘과 **외교 관계를 재수립할 것이다.**
Bolivia **will re-establish diplomatic ties** with Israel after a decade-long dispute.

3 중국과 솔로몬 제도는 토요일에 **외교 관계 수립을 위한** 협정에 서명했다.
China and the Solomon Islands signed an agreement on Saturday **to establish diplomatic ties**.

4 중국 정부는 자국과 **외교 관계를 수립하려는** 국가들에게 '하나의 중국' 정책을 전제 조건으로 했다.
Beijing has made the "One-China" policy a prerequisite for countries **to establish diplomatic ties** with it.

5 한 중국 매체는 미국이 중국 본토와 **외교 관계를 수립하기를** 원하는 나라들의 노력을 방해하려고 했다고 보도했다.
A Chinese media outlet said the US tried to impede the efforts of countries that want to **establish diplomatic ties** with the Chinese mainland.

In 2009, Turkey and Armenia had reached a landmark agreement
to establish diplomatic ties and reopen their shared border, but the deal has since collapsed amid mutual recriminations.
<AL-Monitor>

2009년에 터키와 아르메니아는 **외교 관계를 수립하고** 접경 지역을 다시 개방키로 한 획기적인 협정을 맺었지만 그 후 상호 비난 속에 그 협정은 결렬되었다. 〈알-모니터〉

landmark 획기적 사건, 역사적 건물   **collapse** 무너지다, 결렬되다   **recrimination** 비난

양국은 **난관에 봉착했다.**
The two countries **hit rough waters.**

MP3 040

우리말의 '풍파를 만나다'와 같은 어감을 갖는 영어 표현이 hit rough waters입니다. rough waters는 말 그대로 '거친 파도'니까요. hit rough waters는 '풍파를 만나다' 외에도 '난항을 겪다', '난관에 봉착하다'라고 해석할 수 있고, '관계가 많이 삐걱거리다'라고 의역도 가능합니다. 반대 표현은 be smooth sailing입니다. 둘 다 항해에 비유한 뭉치 표현이죠. 비슷한 표현으로 see a smooth/bumpy road ahead가 있는데, '앞날이 순탄하다/험난하다'는 뜻으로 쓰입니다.

1   협상은 **난관에 봉착했다.**
    Negotiations **hit rough waters.**

2   극찬을 받아 오던 그 국제기구의 정책이 **난관에 부딪혔다.**
    The much-lauded policy of the international body **hit rough waters.**
    ——— laud 칭찬하다

3   소원해진 관계를 개선하려는 계획은 항의 집회로 **난관에 봉착했다.**
    The plan to improve estranged relations **hit rough waters** due to the
    protest rallies.

4   산업 스파이 혐의로 인해 두 나라의 관계는 **난관에 봉착했다.**
    The two countries' relations **hit rough waters** due to allegations of
    industrial spying.

5   대규모 국제 기금 조성 계획은 양국 국민들의 반대로 **난관에 부딪혔다.**
    The plan to form a massive international fund **hit rough waters** due
    to the opposition from citizens of both countries.

The Trump administration slapped sanctions on Huawei at a time when US-China trade talks **hit rough waters**, prompting assertions from China's leaders about the country's progress in achieving self-sufficiency in the key semiconductor business.
<Reuters>

트럼프 행정부는 미중 무역 협상이 **난관에 봉착한** 시기에 화웨이에 제재를 가했고, 이로 인해 중국 지도자들은 중국이 핵심 반도체 사업에서 자급자족을 이루는 데 진전을 이뤘다고 주장했다. 〈로이터〉

slap (벌금이나 처벌 등을) 부과하다   **prompt** 촉발하다, 유도하다   **assertion** 주장
self-sufficiency 자급자족

CHAPTER 8

테러

요즘 세상에는 테러 공격도 전 세계적인 위협이 되고 있습니다. 테러라는 국제 문제는 2001년의 9/11 테러 이전과 이후로 나뉜다는 생각이 들기도 합니다. 그만큼 9/11 테러는 엄청난 사건이었죠. 당시 알카에다의 항공기 납치 테러는 전 세계 사람들을 경악과 충격에 빠트렸습니다. 실시간으로 항공기가 뉴욕의 쌍둥이 빌딩(세계무역센터 빌딩)을 들이받고 이어서 빌딩이 무너지던 장면을 목격했으니까요. 그 외에도 잊을 만하면 세계 각지에서 무차별 테러 공격이 발생하는데요, 모두가 테러의 공포에서 벗어날 날을 기대하면서 테러 관련 뭉치 표현들을 배워 보겠습니다.

테러 관련 주요 용어

1. 테러 행위 : act of terrorism, terrorism
2. 테러 공격 : terrorist attack
3. 테러범, 테러리스트 : terrorist
4. 테러 조직 : terrorist organization
5. 자살 폭탄 테러 : suicide bombing
6. 테러와의 전쟁 : war on terrorism
7. 테러 지원국
   : state sponsors of terrorism
8. 불량 국가, 테러 지원국
   : rogue state[nation]
9. 사제 폭발물
   : improvised explosive device
10. 총기 난사 : shooting spree
11. 무차별 공격 : random attack
12. 목표 공격 : targeted attack
13. 극단주의자 : extremist
14. 대량 살상 무기
    : weapon of mass destruction
15. 폭동, 반란 : insurgence
16. 게릴라전 : guerilla warfare
17. 종족 학살 : genocide
18. 인종 청소 : ethnic cleansing
19. 부수적 피해 : collateral damage
    (군사 행동으로 인한 민간인의
    인적, 물적 피해)
20. 포위하다 : besiege

그들이 **무차별적 테러 공격**을 가했다.
They launched random terrorist attacks.

MP3 041

불특정 다수를 겨냥한 무차별 테러 뉴스는 늘 큰 충격을 줍니다. 무고한 시민들(innocent civilians)이 피해를 입는 걸 보면 누구든 피해자가 될 수 있다는 생각이 들기 때문이죠. '테러 행위'는 영어로 terrorism 혹은 an act of terrorism이라고 하고, '테러 공격'은 a terrorist attack이라고 합니다. '무차별 테러 공격'이라고 말하려면 a random terrorist attack이라고 하면 됩니다. random은 '무차별적인, 무작위의'라는 뜻입니다. 그리고 '테러 공격을 가하다'라고 표현하려면 '가하다'라는 의미의 동사 launch를 써서 나타내세요. 그래서 '무차별 테러 공격을 가하다'는 launch a random terrorist attack이 됩니다.

1 **무차별적 테러 공격**으로 15명이 크게 다쳤다.
The random terrorist attack left 15 people seriously injured.

2 지난 5년 동안 **무차별 테러 공격**은 감소했다.
Random terrorist attacks have decreased in the last 5 years.

3 관광객들을 상대로 한 **무차별적 테러 공격**이 헤드라인을 장식했다.
The random terrorist attack launched against tourists grabbed headlines.

4 그 용의자는 행인들에게 **무차별적 공격**을 가했다.
The suspect launched **random attacks** on passers-by.

5 칼을 소지한 남성이 한 무리의 사람들을 **무작위로 공격**했다.
A man with a knife launched **random attacks** on a group of people.

Australians, including dual-national Australians, travelling to Afghanistan face an extremely dangerous security situation, including the risk of kidnapping, **random terrorist attacks**, and improvised explosive device attacks.
<7 News>

호주 이중 국적자들을 포함하여 아프가니스탄을 여행하는 호주인들은 극도로 위험한 보안 상황에 처하는데, 납치, **무차별 테러 공격**, 사제 폭발물 공격 등을 당할 위험이 있다. 〈7 뉴스〉

dual-national 이중 국적의   **security** 보안, 안보
improvised explosive device 사제 폭발물

빈출 표현 042

경찰은 **테러 공격에 대비했다.**

The police prepared against terrorist attacks.

MP3 042

'준비하다'의 동사 prepare는 크게 네 가지 형태로 쓰입니다. 전치사 없이 목적어가 와서 '~를 준비하다(예: prepare dinner)', 'to+동사원형'이 와서 '~할 준비를 하다(예: prepare to leave)', 'for+명사'가 와서 '~를 준비하다/대비하다(예: prepare for the trip)', 'against+명사'가 와서 '~에 대비하다(예: prepare against damage)' 등입니다. prepare against는 특히 '안 좋은 일에 대비하다'는 의미를 갖습니다. prepare against terrorist attacks(테러 공격에 대비하다)는 defend against terrorist attacks(테러 공격으로부터 방어하다)나 protect against terrorist attacks(테러 공격으로부터 보호하다)로 바꿔 쓸 수 있습니다.

1   **테러 공격에 대비하기 위한** 그들의 노력은 성공적인 것으로 나타났다.
    Their efforts **to prepare against terrorist attacks** proved to be successful.

2   우리는 **테러 공격에 대비하기 위해** 새 보안 시스템을 개발했다.
    We developed a new security system **to prepare against terrorist attacks.**

3   그 후보는 **테러 공격에 대한 대비**를 더 잘할 것이다.
    The candidate would do a better job of **defending against terrorist attacks.**

4   에펠탑은 **테러 공격을 방어하기 위해** 방탄 유리를 설치했다.
    The Eiffel Tower installed bulletproof glass **to defend against terrorist attacks.**

5   회의 주제는 어떻게 영국을 **테러 공격에** 더 잘 **대비시킬** 것인가 하는 문제다.
    The agenda is how to have Britain better **defend itself against terrorist attacks.**

But President Obama has defended the use of data, saying it **had protected against terrorist attacks** at home and abroad, and insisted nothing he had seen indicated US intelligence operations had sought to break the law. <BBC>

하지만 오바마 대통령은 데이터의 사용을 옹호하며 그것이 국내외에서 **테러 공격으로부터 보호해 주었다고** 말했고, 미국의 정보 작전이 법을 위반하려고 한 사례를 보여 주는 예를 본 적이 없다고 주장했다. 〈BBC〉

빈출 표현 043 그 도시는 **테러 공격을 받기 쉽다.**

The city **is prone to terrorism.**

MP3 043

'테러 공격을 받기 쉽다'는 영어로 be prone to terrorism이라고 표현할 수 있습니다. be prone to ~는 '~하기 쉽다'로, 뒤에 명사나 동명사가 옵니다. prone은 '~하기 쉬운, ~ 당하기 쉬운'의 형용사이며, -prone 형태로 명사 뒤에 쓰이는 경우도 많습니다. 예를 들어, '사고 다발 지역'은 accident-prone area, '우범지대'는 crime-prone district입니다.

1 일반 시민들은 **테러 공격에 취약하다.**
   Ordinary citizens **are prone to terrorism.**

2 그 지역은 **테러와 범죄 행위에 취약하다.**
   The district **is prone to terrorism** and criminal activities.

3 구식 보안 시스템으로 인해 그 방어 시설은 **테러에 취약하다.**
   The outdated security system leaves the defense facility **prone to terrorism.**

4 일부 국가들을 **테러에 취약하다고** 분류하기 전에 더 신중을 기해야 한다.
   More caution is needed before classifying certain countries as **prone to terrorism.**

5 일부 이슬람교도들은 폭력적이거나 **테러를 저지르기 쉽다는** 정형화된 이미지가 있다.
   Some Muslims are stereotyped as violent or **prone to committing terrorism.**

President Donald Trump has banned migration from Syria and other countries **prone to terrorism**, citing a danger to Americans. The travel ban was challenged in court but eventually upheld by the Supreme Court.
<BBC>

도널드 트럼프 대통령은 **테러를 자행하기 쉬운** 시리아와 다른 나라들로부터의 이주를 미 국민들에게 위험하다는 이유로 금지했다. 여행 금지령은 법원에서 기각되었으나 결국 대법원은 인정했다. 〈BBC〉

migration 이주   **cite** 이유를 들다   **challenge** (법정에서) 이의를 제기하다, 거부하다
uphold (법정에서) 확인하다, 인정하다

CHAPTER 8 테러   **73**

영어 공부를 20년 넘게 했음에도 영어 울렁증을 극복하지 못하고 목소리가 기어 들어가는 경우를 많이 보았습니다. 영어를 공부해 온 수많은 시간이 허망하게 무너지는 순간입니다. 그래서 '실전 영어 실력'을 배양하기 위한 전략을 큰 틀에서 살펴보고자 합니다. 10가지 사항을 중점으로 학습 방향과 명심할 점을 정리해 봅니다.

1. '연어'의 중요성

영어든 다른 외국어든, 연어(collocation, 특정한 뜻을 나타낼 때 흔히 함께 쓰이는 단어들의 결합), 즉 '의미 덩어리' 또는 '말뭉치'는 다독(多讀)과 다청(多聽)을 통해 섭렵해야 능숙하게 구사할 수 있습니다.

가령 close the gap이라는 표현을 가지고 The Korean government is making every effort to close the gap between the rich and the poor.라는 문장을 구사하고, '디지털 양극화'라는 말을 영어로 옮기라고 했을 때 digital polarization이 아닌 digital divide를 떠올릴 수 있을 때 그 사람의 영어는 능숙하고 자연스럽다고 할 수 있습니다.

연어를 암기하되 말하기나 쓰기에서 사용해야 원어민과 '통'합니다. 이것이 영어를 하는 목적이어야 한다고 저는 생각합니다. 다시 말해서, 시험 점수를 높이는 것보다는 의사소통, 이왕이면 설득력 있는 의사소통을 영어 공부의 목표로 설정해야 합니다.

영어를 잘하는 사람은 연어와 용법에서 오류가 거의 없습니다. '오빠 믿지?'를 You trust me, don't you?라고 하지 You believe me, don't you? 라고 하지 않습니다. (believe는 개별적인 믿음이나 종교 등에 사용하고, trust가 포괄적인 신뢰를 나타냅니다.) 또, I want to get married with her.가 아니라 I want to get married to her. 또는 Tying the knot with her would make me the happiest man on earth.나 I dream of exchanging vows with her.라고 원어민들은 표현합니다.

2. 적절한 연결어 구사 능력

단편적인 영어 작문은 웬만한 사람들도 할 수 있습니다. 그러나 '논리적'으로 '설득력'까지 갖추려면 in contrast, in addition to, in other words, on the flip side, all in all, in a nutshell 등의 연결어를 능동적으로 구사할 수 있어야 합니다. 이 연결어들은 유창성에 윤활유 역할을 하고 말과 글의 '날개'가 됩니다. 예비 통 · 번역사들 중 상당수도 영작을 할 때 연결어 없이 개별 문장들을 그냥 나열하는 경우가 적지 않은데, 그러면 논리적인 장치가 부족하고 전달력이 떨어질 수밖에 없습니다.

3. 적절한 인용과 비유

영어 공부를 많이 하다 보면 영어라는 언어를 더 잘 음미하고 그 '맛'을 알기 마련입니다. 일전에 국내 최고의 호텔에서 불도장(佛跳牆)이라는 중국 요리로 시작해서 샤토 라투르 와인, 돔 페리뇽 샴페인, 푸아그라, 양고기 스테이크, 시저 샐러드, 그 외에 처음 들어 보는 음식들을 한자리에서 맛본 적이 있습니다. 처음 해 본 경험이었고, 세상에 진미가 많다는 걸 느낄 수 있었습니다.

다양한 음식의 맛을 최대한 '느끼듯', 영어를 학습해서 사용할 때는 영어의 다양한 재료를 잘 인식하고 곱씹고 사용해 봐야 합니다. 적절한 비유와 인용문을 활용하면 영어의 맛이 살아나고 풍요로워집니다. 몇 문장만 예를 들어 보면 다음과 같습니다.

They say that wine is one of the finest aphrodisiacs. (포도주는 가장 훌륭한 최음제 중 하나라는 평이 있습니다.) / I had a sumptuous feast fit for a king. (저는 왕의 진수성찬에 걸맞은 식사를 했어요.) / This food melts in my mouth. (이 음식은 입에서 녹네요.) / The belly rules the mind. (스페인 속담 - 배가 마음을 다스린다. 즉, 음식이 기분과 마음을 좌우한다.) / An apple a day keeps the doctor away. (영국 속담 - 사과 같은 건강식을 하면 병원에 갈 일이 적어진다는 뜻으로, 단어의 운율이 경쾌합니다).

적절한 비유와 다양한 인용문들로 영어를 음미하고 즐기시기 바랍니다.

4. 분석과 통합

우리는 대학 입시 위주의 교과 과정에서 시험 영어의 정답을 맞히기 위해 영어 공부를 해 왔습니다. 그러다 보니 실제로 신문이나 책에서 영어 문장을 만나면 사전에서 단어를 찾아 해석해도 잘 이해가 안 되는 상황을 종종 맞닥뜨리곤 합니다.

실생활에서 활용하기 위한 실용 영어 실력을 키우려면 화자의 의도와 화자가 선택한 어휘, 구문을 곱씹어 '분석'한 후 영어로 '통합'하여 표현하는 노력을 해야 합니다. 문장 형식을 분석하고 이해한 후 영어 구문과 말뭉치를 정확한 발음으로 통합, 활용, 응용해야 하죠. 쉽게 얘기하자면 한-영 순차 통·번역 연습을 해야 영어 구사력이 업그레이드됩니다.

다음 우리말 문장을 한번 분석해 보세요. '거금을 들여 성형 수술을 받는 건 연예인만이 아니다.' 이 말의 뜻을 곱씹어 보세요. '성형 수술은 연예인의 전유물이 아니다.' '일반인도 목돈을 들여 성형을 한다.' '누구나 더 예뻐지고 싶은 욕망이 있다.' 이런 의미를 담고 있다고 볼 수 있겠죠?

이제는 그렇게 분석한 의미를 영어로 '통합'하여 바꾸어 표현한 것을 보시죠. Not only celebrities but also ordinary people get plastic surgery, spending a lot of money. / The boom in cosmetic surgery is not confined only to celebrities. / Plastic surgery seems to be addictive in the universal quest for beauty. /

우리말을 곱씹어 '분석'하여 영어로 적절한 연어와 비유어 등을 가미해서 '통합'하는 훈련을 하는 것입니다.

5. 배경 지식 함양과 어휘 확장

시대의 흐름과 세상 돌아가는 뉴스를 잘 알아야 뒤처지지 않고 누구를 만나든 할 '말'이 생깁니다. 또한 그래야 말을 하며 친해지고 공감대를 형성해서 '통'할 수 있습니다. 생활 영어 회화는 어느 정도 하는데 '금리 인하/인상', '바이러스 백신 개발 현황', '북한의 미사일 발사 도발', '인터넷의 폐해' 등을 모르고 있어서 우리말로 할 말이 없다면 영어로는 더 할 말이 없을 것입니다.

실전 영어 학습은 단어, 연어, 인용문, 대체어, 반의어 등을 다져 가는 '눈덩이 불리기'입니다. 기계적으로 개별 단어를 암기하는 건 금세 잊어버리게 됩니다. 연어와 좋은 예문들을 암기해야 실제로 활용할 수 있습니다. 그러기 위해 주제별로, 예컨대 정치, 경제, 외교, 북한 문제, 청년 실업, 자연 재해, 문화, 건강 등의 글에서 활용도 높은 어휘를 자신의 어휘 목록에 뿌리 내리도록 해야 합니다.

저는 오랫동안 계절별로 다양한 뉴스를 다루는 기자 및 뉴스 앵커 생활을 하다 보니 자연스럽게 머릿속 사전에 연어와 예문들을 주제별로 정리할 수 있었습니다. 여러분도 주제별 뉴스 기사에 관심을 가져 보시길 바랍니다.

6. 시험 영어와 실전 영어

시험 영어 자체가 나쁘다고 생각하지는 않습니다. 오히려 입학시험이나 입사 시험, SAT, TOEIC 등 목표 달성을 위한 시험 준비를 위해 하는 영어 학습은 아주 효과적이라고 생각합니다. 문제는 시험 이후를 생각하지 않는다는 겁니다.

시험 이후에는 영어를 활용하려는 개인의 동기 부여도 부족하고, 외적 환경도 이를 크게 유도하지 못한다는 게 문제입니다.

영어를 왜 공부해야 할까요? 영어권 국가 사람들, 나아가 지구촌 사람들과 '소통'하기 위해서 아닐까요? 또 단순한 대화를 넘어 설득력을 갖춰 상대방을 납득시키고 수긍하도록 하는 데 의미가 있습니다. 이것이 영어 학습의 궁극적 목표입니다.

따라서 He is boring.과 He is bored.의 -ing 형용사와 -ed 형용사의 차이만 알고 있으면 안 됩니다. 이를 개념화시켜서 He is boring.은 이야기를 듣노라면 하품만 나오게 하는 사람을 떠올리게 하고, He is bored. 하면 유튜브 채널을 여기저기 돌리는 사람의 모습을 머릿속에 각인시켜야 합니다. 그 후 응용 문장을 제시해야 정확히 boring과 bored의 차이를 체득할 수 있지 않을까요? He is such a boring person that he made Susan yawn several times. 또 The more bored he is, the more he will surf through YouTube channels. ('such ~ that' 구문과 'the 비교급, the 비교급' 구문입니다.)

실전 영어 능력을 육성하려면 나무 말고 숲을 볼 수 있어야 하고, 그러자면 시간이 걸립니다. 하지만 시간 들여 공부할 만한 가치와 의미는 충분합니다. 시험 영어에만 익숙해져 있다면, 이제부터는 기본 단어나 구문을 이용해 예문을 3개씩 만들어 보세요. 영어 일기를 쓰고, 그런 글쓰기가 익숙해지면 좀 늘려서 스토리 텔링을 하세요. 실전 영어 경쟁력은 결국 경험을 늘리고 체화하는 과정입니다.

7. Input과 Output

일반적으로 input(입력)은 읽기와 듣기, output(실제 구사력)은 말하기와 쓰기를 나타냅니다. 입력을 늘려서 실제 구사력을 지향하는 것이 궁극적인 영어 학습의 나침반이 되어야 합니다. 하지만 전문 통·번역사 중에도 자신의 입력 역량을 50퍼센트 이상 자유자재로 실제 구사력으로 활용하는 비율이 얼마나 될까요? 미미할 것입니다. 직업상 꾸준히 입력을 쌓고 언어 뒤집기(transfer, 전환)를 해야 하기 때문에 전환 능력은 탁월할 수 있습니다. 그래도 유창성과 의견 개진 능력은 천차만별입니다. 바로 이 부분이 우리가 나무 말고 숲을 보고 영어를 의사소통 도구로 사용하려면 염두에 둬야 하는 대목입니다.

이를 위해 어떤 상황에서든 이용할 수 있는 어휘를 많이 습득해서 활용해야 합니다. 연결어를 비롯해서 논리와 설득력을 보여 주는 어휘를 많이 활용하고, 비유적 표현과 인용문도 가능한 한 많이 활용해야 합니다. Let me play Devil's Advocate. (내가 악역을 맡을게요.) / What would you do if this and that go wrong? (이것저것 잘못되면 어떻게 할 거예요?) / They say the grass is always greener on the other side. (원래 남의 떡이 더 커 보이는 법이래요.) / They say a friend in need is a friend indeed. (어려울 때 친구가 진정한 친구죠.)

즉, 보편적인 공감을 유발하고 유연하게 적재적소에 응용할 수 있는 자기만의 표현을 확립하고 이를 회화 능력으로 '운반'해서 영어답게 구사해야 합니다. 그러기 위해서는 발음 공부도 필요하고 뭉치 단위와 문장 단위의 발표 훈련이 병행되어야 합니다. 아무쪼록 당장 눈앞의 목표인 합격만이 아니라 그 이후를 넓게 보시기 바랍니다.

8. 힘 있는 목소리와 정확한 발음

전문 아나운서와 달리 발성과 발음 훈련을 받지 않은 사람이라면 누구나 개인의 말버릇이 있고 특정 발음이 잘 안 되는 한계에 부딪히기 마련입니다. 유수의 해외 언론사 기자들도 비원어민 발음을 없애기 위해 책을 사서 발음을 연마한다는 사실을 알고 계시나요? 전달력을 높이기 위한 꾸준한 노력의 과정입니다. 미흡한 발성 유형은 여러 가지가 있습니다. 우선, 문장의 말끝을 항상 일정하게 올리는 분들이 있습니다. 이런 유형은 너무 인위적인 느낌이 듭니다. 또한 말이 귀에 꽂히지 않고 자신 없어 보이는 유형도 있습니다. 이런 유형은 어디서도 돋보이기 어렵습니다. 전문 지식이 많더라도 영어 전달력 때문에 저평가 받을 수도 있습니다.

평소에 힘 있고 정확한 발음을 단련해야 '신뢰감'을 줄 수 있습니다. 쭈뼛거리며 말하는 사람은 깊은 인상을 남길 수 없고, 중요한 입사 면접에서도 밀릴 수 있습니다. 또한 매끄럽게 말하더라도 되돌아가 말을 되풀이하는 습성은 버려야 합니다. 자신 있게 내뱉고 난 다음 재빠른 부연 설명과 수정으로 진행 속도를 주도해야 합니다. 그래야 상대방을 집중시키고 자신의 의사를 전달하는 데 성공할 수 있습니다.

9. "I agree to disagree." – 생각이 다른 것을 인정하자

영어권 국가의 문화를 더 잘 알아야 영어 실력에 날개를 달 수 있습니다. 적어도 일주일에 한 번은 미국 연예 뉴스 기사나 대중 주간지의 기사 하나를 정독하고 트렌드를 읽으시기 바랍니다. 살아 있는 영어를 꾸준히 접할 수 있는 아주 효과적인 방법입니다.

제가 아는 한 교수님은 이렇게 말했습니다. Koreans don't know how to agree to disagree. They seem to be hard wired to force the other person to accept their thoughts. Otherwise, they consider them the enemy. (한국인들은 생각이 다른 것을 인정하는 법을 모릅니다. 그들은 상대방에게 자신의 생각을 받아들이도록 강요하려는 습성이 있는 것 같습니다. 상대가 자신의 생각을 받아들이지 않으면 적으로 간주합니다.)

어떻습니까? 이런 습성이 우리나라 사람들 사이에 뿌리박힌 것 같지 않습니까? 갈수록 분열되는 이 사회에서 이런 성향이 종종 엿보입니다. 국회는 파행하고 타협은 요원한 목표가 되어 버리고, 직장을 비롯한 사회 각 분야에서 언쟁을 하는 경우가 자주 생깁니다.

영어권 국가들은 워낙 다양한 민족이 섞여 살아서 싫든 좋든 진정성이 있든 아니든 상대방을 더 배려하는 것 같습니다. 물론 단점도 있습니다. 차별적인 언어 사용이나 행동을 피하려는 경향 때문에 '소통의 명쾌함'이 희석되기도 하죠.

영어권 국가들의 문화 코드를 읽고 마음에 들지 않더라도 "I agree to disagree." 하는 태도를 이해하고, 상대방을 배려하고 역지사지하는 자세를 실천해야 어디에 가더라도 영어로 인해 홀대 받지 않고 인정을 받을 수 있습니다.

10. 영어의 유머를 즐기자

영어는 pun, 즉 '말장난'을 좋아하는 언어입니다. 이것이 영어 유머의 근간이라 해도 과언이 아닐 겁니다. 영어의 미묘한 유머 표현을 음미하고 응용할 수 있을 때 진정한 영어 고수로 등극할 수 있습니다.

미국의 오바마 대통령은 집권 초기 백악관 기자단 초청 만찬에서 다음과 같은 농담을 한 적이 있습니다. "First Lady Michelle Obama has the right to bear arms." have the right to bear arms는 '총기를 소지할 권리가 있다'라는 말이죠. 미국의 헌법상 권리입니다. 하지만 오바마는 bear arms의 동음이의어인 bare arms를 의도하고 말한 것이기 때문에 이를 알아차린 백악관 기자단이 포복절도했습니다.

오바마 대통령 집권 초기에 영부인 미셸이 민소매 드레스를 자주 즐겨 입자 각종 매체에서 화제가 되고 소위 '디스'를 하기도 했는데, 남편인 오바마 대통령이 이를 조롱하듯 일침을 가한 유머였던 것입니다. 미국 국민들이 총기를 소지할 권리가 있는 것처럼 민소매를 입는 것은 불가침의 권리라고 '누가 뭐랄 거야?'라는 의도로 주장한 유머였죠. 이런 유머를 헤아리고, 이해하고, 즐길 줄 알아야 합니다.

PART 2

경제, 경영, 산업

CHAPTER 1

경기

모든 종합 뉴스 프로그램에서 빠지지 않는 주제가 경제입니다. 경제 하면 가장 먼저 떠오르는 게 수출입, 경상수지 흑자/적자, 경기 전망 등인데요, 이런 말들이 바로 떠오른다는 건 경기가 그만큼 삶의 질을 좌우하기 때문일 겁니다. 경기를 얘기할 때 쓸 수 있는 뭉치 표현도 '오름세에 있다(be on an upswing)', '내림세에 있다(be on a downturn)' 등 다양합니다. 이 장에서 배울 용어들과 뭉치 표현을 각자 종사하는 분야에서 활용하면 원어민과의 대화의 격을 높일 수 있을 것입니다.

경기 관련 주요 용어

1. 실물 경제 : real economy
2. 경제 주체 : economic player
3. 가정 경제 : household economy
4. 재화와 용역 : goods and services
5. 구매력 : purchasing power
6. 소득 격차[불균형]
   : income disparity[imbalance]
7. 물가 상승 압력 : inflationary pressure
8. 수요와 공급 : demand and supply
9. 공급 과잉 : oversupply
10. 경기를 타는 : cyclical
11. 경기의 경착륙
    : hard landing of the economy
    경기의 연착륙
    : soft landing of the economy
12. 경제 변수 : economic variable
13. 선행 지표 : leading indicator,
    forward indicator
14. 성장 동력 : growth engine,
    driver of economic growth
15. 경제 전망 : economic outlook
16. 선진국
    : advanced[developed] country
17. 개발 도상국 : developing country
18. 저개발국, 후진국
    : underdeveloped country
19. 국제 경쟁력
    : international competitiveness
20. 가처분 개인 소득
    : disposable personal income

빈출 표현 044

경기가 **호전될 전망이다.**

The economy is set for an upturn.

MP3 **044**

경기가 부진하다가 오름세로 돌아설 예정이라는 말은 영어로 be set for an upturn이라고 표현할 수 있습니다. be set for는 '~할 예정이다'의 뜻이고, upturn은 '위로 돌아섬'이라는 의미임을 직관적으로 알 수 있는데, 더 나아가 '호전, 상승'의 뜻입니다. upturn 외에 upswing도 많이 사용하는데, upswing 역시 '호전, 상승, 증가'의 뜻입니다. 두 단어의 반의어는 각각 downturn과 downswing이니 함께 응용해 보세요.

1 신문에 따르면 경기가 **호전될 전망이라고** 한다.
The newspaper says the economy **is set for an upturn**.

2 경기가 중·장기적으로 **호전될 전망이다.**
The economy **is set for an upturn** in the mid to long term.

3 호주의 주거용 부동산 시장은 올해 **호전될 전망이다.**
The Australian residential property market **is set for an upturn** this year.

4 건설업계는 저금리와 새 법규에 힘입어 **호전될 것으로** 보인다.
The construction industry appears **set for an upturn** backed by low interest rates and new laws.

5 경제 성장이 **상승세로 돌아설 거라는** 게 전문가들의 일치된 의견이다.
The consensus of experts is that economic growth **is set for an upturn**.

If the virus continues to spread, it could endanger the fragile global economy, which **was set for an upturn** following signing of the phase-one US-China trade deal. Without prudent action, contagion effects and loss of confidence could ripple through global markets and supply chains.
<South China Morning Post>

바이러스가 계속 확산된다면 이는 취약한 세계 경제를 위태롭게 할 수 있는데, 세계 경제는 1단계 미중 무역 협정 이후 **호전될 전망이었다.** 신중하게 행동하지 않는다면, 연쇄 파급 효과와 신뢰감 상실이 전 세계 시장과 공급 체인을 통해 퍼져 나갈 수 있다. 〈사우스 차이나 모닝 포스트〉

phase 단계, 시기, 국면   **prudent** 신중한
contagion effect 연쇄 파급 효과, 전염 효과(한 나라의 경제 붕괴는 전 세계로 파급된다는 이론)
ripple through 퍼지다, 확산되다

이렇게 경기가 어려울 때 우리는 더 열심히 일해야 한다.
In these tough economic times,
we need to work harder.

MP3 **045**

times는 '시대'와 '시기'를 나타냅니다. 참고로 영국의 유력 일간지 가운데 〈The Times〉도 있습니다. economic times라고 하면 경제적인 면에서 시기를 말하는 것입니다. 우리는 '힘든'의 의미로 보통 hard와 difficult를 떠올리는데, 영어 원어민들은 '힘든'의 뜻으로 tough를 많이 씁니다. English is tough. The work is tough. This is a tough assignment. 등 tough를 많이 활용해서 입에 붙여 보세요. tough economic times는 경기가 어려운 시기를 말하는 거겠죠.

1 **이렇게 경기가 어려울 때는** 돈을 절약해야 한다.
   In these tough economic times, we need to save money.

2 **이렇게 경기가 어려울 때는** 힘든 결정을 내릴 필요도 있다.
   In these tough economic times, tough decisions need to be made.

3 **이렇게 경기가 어려울 때는** 세금 감면이 환영 받는다.
   In these tough economic times, tax breaks are welcome.

4 **이렇게 경기가 어려울 때는** 훌륭한 리더십이 특히 필요하다.
   In these tough economic times, great leadership is especially needed.

5 **이렇게 경기가 어려운데**, 내년 경제 전망은 얼마나 나쁠까?
   How bad is next year's economic outlook in these tough economic times?

Yes, **in these tough economic times** we need to find a way to create more jobs for Americans. But cutting off some of the world's most skilled people—many of whom are likely to create new jobs—isn't the answer.
<Pittsburgh Business Times>

그렇다. **이렇게 경기가 어려울 때는** 미국인들을 위해 더 많은 일자리를 창출할 방법을 찾아야 한다. 하지만 세계에서 가장 숙련된 사람들, 그중 다수는 새 일자리를 창출할 가능성이 높은 사람들 중 일부를 잘라 내는 것은 해답이 아니다. 〈피츠버그 비즈니스 타임스〉

cut off 잘라 내다

빈출 표현
046

주가는 **바닥을 치고 나서** 반등하고 있다.
Stock prices are rebounding after hitting rock bottom.

MP3 **046**

사업이든 인생이든, 바닥을 치면 다시 올라갈 일만 남았다고 하죠? '바닥을 치고 나서 다시 튀어오르다'는 영어로 rebound after hitting rock bottom이라고 표현할 수 있습니다. What goes down must come up(아래로 내려가는 건 올라오게 마련이다).을 떠올리게 하는 뭉치 표현입니다. hit rock bottom은 '완전히 바닥을 찍다'는 뉘앙스가 있습니다. 깊은 바닷속의 암반을 생각해 보세요. 암반을 탁 쳤을 때 그 반동으로 위로 올라가게 되니까요. 이걸 생각하면서 외워 주세요.

1   사업이 실패하면서 그는 **인생의 바닥을 쳤다**.
With the failure of his business, he **hit rock bottom**.

2   **바닥을 치고 난 후** 그는 눈부신 재기를 했다.
After hitting rock bottom, he made a splendid comeback.

3   2001년도에 **바닥을 치고 나서** 경제가 이제 반등하고 있다.
After hitting rock bottom in 2001, the economy is now rebounding.

4   작년에 **바닥을 치고 난 후** 경제는 위기 이전 수준으로 거의 돌아왔다.
After hitting rock bottom last year, the economy has nearly returned to pre-crisis levels.

5   한국 경제는 1998년에 **바닥을 치고 난 후** 꾸준히 반등해 오고 있다.
The South Korean economy has been rebounding steadily **after hitting rock bottom** in 1998.

After dropping from 7.77 trillion won in the fourth quarter of 2018 to 3.4 trillion won in the second quarter of 2019, semiconductor operating profits appear to be rebounding **after hitting rock bottom** in the third quarter.
<Hankyoreh>

2018년 4분기에 7조 7,700억 원에서 2019년 2분기에 3조 4,000억 원으로 하락한 후, 반도체 영업이익은 3분기에 **바닥을 치고** 반등하고 있는 것처럼 보인다. 〈한겨레〉

trillion 1조   **operating profit** 영업 이익

빈출 표현
047

소비자 물가가 **전년 대비** 1.5퍼센트 증가했다.
Consumer prices increased 1.5 percent on-year.

MP3 047

경제 뉴스를 보다 보면 자주 등장하는 표현 중 하나가 '전년 동기 대비'입니다. 문맥에 따라 '전년 동월 대비'나 '전년도 같은 분기 대비'일 수도 있는데요, 이를 year-on-year라고 합니다. 줄여서 on-year이라고 하거나 Y-O-Y라고 간단히 첫 글자로도 씁니다. 이 외에도 from a year earlier, compared to the same period a year ago라고 길게 풀어서도 말합니다. 모두가 영업이나 회계에서 많이 사용하는 표현이므로 기억해 두었다가 실무 영어에서 적극 활용해 보세요.

1 2분기 총 매출은 **전년 동기 대비** 20퍼센트 늘었다.
   Second quarter total sales increased 20 percent **on-year**.

2 2월에 영업 이익이 **전년 동월 대비** 20퍼센트 증가했다.
   Operational profits increased 20 percent **on-year** in February.

3 소비자 물가는 **전년 대비** 1.5퍼센트 그리고 2년 전 대비 5퍼센트 증가했다.
   Consumer prices increased 1.5 percent **on-year** and 5 percent from 2 years ago.

4 소비자 물가는 9월에 **전년 동월 대비** 3.0퍼센트 증가했는데, 이는 8월의 2.5퍼센트에서 오른 것이다.
   Consumer prices rose 3.0% **year-on-year** in September, up from 2.5% in August.

5 관광객 수가 지난달에 30만 명을 기록했는데, 이는 **전년 동월 대비** 30퍼센트 하락한 것이다.
   The number of tourists recorded 300,000 last month, down 30 percent **year-on-year**.

The consumer prices index rose 12.62 percent **year-on-year** in June, following an 11.39 percent increase in May. Economists had expected a 12.9 percent rise.
<ForexTV.com>

소비자 물가 지수는 6월에 **전년 동월 대비** 12.62퍼센트 증가했는데, 이는 5월의 11.39퍼센트를 이은 것이다. 경제 전문가들은 12.9퍼센트 상승을 예상했다. 〈ForexTV.com〉

consumer price(s) index 소비자 물가 지수

CHAPTER 2

수요와 공급

수요와 공급을 빼 놓고 경제를 얘기할 수 없습니다. 정부가 개입하지 않고 수요와 공급의 법칙에 따라 가격이 결정되면 더할 나위 없이 좋겠지만, 항상 그럴 수만은 없는 게 현실입니다. 부동산 가격을 볼까요? 찾는 사람은 많고 수요에 맞는 공급량은 적으니 부동산 문제가 늘 뉴스에 빠지지 않고 등장합니다. 현실을 이론대로 구현하는 게 말처럼 쉽지만은 않습니다. (It's easier said than done.) 이번 장에서는 수요와 공급과 관련한 경제 관련 중요 표현들을 공부해 보겠습니다.

수요와 공급 관련 주요 용어

1. 수요와 공급 : demand and supply
2. 수요와 공급 곡선
   : demand and supply curves
3. 가수요 : disguised demand, speculative demand
4. 총수요 : aggregate demand
5. 시장 기능[메커니즘]
   : market mechanism
6. 가격 탄력성 : price elasticity
7. 탄력적 수요 : elastic demand
8. 비탄력적 수요 : inelastic demand
9. 상품의 가격 : price of a commodity
10. 경제적 균형 : economic equilibrium
    (수요와 공급 같은 경제적 힘이 균형을 이루고 외부의 영향이 없을 때 경제 변수의 (균형) 값이 변하지 않는 상황)
11. 한계 효용 : marginal utility
12. 균형 가격
    : equilibrium price
13. 계절적 요인
    : seasonal factor
14. 생산자와 소비자
    : producers and consumers
15. 불공정 거래 : unfair trade
16. 공모, 담합 : collusion
17. 독점, 전매 : monopoly
18. 소수 독점, 과점
    : oligopoly
19. 독점금지법 : anti-trust law
20. 매점, 사재기 : hoarding, panic buying, cornering and hoarding

수요는 경기를 **탄다.**
Demand is affected by fluctuations in economy.

MP3 048

'오르락내리락하다, 요동치다'를 영어로 fluctuate라고 합니다. 안정이 안 되어서 언제든 급변할 수 있는 가능성을 내포한 단어입니다. fluctuate의 명사형 fluctuation은 '변동, 오르내림'으로, be affected by fluctuation이라고 쓰면 '변동에 영향을 받는다', 즉 '경기를 탄다'라고 해석할 수 있습니다. 가끔 안전 자산(safe haven assets)으로 여기는 금값이 요동치는 경우를 보는데요, 이를 Gold prices are fluctuating.이라고 합니다. 이런 상태를 volatile이라고 하는데, 사전적인 뜻은 '변덕스러운, 휘발성의'로, 동사 fluctuate와 함께 알아 두면 좋습니다.

1 수요는 기온 **변동의 영향을 받는다.**
Demand **is affected by fluctuations** in temperatures.

2 신용 등급은 주가 **변동의 영향을 받았다.**
Credit ratings **were affected by fluctuations** in stock prices.

3 난방유 수요는 원유 가격 **변동의 영향을 받는다.**
Demand for heating oil **is affected by fluctuations** in crude oil prices.

4 모든 시세는 국내외 **시장 변동에 따라 영향을 받는다.**
All quotations **are affected by market fluctuations** at home and abroad.
————— quotation 시세

5 물가는 수요와 공급의 **변동의 영향을 크게 받는다.**
Prices of commodities **are significantly affected by fluctuations** in demand and supply.

Currency transactions **are affected by fluctuations** in exchange rates; currency exchange rates may fluctuate significantly over short periods of time. Individual securities may not perform as expected.
<Guru Focus>
통화 거래는 환율 **변동의 영향을 받으며,** 통화 환율은 단기간에 걸쳐 상당히 변동할지도 모른다. 개별 유가 증권은 예상하는 실적을 내지 못할 수도 있다. 〈구루 포커스〉

transaction 거래   **currency exchange rate** 통화 환율   **securities** 유가 증권

과잉 수요는 **대폭적인 가격 인상을 유발했다.**
Excess demand has led to price spikes.

MP3 **049**

수요가 대폭 증가하면 공급 가격에 영향을 미칩니다. 원하는 사람들이 많으니 제품의 가격이 오르겠죠. '과잉의, 초과한'이라는 뜻의 영어는 excess입니다. 그래서 '과잉 수요'는 excess demand라고 표현할 수 있습니다. '대폭적인 가격 인상을 유발하다'는 lead to price spikes로 표현할 수 있는데, lead to ~는 '~로 이어지다'는 뜻으로, result in(~라는 결과를 가져오다)와 같은 뜻입니다. spike는 '큰 폭의 인상, 증가'로 hike(인상)보다 더 큰 폭의 상승을 나타냅니다.

1 마스크 수요 과잉이 **대폭적인 가격 인상을 유발했다.**
Excess demand for masks **has led to price spikes.**

2 경제 파동은 **부동산 가격의 대폭 인상을 불러왔다.**
Economic turbulence **has led to real estate price spikes.**

3 과잉 수요는 **포괄적인** 상품 **가격 폭등을 유발했다.**
Excess demand **has led to extensive price spikes** in commodities.

4 꾸준한 수요 증가는 **휘발유 가격을 서서히 인상시켰다.**
A steady rise in demand **has led to gradually pushing up pump prices.**
—— pump (구어) 주유소

5 과잉 수요는 업계와 상관없이 필연적으로 **대폭적인 가격 인상으로 이어진다.**
Excess demand, regardless of the industry, inevitably **leads to price spikes.**

Any panic would exacerbate temporary food shortages, **lead to price spikes**, and disrupt markets. If left unchecked, food panics can spread and threaten broader social stability.
<Telegraph>

어떠한 패닉(공황) 상황이 일어나면 일시적인 식량 부족이 악화되고 **대폭적인 가격 인상이 유발되며** 시장이 교란될 것이다. 만약 방치된다면 식량 공황이 전파되어 더 넓은 사회 안정을 위협할 수 있다.
〈텔레그래프〉

exacerbate 악화시키다

수요가 공급을 앞질렀다.
Demand outstripped supply.

MP3 050

정도나 역량이 '더 뛰어나다', 중요성을 '앞지르다'는 의미를 나타낼 때 outstrip이라는 동사를 사용합니다. 비슷한 의미의 단어로 outpace가 있는데, 이는 속도 측면에서 '앞지르다, 앞서다'의 개념이므로 구별해야 합니다. 예를 들어, His talent outstripped his competitors(그의 재능은 경쟁자들을 앞질렀다).라고 쓰고, She outpaced her colleagues in finishing the work(그녀는 작업 완성 속도에서 동료들을 앞질렀다).라고 씁니다. 수요와 공급에서 가장 이상적인 건 수요와 공급을 맞추는 거겠죠? 이는 make supply meet demand(수급을 맞추다)로 표현합니다.

1   치료제 **수요가 공급을** 훨씬 **앞지르고 있다**.
Demand for the treatment far **outstrips supply**.

2   **수요가 공급을 앞지를** 가능성이 여전히 남아 있다.
There is still a chance **demand will outstrip supply**.

3   **수요가 공급을 능가함**에 따라 아파트 매매가 급증했다.
Apartment sales surged as **demand outstripped supply**.

4   적어도 단기적으로는 **수요가** 분명 공급을 **앞지를 것이다**.
At least in the short term, **demand is sure to outstrip supply**.

5   **억눌렸던 수요가 공급을 앞지르면서** 집값이 폭등했다.
As pent-up demand outstripped supply, housing prices surged.

———— pent-up 억눌린, 억제된

Thermometer makers say **demand has outstripped supply** as stores and offices across the nation begin to reopen. In recent weeks, companies like Tyson Foods, McDonald's, and Macy's which each employ more than 100,000 people in the United States, began requiring front-line workers to have their temperature taken before starting shifts.
<Post-Courier>

체온계 제조사들은 전국의 상점과 사무실이 영업을 재개하면서 **수요가 공급을 앞질렀다**고 말한다. 최근 몇 주 동안, 미국 전역에서 각각 직원 10만 명 이상을 고용하고 있는 타이슨 푸드, 맥도널드, 메이시즈 같은 회사들은 일선 직원들이 교대 근무를 시작하기 전에 체온을 측정할 것을 의무화하기 시작했다.
〈포스트-쿠리어〉

thermometer 체온계   **front-line** 제1선에서 활약하는

빈출 표현 051 40대들이 **소비를 줄이고 있다.**

People in their 40s are tightening their purse strings.

MP3 051

여성용 지갑은 purse, 남성용 지갑은 wallet이라고 합니다. tighten one's purse strings 는 복주머니처럼 생긴 여성용 지갑의 끈을 단단히 조인다는 의미로, '소비를 줄이다', '긴축 정책을 펴다' 등의 의미죠. 굉장히 직관적인 숙어 표현입니다. '소비를 줄이다'는 reduce[cut back on] spending이라고 해도 되지만 이런 시각적인 표현을 쓰면 글이나 말이 참신해지는 효과가 있습니다. 하지만 모든 게 다 그렇듯 이런 표현도 과유불급이겠지요(Too much of a good thing is as bad as too little).

1 경기 침체 속에서 많은 소비자들이 **소비를 줄이고 있다.**
   Many consumers **are tightening their purse strings** amid the recession.

2 지난 6개월 동안 모든 가구는 어쩔 수 없이 **소비를 줄일** 수밖에 없었다.
   In the past 6 months, all families were forced to **tighten their purse strings.**

3 일부 소매상들이 할인 행사를 취소하면서 **긴축하고 있다.**
   Some retailers **are tightening their purse strings** by skipping discount offers.

4 전망이 험난할 때 기업들이 **긴축 정책을 펴는** 것은 당연하다.
   It's natural for companies **to tighten the purse strings** when the road ahead looks bumpy.

5 경제 전망이 불투명해서 소비자와 생산자 모두가 **긴축하고 있다.**
   Due to the hazy economic outlook, both consumers and producers **are tightening their purse strings.**

Many of us **are tightening purse strings** and looking at areas we can save money. Your personal feeling about the importance of make-up in times like these may vary.
<The Sydney Morning Herald>
우리들 중 다수는 **소비를 줄이고 있고** 돈을 절약할 수 있는 부분을 찾고 있다. 지금 같은 시기에 화장의 중요성에 대한 개인적 느낌은 제각기 다를 수 있다. 〈시드니 모닝 헤럴드〉

make-up 화장, 화장품   **vary** 각기 다르다

수입과 지출의 균형을 맞추기는 어렵다.
It is tough to make both ends meet.

MP3 **052**

수입과 지출은 수요와 공급만큼 경제에서 많이 쓰이는 개념입니다. 특히 가정 경제 (household economy)에서 수입과 지출은 너무나 중요하고 생계와 직접 관련이 있습니다. '수입과 지출의 균형을 맞추다'는 영어로 make both ends meet라고 하는데, both ends는 income(수입) and expenditure(지출)를 나타냅니다. 돈이 들어오고 나가는 길의 양 끝을 생각해 보면 쉽게 이해할 수 있습니다. 이 표현은 문맥에 따라 '아등바등 겨우 먹고살다'의 의미로 쓰일 수도 있습니다. We struggle to make (both) ends meet(우리는 아등바등 먹고사느라 애쓰고 있다).

1 **겨우겨우 먹고살려고** 그는 잡일을 맡았다.
 He took up odd jobs just **to make both ends meet**.

2 **수입과 지출을 맞추기 위해** 그는 일용직 근로자로 부업을 한다.
 He moonlights as a daily-wage laborer **to make both ends meet**.
 ── moonlight (밤에) 부업을 하다

3 요즘같이 힘든 때에는 많은 사람들이 **겨우겨우 먹고산다**.
 In these tough economic times, many barely **make both ends meet**.

4 모든 가정은 예전 그 어느 때보다도 **수입과 지출을 맞추는 걸** 힘들어하고 있다.
 Every household finds it harder than ever before **to make both ends meet**.

5 기부금이 줄면서 그 자선 단체는 **수지 균형을 맞추기 위해** 분투하고 있다.
 As donations declined, the charity organization is struggling **to make both ends meet**.

But as more people seek out gigs **to make ends meet**, it could significantly improve economic security for independent workers.
<Harvard Business Review>
하지만 더 많은 사람들이 **수입과 지출의 균형을 맞추기 위해** 임시직을 물색하면서, 그것이 독립 근로자들의 경제적 안전을 상당히 개선할 수 있다. 〈하버드 비즈니스 리뷰〉

seek out ~을 찾다   **gig** 임시로 하는 일

CHAPTER 3

금융

한 국가의 경제는 생산과 분배, 그리고 소비와 지출의 과정을 반복합니다. 이런 경제 활동이 원활히 일어나게 해 주는 것이 금융의 주요 기능이죠. 경제 활동의 기본은 수요와 공급, 또는 생산과 소비, 또는 사고파는 것이라 할 수 있고, 이 과정에서 자금이 이동합니다. 상품을 구입하기 위한 자금을 은행에서 인출하기도 하고, 자산을 매각해서 또는 대출을 통해 돈을 마련하는데, 이를 아우르는 것이 금융의 역할입니다. 경제 활동에서 매우 중요하고 핵심적인 부분 중 하나죠. 이 장에서는 금융과 관련한 주요 뭉치 표현들을 배워 보도록 하겠습니다.

금융 관련 주요 용어

1. 자산 관리, 재테크
   : wealth management
2. 대출을 받다 : take out loans
3. 주식 투자 : stock investment,
   investment in stocks
4. 투자 수익률
   : return on investment (ROI)
5. 투자 위험 분산 : diversification of
   (investment) risk
6. 가계 부채 : household debt
7. 사채업자 : private money lender
8. 유가 증권
   : securities, marketable securities
9. 해외 채권, 외국채 : foreign bond
10. 양도성 예금증서
    : negotiable certificate of deposit
11. 금융 지주 회사
    : financial holding company
12. 화폐 발행 : currency issuance
13. 화폐 유통 : money circulation
14. 외환 보유고 : foreign
    currency[exchange] reserves
15. 기축 통화 : key currency
16. 해외 송금
    : overseas remittance
17. 평가 절상 : revaluation, appreciation
18. 평가 절하 : devaluation, depreciation
19. 변동 환율 제도 : flexible[floating]
    exchange rate system
20. 고정 환율 제도
    : fixed exchange rate system

우리 회사는 **유동성을 제고했다.**
Our company has improved liquidity.

MP3 **053**

'자금의 흐름', 즉 '유동성'을 영어로는 liquidity라고 합니다. 액체 liquid에서 파생된 단어죠. 유동성이 원활하지 못하면 회사가 경영난을 겪고 심한 경우 사활이 불투명해질 수 있습니다. 그래서 큰 기업은 국제 금융팀을 두어 해외 투자와 투자 유치 등을 통해 유동성을 높이는 전략을 구사합니다. '유동성을 높이다/제고하다/개선하다'는 영어로 improve liquidity라고 표현할 수 있습니다.

1 그 대기업은 **유동성을 개선하기 위해** 계열사 두 개를 매각했다.
The conglomerate sold off two affiliates **to improve liquidity**.

2 그 회사의 코스닥 상장은 **유동성을 더욱 개선시킬 수 있다.**
The company's listing on the KOSDAQ **can further improve liquidity**.

3 **유동성을 제고하기 위해** 그 회사는 30억 달러의 자금을 구하고 있다.
The company is seeking 3 billion dollars in financing **to improve liquidity**.

4 정부는 기업들이 **유동성을 제고할 수 있도록** 세금 경감을 해 주었다.
The government offered tax relief to corporations so that they **can improve liquidity**.

5 그 회사가 **유동성 제고를 위해** 시행한 조치는 효과가 미미한 걸로 드러났다.
The measures implemented by the company **to improve liquidity** proved to have minimal effect.

Additional measures **to improve liquidity** included reductions in corporate expenses by 10-15%, capital expenditure reduction by $100-$125 million and temporary suspension of future stock repurchases.
<Yahoo Finance>

유동성 개선을 위한 추가 조치에는 법인 경비 10~15퍼센트 삭감, 자본 지출 1억~1억 2천5백만 달러 삭감, 향후 주식 재매입 일시 중지 등이 포함되었다. 〈야후 파이낸스〉

additional 추가적인   **reduction** 삭감, 감소   **expense** 비용, 경비
expenditure 지출, 비용, 경비   **suspension** 중지, 중단   **repurchase** 되사기

빈출 표현
054

중앙은행은 **금리를 인상했다.**
The central bank hiked interest rates.

MP3 **054**

'금리'는 영어로 interest rate, '기준 금리'는 영어로 benchmark interest rate라고 합니다. 중앙은행(central bank)은 국가의 통화 공급량 등을 규제하는 일을 담당하는데, 우리나라에서는 한국은행이 중앙은행에 해당합니다. '인상하다'는 raise 외에 hike도 많이 사용합니다. 대폭 인상하는 경우에는 spike를 사용하는데요, hike와 spike 둘 다 동사와 명사로 모두 활용 가능합니다.

1   중앙은행은 **금리를** 0.25퍼센트 포인트 **인상했다.**
The central bank **hiked interest rates** by 25 basis points.
—— basis point (이율을 나타낼 때의) 1/100퍼센트

2   한국은행은 불과 1년 만에 **금리를** 두 차례 **인상했다.**
The Bank of Korea **hiked interest rates** twice in just a year.

3   **금리 인상**은 채무 부담을 더 가중시켰다.
The hike in interest rates further added to the debt burden.
—— 3, 4 예문에서 hike는 명사로 '인상'이라는 뜻

4   시중 은행들이 큰 폭의 **금리 인상**을 단행했다.
Commercial banks implemented the huge **hike in interest rates.**
—— commercial bank 시중 은행, 상업 은행

5   통화 정책 위원회는 만장일치로 **금리 인상** 반대를 투표로 결정했다.
The monetary policy committee unanimously voted against **hiking interest rates.**

Deficits are now seen as empowering governments to do big things: protect future generations from climate change, for example. What's more, because inflation seems dead, deficits no longer drive the Fed to **hike interest rates.**
<The Washington Post>

적자 사태는 이제 정부가 더 큰 일을 하도록 힘을 보태는 것으로 보인다. 가령 미래 세대를 기후 변화로부터 보호하는 일 같은 것이 그에 해당된다. 더구나 인플레이션이 시든 것으로 보이기 때문에 적자 사태는 더 이상 연준이 **금리를 인상하게끔** 부추기지 않고 있다. 〈워싱턴 포스트〉

deficit 적자, 부족액   **the Fed** (= **Federal Reserve System**) 연준(= 연방준비제도)

빈출 표현 055

외환 보유고가 증가했다.
The foreign currency reserves increased.

MP3 055

1997년 말, 우리나라는 외환 보유고가 고갈되면서 국가 부도 위기를 겪은 경험이 있습니다. 그 이후 외환 보유고는 기록적인 수준으로 늘어나서 유지되고 있지요. 외환 보유고는 영어로 foreign currency reserves 혹은 foreign exchange reserves라고 합니다. 외환 보유고에는 기축 통화(key currency)인 미국 달러를 중심으로 외국채(foreign bond) 등이 포함되어 있습니다.

1 저조한 **외환 보유고**는 경제 리스크 요소로 바뀔 수 있다.
Low **foreign exchange reserves** may translate into economic risk factors.

2 정부 당국은 고갈되는 **외환 보유고**를 지키려고 애쓰고 있다.
Authorities are scrambling to protect the depleting **foreign currency reserves**.

3 **외환 보유고**는 6월 말 기준 4천 107억 5천만 US달러에 달했다.
Foreign currency reserves amounted to 410.75 billion U.S. dollars as of the end of June.

4 2개월 연속 하락에도 불구하고, **외환 보유고**는 여전히 '안전한' 수준에 있다.
Despite a 2-month consecutive decline, **foreign exchange reserves** are still at "safe" levels.

5 해외 단기 국채가 인도 **외환 보유고**의 가장 큰 부분을 차지한다.
Treasury Bills of foreign countries account for the lion's share of India's **foreign exchange reserves**.

———— lion's share 가장 큰[좋은] 부분

But with oil production a fraction of what it once was, Venezuela's **foreign currency reserves** have been dwindling.
<BBC News>

그러나 석유 생산량이 과거 생산량의 소량이 되어 버린 상황에서, 베네수엘라의 **외환 보유고**는 계속 줄어들어 왔다. 〈BBC 뉴스〉

fraction 일부, 아주 조금, 소량   **dwindle** 줄어들다

빈출 표현 056

그 대기업은 **파산했다**.

The major company went bankrupt.

MP3 056

개인도 기업도 심지어 국가도 파산할 수 있습니다. '파산하다, 도산하다, 망하다'는 영어로 go bankrupt라고 표현합니다. 명사 bankruptcy(파산)를 써서 go bankruptcy라고 쓰는 실수를 하기 쉬운데, 상태의 변화를 나타내는 동사 go에 형용사 bankrupt를 쓰는 게 맞습니다. 비슷한 뜻을 나타내는 표현으로 go bust, go under, go belly-up, go insolvent 등이 있습니다.

1 무분별한 투자로 그 억만장자는 **파산했다**.
The billionaire **went bankrupt** due to reckless investment.

2 도시가 **파산하면** 흑인들의 삶이 특히 위태로워진다.
When cities **go bankrupt**, black people's lives are especially put at risk.

3 회사는 **망해 가고 있는**데 대표이사들은 스스로에게 보너스를 주고 있다.
The CEOs are awarding themselves bonuses while their companies **are going bankrupt**.

4 정부와 긴급 구제 합의를 체결하지 못하면 그 항공사는 **파산할 수도 있다**.
Unless a bailout agreement is reached with the government, the airline company **could go bankrupt**.
————— bailout (재정 위기에 처한 기업 등에 대한) 긴급 구제

5 이 회사가 **파산하**면 수만 명의 직원과 그들의 가족이 고통을 겪게 될 것이다.
If this company **goes bankrupt**, tens of thousands of employees and their families would suffer hardship.

Colleges face a £2bn income loss next year and some **will go bust** unless the government delivers emergency help, their leaders have warned.
<Independent>

대학들은 내년에 20억 파운드의 수입 손실에 직면해 있고, 정부가 긴급 지원을 해 주지 않는다면 몇몇 대학은 **파산할 것**이라고 대학 총장들은 경고했다. 〈인디펜던트〉

bn 십억(billion)　**income** 수입, 소득　**loss** 손실　**emergency** 긴급, 위급, 비상

빈출 표현 057

그 회사는 **대출을 받았다.**

The company took out a loan.

MP3 057

요즘 세상에는 개인이든 회사든 대출(loan)이 없으면 아주 이례적이고, 심지어 부자 취급을 받기도 합니다. 대출을 받으면 바로 빚(debt)이 되기 때문이죠. 하지만 분명한 이익이 보이는데 빚을 지는 게 무섭다고 대출을 받지 않는 것도 현명한 일은 아닐 수 있습니다. 대출과 관련해서 가장 많이 쓰이는 뭉치 표현 몇 가지를 소개합니다. '대출을 받다'는 take out a loan, '대출을 갚다'는 pay back the loan, '대출을 완전히 갚다'는 pay off the loan입니다. 잘 구분해서 사용하세요.

1 많은 사람들이 결국 **대출을 받게** 된다.
Many people end up **taking out a loan.**

2 지금까지 그 회사는 **대출을 받**을 필요가 전혀 없었다.
Until now, they never had to **take out a loan.**

3 매출이 상당히 좋자 그는 **대출을 받아야겠다고** 마음 먹게 됐다.
Strong sales motivated him to **take out a loan.**

4 그 회사의 매입을 위해 본사는 **거액의 융자를 받았다.**
The headquarters **took out a huge loan** to take over the company.

5 회사는 배송 트럭 구매를 위해 **대출을 받**을 계획이다.
The company is planning to **take out a loan** to purchase delivery trucks.

Also, not everyone **can take out a loan.** You must be over 18 to apply for a loan and will need to produce a recent proof of income which reflects at least three salary payments.
<Independent Online>

또한 누구나 **대출을 받을 수 있는** 것은 아니다. 만 18세가 넘어야 대출 신청을 할 수 있고, 최소 세 번의 급여 지급을 반영하는 최근의 소득 증빙 자료를 제시해야 한다. 〈인디펜던트 온라인〉

produce 제시하다, 내보이다, 생산하다, 만들다   **proof** 증거(물), 증명, 입증
reflect 반영하다, 나타내다

CHAPTER 4

무역

우리나라는 수출 주도형 국가라 대외 수출 의존도가 아주 높습니다. 그러다 보니 대외 변수에 취약할 수가 있지요. 이는 우리나라의 경세 특성상 불가피한 구조라고 생각합니다. 요즘처럼 자국 우선 정책이 기승을 부리는 때에는 무역 분쟁이 발생하고 보복 조치도 심심찮게 자행됩니다. 그런 만큼 외교력을 발휘해 무역 제재 조치가 해제되고 관계가 개선되기도 하는 것 같습니다. 이 장에서는 무역과 관련한 주요 용어들과 뭉치 표현들을 배워 보겠습니다.

무역 관련 주요 용어

1. 무역, 교역 : trade, commerce
2. 교역 상대국 : trading partner
3. 수출 시장 : export market
   수입 시장 : import market
4. 다자간 무역 협정
   : multilateral trade negotiation
5. 보호무역주의 : protectionism
6. 국제 수지
   : international balance of payments
7. 무역 (수지) 흑자 : a trade surplus
8. 무역 (수지) 적자 : a trade deficit
9. 수출 보조금 : export subsidy
10. 수입 할당 : import quota
11. 무역 불균형 : trade imbalance
12. 불공정 무역 관행
    : unfair trade practice
13. 무역 마찰 : trade friction
    무역 분쟁 : trade dispute
14. 무역 제재 : trade sanctions
15. 관세를 부과하다 : impose
    tariffs[duties] (on imports)
16. 관세 유예 : tariff deferral
17. 비관세 장벽 : non-tariff barrier
18. 우선 감시 대상국 : a country on the
    Priority Watch List (PWL)
19. 자유 무역 협정
    : FTA (Free Trade Agreement)
20. 특혜 무역 협정
    : preferential trade agreement

빈출 표현 **058**

한국은 **수출 주도형 국가**다.
Korea is an export-driven economy.

MP3 **058**

drive는 '운전하다' 외에 여러 가지 뜻으로 쓰이는데, 그중에 '주도하다, 추진하다'는 의미도 있습니다. 그런 의미로 쓰이는 예가 Exports drive the economy(수출이 경제를 주도한다). 또는 Passion drives me(열정이 나를 주도해).입니다. 또한 export-driven은 '수출에 의해 추진되는[주도되는]'이라는 의미입니다. 한편, economy를 '경제'의 뜻으로만 알고 있었다면 '경제 주체로서의 국가'라는 뜻도 있다는 점을 알아 두세요. 위의 문장에서 바로 그런 뜻으로 쓰였습니다.

1 엔화 강세는 일본의 **수출 주도형 경제**에 피해를 주었다.
A strong yen has hurt Japan's **export-driven economy**.

2 **수출 주도형 경제가 심한** 스위스는 고립된 채 존재할 수 없다.
Switzerland **with its heavily export-driven economy** cannot exist in isolation.

3 한국의 **수출 주도형 경제**가 세계적 불황에 끄떡없을 수는 없다.
South Korea's **export-driven economy** cannot be immune to a global recession.

4 독일의 **수출 주도형 경제**는 세계적 경기 침체에 허덕이고 있다.
Germany's **export-driven economy** is struggling during a world economic slump.

5 **수출 주도형 경제**는 선진국보다 개발도상국에게 더 바람직하다.
An **export-driven economy** is a better fit for a developing country than an advanced one.

More recently, development has slowed after the global financial crisis hurt the South's **export-driven economy** and new tensions with the North have scared away some prospective buyers.
<The New York Times>

더 최근에는 세계적 금융 위기가 한국의 **수출 주도형 경제**에 타격을 입히고 북한과의 새로운 긴장 국면이 잠재적 구매자들을 겁주어 쫓아낸 후에는 개발이 둔화되었다. 〈뉴욕 타임스〉

scare ~ away 겁을 주어 ~를 쫓아 버리다   **prospective** 장래의, 유망한

무역 분쟁이 발생했다.
A trade dispute erupted.

MP3 **059**

'분쟁' 또는 '분규'의 뜻으로 dispute를 많이 사용합니다. 그래서 '노사 분규'는 labor-management dispute이고, '무역 분쟁'은 trade dispute라고 하지요. 무역 분쟁이 심해지면 무역 전쟁(trade war)으로 비화할 수가 있습니다. erupt는 원래 '화산이나 용암 등이 분출하다'는 뜻으로, 화산이 갑자기 터지는 것처럼 '(폭력 상황이나 감정이) 갑자기 터지다'는 어감으로 널리 활용됩니다. '무역 분쟁이 발생하다'는 표현도 a trade dispute erupts라고 쓸 수 있습니다.

1   그 결정은 **무역 분쟁**을 피하는 데 도움이 될 것이다.
    The decision should help avert **a trade dispute**.

2   **무역 분쟁**을 해소하려는 노력이 수포로 돌아갔다.
    Efforts to resolve **the trade dispute** went down the drain.

3   EU와 중국은 태양열 전지판을 둘러싼 **무역 분쟁**에 휘말려 있다.
    The EU and China are embroiled in **a trade dispute** over solar panels.

4   두 나라 간 **무역 분쟁**이 발발한 지 1년이 됐다.
    It's been a year since **a trade dispute** erupted between the two countries.

5   **무역 분쟁**은 두 정당 간의 첨예한 정치 이슈로 떠올랐다.
    The trade dispute emerged as a major political issue between the two political parties.

The trade dispute is rooted in a separate feud over compensation for atrocities committed during Japan's 1910-45 colonial rule of the Korean Peninsula.
<Yonhap News Agency>

무역 분쟁은 일본이 1910년부터 1945년까지 한반도를 식민 지배하는 동안 자행한 잔혹 행위에 대한 별도의 보상 문제 분쟁에 뿌리를 두고 있다. 〈연합뉴스〉

rooted ~에 뿌리를 둔   **feud** 불화, 다툼, 반목   **compensation** 보상
atrocities (특히 전쟁 중의) 잔혹 행위

빈출 표현 **060**

한국은 **3개월 연속** 무역 적자를 기록했다.
Korea posted a trade deficit for the third straight month.

MP3 060

'~(기간) 연속'의 뜻으로 'for+the+서수+straight+단수 기간 명사' 표현을 많이 사용합니다. 이외에도 'for+the+서수+consecutive+단수 기간 명사', 그리고 'for+the+서수+단수 기간 명사+in a row' 구문도 많이 활용합니다. 또한 'for+기수+복수 기간 명사+straight[consecutively, in a row]'를 사용하여 표현할 수도 있습니다. 따라서 위의 문장은 Korea posted a trade deficit for the third consecutive month. / Korea posted a trade deficit for the third month in a row. / Korea posted a trade deficit for three months straight[consecutively, in a row].라고도 쓸 수 있지요.

1 실업률은 **5개월 연속** 9퍼센트에 머물렀다.
The unemployment rate remained at 9 percent **for the fifth straight month**.

2 자동차와 중장비를 제외하고 주문량은 **9개월 연속** 하락했다.
Except for autos and heavy equipment, orders fell **for the ninth straight month**.

3 수출이 계속 하락하며 한국은 **6개월 연속** 무역 적자를 기록했다.
As exports continued to decline, Korea posted a trade deficit **for the sixth straight month**.

4 미중 무역 마찰로 인해 한국은 **7개월 연속** 무역 적자를 기록했다.
Due to the US-China trade friction, Korea posted a trade deficit **for the seventh straight month**.

5 산업 생산은 11월에 **4개월 연속** 상승했지만 상승폭은 기대 이하였다.
Industrial production rose **for the fourth straight month** in November but the increase was less than expected.

While the bank said that month-to-month inflation had eased in August **for the third straight month** to 3.9%, the annual inflation rate reached a six-year high.
<BBC>

은행은 월별 물가 상승이 **3개월 연속** 줄어들어 8월에 3.9퍼센트를 나타냈지만, 연간 물가 상승률은 6년 만에 최고치에 달했다고 말했다. 〈BBC〉

ease 낮아지다, 하락하다   **annual** 연간의, 매년의   **inflation rate** 물가 상승률, 인플레이션율

빈출 표현
061

유엔이 북한에 **무역 제재를 가했다.**
The United Nations imposed trade sanctions on North Korea.

MP3 061

국제 무역 질서를 어지럽히거나 위협이 되는 나라에 무역 제재가 가해지는 경우가 있습니다. 그래서 북한이 UN의 무역 제재 조치를 종종 받습니다. 무역 제재는 영어로 trade sanctions입니다. '가하다'의 의미로는 impose를 주로 쓰고, place도 많이 씁니다. 반대로 '해제하다'의 의미로는 '들어올리다'란 뜻의 lift를 주로 쓰고, '제거하다'의 get rid of 나 remove도 많이 사용합니다.

1 미국은 중국에 **무역 제재 조치를 가했다.**
   The US **imposed trade sanctions** on China.

2 미국이 **무역 제재를 가하**자 다른 나라들이 보복 조치로 응수했다.
   Other countries retaliated as the US **imposed trade sanctions**.

3 정부는 환경을 보호하기 위해 **무역 제재를 가했다.**
   The government **imposed trade sanctions** to protect the environment.

4 북한이 핵 실험을 계속하면 UN은 북한에 **무역 제재를 가하겠다고** 경고했다.
   The UN warned it **would impose trade sanctions** if North Korea keeps conducting nuclear tests.

5 유럽 의회는 투표 결과 회원국들이 이스라엘을 상대로 **무역 제재를 가할 것을** 촉구하기로 했다.
   The European Parliament voted to urge member governments to **impose trade sanctions** on Israel.

He explained that he had no wish **to impose trade sanctions** on Japan, but hinted that if Japan did not behave, political pressures might leave him no choice in the matter.
<The Economist>

그는 일본에 **무역 제재를 가하고** 싶은 마음이 전혀 없다고 설명했지만, 일본이 제대로 처신하지 않으면 정치적 압박으로 인해 그 사안에 대해 선택의 여지가 없을 것임을 시사했다. 〈이코노미스트〉

behave 행동하다, 올바르게 처신하다

빈출 표현
062

정부는 **새 무역 정책을 시행했다**.
The government implemented
a new trade policy.

MP3 062

policy(정책)를 활용한 뭉치 패턴으로 '정책을 수립하다'는 establish a policy, '정책을 시행하다'는 implement a policy, '정책을 폐기하다'는 scrap a policy, '정책을 준수하다'는 obey a policy 등이 있습니다. '시행하다'의 의미로는 주로 implement를 사용하는데, '실시하다'는 뜻의 carry out보다 더 격식 있는 어감을 지닙니다.

1   국회가 승인하면 정부는 **새 무역 정책을 시행할 것이다**.
    The government **will implement the new trade policy** when the parliament approves it.

2   한국 정부가 애당초 **그 무역 정책을 시행했어야 했다**.
    The South Korean government **should have implemented the trade policy** in the first place.

3   정부가 **새 무역 정책을 시행해서** 공정성을 도모하자는 데 국민적 합의가 형성돼 있다.
    The public consensus is that the government **should implement the new trade policy** and promote fairness.

4   그는 **새 무역 정책을 시행하는 것**이 무역 적자를 역전시킬 유일한 길이라고 주장했다.
    He claimed that **implementing the new trade policy** is the only way to reverse the trade deficit.

5   **새 무역 정책을 시행**해야 신뢰를 재구축할 수 있다.
    We need to **implement a new trade policy** before we can rebuild trust.

In order to successfully **implement a new policy**, the first step is for policy makers to address the military leadership's willingness to drive such change.
<The Huffington Post>

새 **정책을** 성공적으로 **시행하기 위해서는** 첫 단계로 정책 입안자들이 군 지도부가 그런 변화를 추진할 마음을 갖도록 해야 한다. 〈허핑턴 포스트〉

address 문제를 다루다, 처리하다   **willingness** 기꺼이 하는 마음

CHAPTER 5

주식

대부분의 사람들이 월급만 모아서 부자가 되기는 쉽지 않습니다. 그래서 돈을 벌 수 있는 방법으로 주식을 많이 이야기합니다. 영혼까지 끌어 모은 돈으로, 심지어 대출까지 받아 주식 투자를 하는 사람들이 적지 않습니다. 하지만 주식 투자는 신중해야 합니다. 장이 상승 장세이다가도 하락 장세로 급변할 수 있기 때문이죠. 그럴 때 일희일비하지 않는 게 주식으로 돈을 벌 수 있는 가장 확실한 방법이라고 하지만, 사실 그러기가 쉽지 않죠. 기관 투자자들이 대거 움직이면 장세가 출렁이고 개미 투자자들은 동요되기 쉬운 것 같습니다. 이 장에서는 주식 관련 뭉치 표현들을 배워 봅니다.

주식 관련 주요 용어

1. 주식 시장
   : stock market, equity market
2. 주식 거래소 : stock exchange, bourse
3. 장외 증권 시장
   : over-the-counter market
4. 시가 총액, 주가 총액
   : market capitalization
5. 일일 거래량 : daily trading volume
6. 시황 : market conditions
7. 시장 변동성 : market volatility
8. 주가 동향 : stock price trend
9. 주식 시장 폭락 : stock market plunge
10. 주식 시장 폭등 : stock market surge
11. 증시의 반등
    : stock market rally
12. 기업 공개, 주식 상장
    : initial public offering (IPO)
13. 상장 기업 : listed company
14. 상장 폐지 : delisting
15. 주식 배당금 : dividend
16. 상장주 : listed stock[share]
    비상장주 : unlisted stock[share]
17. 대형주 : large-cap stock
18. 우량주 : blue-chip stock
19. 기관 투자자 : institutional investor
20. 소액 투자자 : small investor

코스피는 **상승 장세를 누렸다.**
KOSPI enjoyed a bull market.

MP3 063

주식 시장의 '상승 장세'나 '강세장'을 a bull market이라고 합니다. 마치 황소(bull)가 뿔로 주가를 들어 올리는 것과 같다고 이렇게 이름 지어졌습니다. '주가가 상승세의'라는 뜻의 형용사는 bullish입니다. 반의어로 '약세인, 하락세인'은 bearish, '약세장'은 a bear market이라고 합니다. 행동이 느린 곰(bear)에 비유한 것이죠. 이 표현들은 주식 관련 뉴스에서 항상 등장하니 꼭 알아 두세요.

1 증권 시장은 5년 넘게 **강세장을 누리고 있다.**
   The stock market **has been enjoying a bull market** for over 5 years.

2 미국 주가가 나흘 연속 오르며 전 세계 거래소들이 일제히 **강세장을 누리고 있다.**
   With 4 straight days of US stock gains, all the world's bourses **are enjoying a bull market.**

3 아일랜드가 경기 침체에서 빠져나오면서 아일랜드 주가는 **연일 강세장을 누리고 있다.**
   With Ireland emerging from a recession, Irish stocks **are enjoying a series of bull markets.**

4 전문가들은 2028년까지 **강세장**이 이어질 거라고 예상하고 있다.
   Experts predict **a bull market** until the year 2028.

5 항생 지수는 3.8퍼센트 오르며 장을 마감했고 **강세장으로 진입했다.**
   The Hang Seng Index closed up 3.8%, **entering a bull market.**

────── The Hang Seng Index (홍콩 증권 거래소의 주가 지수) 항생 지수

Yet, right after that in 1979, there was a turning point and stocks went on to **enjoy a bull market** for the better part of two decades. Looking at where we are now, pessimism about the markets hasn't been this low since 2008, the Great Recession.
<Seeking Alpha>

그럼에도 그 직후인 1979년에 하나의 전환점이 있었고 주식은 향후 20년 가까이 **강세장을 누렸다.** 현재 우리 상황을 보면, 시장에 대한 비관론이 2008년 경제 대침체 이후 이렇게 낮았던 적이 없었다.
〈시킹 알파〉

pessimism 비관주의, 비관론   **Great Recession** 대침체, 대불황

빈출 표현
064

코스닥은 **강세장에서 약세장으로 급변했다.**
The KOSDAQ suddenly shifted from a bullish to bearish market.

MP3 064

'A에서 B로 이동하다'는 shift from A to B 구문으로 자주 표현합니다. 강세장은 a bullish market, 약세장은 a bearish market입니다. '강세장에서 약세장으로 변하다'는 shift from a bullish market to a bearish market인데, '급변하다'는 shift 앞에 suddenly를 쓰면 됩니다. 강세장에서 약세장으로 급변하면 투자자는 말을 잃고 무척 당황할 것입니다. 그런 상황은 다음 패턴으로 표현해 주세요. The investors were at a loss for words and extremely perplexed(투자자들은 할 말을 잃고 매우 당황했다).

1 **강세장에서 약세장으로 급변하**자 투자자들이 넋을 잃은 것 같았다.
Investors seemed to lose their minds as it **suddenly shifted from a bullish to bearish market.**

2 우량주가 대거 바닥을 치면서 시장은 **강세장에서 약세장으로 돌변했다.**
With a massive number of blue chips bottoming out, the market **suddenly shifted from bullish to bearish.**

3 **강세장에서 약세장으로 급변한 상황**은 국내외 투자자들의 불안을 유발했다.
The sudden shift from a bullish to bearish market created jitters among local and foreign investors.

4 **강세장에서 약세장으로 급변하**자 투자 심리가 순식간에 위축됐다.
As the bullish market suddenly turned bearish, investor sentiment shrank in an instant.

5 나흘간 계속된 **강세장은 약세장으로 한 주를 마감했다.**
The four-day long **bull market ended the week on a bearish note.**

It was **a bearish end to a bullish week** for the European majors on Friday. With the US markets closed, market angst over COVID-19 resurfaced as news of new spikes hit the news wires.
<Yahoo Finance>

금요일에 유럽의 주요 기업들은 **한 주 강세장이었던 주가를 약세로 마감**했다. 미국 시장이 폐장된 상태에서 코로나-19 확진자 신규 급증 소식이 통신사 뉴스를 장식함에 따라 코로나-19에 대한 시장 불안이 다시 표면 위로 떠올랐다. 〈야후 파이낸스〉

angst 불안   **resurface** 다시 떠오르다, 다시 드러나다   **spike** 급등, 급증
news wire 통신사, 뉴스 제공 서비스

코스피 지수는 외국인들의 **순매수**에 힘입어 반등했다.
The KOSPI rebounded backed by foreign investors' net buying.

MP3 065

'순매수'는 net buying, '순매도'는 net selling이라고 하는데요, net은 금융과 경제 분야에서 '순'의 의미로 쓰입니다. 그래서 '순매수자'는 net buyer, '순매도자'는 net seller라고 합니다. 그리고 '순이익'은 net profit, '순손실'은 net loss, '순중량'은 net weight라고 합니다. back에는 우리가 말하는 '백(지원)'의 어감이 있어서 backed by는 '~에 힘입어'란 의미로 뉴스에서 많이 활용합니다.

1 외국인 투자자들의 **순매수**에 힘입어 코스피 지수가 급등했다.
Backed by foreign investors' net buying, the KOSPI soared.

2 한국 주식 시장에서 외국인 투자자들은 **순매수**로 돌아섰다.
Foreign investors turned **net buyers** on the Korean stock market.

3 외국인 투자자들은 갑자기 순매도에서 **순매수**로 이동했다.
Foreign investors suddenly shifted from being net sellers to **net buyers**.

4 외국인 투자자들의 **순매수**에 힘입어 코스피가 어제보다 10퍼센트 오르며 장을 마감했다.
Backed by foreign investors' net buying, the KOSPI ended up 10% from yesterday's close.

5 경기 침체가 완화되자 한국 시장에서 외국인 투자자들이 다시 **순매수**에 나섰다.
Foreign investors again opted for **net buying** on the Korean market as the recession eased.

Then, foreign investors switched from net selling to **net buying**. Although the net selling added up to 81.4 billion won at the end of the trading session, the amount is much lower than recent ones.
<Business Korea>

그 후 외국 투자자들은 순매도에서 **순매수**로 전환했다. 순매도가 매매 거래 마감 시에 814억 원까지 늘었으나, 최근의 거래 금액들보다 규모가 훨씬 작았다. 〈비즈니스 코리아〉

trading session 증권 거래소의 개장 시간

빈출 표현
066

그 회사의 **주식은 저평가되었다**.
The company's stocks were
undervalued.

MP3 066

value가 명사로는 '가치'의 뜻이고, 동사로는 '가치 있게[소중하게] 생각하다'입니다. 그 앞에 접두사 over가 붙은 overvalue는 '지나치게 가치를 두다, 과대평가하다'라는 뜻이고, 수동태로 be overvalued라고 하면 '고평가되다'는 의미로 일반 회화에서도 많이 쓰입니다. He is actually overvalued(실은 그에 대한 평가가 많이 부풀려졌다).처럼요. overvalue와 비슷한 뜻을 지닌 단어로 overestimate(과대평가하다)가 있고, 그 반대말은 underestimate(과소평가하다)입니다. 이때의 어감은 '능력, 역량'의 평가를 말합니다.

1   의료 관련 **주식이** 최대 8퍼센트 **저평가되어 있다**.
    Healthcare **stocks are undervalued** by as much as 8%.

2   **대형주는 저평가되었고** 투자 회수가 시작되었다.
    Large-cap **stocks were undervalued** and then disinvestment started.

3   **우량주가 저평가되었고** 이것이 펀드 투자를 이끌었다.
    Blue-chip **stocks were undervalued** and this attracted fund investment.

4   그 당시에는 그렇게 보이지 않았지만 **그들의 주식은 저평가되었다**.
    Although it didn't look like it at the time, **their stocks were undervalued**.

5   전 세계 투자자들의 매각 행진 속에서 **주식 대부분이 저평가되었다**.
    Most of the **stocks were undervalued** amidst the worldwide sell-off from the investors.

A 2003 study by the Federal Reserve Bank of Minneapolis concluded that in 1929, **many stocks were undervalued**.
<Washington Post>

미니애폴리스 연방준비은행이 2003년에 실시한 연구에서는 1929년에 **많은 주식이 저평가되었다**고 결론 내렸다. 〈워싱턴 포스트〉

Federal Reserve Bank 연방준비은행

그 회사는 **기업 공개를 했다.**
The company went public.

회사가 규모가 커지면 주식 시장에 상장을 하게 됩니다. 자본을 늘려 사업 규모를 더 키우기 위해서인데요. '상장하다', '기업 공개를 하다'를 영어로 go public, get listed 또는 announce initial public offering (IPO)이라고 말합니다. 이런 과정을 통해 주주들이 형성되고, 회사는 자본을 유치하기 쉬워지고 향후 사업 확장을 꾀할 수 있게 됩니다. 또한 증시 거래에서 투자가 급증하기도 하며 회사의 상장 가치가 올라가고 주식 재벌이라는 말이 생기기도 하는 것 같습니다.

1 회사가 **기업 공개를 하는 것**에는 장단점이 모두 있다.
There are both advantages and disadvantages to a company **going public**.

2 여름이 끝나기 전에 기업들이 **상장하려고** 서두르고 있다.
Companies are racing **to go public** before the end of summer.

3 올해 초 우리가 **기업 공개를 하려고** 신청한 뒤에 경기 침체가 더 심해졌다.
The recession worsened after we filed **to go public** early this year.

4 지난주에 그 회사가 **기업 공개를 하**자마자 주가가 폭등했다.
The company's stock prices soared as soon as it **went public** last week.

5 그 제약 회사는 2억 달러 **주식 상장**을 이용해 신약 개발을 하려고 계획하고 있다.
The pharmaceutical company plans to use the 200 million-dollar **IPO** to develop new drugs.

The company initially announced its intention **to go public** in 2015. Why the delay, and why move forward now?
<Fortune>

회사는 당초 2015년에 **상장하겠다는** 의사를 발표했다. 왜 그게 지연되었고 왜 지금 진행시키는 걸까?
〈포춘〉

initially 처음에　**announce** 발표하다　**intention** 의사, 의도, 목적
delay 지연, 지체, 미루다, 연기하다

CHAPTER 6

산업

산업과 기간 시설은 경제 발전의 중요한 요소입니다. 1차, 2차 산업혁명이 없었다면 인류는 문명 생활을 누리지 못했을 것이고 기술 발전 속도도 더뎠을 것입니다. 산업 분야에서 굴뚝 산업은 이제 사양 산업이라 불리고 있으며, 현재는 각종 첨단 산업이 주류를 이루고 있습니다. 발전 속도가 너무 빨라서 따라잡고 적응하기 힘들 정도이지만 부가가치가 훨씬 높은 산업이지요. 이번 장에서는 산업과 관련한 뭉치 표현들을 몇 가지 배워 보겠습니다.

산업 관련 주요 용어

1. 농업 : agriculture, farming[agricultural] industry
2. 수산업 : fishing industry
3. 제조업 : manufacturing industry
4. 조선업 : shipbuilding industry
5. 건설업 : construction industry
6. 전자 산업 : electronics industry
7. 자동차 산업 : automotive industry
8. 섬유 산업 : textile industry
9. 서비스업 : service industry, hospitality industry (숙박, 관광, 식당업 등)
10. 금융서비스업 : financial services industry
11. 의료업 : health care industry, medical industry
12. 제약 산업 : pharmaceutical industry
13. 부동산업 : real estate industry
14. 지식 기반 산업 : knowledge-based industry
15. 연예 산업 : entertainment industry
16. 굴뚝 산업 : smokestack industry
17. 기간산업 : key industry, basic industry, backbone industry
18. 첨단 산업 : hi-tech industry, cutting-edge industry, state-of-the-art industry
19. 사양 산업 : waning industry, twilight industry, moribund industry
20. 산업 스파이 (행위) : industrial espionage

빈출 표현 068

굴뚝 산업은 사양 산업이 되었다.

The smokestack industry has become a waning industry.

MP3 068

굴뚝 산업(a smokestack industry)은 재래식 산업(conventional industry)이라고 할 수 있습니다. 이제는 굴뚝에서 연기가 뿜어져 나오는 공장 하면 발전이 아니라 환경 오염과 미세 먼지가 떠오르고, 세계의 공장이라 불리는 중국은 미국과 더불어 이산화탄소 최대 배출국(biggest emitters of greenhouse gases)이 되었습니다. 그리고 첨단화 시대로 가면서 굴뚝 산업은 사양 산업이 되었지요. 동사 wane은 '기울다'의 뜻이어서 a waning industry는 '기우는 산업', 즉 '사양 산업'입니다. wax and wane은 '흥망성쇠를 겪다'는 뜻으로 ebb and flow, rise and fall과 같은 의미로 많이 쓰입니다.

1 전통적인 2차 제조업은 **굴뚝 산업**이라고 불린다.
The traditional second manufacturing industry is dubbed **the smokestack industry**.

2 일각에서는 건설업을 **굴뚝 산업**이자 **사양 산업**이라고 일컫는다.
Some refer to the construction industry as **a smokestack industry and a waning industry**.

3 건설에 IT를 융합해 건설업을 **굴뚝 산업**에서 첨단 산업으로 전환해 나갈 것이다.
By fusing IT with construction, we will transform the construction industry from **a smokestack industry** to a hi-tech industry.

4 시 관할당국은 **그 사양 산업**에 계속 돈을 퍼부었다.
City authorities kept pouring money into **the waning industry**.

5 그 지방 도시는 **굴뚝 산업**의 중심지에서 청정 기술의 메카로 탈바꿈했다.
The rural city transformed itself from the center of **a smokestack industry** into a mecca of clean technology.

Though Wyoming leads the nation in coal production, overseas export of coal remains minimal. And the state faces an uphill battle to buoy **the waning industry**.
<Casper Star-Tribune Online>

와이오밍 주가 전국 석탄 생산의 선두주자이기는 하지만 석탄의 해외 수출은 미미하다. 그리고 와이오밍 주는 **그 사양 산업**을 되살리기 위한 힘겨운 싸움에 직면해 있다. 〈캐스퍼 스타-트리뷴 온라인〉

minimal 아주 적은, 최소의   **uphill** 힘겨운   **buoy** 띄우다, 지지하다

과학자들은 나노 기술에서 **획기적인 발전을 이뤘다.**
Scientists have made a breakthrough in nanotechnology.

MP3 069

break through는 '뚫고 나아가다, 돌파하다'의 뜻이고, 명사형인 breakthrough는 '돌파구' 뜻으로 주로 쓰입니다. 협상에서 '돌파구를 찾다'는 make a breakthrough라고 표현합니다. The negotiators made a breakthrough(협상자들은 돌파구를 찾아냈다).처럼 쓰이지요. 그 외에 breakthrough는 '획기적인 발전, 귀중한 발견, 약진'의 의미로 쓰이는데요, 위 문장 Scientists have made a breakthrough.에서 바로 그런 의미로 쓰이고 있습니다.

1 과학자들은 암 치료에서 **획기적인 발전을 이뤄 왔다.**
Scientists **have made a breakthrough** in the treatment of cancer.

2 그 산업 시설 연구원들은 10년 만에 **처음으로 획기적인 발전을 이뤄 냈다.**
Researchers at the industrial facility **made their first breakthrough in 10 years.**

3 한국은 AI 기술 분야에서 **괄목할 만한 발전을 이뤄 냈다.**
Korea **made a notable breakthrough** in AI technology.

4 **대발전을 이루며** 연구진의 노력은 결실을 맺었다.
Making a huge breakthrough, the efforts of the team of researchers have paid off.

5 산학 협동은 **획기적인 발전이라는 결과를 가져왔다.**
The collaboration between the industry and academia **has led to a remarkable breakthrough.**

Scientists **have made a breakthrough** in the development of a new generation of electronics that will require less power and generate less heat.
<pvbuzz media>

과학자들은 전력을 덜 필요로 하고 열을 덜 발생시키는 신세대 전자 제품 개발에서 **획기적인 발전을 이뤄 냈다.** 〈피브이버즈 미디어〉

electronics 전자 기기, 전자 장치, 전자 공학, 전자 기술   **generate** 발생시키다, 만들어 내다 기간산업이 **경제의 기둥**이다.
Key industries are the backbone of the economy.

MP3 070

우리나라의 기간산업은 자동차, 반도체, LCD, 조선 등이 있습니다. 실제로 반도체만 해도 우리나라 총 수출의 20% 이상이라는 상당한 비중을 차지하고 있지요. 기간산업은 key industry나 basic industry라고 하고, 기둥은 backbone이라고 하면 됩니다. backbone은 '등뼈, 척추'를 가리키므로 우리 몸을 세워 주는 기둥이죠. 비유적으로 '중추, 근간'이라고도 합니다. 중요하고 중심이 된다는 뜻 '중추적인'은 pivotal입니다. 참고로, backbone의 좀 더 격식을 차린 용어는 spine입니다.

1 자동차, 반도체 등의 기간산업이 **경제의 기둥**이다.
Key industries like autos and semiconductors are **the backbone of the economy**.

2 미래에는 에너지, 의료 서비스, 헬스 서비스업이 **경제의 중추적인 산업**으로 떠오르게 될 것이다.
In the future, energy, medical service and health service are emerging as **the backbone of the economy**.

3 요컨대 이 학교는 **경제 중추**의 발전에서 중추적인 역할을 한 인재를 양성해 왔다.
In short, this school has fostered talents that played a pivotal role for developing **the backbone of the economy**.

4 이 할 수 있다는 태도가 **그 업계의 중추**이다.
This can-do attitude is **the backbone of the industry**.

5 지금까지는 경부고속도로, KTX 같은 교통 기술 산업이 한국의 경제 성장과 발전에서 **중추적인 역할**을 했다.
Until now, the transportation technology industries like the Gyeongbu Expressway and KTX played **the role of the backbone** in Korea's economic growth and development.

Unions estimate that the mining industry, **the backbone of South Africa's economy**, will shed 50,000 jobs amid predictions of up to 300,000 job cuts across the board this year.
<AFP>

노조는 **남아프리카공화국 경제의 중추 산업**인 광산업이 올 한 해 업계 전체적으로 최대 30만 개 일자리가 사라질 거라고 예상되는 가운데 5만 개의 일자리를 축소할 거라고 추정하고 있다. 〈AFP〉

shed 없애다, 버리다   **across the board** (회사, 산업) 전반에 걸쳐

빈출 표현 071

고부가가치 산업이 **파급 효과가 크다.**
The high value-added industry has a huge spillover effect.

MP3 071

한 국가의 산업들은 서로 긴밀한 관계를 맺고 있습니다. 이런 관계를 한 단어로 interconnected(상호 연결된) 또는 intertwined(얽혀 연관된)로 표현합니다. 그러다 보면 한 업종에서 생긴 일이 다른 업종으로 번져 파급 효과가 생기기도 하는데, '파급 효과'를 나타내는 단어로 spillover effect, ripple effect, domino effect 등이 있습니다. '(~에) 파급 효과가 있다'는 have a spillover[ripple, domino] effect (on ~)라고 씁니다.

1   이 신흥 산업의 **파급 효과는 크다.**
This newly-emerging industry **has a huge spillover effect.**

2   그 연구 결과는 부실 은행들**에게 큰 파급 효과를 미쳤다.**
The findings of the research **had a huge spillover effect on** bad banks.

3   그 산업의 붕괴는 동북아시아**에 큰 파급 효과를 미칠 것이다.**
The collapse of the industry **will have a huge spillover effect on** Northeast Asia.

4   현 정부의 노력이 가시적인 성과를 거둘 경우, **그 파급 효과는 엄청날 것이다.**
If the current government's efforts bear tangible results, **the spillover effect will be enormous.**

5   한반도 평화는 국가 안보는 물론 국가 신용 등급과 외국인 투자 등 경제**에 미치는 파급 효과가 대단하다.**
Peace on the Korean peninsula **has a huge spillover effect on** not only national security but also the economy including sovereign credit rating and foreign investment.

If the pollution regulation is adopted, this is expected to **bring huge socio-economic spillover effect** in the form of fuel efficiency and carbon dioxide emission limits. Investor optimism in China also appears to **have had a spillover effect on** Taiwan, possibly driven by optimism about improved cross-strait relations between China and the Taiwan government.
<CBS News>

오염 규제가 채택될 경우 이는 연료 효율과 이산화탄소 배출 제한의 형태로 **사회 경제적 파급 효과가 클 것으로** 전망되고 있다. 중국에 대한 투자자들의 낙관주의도 대만**에 파급 효과를 미친 것으로** 보이는데, 아마도 중국과 대만 정부 간의 개선된 양안 관계에 대한 낙관 때문일 것이다. 〈CBS 뉴스〉

emission 배출   **cross-strait** 양안(양쪽 해안)의

114   **PART 2** 경제, 경영, 산업

CHAPTER 7

기업

우리나라처럼 수출 주도형 경제 국가에서는 제조업이 큰 역할을 합니다. 조선, 반도체, 자동차, 평면TV 등이 기간산업이 된 지 오래됐으며, 국가 경제 활동에서 상당한 비중을 차지하고 있습니다. 개인적인 차원에서는 예전에 누렸던 종신 고용이 사라져서 갈수록 경쟁이 치열해지는 삶의 현장이 되었죠. 즉, 기업은 국가 차원에서도, 개인적인 차원에서도 굉장히 중요한 부분을 차지한다 볼 수 있습니다. 이번 장에서는 기업과 관련된 필수 표현을 알아보겠습니다.

기업 관련 주요 용어

1. 기업가 정신 : entrepreneurship
2. 법인 (설립) : incorporation
3. 대기업 : major[large] company
   거대 복합 기업, 재벌 : conglomerate
4. 중소기업
   : small and medium enterprises
5. 개인 기업
   : private company, sole proprietorship
6. 기업 인수 합병 : merger and acquisition
7. 사업 다각화 : business diversification
8. 사업 제휴 : business partnership,
   business alliance,
9. 경영관 : management values
10. 기업 목표 : corporate objective
11. 시장에 진출하다
    : advance into market, enter market
12. 시장 진출 업체 : market entrant
13. 시장 침투 : market penetration
14. 시장 선점 업체 : first[early] mover
15. 시장 잠식 : market encroachment
16. 과열 경쟁, 출혈 경쟁
    : cut-throat competition
17. 기업 구조 조정
    : corporate restructuring
18. 사업 구조를 간소화하다
    : streamline the business
19. 감량 경영, 기구[인력] 축소 : downsizing
20. 지배 주주 : controlling shareholder

그 회사는 업계에서 **뒤처졌다**.

The company fell behind in the industry.

MP3 072

'뒤처지다' 하면 달리기 시합에서 뒤로 처지는 선수의 모습이 떠오릅니다. 바로 이런 이미지가 fall behind인데요, 그 외에도 lag behind, trail behind를 사용할 수 있습니다. '~에서 뒤처지다'는 fall behind in ~으로 전치사 in을 씁니다. 뒤처질 때는 분발해서 따라잡아야겠죠? '분발해서 따라잡다'는 catch up with ~입니다. 그리고 '~를 앞지르다, 추월하다, 능가하다'는 overtake ~, get ahead of ~로 표현합니다.

1 그는 경쟁에서 직장 동료들한테 **뒤처졌다**.
   He **fell behind** his colleagues in the competition.

2 그 후보는 여론조사에서 **뒤처지고 있다**.
   The candidate **is falling behind** in the polls.

3 우리가 현실을 더 오래 부인할수록 우리는 업계에서 더 **뒤처질 것이다**.
   The longer we deny the reality, the more we **will fall behind** in the industry.

4 그는 토너먼트 순위에서 **계속 밀렸다**.
   He **kept falling behind** in the tournament rankings.

5 그 팀은 애를 먹었지만 시합에서 **뒤처지지는 않았다**.
   While the team struggled, it **did not fall behind** in the race.

 So, we see that Tesla is working on several fronts to keep battery costs coming down. As a recent article from Loup Ventures points out, other automakers **are falling farther and farther behind**.
<Inside EVs>

그래서 테슬라가 다방면으로 배터리 비용을 낮추기 위해 노력하고 있다는 것을 알 수 있다. 루프 벤처스의 최근 기사가 지적하듯, 다른 자동차 제조사들은 **점점 더 뒤처지고 있다**. 〈인사이드 EVs〉

front 영역   **point out** 지적하다   **automaker** 자동차 제조사

우리는 가까스로 **장기 계약을 맺었다**.

We barely managed to conclude a long-term contract.

MP3 073

'계약을 맺다'는 sign[conclude] a contract입니다. 아주 중요한 뭉치 표현입니다. '장기 계약'은 a long-term contract라고 표현하면 되겠죠. 단기 계약은 a short-term contract 이겠고요. 계약과 관련한 중요한 뭉치 표현들이 많은데, 이번 기회에 알아 두세요. '계약을 연장하다'는 extend the contract, '계약을 갱신하다'는 renew the contract, '계약을 위반하다'는 violate the contract, '계약을 파기하다'는 revoke the contract, '계약을 해지하다'는 terminate the contract입니다.

1   이전 계약이 만료되어서 **새 계약을 체결했다**.
    We **concluded a new contract** as the previous one expired.

2   그는 단 한 번도 **장기 계약을 체결한 걸** 후회하지 않았다.
    He never even once regretted **concluding the long-term contract**.

3   신중하게 검토하고 나서 그는 **장기 계약을 체결하기로** 결정했다.
    After a careful review, he decided to **conclude the long-term contract**.

4   일단 노조가 승인하면 우리는 **장기 계약을 체결할** 계획이다.
    We plan to **conclude a long-term contract** once the labor union approves of it.

5   우리는 2년 전에 **체결한 장기 계약으로** (그 업체와) 거래해 왔다.
    We have been doing business **under a long-term contract concluded** 2 years ago.

Martin **signed a long-term contract extension** last year, while Jordan's first contract will expire after the 2004 season, leaving their long-term status in question.
<The New York Times>

마틴은 작년에 **장기 계약 연장을 체결한** 반면, 조던의 첫 번째 계약은 2004년 시즌을 끝으로 만료되기 때문에 그들의 장기적인 사정은 불투명해졌다. 〈뉴욕 타임스〉

extension (기간) 연장, 확대   **expire** 만료되다   **status** 상태, 사정, 신분, 지위

빈출 표현 **074**

요즘 **장사가 잘된다.**
These days, we get a lot of business.

MP3 **074**

뉴스에서 business는 무척 다양한 뜻으로 쓰입니다. '사업, 장사, 업무, 일, 사업체, 상점, 매상, 경기, 거래, 용건' 등이 주된 의미인데요, '장사가 잘된다, 안 된다'는 의미 역시 business를 써서 표현할 수 있습니다. '장사가 잘 안 된다'는 business is slow, '장사가 잘된다'는 get a lot of business라고 말할 수 있습니다. 이때의 business는 '매상'의 의미로, get a lot of business는 많은 매상을 얻는 것이므로 장사가 잘되는 것이겠죠. 참고로, '~와 거래하다'는 do business with ~라고 합니다.

1 군 기지 덕분에 우리는 **장사가 잘된다.**
We **get a lot of business** from the military base.

2 그 회사는 지역 주민들 덕에 **매상이 많이 오른다.**
The company **gets a lot of business** from local residents.

3 입소문으로 그 가게는 **장사가 잘된다.**
The store **gets a lot of business** through word of mouth.

4 향후 몇 개월에 걸쳐 **사업이 잘될 것으로** 예상한다.
We expect to **get a lot of business** over the next several months.

5 그는 음악 팬들 덕분에 **사업을 잘해 왔다.**
He **has been getting a lot of business** from music fans.

Sure, you can follow industry leaders for educational purposes but you most likely **won't get a lot of business** from posting Twitter.
<Practice Ignition>
물론, 교육적인 목적으로 업계 리더들을 팔로우할 수도 있지만, 트위터에 포스팅을 해서 **장사가 잘되지는 않을 것이다.** 〈프랙티스 이그니션〉

most likely 아마, 필시

빈출 표현 075

신형 핸드폰이 **불티나게 팔리고 있다.**
The new cell phone is flying off the shelves.

MP3 075

어떤 제품이 대박을 쳐서 큰 인기를 끌면 It is a hit.이라고 말할 수 있습니다. 이건 평범한 표현이죠. 다른 표현으로 '불티나게 팔리다, 날개 돋친 듯 팔리다' 등이 있는데요, 이를 영어로는 sell like hotcakes 또는 fly off the shelves라고 합니다. fly off the shelves는 물건이 너무 잘 팔려서 마치 선반(shelves, shelf의 복수형)에서 날아가는 모습을 상상해 보세요. 바로 이해가 될 겁니다.

1 이 서비스는 분명 **불티나게 팔릴 것이다.**
This service **will** certainly **fly off the shelves.**

2 경제서가 **불티나게 팔리는 일**은 드물다.
It is rare for economic books **to fly off the shelves.**

3 가격 부담 없는 관광 상품이 **날개 돋친 듯 팔렸다.**
The affordable tour products **flew off the shelves.**

4 그는 이 제품이 **날개 돋친 듯 팔릴 거라고** 예측했다.
He predicted this product **would fly off the shelves.**

5 스마트폰이 **불티나게 팔리**면서 더 품질이 좋은 모바일 인터넷 관련 수요가 급증하고 있다.
As smartphones **fly off the shelves,** the demand for better mobile Internet is surging.

Demand for items related to working from home, cooking, keeping active and fit, and entertaining children went through the roof. Cookware, games and books, home office supplies, fitness equipment and children's toys began to **fly off the shelves.**
<7 News>

재택 근무, 요리, 운동과 체력 단련, 아이들과 놀아 주기 관련 제품에 대한 수요가 폭등했다. 요리 도구, 게임과 서적, 홈 오피스 자재, 운동 기구와 완구류가 **날개 돋친 듯 팔리기** 시작했다. 〈7 뉴스〉

go through the roof 치솟다, 급등하다

CHAPTER 8

근로

근로 관련 뉴스에서는 주당 근로 시간, 최저 임금, 노사 분규, 임금 협상 등의 용어들이 많이 등장합니다. 노동조합과 경영진은 해마다 임금 협상을 벌이고, 이 협상은 난항을 겪다 타결되기도 하고 결렬되기도 합니다. 노조가 임금 인상과 더불어 사측에 요구하는 사항들은 정리 해고된 직원들의 복직과 부당한 근로 제도의 개선입니다. 부당한 근로 제도와 노예 계약 등의 관행은 하루 빨리 개선되고 청산되어야 할 문제들입니다. 이 장에서는 근로와 관련한 뭉치 표현들을 배워 보겠습니다.

근로 관련 주요 용어

1. 정규직 : permanent [regular, full-time] position
   정규직 근로자 : permanent [regular, full-time] worker
2. 비정규직 : non-regular[temporary] position
   비정규직 근로자 : non-regular[temporary] worker
3. 계약직 근로자 : contract worker
4. 재택 근무 : telecommuting, homeworking
   재택 근무자 : telecommuter, homeworker
5. 인사 관리 : personnel management
   인사 제도 : personnel management system
6. 인사부서 : HR department (HR : human resources)
7. 직책 : position
   직급 : rank
   직함 : title
8. 임직원 : staff and executives
   중역, 임원 : executives
9. 종신 고용 : lifetime employment
10. 승진과 좌천 : promotion and demotion
11. 인사고과 : performance review[appraisal]
12. 연공서열제 : seniority system
13. 주당 노동 시간 : workweek, working week
14. 임금 협상 : wage negotiation
15. 최저 임금 : minimum wage
16. 임금 인상 : pay raise, wage increase
17. 퇴직금 : severance pay, retirement allowance
18. 노사 분규 : labor-management dispute
19. 이직률 : turnover (rate)
20. 실무교육 : on-the-job training (OJT)

그는 **출근했다.** / 그는 **퇴근했다.**
He got to work. / He got off work.

MP3 076

기업에는 직원들이 있고, 직원들은 업무를 하기 위해 출퇴근을 해야 합니다. 그런데 의외로 '출근하다/퇴근하다'의 영어 표현을 모르는 분들이 많더군요. '출근하다'는 get to work, '퇴근하다'는 get off work입니다. 여기서 work는 '직장, 회사, 근무지'에 해당되고, get to ~는 '~에 가다'란 뜻입니다. get to work는 '일을 시작하다, 일에 착수하다'는 뜻으로도 쓰이는데요, He needs to get to work.는 '그는 일을 시작해야 한다.'의 뜻입니다. get off ~는 '이탈', '분리'의 어감이 있어서 get off work는 '퇴근하다'라는 뜻입니다.

1   그녀는 아침 8시까지 **출근한다**.
   She **gets to work** by 8 a.m.

2   그는 늘 늦게 **퇴근한다**.
   He always **gets off work** late.

3   서울시민 대다수가 지하철로 **출근한다**.
   A majority of Seoul residents **get to work** by subway.

4   그는 높은 연봉보다 일찍 **퇴근하는 걸** 선호한다.
   He prefers **getting off work** early to a high annual salary.

5   내 충성 고객들은 **퇴근하고** 곧바로 여기로 온다.
   My loyal customers **get off work** and come straight here.

The coronavirus is changing the way Londoners **get to work**. With public transport capacity cut, bicycle sales have soared as London struggles to retain top financial centre crown.
<aljazeera>

코로나바이러스가 런던 시민들이 **출근하는** 방식을 바꿔 놓고 있다. 대중교통의 수용 능력이 감소하면서 런던이 최고의 금융 중심지라는 왕관을 유지하기 위해 애쓰는 동안 자전거 판매가 급증했다.
〈알자지라〉

capacity 수용력, 용량   **soar** 급증하다, 급등하다

그 사원은 **회사에서 승승장구했다.**
The staff member climbed up the corporate ladder.

MP3 077

사다리를 오르는 건 높은 곳으로 가기 위해서죠? 그래서 '기업의 사다리를 오르다(climb up the corporate ladder)'는 서열(hierarchy)상 높은 지위에 오르는 걸 의미합니다. '회사에서 승승장구하다'라고 번역할 수 있죠. 평사원(staff member)에서 대리(assistant manager), 과장(section chief), 차장(manager), 부장(general manager)을 거쳐 이사(director)로 승진하는(get promoted) 모습을 생각해 보세요. 참고로 사회에서 신분 상승을 하는 건 climb up the social ladder라고 합니다.

1   그의 개천에서 용 난 이야기는 내게 영감을 주었고 **회사에서 승승장구하는 데** 도움이 되었다.
    His rags-to-riches story inspired me and helped me **climb up the corporate ladder**.
    —— rags-to-riches 가난뱅이에서 부자가 된, 출세한

2   그녀는 일과 생활의 균형을 잘 이뤄 **회사에서 승승장구하는 일**을 힘겨워했다.
    She found it tough to juggle a work-life balance **to climb up the corporate ladder**.
    —— juggle 두 가지 이상의 일을 동시에 곡예하듯 하다

3   피터는 일에 전념하여 수월하게 **회사에서 승승장구했다.**
    Dedicated to his work, Peter easily **climbed up the corporate ladder**.

4   그녀는 **회사에서 승승장구해서** 최연소로 부사장으로 승진했다.
    She **climbed up the corporate ladder** and became the youngest person to be promoted to vice president.

5   그는 직무에 만족했고 **회사에서 승승장구하려고** 노력하지 않았다.
    He was satisfied with his job and did not try **to climb up the corporate ladder**.

They say hard work is the key to success but with changing times and evolving corporate culture, simply being diligent isn't the sure-shot way **to climb up the corporate ladder**. Successful people do not just work hard, but also cultivate other important skills and habits that give them an edge over others. <Times of India>

노력이 성공의 비결이라고 하지만 시대가 변하고 기업 문화가 진화하기 때문에 단순히 근면하기만 한 건 **회사에서 승승장구하는** 확실한 길이 아니다. 성공하는 사람들은 열심히 일할 뿐 아니라 자신을 남들보다 우위에 있게 하는 다른 중요한 능력과 습관을 기른다. 〈타임스 오브 인디아〉

sure-shot 확실한   **edge** 우위, 유리함   **cultivate** 기르다, 함양하다

'해고당하다'의 뜻으로 가장 많이 쓰는 영어 표현이 get fired이기는 하지만, 이를 대체할 수 있는 표현은 매우 다양합니다. get sacked, get laid off, get axed, get the pink slip 등이 있는데, 이 중 pink slip은 예전에 분홍색 해고 통지서를 주었던 것에서 유래했습니다. 이 통지서를 받으면 회사를 나가야 했던 것이죠. get laid off는 엄밀히 말하면 회사 사정으로 인한, 즉 감량 경영(downsizing)으로 인한 해고를 의미하는데, 현재는 구분 없이 혼용되는 추세입니다.

1   매달 수십만 명이 **정리해고당하고 있다.**
Every month, hundreds of thousands of people **are getting laid off**.

2   또다시 **정리해고당하거나** 실업자가 되면 어떻게 됩니까?
What happens if you **get laid off** or become unemployed again?

3   **정리해고가 되**면 자신이 다른 누군가에게 얼마나 의존해 왔는지를 깨닫게 된다.
When you **get laid off**, you realize how dependent you have been on somebody else.

4   대표이사는 자기가 주주들에게 **정리해고당할 거라고는** 상상도 못했다.
The CEO never imagined he **would get laid off** by the shareholders.

5   예상치 못한 **정리해고**를 당하고 그는 해외여행을 떠났다.
After the unexpected **layoff**, he went on an overseas trip.

High-earning workers who **get laid off** usually have a cushion of savings they can rely on. If not, it is generally not too hard for them to borrow.
<The Straits Times>

정리해고당하는 고소득 근로자들은 보통 의지할 수 있는 저축을 완충 장치로 가지고 있다. 그렇지 않다 해도, 일반적으로 그들은 대출을 받는 게 그리 어려운 일은 아니다. 〈스트레이츠 타임스〉

high-earning 높은 소득을 올리는   **savings** 저축한 돈, 저금

빈출 표현 079

임원들만 **임금 인상을 받았다.**
Only the executives got a pay raise.

MP3 079

임금[급여] 인상(pay raise)을 받으면 직장에 불만이 있는 사람도 섣불리 퇴사를 못하는 것 같습니다. 안에 있으면 전쟁터지만 나가면 지옥이라는 말이 있을 정도로 생계에 직접적인 영향을 주기 때문이겠죠. 임금 인상을 받는(get a pay raise) 사람이 있지만 반대로 임금 삭감이 되는 사람도 있죠. '임금 삭감'은 pay cut입니다. 임금 '인상'에서 raise 대신 rise를 쓰지 않도록 조심하세요.

1 최저 임금 근로자들이 드디어 **임금 인상을 받았다.**
Minimum wage workers finally **got a pay raise.**

2 노동자의 49퍼센트가 2019년에 **급여 인상을 받았다.**
49 percent of workers **got a pay raise** in 2019.

3 임직원들은 7월 1일자로 **임금 인상을 받았다.**
The staff and executives **got a pay raise** as of July 1st.

4 그들이 마지막으로 **급여 인상을 받은** 지가 10년이 됐다.
It's been 10 years since they last **got a pay raise.**

5 직원들은 5년 만에 처음으로 10퍼센트 **일괄 급여 인상을 받았다.**
The employees **got an across-the-board pay raise** of 10 percent for the first time in 5 years.

—— across-the-board 전면적인, 전체에 미치는, 일괄의

Arizona's lowest-paid workers just **got a pay raise.** Starting Wednesday, those earning the minimum wage in Arizona will see their pay bumped from $11 an hour to $12.
<AZFamily>
애리조나 주의 최저 임금 노동자들이 방금 **급여 인상을 받았다.** 수요일부터 애리조나 주에서 최저 임금을 받는 사람들은 시간당 11달러에서 12달러로 급여가 인상될 것이다. 〈AZ패밀리〉
bump 임금, 가격 등을 올리다

빈출 표현 080

그들의 **임금이** 두 달 **체불**됐다.
They were left with two months of back pay.

MP3 080

경기가 안 좋으면 기업에서 노동자에게 지급해야 할 임금을 체불하는 일이 잦아지고, 이를 해결해 주는 전문 변호사들도 있습니다. 가장 중요한 것은 기업에서 월급이 안 밀리도록 노력하는 자세일 겁니다. '밀린 급여, 체불된 임금'은 back pay 또는 back wages라고 하고, '밀린 대금 지불'은 back payment라고 합니다. 참고로 payroll은 '급여 명부'란 뜻으로, be on the company payroll 하면 '회사의 급여를 받고 있다, 회사에 다닌다'는 말입니다.

1   경기 침체가 되었다고 **임금이 체불**되진 않았다.
    The recession did not leave the staff with any **back pay**.

2   그 회사는 지금도 직원들에게 **임금을 체불**하고 있다.
    The company still owes the staff **back pay**.

3   그 회사는 직원들에게 3억 원의 **체불 임금**을 지불하기로 했다.
    The company decided to pay 300 million won in **back pay** to employees.

4   회사의 자금 압박으로 인해 임직원들의 **임금이** 두 달 **체불**됐다.
    The company's cash crunch left the staff and executives with two months of **back pay**.

5   **체불 임금**은 1인당 100달러에서 10,000달러에 이르렀다.
    The back wages ranged from 100 to 10,000 dollars per person.

An Orlando restaurant paid workers $30,878 in **back pay** after violating minimum wage and overtime pay standards, the U.S. Department of Labor announced.
<Miami Herald>

올랜도의 한 식당은 최저 임금과 초과 근무 수당 기준을 위반하고 나서 직원들에게 30,878달러의 **체불 임금**을 지불했다고 미국 노동부가 발표했다. 〈마이애미 헤럴드〉

violate 위반하다   **overtime pay** 초과 근무 수당

CHAPTER 9

에너지

우리나라는 세계 4위의 원유 수입국이며 7위의 원유 소비국입니다. 기름 한 방울 나지 않는 나라에서는 에너지 확보와 자급자족이 생명과도 같이 소중한 일이지요. 예전에 바다 한가운데에 있는 동해 가스전의 플랫폼에서 1박 2일 동안 취재를 한 적이 있습니다. 그때 생생한 가스 시추 현장을 목격했고, 에너지 자급자족을 위해 애쓰는 분들의 노고에 큰 감동을 받았습니다. 전 세계적으로 원유와 화석 연료가 여전히 핵심 에너지인 것을 생각하면 중동의 원유 생산국들이 부럽기도 합니다. 현재 대체 에너지 개발 경쟁이 치열해지고 있는데, 그 배경에는 석유 의존도를 낮추고 청정 대체 에너지를 개발하자는 요구가 있습니다. 에너지와 환경에 관련된 표현들 중 뉴스에 많이 나오는 것들을 이번 장에서 정리합니다.

에너지 관련 주요 용어

1. 재생 에너지 : renewable energy, reusable energy (태양열, 풍력, 수력 등)
2. 대체 에너지 : alternative energy
3. 청정 에너지
   : clean energy, green energy
4. 지속 가능한 에너지 : sustainable energy
5. 태양 전지판 : solar panel
6. 수력 발전(소)
   : hydroelectric power (plant)
7. 풍력 발전(소) : wind power (plant)
8. 원자력 발전(소) : nuclear power (plant)
9. 지열(地熱) 발전(소)
   : geothermal power (plant)
10. 가스전(田) : gas field (천연가스 산지)
11. 화석 연료 : fossil fuels
12. 이산화탄소 : carbon dioxide
13. 탄소 배출 : carbon emission
14. 탄소 발자국 : carbon footprint (온실 효과를 유발하는 이산화탄소의 배출량)
15. 온실 효과 : greenhouse effect
    온실 가스 : greenhouse gases
16. 지구 온난화 : global warming
17. 형광등 : fluorescent light
18. 백열등 : incandescent light
19. 발광 다이오드
    : LED (light emitting diode)
20. (전기·가스·수도 등의) 공공 설비를 사용하지 않는 : off-the-grid

한국은 수입 원유 **의존도가 높다**.
Korea has a heavy dependence on imported oil.

MP3 081

dependence는 '의존, 의지'라는 뜻입니다. have a heavy dependence on ~은 '~(에) 의존도가 높다'의 뜻이죠. 우리나라가 의존도가 높은 것이 석유만은 아닙니다. 수출 의존도(export dependence)도 높고 대외 수요 의존도(dependence on external demand)도 높습니다. 이처럼 상호 간의 의존도가 높은 관계를 형성하며 사람이든 국가든 공존하는 것 아닐까요? dependence의 동사형을 이용한 depend heavily on ~, 형용사형을 이용한 be heavily dependent on ~도 같은 의미를 나타낼 수 있습니다.

1   한국은 수출 **의존도가 높다**.
    South Korea **has a heavy dependence on** exports.

2   브라질은 천연 자원 **의존도가 높다**.
    Brazil **has a heavy dependence on** natural resources.

3   그 회사는 외국인 인력 **의존도가 높다**.
    The company **has a heavy dependence on** foreign workers.

4   우리 회사는 수입 원유 **의존도가 너무 높아서** 그게 비용의 가장 큰 부분을 차지한다.
    Our company **has such a heavy dependence on** imported oil that it takes up the lion's share of costs.

5   싱가포르는 대외 **의존도가 너무 높아서** 수출이 자국 GDP 규모의 2배 가량 된다.
    Singapore **is so heavily dependent on** external factors that its exports account for almost double its GDP.

Iraq also **has a heavy dependence on** Iranian electricity and fuel, which Washington wants to see stopped. Five U.S. companies signed agreements in principle on Wednesday with the Iraqi government aimed at boosting that country's energy independence from Iran.
<VOA>

이라크는 또한 이란산 전력과 연료 **의존도가 높은데**, 미국 정부는 이 의존의 고리를 끊으려고 한다. 미국의 5개 업체가 이라크 정부와 수요일에 원칙적인 합의에 서명을 했는데, 이란으로부터 이라크의 에너지 독립을 촉진시키는 것이 목적이다. 〈미국의 소리〉

agreement 합의, 협정   **boost** 북돋우다, 밀어주다, 후원하다

우리 회사는 **전력을 생산한다.**
Our company generates electricity.

MP3 **082**

동사 generate는 '생산하다, 발생시키다, 만들어 내다'의 의미가 있습니다. 이 동사의 목적어로 잘 쓰이는 짝꿍 단어는 electricity(전기), excitement(흥분), interest(흥미, 이자), jobs(직업), profits(수익), demand(수요) 등으로, '역동적인' 것과 잘 어울리는 특징이 있습니다. '창출하다'는 의미로 generate 대신에 create, boost, trigger를 많이 사용합니다. trigger는 원래 '방아쇠, 촉발시키다' 등의 의미가 있는데, 어감상 '급격히 창출하다, 유발하다'의 의미로 보면 정확합니다. 대체어로 spur(박차를 가하다)가 있습니다.

1 **전력을 생산하는 데** 태양 전지판이 사용된다.
Solar panels are used **to generate electricity**.

2 연료 전지는 소형 기기의 동력원이 되도록 **전기를 생산한다.**
Fuel cells **generate electricity** to power small devices.

3 풍력과 태양 에너지는 **전력을 상시 생산할 수는 없다.**
Wind and solar energy **can't generate electricity** all the time.

4 수십여 개의 배터리팩이 전기차에 쓸 **전기를 생산한다.**
Dozens of battery packs **generate electricity** for the electric car.

5 과학자들이 수증기로부터 **전력을 생산하는** 법을 개발했다.
Scientists developed a method **to generate electricity** from water vapor.

Electricity is essential for modern life, yet almost one billion people live without access to it. Challenges such as climate change, pollution and environmental destruction require that we change the way we **generate electricity**.
<World-Nuclear.org>

전기는 현대 생활을 누리는 데 필수적이지만 10억 명 가까운 사람들이 전기 없이 살아가고 있다. 기후 변화, 오염, 환경 파괴와 같은 도전 과제로 인해 우리는 **전력을 생산하는** 방식을 바꿀 필요가 있다. 〈World-Nuclear.org〉

access 접근, 이용 **challenge** 해볼 만한 과제, 난제

한국은 해외 천연 자원을 **개발하고 있다**.
Korea is tapping into overseas natural resources.

MP3 083

tap into 뭉치 표현에서는 동사 tap이 무척 중요합니다. tap에는 '톡톡 치다'란 뜻도 있지만 '개발하다, 계발하다'의 뜻도 있거든요. '잠재력을 계발하다'는 tap into one's potential이며, 소위 말하는 '포텐을 터뜨리다'는 fully tap into one's potential로 표현하면 됩니다. 그 외에 tap into the means(수단을 이용하다)와 be tapped as minister(장관으로 지명되다/임명되다) 같은 쓰임도 있기에 쓸모가 많은 단어입니다. 이렇게 원어민들이 자주 쓰지만 우리는 잘 몰랐던 표현들을 이번 기회에 확실히 기억해 두세요.

1 　우리는 지하수 자원을 **개발해야** 한다.
We have to **tap into** groundwater resources.

2 　해외 자원을 **개발하려는** 경쟁이 더욱 치열해지고 있다.
The competition **to tap into** overseas resources is getting fierce.

3 　해외 개발업자들은 다양한 청정 자원을 **개발하려고** 애쓰고 있다.
Overseas developers are struggling **to tap into** a range of clean resources.

4 　태양열 같은 재생 에너지 자원을 **개발하려는** 노력이 전 세계적으로 퍼지고 있다.
Efforts **to tap into** recyclable energy resources like solar heat are spreading across the world.

5 　잠재력을 **계발해서** 경쟁력을 키워라.
Tap into your potential and boost competitiveness.

"There's not just one interstate moving across the country," McHenry said, "so there's going to be a need for multiple projects **to** fully **tap into** the renewable energy resources of this region."
<Medill Reports>

"전국에 주간(州間) 고속도로가 하나만 있는 게 아니죠." 메켄리가 말했다. "그래서 이 지역의 재생 에너지 자원을 충분히 **개발할** 복수의 프로젝트가 필요할 겁니다." 〈메딜 리포츠〉

interstate 주와 주 사이의, 주간 고속도로

빈출 표현
084

정부는 **대체 에너지 개발에 박차를 가하고 있다.**
The government is spurring the development of alternative energy.

MP3 084

spur는 '박차를 가하다'의 뜻이며, 무척 많이 사용하는 동사입니다. 원래 spur는 카우보이들이 말을 탈 때 부츠 뒤꿈치에 다는 쇠 돌출부를 뜻합니다. 그걸로 말을 탁 차면 말이 속도를 내어 달려가는 것에서 뜻이 확대되었죠. 그래서 spur the interest(관심을 부추기다), spur the pace of development(개발 속도에 박차를 가하다) 등의 용례가 있습니다. '역동적으로 발전시키다'는 의미로도 이해하면 되겠습니다.

1   그 대기업은 **연료 전지 개발에 박차를 가하고 있다**.
   The conglomerate is spurring the development of fuel cells.

2   **대체 에너지 개발에 박차를 가하지** 않으면 우리는 뒤처질 것이다.
   We will fall behind if we do not spur the development of alternative energy.

3   그 회사는 **국내 대체 에너지 개발에 박차를 가하기로** 했다.
   The company has decided to spur the development of domestic alternative energy.

4   지역 경제 성장을 촉진하기 위해 **광물 자원 개발에 박차를 가하도록** 노력해야 한다.
   We have to try to spur the development of mineral resources to boost regional economic growth.

5   **원자력 에너지 개발에 박차를 가하려는 노력**이 그 어느 때보다도 시급하다.
   Spurring efforts to develop nuclear energy is more urgent than ever.

The numerical results show that higher coal price **will spur the development of non-fossil energy** and have a positive effect on economic growth.
<IEEE Xplore>

수치로 나타난 결과에 따르면, 석탄 가격이 오르면 **비화석 에너지 개발에 박차를 가하게 될 것이고** 경제 성장에 긍정적인 영향을 줄 것이다. 〈IEEE 익스플로어〉

numerical 숫자로 나타낸, 수와 관련된

빈출 표현 085

그 정부 기구는 **비밀리에** 플루토늄을 생산하고 있다.

The government body is producing plutonium under the radar.

MP3 085

레이더에 안 나타난다는 것은 뭔가 비밀로 해서 몰래 한다는 것을 뜻합니다. 그래서 나온 것이 바로 under the radar(비밀리에, 눈에 띄지 않고) 표현입니다. 대체어로는 secretly, covertly, clandestinely가 있지요. under the radar는 특히 첩보, 산업 기밀, 해킹 등과 관련해서 많이 사용하는 비유적인 표현입니다. slip under the radar라고 하면 '감시망을 피하다, 감시망을 빠져 나가다'란 의미입니다.

1   이란은 **비밀리에** 핵무기를 개발했다.
    Iran developed nuclear weapons **under the radar**.

2   그 원유 유출 사고는 **알려지지 않고** 지나갔다.
    The crude oil leak flew **under the radar**.

3   많은 나라들이 **비밀리에** 에너지 착취를 지원하고 있다.
    Many countries support energy exploitation **under the radar**.

4   두 다국적 기업은 **비밀리에** 거래를 했다.
    The two multinational companies conducted business **under the radar**.

5   그 프로젝트는 감시 기구의 **감시망을 피했다**.
    The project **slipped under the radar** of monitoring agencies.

With all the buzz about Montney and Duvernay natural gas development, a major and resilient target sometimes flies **under the radar**.
<jwnenergy.com>

몬트니와 두베르나이 천연 가스 개발을 둘러싸고 소문이 무성한 가운데, 가끔 중요하고 회복력 높은 목표물이 눈에 띄지 않고 지나가기도 한다. 〈jwnenergy.com〉

buzz 소문   **resilient** 회복력 있는, 복원력 있는

예전에 후배가 들려 준 실화입니다. 한 한국 남성이 나이가 들어 미국에 유학을 가서 다년간 학교생활을 했다고 합니다. 어느 날 그 사람의 친척이 미국에 여행을 왔는데, 호스트로서 대접해야 할 의무를 느낀 이 남성은 자기 집 근처의 식당으로 그 친척을 데리고 가서 "이 빵은 미국인들이 아침에 먹는 유명한 빵인데, 도넛같이 생긴 이 빵 이름은 바젤이라 합니다."라고 했다고 합니다. bagel, 즉 '베이글'을 '바젤'이라 발음한 거죠. hair gel의 gel을 생각해서 그동안 그렇게 알고 발음했나 봅니다.

제 생각에 그 유학생은 평소에 사전의 발음 기호를 아예 보지 않았던 것 같습니다. 다른 사람들의 발음도 귀담아 듣지 않았던 것 같고요. 실제로 일부 교포들도 발음 기호를 경시하다가 발음 때문에 망신당하는 경우가 종종 있습니다. 발음을 잘 안다고 생각하던 단어들도 음성 지원이 되는 인터넷 사전을 통해 한 번쯤 정확한 발음과 억양을 확인해 볼 필요가 있습니다.

이 영어의 소리에 익숙해지기 위한 최고의 방법은 dictation, 즉 '듣고 받아쓰기'라고 생각합니다. 검증된 영어 학습 방법이죠. 듣고 받아쓰기를 할 경우 언어의 4대 기능인 읽기, 듣기, 말하기, 쓰기를 골고루 훈련하는 효과를 볼 수 있습니다. 특히 '뉴스'를 듣고 받아쓰기를 할 경우 시사 상식까지 키울 수 있어서 6개월 이상 꾸준히 하면 상당한 실력 향상을 볼 수 있습니다.

저는 90년대 초에 대학 생활을 할 때 그룹 스터디를 하면서 AP 네트워크 뉴스(5분짜리 라디오 뉴스)를 가지고 공부한 적이 있습니다. 영어 뉴스를 직접 듣고 받아쓰려니 30분 이상 걸렸던 걸로 기억합니다. 카세트테이프를 재생, 멈춤을 반복하면서 대본을 만들어 보면 아무리 해도 한두 단어는 잘 들리지 않았습니다.

AP 네트워크 뉴스가 미국 중심의 뉴스인지라 현지 지명이나 기타 고유명사들을 '잡아내지' 못한 것이 원인이었습니다. 알아듣지 못한 단어가 무엇인지 물어볼 외국인이 주변에 없을 때는 어떻게든 들리는 대로 철자를 짐

작해서 적은 다음 나중에 사전을 찾아보았습니다. 그렇게 해서 웬만한 단어들은 '추적'할 수 있었지요.

이렇게 될 수 있으려면 기본 발음 원칙에 숙달돼 있어야 합니다. f와 ph가 같은 발음이듯, c와 k 등 자음들의 발음 규칙은 쉽게 추측할 수 있죠. 그런데 음절이 많은 단어들은 어려움이 있기 마련입니다. 그럴 경우 문맥을 잘 따져 보고, 지명인 것 같으면 미국 지도도 찾아보고 했던 추억이 있습니다.

어휘는 크게 세 분류로 나뉩니다. 즉, 1) 능동적인 어휘(확실하게 알고 사용할 수 있는 어휘 2) 수동적으로 아는 어휘(본인이 잘 쓰지는 못하고 글에서 봤을 때만 아는 어휘) 3) 모르는 어휘. 당연하지만 2)의 수동적인 어휘를 늘려서 구사 가능 상태로 만들어야 표현력이 풍부해지고 순발력이 배양되어 수준 있는 영어를 구사할 수 있습니다. 이를 위해 thesaurus.com을 활용하거나 영영사전을 활용하면 좋습니다.

※ 효과적으로 듣고 받아쓰는 방법

1) 듣고 받아쓰기
   - 서너 단어씩 끊어 들으며 받아 적기
2) 내가 만든 스크립트를 보며 독해하고, 단어와 표현 정리하기
3) 완성된 대본을 보고 놓쳤던 단어와 소리 뭉치 파악하기
4) 대본 안 보고 청취하기(반복)
5) 문장별로 뉴스 진행자의 낭독을 들으며 소리 내어 따라 말하기
6) 뉴스를 연속 낭독(shadowing)하며 속도감 늘리기

다소 시간이 걸려도 이와 같은 훈련을 6개월 정도 하면 자신감이 많이 붙을 것입니다. 그리고 어떤 특정 뉴스 진행자를 벤치마킹한다면 그 사람과 비슷한 느낌의 목소리와 어조를 만들어 갈 수 있을 것입니다. (국내 아나운서들도 이렇게 벤치마킹해서 명확한 발음 연습을 합니다. 그래서 대부분 아나운서들의 목소리와 어조가 어디서 많이 들어 본 것처럼 느껴지는 것입니다.)

듣고 받아쓰기 자료로 스크립트가 함께 제공되는 아리랑 뉴스와 KBS 월드 라디오 뉴스를 추천합니다.

PART 3

사회

CHAPTER 1

사회 일반

핵가족화가 가속화되고 결혼을 기피하는 현상이 증가하면서 갈수록 1인 가구가 늘어나는 추세입니다. 여기에는 독거노인 가구도 많이 포함됩니다. 소득과 소비 형태가 바뀌면서 각종 식품 배달업과 서비스 업종이 창출되고 있습니다. 도시락 배달은 물론 셔츠 대여업까지 등장했다고 합니다. 그리고 저출산으로 인구는 점점 줄어들고, 노령인구는 점점 늘어나서 사회의 노령화가 심각한 사회 문제가 되고 있습니다. 저출산과 고령화는 장기적으로 국가 경쟁력을 떨어뜨릴 수 있는데요, 지속 가능한 민생 정책 운영으로 훈훈하게 더불어 사는 사회가 만들어지기를 기대합니다.

사회 관련 주요 용어

1. 사회 신분 : social status
2. 경제 계층 : economic class
3. 소득 격차 : income gap
4. 저소득층 : low income group
   고소득층 : higher income group
5. 최저 생활 수준 : subsistence level
6. 사회 불평등 : social inequality
7. 사회 불안 : social unrest
8. 저출산율 : low birth rate
9. 고령화 사회 : aging society
10. 고령 사회 : aged society
11. 초고령 사회 : super-aged society
12. 1인 가구 : single-person household
13. 세대 차이 : generation gap
14. 실업률
    : jobless rate, unemployment rate
15. 외국인 혐오증 : xenophobia
16. 국가간 빈부 격차 : gap between
    wealthy and poor nations
17. 빈곤선
    : poverty line, poverty threshold
18. 절대빈곤 : abject poverty
19. 비정부기구 : Non-Governmental
    Organization (NGO)
20. 인도주의적 활동 : humanitarian work

한국은 **저출산율**이 심각하다.
The low birth rate in Korea is quite serious.

MP3 086

저출산율(low birth rate, low fertility rate)이 심각한 사회 문제가 된 지 오래입니다. 커리어를 좀 더 적극적으로 추구하고, 결혼도 예전보다 늦게 하고, 아이를 낳아 기르기에 별로 좋은 세상이 아니라고 생각하다 보니 생기는 현상이라고 봅니다. 국가적으로는 이로 인해 노동 인구가 줄어 해외 인력에 더욱 의존하게 될 것입니다. 저출산과 함께 짝꿍으로 나오는 표현이 고령화 사회(aging society), 고령 사회(aged society), 초고령 사회(super-aged society)인데요, 우리나라도 머지 않아 초고령 사회에 진입한다고 합니다.

1 기대 수명의 연장과 **저출산율**이 심각한 사회 문제로 떠오르고 있다.
   Extended life expectancy and **low birth rate** are emerging as a serious social issue.

2 한국은 노인 자살률 세계 1위, **저출산율** 세계 1위를 기록하고 있다.
   Korea ranks number one in the world in the suicide rate of the elderly and its **low birth rate**.

3 선진국마다 **저출산율**로 인한 국가 경쟁력 감소를 우려하고 있다.
   Every advanced nation is concerned about a decline in national competitiveness from **the low birth rate**.

4 **저출산율**을 해결할 대책의 일환으로 나는 정부가 결혼 장려책을 택할 것을 건의한다.
   As a part of measures to cope with **the low birth rate**, I suggest the government adopt a marriage incentive.

5 **저출산율**이 지속되면 4대 국가 보험 제도가 제대로 기능하지 못하고 국가는 더 이상 존재할 수 없을 것이다.
   If **the low birth rate** continues, the nation will no longer be able to exist, with all four state insurance systems set to malfunction.

Japan's youth population is declining, and many colleges are scrambling to fill seats. Meanwhile, **the low birth rate** does seem to be pushing parents to give all they can to the one child.
<CNN>

일본의 젊은 층 인구는 감소하고 있고 많은 대학들이 정원을 채우려고 쟁탈전을 벌이고 있다. 한편, **저출산율** 때문에 부모들은 하나뿐인 자식에게 할 수 있는 모든 것을 해 주고 있는 것 같다. 〈CNN〉

scramble 서로 다투다, 쟁탈전을 벌이다

빈출 표현
087

평균 **기대 수명**이 증가해 왔다.
The average life expectancy has grown.

MP3 087

경제 수준이 높아지고 의학이 발전하면서 인류의 평균 기대 수명은 계속해서 길어지고 있습니다. 기대 수명은 인간이 생존할 것으로 기대되는 연수를 말합니다. 영어로는 life expectancy라고 하죠. 평균 기대 수명이라고 하려면 앞에 average를 쓰면 되겠죠. 평균 기대 수명이 길어진다는 건 반가운 소식이지만 더 중요한 것은, 사는 동안 건강하고 행복한 삶을 영위하는 거겠죠. 2018년 기준 한국 여성의 average life expectancy는 85.7세라고 통계청은 발표한 바 있습니다. 2009년에 비해 2년 넘게 늘어난 것입니다. 남성의 경우 79.7세로 나타났습니다.

1 아프리카의 **평균 기대 수명**은 여전히 40세 이하다.
The average life expectancy in Africa remains below 40.

2 1800년에 전 세계 **평균 기대 수명**은 겨우 29세였다.
In 1800, the global **average life expectancy** was only 29 years.

3 조사에 의하면 광부의 **평균 기대 수명**은 42세였다.
The survey found that **the average life expectancy** of a miner was 42 years.

4 안타깝게도 **평균 기대 수명**은 전 사회 계층에 걸쳐 제각기 다르다.
Unfortunately, **the average life expectancy** varies across all strata of society.

5 북한의 **평균 기대 수명**은 72세로 세계 118위를 기록했다.
North Korea's **average life expectancy** was 72 years ranking 118th in the world.

South Korean women are going to be the first to see their **average life expectancy** surpass 90, a milestone experts long considered impossible. The scientists behind the study calculated that a South Korean baby girl born in 2030 will be expected to live for 90.8 years.
<World Economic Forum>

한국 여성들은 세계 최초로 **평균 기대 수명**이 90이 넘게 될 텐데, 전문가들은 오랫동안 이것이 불가능하다고 여겨 왔다. 이 연구를 주도한 과학자들은 2030년에 태어난 한국의 여아는 90.8세까지 살 것으로 기대된다고 계산했다. 〈월드 이코노믹 포럼〉

milestone 중요한 단계, 획기적인 사건, 이정표

고령화 사회의 **여파가 크다.**
The aging society is having a far-reaching fallout.

MP3 088

고령화 사회(aging society)는 개인적으로는 노인의 건강과 생계, 외로움 등의 문제, 자녀의 부모 봉양 문제, 국가적으로는 경제 활동 인구(economically active population) 감소 문제와 국민연금 비용 문제 등으로 큰 부담을 줍니다. 그야말로 그 여파가 far-reaching(널리 퍼지는)하다고 할 수 있죠. far-reaching의 대체어로 extensive가 많이 쓰입니다. '여파'로 쓰이는 fallout은 '방사능 낙진, 악영향'이라는 안 좋은 뜻을 가지고 있습니다. 참고로 고령화 사회는 65세 이상 인구 비율이 7% 이상인 사회, 고령 사회(aged society)는 14% 이상인 사회, 초고령 사회(super-aged society)는 20% 이상인 사회를 의미합니다.

1 전국의 대학들은 **여파가 큰** 고령화 사회에 대응하기 위해 노력하고 있다.
The nation's universities are trying to cope with an aging society which **has a far-reaching fallout.**

2 한국은 1999년에 고령 사회에 진입했고, 이후로 **그 여파는 널리 퍼졌다.**
Korea entered into an aging society in 1999 and ever since, **the fallout has been far-reaching.**

3 이번 조치는 고령 사회인 일본의 노동 시장에 **장기적으로 악영향을 미칠 것**이라고 전문가들은 지적하고 있다.
Experts point out that this measure **will have a long-lasting fallout** on the labor market of Japan that has an aged society.

4 고령화 사회**의 여파 중 하나**는 노동 인구 감소다.
One of the fallouts from an aging society is the decline in the working population.

"As the third wave of the pandemic **has had a far-reaching fallout** on the economy, the scope of affected people has also expanded," a finance ministry official said. "As calls for rental assistance by smaller merchants mounted, we are looking into more details."
<Yonhap News Agency>

"팬데믹의 3차 대유행이 경제에 미치는 **파급력이 커져 감**에 따라 피해를 입은 사람들의 규모 역시 확대되었습니다." 한 재정부 관리가 말했다. "소상공인들의 임대료 지원 요청이 커지면서 더 자세히 상황을 알아보고 있습니다." 〈연합뉴스〉

expand 확대되다, 확장되다   **mount** 증가하다

사회 구성원들이 **세대 차이를 좁혀야** 한다.
Members of society have to bridge the generational gap.

MP3 089

'격차, 차이' 하면 gap 또는 divide를 사용하는데, 여러 표현에서 많이 쓰이는 단어입니다. 먼저, '격차를 좁히다'는 narrow the gap 또는 bridge the gap이라고 합니다. '격차를 벌리다'는 widen the gap, 'A와 B 사이에 격차가 존재하다'는 a gap exists between A and B라고 말하며, close the gap은 '격차를 좁혀 완전히 없애다'라는 어감으로 씁니다. 여러분이 혹시 경쟁 사회에서 뒤처져 있다고(lag behind) 느끼신다면 꼭 close the gap 하시길 바랍니다. '세대 차이'는 generational gap, generation gap을 같은 의미로 활용합니다.

1 이 가족 콘서트는 **세대 차이를 극복하는 데** 도움이 되었다.
This family concert helped **to bridge the generational gap.**

2 한 지역 학교가 학생들과 고령자들 간의 **세대 차이를 좁히는 데** 도움을 주고 있다.
A local school is helping **to bridge the generational gap** between students and senior citizens.

3 삼일절 정신은 **세대 간의 차이를 뛰어넘게 해** 주었고 한국의 단합된 힘을 전 세계에 보여 주었다.
The March 1st Independence Movement spirit **had bridged the generation gap** and showed the world Korea's concerted strength.

4 이 일화는 **세대 차이를 극복하는 데** 우리가 해야 할 중대한 역할을 강조했다.
This episode underlined the crucial role we have to play in **closing the generation gap.**

When trying **to bridge the generation gap**, always remember that each generation has something uniquely valuable to offer the other. Employment engagement specialist Tim Eisenhauer points out that baby boomers have valuable real-world experience about how the business world works, while millennials bring insights on how technology can transform many aspects of running a company.
<Business 2 Community>

세대 차이를 좁히려고 노력할 때, 각 세대가 다른 세대에게 줄 유례없이 소중한 무언가가 있다는 것을 늘 기억하라. 고용 전문가 팀 아이젠하우어는 베이비붐 세대는 사업 세계가 어떻게 작동하는가에 대해 귀중한 실제 경험을 지니고 있고, 밀레니얼 세대는 기술이 어떻게 기업 경영의 많은 측면을 바꿔 놓을 수 있는가에 대한 통찰력을 가져온다고 지적한다. 〈비즈니스 2 커뮤니티〉

specialist 전문가   **millennials** 밀레니얼 세대   **insight** 통찰력
transform 변형시키다, 바꿔 놓다

실업률이 증가하고 있다.
The jobless rate is growing.

MP3 090

한 나라의 경제가 얼마나 안정적이냐를 보여 주는 것 중 하나가 실업률입니다. 실업률은 영어로 unemployment rate나 jobless rate라고 합니다. 경제 상황이 좋아지면 실업률은 내려가고, 경제 상황이 나빠지면 실업률이 상승합니다. 이를 해결하기 위해 일자리 창출 정책이 무엇보다 중요해지고 있습니다. 한창 열심히 일해야 하는 청년들의 실업률인 청년 실업률은 youth jobless rate 또는 youth unemployment rate라고 합니다. 일자리가 없어 실업 신세인 상태는 out of a job, 그리고 다른 곳으로 이직하기 위해서 일시직으로 일을 쉬고 있는 상태는 in between jobs라고 합니다.

1   호주의 **실업률**은 예상치인 10퍼센트를 향해 증가하고 있다.
    Australia's **jobless rate** is growing towards the predicted 10 percent.

2   미국의 위축되는 경제 상황에서 **실업률**만이 증가하고 있다.
    Only **the jobless rate** is growing in America's shrinking economy.

3   사람들은 굶주리고 업체들은 문을 닫고 **실업률**은 증가하고 있다.
    People are starving, businesses are closing and **the jobless rate** is growing.

4   **실업률**이 11퍼센트로 하락한 게 예상했던 것보다는 나은 상황이었다.
    The fall in **jobless rate** to 11% was better than expected.

5   **실업률**은 여전히 역사적으로 높은 수준을 유지하고 있다.
    The jobless rate remains at historically high levels.

California's **jobless rate** ticked down by a tenth of a percentage point in May, with some employers slightly boosting payrolls as businesses gradually reopen across the state.
<Los Angeles Times>

캘리포니아 주의 **실업률**은 5월에 0.1 퍼센트 포인트 하락했다. 주 전역에 있는 업체들이 점차 재개장하면서 일부 고용주들이 직원 수를 소폭 늘리면서 나온 결과이다. 〈로스앤젤레스 타임스〉

tick down 하락하다   **boost** 밀어 올리다, 끌어올리다, 증대시키다
payroll 급여 대상자 명단, 종업원 수, 지불 급료 총액

빈출 표현 091

소득 **격차**가 벌어지고 있다.
The income divide is widening.

MP3 **091**

현대 사회에서는 불평등(inequality)의 흔적이 곳곳에서 발견됩니다. 그중에서도 소득 격차, 빈부 격차가 대표적인데요. '격차'는 앞에서 말했듯 gap이나 divide라고 하고, '소득 격차'는 income divide나 income gap이라고 합니다. '격차가 벌어지다'는 the divide widens, '격차를 벌리다'는 widen the divide, '격차가 좁아지다'는 the divide narrows, '격차를 좁히다'는 narrow the divide라고 말합니다. 최근에는 디지털 격차(digital divide)도 큰 사회 문제로 떠오르는 것 같습니다.

1 사회 격차는 **소득 격차**보다도 더 극명하다.
   The social divide is even starker than **the income divide**.

2 정책 입안자들은 한동안 벌어지는 **소득 격차**를 도외시해 왔다.
   Policy makers have been negligent of the widening **income divide** for a while.

3 UN은 커져 가는 **소득 격차**가 전 세계가 직면한 가장 큰 문제 중 하나라고 강조한다.
   The UN stresses that the growing **income gap** is one of the biggest problems that the world faces.

4 최상위 1퍼센트와 나머지 99퍼센트 간의 **소득 격차**는 실로 어마어마하다.
   The income divide between the top 1 percent and the other 99 percent is simply staggering.
   —— staggering 충격적인, 믿기 어려운

5 **소득 격차**가 벌어지면서 10대와 더 많은 여성들이 노동 전선에 뛰어들고 있다.
   The widening **income gap** is driving teens and more women to enter the workforce.
   —— workforce 노동 인구, 노동력

In the past five years, the **income divide** between the urban rich and the rural poor has widened so sharply that some studies now compare China's social cleavage unfavorably with Africa's poorest nations.
<The New York Times>

지난 5년 동안 도시 부유층과 시골 지역 빈곤층 간의 **소득 격차**가 급격히 벌어져서 일부 연구는 이제 중국의 사회적 분열이 아프리카의 최빈국들보다 더 심하다고 비교한다. 〈뉴욕 타임스〉

cleavage 분열   **unfavorably** 비판적으로, 불리하게

그들은 더 큰 **상대적 박탈감**을 느낀다.
They have a bigger sense of relative deprivation.

MP3 **092**

자신을 남들과 자주 비교하다 보면 상대적인 박탈감(a sense of relative deprivation)을 느낄 수 있습니다. '박탈'이라는 뜻의 명사 deprivation은 동사 deprive에서 왔습니다. 동사 deprive는 '빼앗다'로 주로 deprive A of B(A에게서 B를 빼앗다)로 활용하는데, 아주 중요한 어법이자 뭉치 표현입니다. 영어에서 'sense of+명사'는 '~감/의식'으로 굉장히 많이 쓰이는 뭉치 명사구인데요, a sense of happiness(행복감), a sense of satisfaction(만족감), a sense of crisis(위기감) 등으로 활용해 보세요. a sense of deprivation은 '박탈감', '상대적 박탈감'이라고 표현하려면 deprivation 앞에 '상대적인'의 형용사 relative를 쓰면 됩니다.

1 부실한 대우는 **그들의 상대적 박탈감**을 부채질했다.
Poor treatment fueled **their sense of relative deprivation**.
———— fuel 부채질하다, 자극하다

2 **상대적 박탈감**은 혁명의 원동력이 될 수 있다.
A sense of relative deprivation can be a driving force for revolution.

3 미국 사회에서 소수 민족은 종종 **상대적 박탈감**을 느낀다.
In the US society, ethnic minorities often feel **a sense of relative deprivation**.

4 유럽과의 지리적 근접성과 경쟁의 역사는 **상대적 박탈감**을 키우는 데 일조했다.
Geographic proximity to Europe and a history of rivalry contributed to **a sense of relative deprivation**.

5 비교 과정에서 두 집단은 **어떤 상대적 박탈감**이나 상대적 만족감을 형성할지도 모른다.
In the process of comparison, the two groups may form **a certain sense of relative deprivation** or relative satisfaction.

People who are unable to maintain the same standard of living as others around them experience **a sense of relative deprivation** that has been shown to reduce feelings of well-being.
<NCBI>

주변 사람들과 같은 생활 수준을 유지하지 못하는 사람들은 **상대적인 박탈감**을 경험하는데, 이는 행복감을 떨어뜨리는 것으로 나타났다. 〈NCBI〉

정부는 **빈곤을 퇴치하려고** 노력한다.
The government tries to eliminate poverty.

MP3 093

'퇴치하다, 뿌리뽑다, 근절하다'는 모두가 '없애다'의 의미로, 개념이 같은 단어들입니다. 영어로 eliminate, root out, eradicate를 많이 활용합니다. 대체로 호환해서 활용할 수 있지만 구문을 보면 더 잘 따라다니는 단어 짝꿍들이 따로 있습니다. '빈곤을 퇴치하다'는 eliminate poverty, '부패를 척결하다'는 eradicate corruption으로 가장 많이 쓰입니다. 이런 뭉치 표현들을 많이 축적하세요. 영어 구사력이 빨라지고 당당해집니다.

1   아프리카에서 **빈곤을 퇴치하는 것**이 가능한가?
Is it possible **to eliminate poverty** in Africa?

2   그는 **빈곤을 퇴치하기 위해** 부유세 도입을 제안했다.
He proposed adopting a tax on the wealthy **to eliminate poverty**.
        —— a tax on the wealthy 부유세(부유한 사람의 순자산에 과세하는 재산세 중 하나)

3   이 보고서는 어머니들을 교육시키는 것이 **빈곤을 퇴치하는 데** 도움이 됨을 보여 준다.
This report shows that educating mothers helps **eliminate poverty**.

4   이 정책은 **빈곤 퇴치**와 사회 신분 상승을 가능케 할 것이다.
This policy will make **eliminating poverty** and climbing the social ladder a possibility.

5   미국에서 **빈곤을 퇴치하기 위한** 프로그램이 예산 재분배로 인해 축소됐다.
A program **to eliminate poverty** in the US has been curtailed due to the reallocation of budgets.

Not content with just "one of the largest reconstruction efforts the world has ever seen", he wants "bold action" **to eliminate poverty** in the region. <The Economist>

'세계에서 역대 최대 규모의 재건설 계획 중 하나'인 이 계획에 만족하지 않고 그는 그 지역 **빈곤을 퇴치하기 위한** '과감한 행동'을 원하고 있다. 〈이코노미스트〉

빈출 표현 **094**

그 마을은 **영양실조에 맞서 싸우고 있다.**
The town **is fighting malnutrition.**

MP3 094

잘 해소되지 않는 사회 문제 중 하나가 빈익빈 부익부 현상입니다. '빈익빈 부익부'를 영어로는 the rich getting richer and the poor getting poorer라고 표현할 수 있습니다. 극빈층은 만성적으로 영양 결핍 상태(undernourished)에 시달리고 더 심해지면 영양실조(malnutrition)에 걸리기도 합니다. 이를 뿌리 뽑기 위해 영양실조에 맞서 싸우는 것은 여전히 모든 저개발국의 중요한 현안입니다. '~에 맞서 싸우다'는 영어로 fight ~라고 간단히 표현할 수 있습니다. 따라서 '영양실조에 맞서다'는 fight malnutrition이라고 하면 됩니다.

1   이 행정부는 **영양실조**와 빈곤**에 맞서 싸우고 있다.**
    This administration **is fighting malnutrition** and poverty.

2   그 나라는 **영양실조에 맞서기 위해** 낚시에 크게 의존한다.
    That country relies heavily on fishing **to fight malnutrition.**

3   풍부한 우유 덕분에 그 도시는 **영양실조와 맞서 싸우는 데** 도움을 받았다.
    An abundance of milk has helped the city **fight malnutrition.**

4   영국은 어린이 4천만 명이 **영양실조에 맞서도록** 돕는 데 지원을 아끼지 않고 있다.
    The UK is not sparing any support in helping 40 million children **fight malnutrition.**

5   어린이 **영양실조를 퇴치하려는** 노력은 광범위한 물리적, 재정적 지원을 필요로 한다.
    Efforts **to fight malnutrition** in children require extensive physical and financial support.

They found that efforts **to fight malnutrition** and disease would save many lives at modest expense, whereas fighting global warming would cost a colossal amount and yield distant and uncertain rewards. That conclusion upset a lot of environmentalists.
<The Economist>

그들은 **영양실조**와 질병에 **맞서 싸우려는** 노력이 적은 비용을 들이고 많은 목숨을 구할 거라는 걸 알았다. 이에 반해 지구 온난화와 맞서는 건 어마어마한 비용이 들고 요원하고 불투명한 보상을 가져온다는 것도 알았다. 그러한 결론에 많은 환경론자들은 속상해했다. 〈이코노미스트〉

colossal 엄청난, 거대한   **yield** (결과나 보상을) 내다, 가져오다

CHAPTER 2

가족

로버트 드 니로와 샤론 스톤이 주연한 영화 〈카지노〉에서 드 니로가 이런 말을 합니다. "If you don't trust your wife, what is the point of being married?(부인을 믿지 않는다면 결혼 생활의 의미는 무엇인가?)" 가족은 서로 가장 아끼고 위하는 관계이자 살아가면서 서로에게 힘이 되고 존재의 의미를 느끼게 하는 원동력이 아닐까 합니다. 개인의 행복도 중요하지만 가족과 나누면 행복은 더 커지는 법이죠. 그리고 슬픔은 함께하면 작아집니다. '워라밸(work-life balance)'이 한국 사회에서 점점 큰 화두가 되어 가는 것 같은데요, 가족과 관련한 뭉치 표현들을 배우면서 혼란스런 사회 속에서도 가족의 의미를 되돌아보시기 바랍니다.

가족 관련 주요 용어

1. 대가족 : extended family
2. 핵가족 : nuclear family
3. 혼인 적령기 : optimal age to marry
4. 혼인 신고 : marriage registration
5. 법률혼
   : legal marriage, de jure marriage
6. 사실혼 : de facto marriage,
   common-law marriage
7. 이혼 소송을 제기하다
   : file for divorce
8. 위자료 : alimony, divorce settlement
9. 자녀 양육권 : child custody
10. 자녀 양육(비) : child support
11. 한 부모 : single parent
    한 부모 가정 : single parent family

12. 문제 가정(폭력, 알코올이나 마약 중독
    등의 문제를 안은 가정)
    : dysfunctional family
13. 친자 확인 소송 : paternity suit
14. 유산, 상속 : inheritance
15. 직계 가족
    : direct family, immediate family
16. 소년소녀 가장 : a child[teenage]
    head of household
17. 청소년 범죄 : juvenile crime
18. 경로사상 : respect for the elderly
19. 독거노인
    : senior citizen who lives alone
20. 무의탁 노인 : elderly person with
    no one to rely on

빈출 표현 095

그 스타 커플이 **결혼했다**.

The star couple **tied the knot.**

MP3 **095**

'결혼하다'는 표현은 'get married (to 사람)'와 'marry (사람)' 외에 tie the knot, exchange vows, get hitched, walk down the aisle 등 아주 다양합니다. tie the knot은 '매듭을 묶어 하나가 되다', exchange vows는 '결혼 언약을 하다(성혼 선언문에 '네'라고 대답하는 것)', walk down the aisle은 '식장의 중앙 통로를 걸어가다'로, 재미있는 비유를 통해 '결혼하다'를 나타내는 거죠. 결혼과 관련한 재미있는 표현 하나가 바로 a shotgun wedding으로, '속도 위반 결혼'을 가리킵니다. 임신한 딸을 책임지라며 엽총(shotgun)을 들고 나온 장인의 상기된 얼굴을 떠올리면 바로 이해가 될 겁니다.

1 그 커플은 3년 사귄 후 **결혼에 골인했다**.
The couple **tied the knot** after 3 years of dating.

2 전염병이 퍼지고 있는 가운데 이 커플은 집에서 **결혼했다**.
Amid the spread of the epidemic, this couple **tied the knot** at their home.

3 한국 남성과 **결혼하고** 싶어 하는 외국 여성들이 늘어나고 있다.
There are an increasing number of foreign women who want to **tie the knot** with Korean men.

4 결혼 중매 회사들 덕분에 최근 몇 년간 **결혼**율이 증가했다.
Thanks to matchmaking companies, the rate of **tying the knot** has increased in recent years.

90 Day Fiancé's Blake and Jasmin are still together today and stronger than ever. The reality couple **tied the knot** toward the end of season 7 and both stars posted about their wedding on Instagram shortly after the episode aired. Despite rumors that their relationship is rocky and fans insisting that their relationship and marriage is loveless and purely for a visa, they proved everyone wrong by getting married and staying married.
<Screen Rant>

TV 프로그램 〈90일의 피앙세〉에 출연한 블레이크와 재스민은 지금도 여전히 함께이고, 사이가 그 어느 때보다도 돈독하다. 리얼리티 프로그램에 나왔던 이 커플은 시즌 7이 끝나갈 무렵 **결혼을 했고**, 에피소드가 방송되고 얼마 안 되어 두 사람 모두 인스타그램에 결혼 소식 포스팅을 올렸다. 그들의 관계가 불안하다는 소문이 있고 팬들은 그들의 연애와 결혼이 사랑 없이 단지 비자를 노린 것이라 주장하지만, 이 커플은 결혼에 골인하고 혼인 상태를 유지함으로써 모든 사람들의 주장이 잘못되었음을 입증했다. 〈스크린 랜트〉

air 방송되다   **rocky** 불안정한, 불안한, 불확실한   **purely** 순전히, 오직

빈출 표현 096

그 부부는 **이혼 소송을 제기했다**.

The married couple filed for divorce.

MP3 096

이혼율(divorce rate)이 계속 증가하고 있는데, 동서양을 막론하고 이혼의 주된 사유는 '성격 차이'라고 합니다. 이를 영어로는 irreconcilable differences라고 하는데요, 문자 그대로 '화해할 수 없는[양립할 수 없는] 차이'입니다. 이혼할 때 서로 합의가 되지 않아 소송에 기대는 경우가 있는데, '이혼 소송을 제기하다'는 file for divorce라고 합니다. file for divorce는 이혼 신청을 하는 것도 포함합니다. divorce 앞에 관사가 없는 점에 주의하세요. 참고로, '이혼하다'는 get a divorce 또는 get divorced입니다.

1 두 톱스타가 **이혼 소송을 낸** 것으로 최근에 드러났다.
   It was recently revealed that the two top stars **filed for divorce**.

2 그 부부는 결혼 28년 만에 법원에 **이혼 소송을 냈다**.
   After 28 years of marriage, the couple **have filed for divorce** at a court of law.

3 신혼부부 네 쌍 중 한 쌍이 결혼 1년이 지나기 전에 **이혼 소송을 제기한다**.
   One out of four newly married couples **files for divorce** before the first year is over.

4 그 스타 커플은 '성격 차이'를 이유로 **이혼 소송을 내고** 10년간의 결혼 생활을 끝냈다.
   The star couple **filed for divorce** citing "irreconcilable differences" and ended their 10 years of marriage.

5 최신 통계에 따르면 하루 평균 946쌍이 결혼하고, 341쌍이 **이혼 신청을 한다**.
   The latest statistics shows that a daily average of 946 couples tie the knot and 341 couples **file for divorce**.

As joblessness soars and Wall Street struggles, personal relationships are crumbling under the weight of personal finance problems. About half those couples, he said, take the next step and **file for divorce**.
<CBS>

실업이 치솟고 월가가 고전하면서 개인의 재정 문제의 무게를 못 이겨 대인(이성) 관계가 무너지고 있다. 커플들 중 절반은 다음 단계를 취하고 **이혼 소송을 낸다**고 그는 말했다. 〈CBS〉

joblessness 실업, 실직 상태   **soar** 급증하다, 급등하다, 치솟다
crumble 허물어지다, 흔들리다, 무너지다

빈출 표현 097

기러기 아빠 현상이 확산되고 있다.
The orphan father phenomenon is going viral.

MP3 097

'기러기 아빠'는 영어에는 없는 현상이자 단어인데, orphan father라고 표현할 수 있습니다. 아니면 kirogi appa(literally means goose dad), a man who stays alone in Korea to support his child and wife staying in an English-speaking country for the sake of child's education이라고 우리말 그대로 표현하고 부가 설명을 덧붙일 수 있습니다. viral은 바이럴 마케팅 등의 용어로 친숙하지만, 실제 활용 시에는 동사구 go viral로 많이 쓰입니다. go viral은 바이러스처럼 '급속히 확산되다, 소문나다'의 의미입니다.

1 그는 벌써 몇 년째 **기러기 아빠** 생활을 하고 있다.
   Already it's been several years since he became **an orphan father.**

2 그 미국 유력 일간지는 한국의 **기러기 아빠 현상**을 특집 기사로 보도했다.
   The leading US daily covered Korea's **orphan father phenomenon** in a feature story.

3 **기러기 아빠**는 자녀들에게 더 나은 교육 기회를 제공하기 위해서 가족과 떨어져 지낸다.
   Orphan fathers live separated from their families for the sake of giving their children better education opportunities.

4 자녀를 해외에 유학 보내면서 **기러기 아빠 엄마**가 급증한 것도 소형 주택의 인기 원인이다.
   Another reason for the popularity of small housing is the surge in **orphan fathers and mothers** after they send their children overseas to study.

They are called **"kirogi,"** or wild geese—South Korean families separated by an ocean. The parents want their children to be taught in the United States, but the cost of an American education can be the fracturing of the family, often for years.
<The Washington Post>

이들은 '**기러기**'라고 불린다. 즉, 대양을 사이에 두고 떨어져 있는 한국 가족들이다. 부모는 아이들이 미국에서 교육 받기를 원하지만 미국에서 교육을 시킨 대가는 가족의 균열, 흔한 경우 여러 해 동안의 균열일 수 있다. 〈워싱턴 포스트〉

fracture 균열되다, 균열시키다, 부서지다

CHAPTER 3

성평등

성평등은 사회적으로 큰 이슈입니다. 할리우드에서는 남녀 배우의 출연료를 평준화하자는 목소리가 나오고, 기업에서는 임직원들의 연봉을 평준화해야 한다는 움직임이 일고 있습니다. 일부다처제가 허용되던 한 중동 국가에서 여성이 운전면허를 취득할 수 있게 되었다는 게 뉴스 헤드라인을 장식한 적도 있는데요, 요즘은 전 세계적으로 여성의 인권과 안전을 확보하려는 움직임이 거세지고 있습니다. 한편, 이와 반대로 여성 혐오 정서가 퍼지고 그것이 범죄로 이어지는 경우도 적지 않습니다. 반대 성을 혐오하는 이런 정서가 사라지고, 서로 동등한 입장에서 다른 성을 바라보는 아량을 가져야겠습니다.

성평등 관련 주요 용어

1. (양성)평등 : gender[sexual] equality
2. 성 불평등 : gender[sexual] inequality
3. 성 차별
   : gender[sexual] discrimination
4. 여성 인권 운동
   : women's rights movement
5. 남성 지배적 사회
   : male-dominated society
6. 가부장 제도 : patriarchal system
7. 모계사회 : matriarchal society
   부계사회 : patriarchal society
8. 성비 불균형 : gender ratio imbalance
9. 남아 선호사상 : preference for sons
10. 여성 혐오 : misogyny
    남성 혐오 : misandry
11. 여성 역량 강화
    : women's empowerment
12. 동일 노동 동일 임금
    : equal pay for equal work
13. 유리 천장 : glass ceiling
14. 성폭력 : sexual violence
15. 성폭행 : sexual assault
    성추행 : indecent assault,
    sexual molestation
16. 성희롱 : sexual harassment
17. 가정 폭력 : domestic violence
18. 전업주부
    : full-time housewife[homemaker]
19. 미혼모 : unwed mother
    미혼부 : unwed father
20. 한 부모 가정 : single parent family

빈출 표현
098

여성 차별을 철폐해야 한다.
We have to root out prejudice against women.

MP3 098

'차별'의 의미로 널리 쓰이는 단어가 세 가지 있습니다. 바로 prejudice, discrimination, bias입니다. 우리는 prejudice를 '편견'으로만 알고 있죠. 편견을 갖는다는 건 중심을 보지 않고 다른 것들과 차별하여 대한다는 것을 의미하기에 '차별'의 의미로도 쓰입니다. '~에 대한 차별'의 의미로 사용하려면 뒤에 전치사 against를 붙여야 하는데요, against 자체에 '~에게 불리하게'라는 의미가 있습니다. 차별적인 행위는 '~에게 불이익을 주는 행위'이기에 논리적인 뭉치 조합이 성립되는 것입니다.

1 **여성 차별**을 뿌리 뽑기 위해 더 많은 노력을 해야 한다.
   More efforts must be made to root out **prejudice against women**.

2 **여성 차별**은 뿌리 뽑혀야 하는 사회악이다.
   Prejudice against women is a social ill that needs to be rooted out.

3 인종과 **여성 차별**은 미국에서 여전히 큰 문제로 남아 있다.
   Racial bias and **prejudice against women** remain a big problem in the US.

4 **여성 차별**을 더 많이 지적하면 할수록 그 문제를 더 다루게 된다.
   The more we call out **prejudice against women**, the more we address the issue.

5 여성 혐오란 **여성에 대한** 반감, 경멸 또는 뿌리 깊은 **차별**과 관련이 있다.
   Misogyny involves showing dislike, contempt or ingrained **prejudice against women**.

———— ingrained 뿌리 깊은, 깊이 밴

As the Nobel laureate Kenneth Arrow has written, the economic evidence that there is still **prejudice against women** and minorities in labor markets remains overwhelming.
<The New York Times>

노벨상 수상자 케네스 애로우가 쓴 바와 같이, 노동 시장에서 **여성**과 소수 민족**에 대한 차별**이 여전히 존재한다는 경제적인 증거는 아주 많다. 〈뉴욕 타임스〉

laureate 수상자   **overwhelming** 압도적인, 너무도 강력한

150   **PART 3** 사회

그 조직은 **성 불평등을 해소했다.**

The organization resolved gender inequality.

MP3 099

어떤 사회에도, 심지어 선진 사회에도 정도의 차이는 있지만 여전히 성 불평등은 존재합니다. 이는 사회 구성원의 불화를 부추기는 심각한 문제입니다. '평등'은 equality, 반대말인 '불평등'은 inequality입니다. 참고로 '공정성'은 fairness, '불공정성'은 unfairness입니다. 성 불평등은 '성, 성별'을 나타내는 단어 gender를 써서 gender inequality라고 표현합니다. gender는 '양성' 또는 '남녀'로 종종 번역한다는 것도 알아 두세요. resolve는 '해결하다'의 solve보다 강한 어감인 '완전히 해소하다'의 뉘앙스로 사용합니다.

1 그 기관은 **성 불평등 해소**를 목표로 하고 있다.
The organization aims to **resolve gender inequality**.

2 **성 불평등 해소**에 개선의 여지가 있다.
There is room for improvement in **resolving gender inequality**.

3 경제 발전을 위해 **성 불평등을 해소하는 것**이 시급하다.
Resolving gender inequality is urgently needed for economic advancement.

4 **성 불평등 해소**를 위해 임직원들의 단합된 노력이 필요하다.
Resolving gender inequality requires concerted efforts by the staff and executives.

5 사람들이 잠재력을 충분히 계발할 수 있도록 하기 위해서는 **성 불평등 해소**가 반드시 필요하다.
Resolving gender inequality is absolutely essential to allow all people to reach their full potential.

It may be tempting **to resolve gender inequality** by focusing only on women, but gender inclusiveness needs both men and women to drive change. <Employee Benefit News>

여성에게만 초점을 맞춰서 **성 불평등을 해소하고** 싶은 유혹이 있을 수 있지만, 남녀 모두 변화를 추진해야만 양성 포괄성을 이룰 수가 있다. 〈임플로이 베네핏 뉴스〉

tempting 유혹하는, 마음이 당기는   **inclusiveness** 포괄성, 포용성

성희롱 사건이 급감했다.

Sexual harassment cases have sharply decreased.

MP3 **100**

harass는 '괴롭히다'이고, 이것의 명사형인 '괴롭힘'은 harassment로 둘 다 강세가 둘째 음절에 있으니 발음할 때 유의하세요. 우리말 '급감하다'의 '급'은 의미상 영어에서 sharply로 통하므로, '급감하다'는 sharply decrease, 반대말인 '급증하다'는 sharply increase로 활용하면 됩니다. 성희롱은 주로 권력을 가진 자의 갑질(abuse of one's authority and status)로 인한 것으로, 심각한 사회악이며(social ill) 근절되어야(be eradicated) 합니다. 여기서 더 나아가 '성추행'은 indecent assault, sexual molestation, '성폭행'은 sexual assault, 이를 모두 아우르는 '성폭력'은 sexual violence라고 합니다.

1 여성 여덟 명이 그를 **성희롱**으로 고발했다.
Eight women accused him of **sexual harassment**.

2 **성희롱** 피해자들은 가해자를 대상으로 집단 소송을 제기했다.
Victims of **sexual harassment** have filed a collective lawsuit against the offender.

3 여권 단체들은 **성희롱 방지법**이 너무 약하다고 강력 주장한다.
Women's rights groups argue that the **anti-sexual harassment law** is too weak.

4 경찰은 한 교사의 학생 **성희롱 혐의**를 조사하고 있다.
Police are looking into the **alleged sexual harassment** of a student by a teacher.

5 미성년자 **성희롱 혐의** 때문에 한 프로 운동선수는 무기한 출전 금지 조치를 받았다.
A professional athlete was banned indefinitely over **alleged sexual harassment** of a minor.

Some lawyers and activists say the civil code offers for the first time a nationally recognized enumeration of **sexual harassment** as a legal offense.
<The Japan Times>

일부 변호사들과 운동가들은 민법에서 **성희롱**을 법률 위반으로 국가적으로 최초로 인정하고 있다고 말한다. 〈재팬 타임스〉

civil code 민법   **enumeration** 열거, 계산, 목록   **legal offense** 법률 위반

성비 불균형이 여전하다.
The gender ratio imbalance still lingers.

MP3 101

성비(gender ratio)란 남녀 간의 인구 구성 비율로, 여자 100명당 남자의 수를 말합니다. 자연스러운 성비는 105 정도입니다. 중국을 비롯한 아시아 일부 지역 성비 불균형(gender ratio imbalance)의 주요 원인은 남아 선호 사상(preference for sons)입니다. 우리나라도 과거에는 꼭 아들이 있어야 한다고 생각했지만, 요즘은 그 생각이 역전되어 딸을 선호하는 사람들이 많아졌습니다. 이제는 성비 불균형이 사회 전체가 아니라 특정 집단에서 보입니다. '여전하다'는 완전히 사라지지 않고 남아 있는 것이기에 '남다, 계속되다'의 뜻을 지닌 동사 linger를 활용합니다. '불균형'은 imbalance로, 콩글리시인 '언밸런스'를 쓰지 않도록 유의하세요. imbalance가 정확한 표현입니다.

1 기업 내 **성비 불균형**은 여전하다.
The gender ratio imbalance in the workplace still lingers.

2 중국 내 **성비 불균형**은 심각한 문제로 간주된다.
The gender ratio imbalance in China is seen as a serious problem.

3 관할 당국의 노력에도 불구하고 **성비 불균형**은 여전히 큰 걱정거리다.
Despite efforts by authorities, **the gender ratio imbalance** is still a big concern.

4 혼인할 나이인 젊은이들 사이의 **성비 불균형**은 더 악화될 것으로 우려된다.
The gender ratio imbalance among youths of marriageable age is feared to worsen.

5 왜곡된 **성비 불균형**은 가족 구조에 심각한 결과를 초래할 것이다.
The skewed **gender ratio imbalance** will have serious consequences on the family structure.

To balance the country's gender ratio, China should impose harsher punishments for medical workers who conduct illegal sex determination tests, a deputy to the country's top legislature said on Tuesday.
<Business Insider>

자국의 성비 균형을 이루기 위해 중국은 불법 성감별 검사를 실시하는 의료 종사자들에 대한 처벌을 강화해야 한다고 중국 최고 입법부의 부대표가 화요일에 말했다. 〈비즈니스 인사이더〉

impose 부과하다   **harsh** 가혹한, 냉혹한   **punishment** 벌, 처벌   **conduct** 실시하다
sex determination test 성감별 검사   **legislature** 입법부

여권 신장에 개선의 여지가 있다.
There is room for improvement in **women's empowerment**.

MP3 102

empowerment는 '권한 신장, 역량 강화'로 번역할 수 있는데요, 'power(권력, 힘)를 부여함'이라는 의미입니다. women's empowerment라고 하면 '여권 신장'의 뜻을 나타낼 수 있지요. '(~에) 개선의 여지가 있다'는 뭉치 표현으로 'there is room for improvement (in ~)'입니다. 기억해 두면 활용할 경우가 많은 좋은 표현이죠. 부정어 no를 추가한 'there is no room for improvement'는 개선의 여지가 없고 매우 좋다는 의미의 극찬이 됩니다.

1   그녀는 **여권 신장**에 열정적으로 헌신하고 있다.
    She is passionately committed to **women's empowerment**.

2   양측이 **여권 신장**을 의제로 상정했다.
    Both sides have put **women's empowerment** on the agenda.

3   **여권 신장**에 수년간 진전이 이루어졌다.
    Years of progress have been made on **women's empowerment**.

4   그는 다양한 방법으로 **여권 신장**을 우선시하고 있다.
    He is prioritizing **women's empowerment** in a variety of ways.

5   **여권 신장** 단체들이 번성하고 있다는 것은 아주 좋은 소식이다.
    It's great news that **women's empowerment** groups are flourishing.

Some of the UN's **Women's Empowerment** Principles can help guide businesses to advance gender equality in the workplace and Campbell explains the approach they have been taking.
<Forbes>

유엔의 **여성 역량 강화** 원칙 일부는 기업들이 직장 내에서 성평등을 진전시키도록 이끄는 데 도움을 줄 수 있으며, 캠벨은 그들이 취해 온 접근 방식을 설명한다. 〈포브스〉

principle 원칙   **advance** 진전을 보이다

CHAPTER 4

교육

교육은 모든 부모님의 최대 관심사이지만 교육의 현주소에는 개선의 여지가 많습니다. 공교육과 사교육 논란은 몇 십 년이 지나도 가실 줄 모르고 빈익빈 부익부 현상도 교육 문제와 불가분의 관계를 맺게 된 것 같습니다. 최근에는 코로나바이러스로 촉발된 온라인 교육에 의한 학습 격차가 사교육을 더 불붙게 했습니다. 교육의 질과 더불어 교육 현장에서는 왕따 현상이, 사회에서는 학벌주의가 뿌리 깊은 문제로 자리 잡고 있습니다. 이 모든 것이 높은 교육열에서 파생된 것이 아닌가 생각해 봅니다. 사실 우리나라의 자원은 인적 자원이 첫째이고 자연 자원은 거의 전무하죠. 그래서 교육에 대한 열의가 대단할 수밖에 없지 않나 합니다. 이번 장에서는 교육 하면 빼놓을 수 없는 뭉치 표현 몇 가지를 배워 보겠습니다.

교육 관련 주요 용어

1. 정규 교육 : formal education
2. 공립학교 : public school
3. 사립학교 : private school
4. 유아원, 어린이집
   : nursery school, pre-kinder(gareten)
5. 유치원 : kindergarten
6. 초등교육 : primary education
   중등교육 : secondary education
   고등교육 : tertiary education
7. 초등학교 : elementary[primary] school
   중학교 : middle school
   고등학교 : high school
8. 대학교 : college, university
9. 대학원 : graduate school
10. 교과과정 : curriculum
11. 졸업장, 학위 증서 : diploma
12. (특히 대학의) 수업료 : tuition
13. 과외 활동
    : extracurricular activity
14. 등록률 : enrollment rate
15. 왕따 : bullying
    또래 압력 : peer pressure
16. 기계적 암기 : rote memorization
17. 독학 : self-education
18. 과외 공부 : private tutoring
19. 직업 교육 : vocational education
20. 면대면 교육 : face-to-face education
    비대면 교육 : non face-to-face education

빈출 표현 103

공교육이 사교육보다 **뒤처져 있다.**

Public education lags behind private education.

MP3 103

'뒤처지다'의 뜻으로 가장 많이 사용하는 표현이 fall behind, lag behind, 그리고 trail behind일 겁니다. 교육 관련 문맥뿐 아니라 모든 경쟁 상황에서 많이 사용하는 표현이니 꼭 알아 두고 활용하세요. '(뒤처져 있다가) ~를 따라잡아 같은 상태가 되다'는 catch up with ~, '(경쟁자를) 앞서다, 앞지르다, 능가하다'는 get ahead of ~ 또는 overtake ~를 사용합니다.

1 일본의 실용 영어 구사력은 한국보다 **뒤처져 있다.**
Japan's practical English skills **lag behind** those of Korea's.

2 태국의 수학 실력은 한국보다 **뒤처져 있다.**
Thailand's mathematics proficiency **lags behind** that of Korea's.

3 미국 학생들의 평균 학점은 한국보다 **상당히 뒤처져 있다.**
The average GPA (Grade Point Average) of American students **lags far behind** that of Korean students.

4 세계보건기구의 확진 사례 집계는 정식 통보를 기다려야 하기 때문에 개별 국가가 내놓는 집계보다 **뒤처져 왔다.**
The WHO's tally of confirmed cases **has lagged behind** those of individual countries because it has to wait for formal notification.

5 우리가 지금은 **뒤처져 있지**만 교육에의 집중적인 투자와 연구를 통해 선진국을 분명 따라잡을 수 있다.
Although we currently **lag behind**, we can surely catch up with advanced nations through concentrated investment and research in education.

However, an annual report from the Education Policy Institute has found disadvantaged pupils in English schools **lag behind** their more affluent peers by the equivalent of 18.1 months of learning by the time they finish their GCSEs.
<The Independent>

하지만 교육 정책 연구소의 연례 보고서에 다르면 영국 학교의 빈곤한 학생들이 중등 교육 자격 검정 시험(GCSE)을 마칠 무렵까지 더 부유한 환경의 동급생들보다 18.1개월에 맞먹는 교육 수준이 **뒤처져 있는** 것으로 나타났다. 〈인디펜던트〉

disadvantaged 사회적으로 혜택을 받지 못한, 빈곤한   **affluent** 부유한
peer 또래, 나위·지위·능력이 동등한 사람   **equivalent** 맞먹는, 동등한

빈출 표현 104

능력주의가 학벌지상주의보다 중요하다.
A meritocracy outweighs elitism.

MP3 **104**

meritocracy는 '실력주의, 능력주의'나 '실력주의 사회, 능력주의 사회'를 나타냅니다. 그리고 '학벌지상주의, 엘리트 의식'은 elitism(일리-이티즘)이라고 합니다. 학벌지상주의는 '망국병' 중 하나라고도 하지요. 우리 사회는 학벌에 너무 집착하는 분위기라 학연으로 인한 문제도 적지 않게 발생하고, 학력 위조 사태가 발생하는 사례도 종종 볼 수 있습니다. 참고로, elite는 발음을 [일리-이트]라고 해야 원어민이 알아듣습니다. '엘리트'라고 발음하면 안 됩니다. outweigh는 크게 두 가지 의미로 활용하는데, '무게가 더 나가다'와 '영향력이 더 크다'입니다.

1   향후에 **학벌지상주의**가 사라질 조짐은 아직까지는 보이지 않는다.
    There are no signs yet that **elitism** will disappear in the future.

2   이번 사건을 보면서 또다시 한국 사회의 고질병인 **학벌지상주의**의 망령을 떠올렸다.
    This case reminded me again of the specter of **elitism** that is plaguing Korean society.

3   **학벌지상주의**가 판치는 한국 사회에서 학맥의 위력은 대단하다.
    In Korean society in which **elitism** is widespread, the power of school affiliation is enormous.

4   학교가 사설학원에서 쓰는 홍보 방식을 채택하고 있는 가장 큰 이유는 **학벌지상주의**다.
    Elitism is the main reason why schools are adopting promotional methods used at private institutes.

5   **능력주의** 신봉자들은 계층 상승을 하는 사람들은 재능, 노력, 실적 덕분에 그렇게 된다고 말할 것이다.
    Meritocracy believers would say people who progress up the ladder do so thanks to talent, hard work and their performance.

This type of **elitism-charge** has been used very effectively, particularly in US politics. George W. Bush made a career out of presenting himself as an affable man of the people who turns against haughty elites.
<CBS>

이런 유형의 **학벌지상주의 고발**은 특히 미국 정치에서 매우 효과적으로 쓰여 왔다. 조지 W. 부시는 자신을 오만한 엘리트들에게 등을 돌리는, 국민들을 위하는 상냥한 인물이라고 내세우며 커리어를 쌓았다. 〈CBS〉

effectively 효과적으로   **make a career** 커리어를 쌓다, 출세하다
affable 상냥한, 서글서글한   **turn against** ~에게 등을 돌리다   **haughty** 거만한, 오만한

빈출 표현 105

영어 실력이 **경쟁력을 높여 준다.**
English proficiency **hones one's competitive edge.**

MP3 105

'경쟁력'은 영어로 competitiveness 또는 competitive edge라고 합니다(edge는 '예리한 끝'이란 뜻입니다). '연마하다, 갈다'의 동사 hone과 함께 hone one's competitive edge/ competitiveness라고 쓰면 '경쟁력을 갈고 닦다, 연마하다'라는 중요한 뭉치 표현이 됩니다. hone 외에 '경쟁력을 높이다, 강화하다'는 뜻으로 함께 쓰는 동사로 sharpen, boost, strengthen 등이 있습니다. 참고로, '국가 경쟁력'은 national competitiveness라고 하고, '가격 경쟁력'은 price competitiveness라고 합니다.

1　궁극적인 목표는 **영어 경쟁력 제고**이다.
The ultimate goal is **boosting the English competitive edge.**

2　동사구 습득은 **영어 경쟁력을 강화하는** 데 중요한 역할을 한다.
Acquiring phrasal verbs plays a significant role in **honing the English competitive edge.**

3　새로 생긴 문화센터는 주민들의 **영어 경쟁력 제고**에 기여할 것으로 기대된다.
The new cultural center is expected to contribute to **boosting the English competitiveness** of residents.

4　새 교육 과정을 통해 학생들의 **경쟁력을 강화하고** 직업 능력 제고에 집중할 계획이다.
Through the new curriculum, we are planning to **boost the competitive edge** of students and focus on boosting their career skills.

5　정부가 창의적으로 생각하고, 규제를 완화하고, **경쟁력을 높이기 위한** 정책을 채택한다면 국내 외에서 유능한 인재와 자본을 유치할 수가 있다.
If the government thinks outside the box, eases regulations, and adopts policies **to hone the competitive edge**, it can attract talented people and money from home and abroad.

Hence, organizations that can provide upskilling programs along with guaranteed placement are not only the knight in the shining armor for the learners but also **have a competitive edge** over others.
<BW People.in>

그러므로 확실히 취업을 알선하면서 숙련도 향상 프로그램을 제공할 수 있는 조직들은 학습자들에게 백마를 탄 왕자일 뿐만 아니라 타업체들보다 **경쟁력이 있다.** 〈BW People.in〉

upskilling 숙련도 향상　**guaranteed** 확실한, 보장된　**placement** 취업 알선
knight 기사　**armor** 갑옷　**knight in the shining armor** 백마 탄 왕자, 구세주

빈출 표현
106

이 학교에서는 **또래 압력 현상**이 매우 드물다.
Peer pressure is very rare in this school.

MP3 106

또래 압력(peer pressure)은 동료 학생들에게 동조하지 않으면 괴롭힘을 받게 되어 하기 싫은 일을 해야 하는 압박을 받는 현상입니다. 예를 들어, 왕따를 받게 될까 두려워서 하기 싫은 행동을 하게 됩니다. 따라서 또래 압력과 왕따 문제는 밀접한 관련이 있지요. 왕따는 bullying이라고 표현할 수 있는데, 동사 bully가 '약자를 괴롭히다, 왕따시키다'는 뜻이고, bullying은 그 명사형으로 '약자를 괴롭히기, 왕따시키기'의 뜻입니다. 관련어로 outcast(왕따, 외톨이), be ostracized(따돌림을 당하다)가 있습니다.

1 그는 **또래 압력**을 당한 사연을 공개해 시청자들의 마음을 뭉클하게 했다.
   He shared his personal episode of **peer pressure** and touched the hearts of the viewers.

2 **또래 압력** 문화와 왕따를 낳은 것은 다름아닌 인신공격과 경멸이다.
   What created the culture of **peer pressure** and bullying is none other than character assassination and disparagement.

3 나는 폭력과 **또래 압력** 없는 교육 사회를 양성하기 위해 지역민들과 함께 노력할 것이다.
   I will also work with the local residents to nurture an educational society free from violence and **peer pressure**.

4 **또래 압력**을 받는 아이는 환각과 피해망상에 빠질 위험이 높다는 연구 결과가 나왔다.
   A study found that kids who suffer from **peer pressure** have a high risk of falling victim to hallucination and paranoia.

5 모두가 대학이 자신이 어떤 사람이 되는지를 결정한다고 말하는데, 그들이 말하지 않는 것은 **또래 압력**이 고등학교에서 끝나지 않는다는 것이다.
   Everyone says college determines who you become, but what they fail to mention is that **peer pressure** does not die in high school.

It is disturbing enough for adults to make poor choices regarding their health. But children, prone to **peer pressure**, often are not sufficiently mature to comprehend the dangers inherent in steroid use.
<Boston Globe>

어른들이 건강에 대해 안 좋은 선택을 한다는 사실은 충분히 걱정스러운 일이다. 그러나 **또래 압력**을 당하기 쉬운 아이들은 스테로이드 사용에 내재된 위험을 이해하기에는 충분히 성숙하지 못한 경우가 많다. 〈보스턴 글로브〉

disturbing 불안하게 하는   **regarding** ~에 대해   **prone to** ~하기 쉬운
sufficiently 충분히   **inherent in** ~에 내재하는, ~ 본래의

CHAPTER 5

⚜

사건, 사고

뉴스에서 가장 많이 다루는 소재는 단연 사건, 사고입니다. 사실, 사건 사고를 빼고 뉴스 프로그램이 존재할 수 있을까 싶을 정도로 압도적인 부분을 차지하죠. 정치·경제계의 사건, 열차 충돌 사고, 식품 오염 사고 등 사건 사고가 시청자들의 이목을 끌고, 이를 통해 시청자들은 정보를 얻습니다. 그리고 뉴스의 순기능 중 하나가 사건 사고를 다룰 때 그 뒤의 배경을 함께 전달해 준다는 것입니다. 사건 사고의 외형만이 아니라 그것이 발생하게 된 배경과 계기, 미치는 영향 등을 함께 알려 주어 시청자들이 다방면으로 지식과 정보를 얻을 수 있게 합니다. 이 장에서는 사건 사고와 관련한 주요 뭉치 표현들을 배워 보도록 하겠습니다.

사건, 사고 관련 주요 용어

1. 혐의, 주장 : allegation
2. (공공장소에서의) 소란 : disturbance
3. (의견의) 충돌 : collision
4. 언쟁 : argument, dispute
5. 고발, 고소 : accusation, charge
6. 감염 : infection
7. (전쟁, 사고, 질병 등의) 발생 : outbreak
8. 식중독 : food poisoning
9. 사상자 : casualty
10. 재난 : disaster
    자연 재해 : natural disaster

11. 참사, 재앙 : catastrophe
12. 절도죄, 빈집털이 : burglary
13. 강도 : robbery, mugging
14. 공공 기물 파손죄 : vandalism
15. 범법자 : perpetrator
16. 방화죄 : arson
    방화범 : arsonist
17. 횡령 : embezzlement
18. 사기 : fraud, swindle
19. 약탈 : looting
20. 폭행 : assault, violence

승용차 두 대가 **정면충돌했다.**
Two passenger cars collided head-on.

MP3 **1 0 7**

하루도 빠짐없이 발생하는 사고가 교통사고가 아닐까 합니다. 자동차가 '정면충돌하다' 는 동사 collide(충돌하다, 부딪치다)를 사용해서 collide head-on이라고 표현합니다. 여기 서 head-on은 '정면으로'라는 부사입니다. 명사형인 '정면충돌'은 head-on collision이라 고 씁니다. 여기서 head-on은 '정면으로 부딪친'의 형용사입니다. 이외에 추돌사고, 즉 뒤에서 받히는 사고는 '후미의, 후부의'의 형용사 rear-end를 사용해 rear-end collision 이라 하고, 연쇄 충돌사고는 pile-up이라고 합니다. 연쇄 충돌사고 현장을 떠올려 보면 차 위에 차가 올라가 있고, 말 그대로 차들이 pile up(쌓이다)되어 있는 모습이 그려집니 다. 경미한 접촉사고는 fender bender라고 하는데, 차량 측면부의 펜더가 살짝 찌그러졌 다는 의미입니다.

1 **정면충돌 사고**로 운전자 2명과 승객 8명 모두가 사망했다.
The head-on collision left the two drivers and all eight passengers dead.

2 24번 국도에서 승합차와 시내버스가 **정면충돌했다.**
On the National Highway number 24, a van and a local bus **collided head-on**.

3 수요일 오후 5시경에 13번 도로에서 자동차 두 대가 **정면충돌했다**고 경찰은 말한다.
Police say the two cars **collided head-on** along Route 13 at about 5 p.m. Wednesday.

4 **부분 정면충돌 테스트** 결과 국산 차량이 수입차보다 안전성이 뛰어난 것으로 나타났다.
A partial head-on collision test revealed that domestic cars had a higher safety level than imported cars.

In the recent tragedy, one person was killed and 30 others injured when the truck jumped the central verge near Lajpat Nagar on Ring Road and **collided head-on** with the bus on the opposite carriageway.
<The Times of India>

최근의 비극적인 사고로 한 사람이 사망하고 30명이 부상했다. 사고는 트럭이 순환 도로의 라즈팟 나갈 근처의 중앙선을 넘어 맞은 편 도로에서 오던 버스와 **정면충돌하면서** 일어났다. 〈타임스 오브 인디아〉

verge 풀이 나 있는 길가, 도로나 화단의 풀이 난 가장자리
carriageway 차도, (두 차선 이상인 대형 도로의 동일 방향) 차로

빈출 표현 108 범퍼는 **충격을 완화시켜 준다.**

The bumper cushions the impact.

MP3 108

자동차의 범퍼는 충격을 완화시켜 주는 역할을 합니다. cushion은 '쿠션' 뜻의 명사 외에 동사로도 쓰이는데, 충격을 흡수하는 쿠션처럼 '충격을 완화하다, 완충 작용을 하다'는 뜻으로 쓰입니다. '충격'이라고 하면 보통 shock을 떠올릴 텐데요, shock은 심리적, 의학적 충격을 나타낼 때 쓰고, 강력한 영향이나 충격, 물리적인 강한 충격은 impact로 표현합니다. 그래서 cushion the impact는 '충격을 완화시키다'의 뜻이 됩니다.

1   이 케이스는 **충격을 완화하도록** 설계되었다.
    This case is designed to **cushion the impact**.

2   그 정책은 강화된 법의 **충격을 완화시키지** 못했다.
    The policy failed to **cushion the impact** of the strengthened law.

3   회사는 경기 침체의 **충격을 완화시키기 위해** 어쩔 수 없이 대출을 받아야만 한다.
    The company is forced to take out a loan **to cushion the impact** from the recession.

4   정부 지원금은 코로나19로 인한 경기 **충격을 완화시켜 줄** 것으로 기대된다.
    The government subsidies are hoped to **cushion the impact** of COVID-19 on the economy.

5   에어백이 **충격을 효과적으로 완화해서** 결과적으로 운전자와 동승자는 생존했다.
    The airbags **effectively cushioned the impact** and, as a result, the driver and passengers survived.

South Korean President Moon Jae-in has expressed his wishes to continue inter-Korean economic cooperation **to cushion the impact** of sanctions against North Korea, despite the recent military threats from it.
<Donga.com>

남한의 문재인 대통령은 최근 북한의 군사 위협에도 불구하고 대북 제재의 **충격을 완화시키기 위해** 남북 간 경제 협력을 이어 가길 바란다는 소망을 피력했다. 〈동아닷컴〉

sanctions 제재

빈출 표현
109

그는 사고 **책임을** 상대 운전자**에게 전가했다.**

He passed the buck of the accident to the other driver.

MP3 109

'책임'은 영어로 responsibility 외에 accountability와 buck 등이 있습니다. 19세기에 미국에서 포커 게임이 큰 인기를 끌었는데, 딜러의 차례를 buck-knife(손잡이가 수사슴 뿔로 만들어진 칼)를 돌리면서 정해서 부정을 방지했다고 합니다. 여기서 유래된 말이 pass the buck으로, '책임을 전가하다'는 뜻입니다. '~에게 책임을 전가하다'는 to를 써서 pass the buck to ~라고 쓰고, 'A의 책임을 B에게 떠넘기다'는 pass the buck of A to B로 활용합니다.

1   그 인터넷 쇼핑몰은 배송 착오 **책임을** 주문자**에게 돌렸다.**
The online shopping mall **passed the buck of** the delivery mix-up **to** the buyer.

2   그 회사는 전자 기기 폭발 사고의 **책임을** 소비자**에게 전가했다.**
The company **passed the buck of** the electronic device explosion **to** the consumer.

3   하 씨는 영업사원**에게만 책임을 전가하려는** 듯한 회사 측의 태도가 못마땅했다.
Mr. Ha disapproved of the management's attitude of trying to **pass the buck to** just the salesman.

4   국회의원들은 사고**의 책임을** 실무 관리들**에게 전가하려** 한다며 장관을 맹비난했다.
The lawmakers blasted the minister for trying to **pass the buck of** the accident **to** working level officials.

5   공무원들의 무관심과 **책임 전가로** 인해 많은 지역 주민들이 교통사고의 위험에 노출돼 있다.
Due to the indifference and **buck passing** of civil servants, a lot of local residents are exposed to the risk of traffic accidents.

Many of us are irked by our fellow employees who **pass the buck** whenever possible and try to take the easy way out.
<CNN>
우리들 중 상당수는 가능할 때마다 **책임을 전가하고** 쉬운 길을 택하려는 직장 동료들 때문에 짜증이 나 있다. 〈CNN〉

irk 짜증나게 하다, 성가시게 하다
take the easy way out (어려운 상황에서 벗어나기 위해) 쉬운 길을 택하다 그는 위법 행위**에 책임을 졌다.**
He was held accountable for his misconduct.

MP3 110

'책임을 지다'는 다양하게 표현할 수 있습니다. 그 가운데 형용사 accountable을 사용하는 표현이 있습니다. accountable은 '책임이 있는'의 뜻으로, be held accountable은 수동태로 '책임이 지워지다'의 어감이며 '책임을 지다'는 뜻입니다. '~에 책임을 지다'를 나타내려면 be held accountable for ~라고 쓰면 됩니다.

1 그는 극악무도한 범죄**에 책임을 져야 한다.**
He **has to be held accountable for** the heinous crime.

2 결국 아무도 그 죽음**에 책임지지** 않았다.
In the end, no one **was held accountable for** the deaths.

3 사람들은 그 정치인이 왜 **책임을 지지 않았는지** 이해할 수 없었다.
The people couldn't understand why the politician **was not held accountable**.

4 그들은 개인 정보 유출**에 책임을 졌다.**
They **were held accountable for** the leakage of personal information.

5 판사가 혐의를 기각했기 때문에 아무도 그 살인 사건**에 책임을 지지** 않았다.
Nobody **was held accountable for** the murder because the judge dismissed the charges.

In the aftermath of the financial crisis, the prevailing view is that nobody on Wall Street **was held accountable for** the damage caused to the economy and millions of Americans. But the fact that prosecutors have not claimed a big-time scalp in the financial crisis obscures the issue of prosecuting companies themselves and the complications such prosecutions raise.
<The New York Times>

금융 위기의 여파 속에서 경제와 수백만 미국인들에게 끼친 피해**에** 월가의 어느 누구도 **책임을 지지** 않았다는 것이 지배적인 의견이다. 하지만 검찰이 금융 위기에서 큰 성과를 주장하지 않은 사실은 회사 자체를 고발하는 문제와 그러한 기소가 야기하는 복잡한 문제들을 모호하게 한다. 〈뉴욕 타임스〉

aftermath 여파, 직후 시기, 후유증   **scalp** (승리의) 징표, 전리품   **obscure** 모호하게 하다

CHAPTER 6

날씨

우리가 살아가면서 날씨만큼 흔하고 중요한 뉴스도 많지 않을 것입니다. 생활과 경제에 미치는 영향이 크기에 날씨 마케팅, 날씨 보험 상품도 각광을 받고 있지요. 날씨가 화창하면 기분도 좋아지고 일도 잘되지 않습니까? 그래서인지 날씨에 비유한 영어 표현도 많습니다. feel under the weather(기분이 꿀꿀하다), take a rain check(다음으로 미루다), Every cloud has a silver lining(쥐구멍에도 볕들 날 있다).처럼요. 그리고 날씨는 기후 변화와 환경과도 관련이 깊습니다. 그것이 사회 경제적으로 끼치는 영향도 상당하고요. 이번 장에서는 날씨 관련 표현을 배워 보시죠.

날씨 관련 주요 용어

1. 소나기 : shower
2. 폭우 : heavy rain
3. 뇌우 : thunderstorm
4. 폭설 : heavy snow(fall)
5. 연무 : haze
6. 우박 : hail
7. 연풍, 산들바람 : gentle breeze
8. 강풍 : gale
9. 태풍 : typhoon
   cf) hurricane, cyclone
10. 눅눅하고 습한 : damp and humid
11. 후텁지근한 : muggy
12. 삼복더위 : the dog days of summer
13. 열사병 : heat stroke
14. 열대야 (현상)
    : tropical night (phenomenon)
15. 폭염 : heat wave
16. 강수(량) : precipitation
17. 한파 : cold wave
18. 체감 온도
    : wind chill factor, real temperature
19. 주의보 : advisory, warning
20. 경보 : alert

빈출 표현
111

내일은 **화창하고 맑은 날씨**를 보일 것이다.
Tomorrow will show clear and sunny weather.

MP3 **111**

날씨를 나타내는 대표적인 형용사로 clear(맑은), sunny(화창한), rainy(비가 오는), cloudy(흐린, 구름 낀) 등이 있습니다. 보통 사람을 처음 만나면 어색함을 깨기(break the ice) 위해 날씨 얘기로 말을 꺼내기 쉽지요. 민감하지 않은 공통의 관심사여서 날씨 얘기가 빠지지 않는 것 같습니다.

1   전국적으로 **화창하고 맑은 날씨**가 예상된다.
The nation can expect to see **clear and sunny weather**.

2   **화창하고 맑은 날씨** 때문에 나들이하기 아주 좋겠다.
The **clear and sunny weather** will make it great for an outing.

3   사흘간의 **화창하고 맑은 날씨**를 끝으로 내일 비가 온다.
It will rain tomorrow after three days of **clear and sunny weather**.

4   수도의 **날씨는 화창하고 맑고** 바람이 약하게 불겠다.
The capital can enjoy **clear and sunny weather** along with moderate winds.

5   주말 내내 **화창하고 맑고** 월요일에는 소나기 예보가 있다.
The weekend will show **clear and sunny weather** before showers on Monday.

Today's weather is expected to be **clear and sunny**, with highs reaching a balmy 18℃ inland, or 14℃ closer to the water.
<Vancouver Sun>

오늘 날씨는 **화창하고 맑고**. 최고 기온은 내륙 지역은 훈훈하여 섭씨 18도, 해안 부근은 14도를 보이겠다. 〈밴쿠버 선〉

highs 최고 기온   **balmy** 훈훈한

내일은 **수은주가 뚝 떨어질 것이다.**
The mercury will plunge tomorrow.

MP3 **112**

급격히 떨어지는 것을 뜻하는 '급락하다, 폭락하다'의 의미로 tumble, plunge, plummet 혹은 nosedive를 많이 사용합니다. 반대어인 soar, surge, skyrocket은 '급등하다, 폭등하다'의 의미로 많이 활용하죠. 기온, 온도는 temperature인데, 기온이 내려간다는 것을 '수은주가 떨어진다'라고도 표현하죠? 그래서 '기온, 온도'의 의미로 mercury(수은주)를 쓰기도 합니다. 아울러 최저 기온은 lows, 최고 기온은 highs라고 합니다. 그래서 아침 최저 기온은 morning lows, 낮 최고 기온은 afternoon highs라고 얘기하죠.

1 밤 사이 **수은주가 뚝 떨어질 것으로 전망된다.**
   The mercury is forecast to plunge overnight.

2 **기온이** 10도 가량 **뚝 떨어져서** 쌀쌀하겠다.
   Temperatures will plunge about 10 degrees making it chilly.

3 밤 늦게 눈이 내리면서 **기온이 뚝 떨어질 것으로 예상된다.**
   With snowfall late at night, **the mercury is expected to plunge.**

4 강한 바람과 함께 어제 내린 비로 **기온이 뚝 떨어졌다.**
   Along with the strong winds and the rain from yesterday, **the mercury plunged.**

5 어제 **뚝 떨어졌던 기온**이 차츰 올라갈 것으로 보인다.
   Temperatures that plunged yesterday are expected to gradually climb back up.

Heavy rain will also fall from 6 pm tomorrow and last until 9 pm on Tuesday. Brits across the country had snow and very cold weather to contend with last week, **as the mercury plunged to -9.6C** on Thursday night into Friday.
<Mirror>

내일 저녁 6시부터 또한 폭우가 내리기 시작해 화요일 밤 9시까지 이어질 것이다. 전국의 영국 국민들은 지난주에는 목요일 밤부터 금요일까지 **수은주가 섭씨 영하 9.6도까지 떨어짐에 따라** 눈과 강추위와 싸웠다. 〈미러〉

Brit 영국인   **contend with** ~와 다투다, 씨름하다

기상청은 **한파 주의보를 발령했다.**
The weather service issued a cold wave advisory.

MP3 **113**

폭우, 폭설, 폭염, 태풍 등 기상 이변(extreme weather events)이 발생하면 기상청은 주의 보나 경보를 발령합니다. '주의보'는 보통 advisory나 warning이라고 표현하며, '경보'는 alert이라고 표현합니다. 기상 이변은 재산과 인명 피해(damage to property and human lives)를 동반하는 경우가 많아서 과학이 발달한 요즘에도 굉장히 두려운 존재입니다.

1 3일 전에 **발령된 한파 주의보**가 지금도 발효 중이다.
   The cold wave advisory issued 3 days ago remains in effect even now.

2 수은주가 밤 사이 뚝 떨어질 것으로 예상되면서 기상청은 전국 대부분의 지역에 **한파 주의보를 발령했다**.
   The state weather agency **issued a cold wave advisory** for most areas of the country as the mercury is expected to plunge overnight.

3 기상청은 오늘 아침에 **한파 주의보를 발령했고** 오늘 저녁 8시 부로 한파 경보로 격상했다.
   The Korea Meteorological Administration **issued a cold wave advisory** this morning and upgraded it to a cold wave alert as of 8 p.m. today.

4 기상청은 올해 들어 지금까지 **홍수 주의보를** 다섯 차례 **발령했다**.
   The Korea Meteorological Administration **has issued a flood advisory** 5 times so far this year.

5 기상청이 오늘 오후 4시를 기해 **건조 주의보를 발령했다**.
   The Korea Meteorological Administration **issued a dry weather advisory** as of 4 p.m. today.

A cold wave advisory is issued when the morning low is expected to be more than 10 degrees lower than the previous day or is expected to be lower than minus 12℃ for more than two straight days.
<Yonhap News Agency>
아침 최저 기온이 전날보다 10도 이상 떨어지거나 이틀 연속 섭씨 영하 12도 이하를 가리킬 때 **한파 주의보가 발령된다.** 〈연합뉴스〉

체감 온도를 감안하면 섭씨 영하 20도다.
It is minus 20 degrees Celsius given the wind chill factor.

MP3 114

겨울에 느끼는 체감 온도(체감 추위)를 영어로 wind chill factor라고 합니다. 사전상으로 는 '풍속 냉각 지수'라고 돼 있지만 해석은 '(찬 바람으로 인한) 체감 온도'라고 해야 의미 전달이 확실해집니다. 체감 온도를 real temperature라고 표현하기도 하고, 한-영 사전 에는 sensory temperature라고 나오는데, 이건 좀 격식을 차린 딱딱한 어감이라서 wind chill factor를 쓰기를 권합니다.

1   **체감 온도**를 계산하는 공식이 있다.
    There is a formula to calculate **the wind chill factor**.

2   찬바람이 불면서 **체감 온도**가 뚝 떨어졌다.
    The chilly winds sharply brought down **the real temperature**.

3   현재 중부 지방의 **체감 온도**는 섭씨 0도 안팎으로 어제보다 조금 높은 상태다.
    At present, **the real temperature** of the central region is around 0 degrees Celsius, up slightly from yesterday.

4   넥타이를 풀 경우 **체감 온도**가 섭씨 2도 가량 내려가서 에너지 낭비를 줄이는 효과가 있다.
    If you lose the neck tie, **the real temperature** goes down about 2 degrees Celsius serving to reduce energy waste.

5   제주도에 초속 10미터가 넘는 강풍이 몰아쳤다. 그래서 선수들은 **체감 온도**가 거의 영하 가까 이 되는 날씨 속에서 경기를 계속해야 했다.
    On Jeju island, gales blew at 10 meters a second. So the players had to continue in weather where **the wind chill factor** made it feel like almost sub-zero temperature.

We have experienced torrential rain over the past week, 60-degree weather on Sunday, and 10-degree weather with **the wind chill factor** early Wednesday morning. The wind is calm as we await a major storm over the next day or so.
<Vineyard Gazette>

지난 한 주에 걸쳐 폭우가 내렸고, 일요일 기온은 화씨 60도를 나타냈고, 수요일 이른 아침에는 **체감 온도**가 10도를 가리켰다. 큰 폭풍이 내일쯤 상륙 예정인 가운데 바람은 잠잠한 상태다.
〈빈야드 가제트〉

torrential rain 폭우

빈출 표현 115

기상 이변이 빈번해지고 있다.
Extreme weather events are increasing in frequency.

MP3 115

기상 뉴스에서는 기상 이변 또는 극한의 기후를 extreme weather events라고 표현하는데요, 폭우(heavy rain), 폭설(heavy snowfall), 홍수(flood), 국지성 호우(concentrated downpour), 폭염(heat wave), 가뭄(drought), 태풍(typhoon) 등이 해당됩니다. 기상 이변이 잦은 이때, 함께 따라오는 것이 바로 자연 재해(natural disaster)입니다. 영어에서는 극심한 자연 재해를 종종 the wrath of Mother Nature(대자연의 분노)라고 비유적으로 표현합니다.

1 가뭄, 홍수, 폭염과 기타 **기상 이변**이 자연적으로 발생한다.
Droughts, floods, heat waves, and other **extreme weather events** happen naturally.

2 **기상 이변**은 휴일 계획에 영향을 끼치고 전 세계적인 운송 일정에 지장을 준다.
Extreme weather events affect holidays and disrupt global transport schedules.

3 **기상 이변**의 위험이 기후 변화의 결과로 악화되고 있다.
The dangers of **extreme weather events** are worsening as a result of climate change.

4 **그러한 기상 이변**은 빈곤층과 노약자들에게 피해를 줄 것이다.
Those **extreme weather events** would take a toll on poor, weak and elderly people.
—— take a toll on ~에 큰 피해를 주다

5 **기상 이변**이 더 흔해졌으며 예측 불가능성이 증가할 것으로 보인다.
Extreme weather events have become more common, and unpredictability looks set to increase.

 But why do we seem to be getting more storms and **extreme weather events**? One factor in this is climate change: 2020 is on track to be one of the warmest years on record for the planet.
<iTV>
하지만 왜 우리는 더 많은 폭풍과 **기상 이변**을 겪는 것처럼 보이는 걸까? 한 가지 이유는 기후 변화이다. 2020년은 지구가 가장 따뜻한 해 중 하나로 기록될 가능성이 높다. 〈iTV〉

factor 요인   **be on track** 진행 중이다

PART 4

취미, 건강

CHAPTER 1

취미

취미는 심신 건강에 도움이 되고 집중력과 즐거움을 동시에 주는 여가 활동입니다. 무료하거나 힘든 일상에서 취미는 건전한 탈출구가 되어 주죠. 독서나 게임은 일이나 공부처럼 힘들이지 않고 몰입할 수 있어서 독서삼매경이란 말도 생긴 게 아닌가 싶습니다. 하지만 과유불급이라고 자칫 중독될 수 있고, 스포츠는 부상을 유발할 수도 있으니 조심해야 합니다. 제 취미는 영화 감상과 미국 뉴스 방송 시청인데요, 생생한 영어를 습득하고 원어민들이 어떤 생각과 관심을 갖고 있는지 알 수 있어 개인적으로 무척 즐기는 여가입니다. 여러분의 취미는 무엇인지요? 스트레스를 해소하는 취미 활동을 많이 하시고, 이 장에서 배우는 뭉치 표현을 숙달시켜 시사 표현을 접할 때 활용해 보시길 바랍니다.

취미 관련 주요 용어

1. 여가 : leisure
2. 취미, 여가 활동
   : hobby, pastime, avocation
3. 오락, 레크리에이션 : recreation
4. 팬, 광 : enthusiast
5. 영화 감상 : watching movies
   유튜브 시청 : watching YouTube videos
6. 음악 감상 : listening to music
7. 연주회/연극/뮤지컬 관람
   : watching concerts/plays/musicals
8. 그림 그리기 : drawing, painting
9. 사진 찍기 : photography,
   taking photos[pictures]
10. 악기 연주
    : playing musical instruments
11. 공예 : arts and crafts
12. 등산 : hiking
    암벽 등반 : rock climbing
13. 축구/야구/농구/배구/탁구/골프 하기
    : playing soccer/baseball/basketball
    /volleyball/ping-pong/golf
14. 등산하러/수영하러/볼링 치러/캠핑하러/
    낚시하러/스키 타러 가기
    : go hiking/swimming/bowling
    /camping/fishing/skiing
15. 바다낚시 : sea[ocean] fishing
    민물낚시 : river[freshwater] fishing
16. 요리 : cooking
17. 무술 : martial arts
18. 명상 : meditation
19. 뜨개질 : knitting
20. 꽃꽂이 : flower arrangement

가장 즐기는 **취미**가 무엇인가요?
What is your favorite pastime?

MP3 **116**

pastime은 '취미, 기분 전환, 오락' 등의 의미이며, hobby의 대체어로 활용할 수 있습니다. favorite pastime은 passionate hobby와 같은 의미입니다. 이 세상에는 무수히 많은 취미 활동이 있죠. 실내 활동도 있고 실외 활동도 있고, 혼자 하는 활동도 있고 다른 사람들과 함께하는 활동도 있습니다. 최근에는 유튜브 채널 시청이나 운영이 favorite pastime 중 하나로 급격히 떠올랐습니다.

1 수다는 오늘날 사람들이 **가장 즐기는 여가 활동**인 것 같다.
Gossiping seems to be **the favorite pastime** of people today.

2 그 학생들에게 **최고의 취미**는 맛집에 가는 것이다.
The favorite pastime for the students is going to popular restaurants.

3 독서가 당신이 **가장 좋아하는 취미**는 아닐지 모르지만 분명 해야 하는 활동이다.
Reading may not be your **favorite pastime** but it is definitely something you should be doing.

4 돈 안 들이고 하는 **최고의 취미**는 얼마든지 있다. 가령 사이클링이나 조깅이다.
There are so many **favorite pastimes** that don't cost you money. For instance, there are cycling and jogging.

5 경제 침체로 인해 많은 사람들이 **가장 즐기는 여가 활동**인 쇼핑을 어쩔 수 없이 그만두는 사람이 늘고 있다.
The economic recession is forcing a growing number of people to quit shopping, **a favorite pastime** for many.

George Oldfield, 72, a longtime Riverside resident and retired UC Riverside entomologist has turned **a favorite pastime** into an extraordinary talent. Oldfield will compete this week at the 36th annual International Whistlers Convention in Louisburg, North Carolina.
<CBS News>

72세인 조지 올드필드 씨는 리버사이드에서 오랫동안 살았고 캘리포니아 대학교 리버사이드 캠퍼스의 곤충학자로 퇴직한 인물로, 자신이 **가장 즐기는 취미**를 놀라운 재능으로 승화시켰다. 이번 주에 올드필드 씨는 노스캐롤라이나 주의 루이스버그에서 열리는 제36회 연례 국제 휘파람 불기 대회에 나가 실력을 겨룰 것이다. 〈미국 CBS 뉴스〉

retired 퇴직한, 은퇴한   **entomologist** 곤충학자   **whistler** 휘파람 부는 사람
convention 대회

빈출 표현
117

스트레스를 해소하기 위해 **취미를 가져 봐.**
Pick up a hobby to blow away stress.

MP3 **117**

처음 어떤 취미를 시작할 때는 pick up a hobby라고 하고, 그 취미를 계속 '유지'할 때는 keep a hobby라고 씁니다. 동사구 pick up은 쓰임새가 무궁무진한 표현 중 하나입니다. 취미 외에 '(처음으로) 습관을 들이다'는 의미를 표현할 때도 pick up을 씁니다. 다음 예문처럼 말이죠. Pick up a habit of drinking beer(맥주 마시는 습관을 들여 봐).

1 시간 낭비하지 말고 **취미를 가져 보세요.**
   Don't waste time and **pick up a hobby.**

2 금연하려면 **취미를 가져 보라는 게** 권장 사항이다.
   Picking up a hobby is advised if you want to quit smoking.

3 지금이 **새로운 취미를 가져볼** 좋은 시기라는 걸 알았다.
   I've realized that now is a good time **to pick up a new hobby.**

4 퇴직한 후에 그는 모형 비행기를 날리는 **취미를 가져 보기로** 했다.
   After retiring, he decided to **pick up the hobby** of flying model airplanes.

5 지루하게 반복되는 일상에서 탈출구를 찾으려면 **취미를 가지는 게** 선택이 아닌 필수다.
   To find an escape from the daily grind, **picking up a hobby** is not an option but a necessity.

——— daily grind 판에 박힌 일상의 지루한 일

Or even better than giving up a hobby, **pick up a new hobby** that actually generates some income. I took up refereeing youth soccer a couple of years ago.
<The New York Times>

아니면 취미를 포기하는 것보다 훨씬 더 좋게, 실제로 소득을 창출해 내는 **새 취미를 가져 보라.** 나는 몇 년 전에 어린이 축구 심판을 보는 일을 시작했다. 〈뉴욕 타임스〉

generate 발생시키다, 만들어 내다   **referee** 심판을 보다, 심판

그녀는 **몹시 흥분시키는** 익스트림 스포츠를 자주 즐긴다.
She often enjoys adrenaline-charged extreme sports.

MP3 118

아드레날린은 흥분할 때 체내에서 분비되는 호르몬입니다. 이 호르몬이 가득 차면 흥분의 극치에 이르는데, 이것을 비유한 표현인 adrenaline-charged는 '몹시 흥분시키는'의 의미입니다. 이 외에 '박진감 넘치는'으로도 번역됩니다. 이 표현은 실제 뉴스 청취에서는 알아듣기가 쉽지 않습니다. 둘째 음절에 강세가 집중되기 때문입니다. 대체어로는 adrenalin-pumping[rushing]이 있습니다.

1 그들은 거기 사막에서 **박진감 넘치는** 질주 경험을 즐기곤 했다.
   The people used to enjoy **the adrenaline-charged** driving experience in the desert.

2 새로 개봉된 그 영화는 **박진감 넘치는** 범죄 스릴러이다.
   The newly released movie is **an adrenaline-charged** crime thriller.

3 그 영화는 대박을 터뜨렸고, 영화 속 **박진감 넘치는** 장면들은 전설이 됐다.
   The film was a smash hit and **the adrenalin-charged** scenes in the movie became a legend.
   —— smash hit 대성공, 큰 히트

4 관객을 **몹시 흥분시키는** 그 영화에서 제이슨 스타뎀은 사망하지만 심장 이식 수술을 받고 다시 살아난다.
   In **the adrenalin-charged** movie, Jason Statham dies but after getting a heart transplant, lives again.

5 배우로서 완전히 다른 사람으로 보이게 된다는 건 늘 **무척 흥분되는** 경험이다.
   As an actor, it is always **an adrenalin-charged** experience to appear as a completely different person.

Some big city post offices still stay open until midnight for tax payers who fancy **an adrenaline-charged** last-minute drive to meet the deadline.
\<BBC News\>

일부 대도시 우체국은 여전히 자정까지 영업을 하는데, 마감 시한에 맞춰서 막판에 **짜릿한 흥분을 느끼며** 막판 질주를 원하는 납세자들을 위해서이다. 〈BBC 뉴스〉

tax payer 납세자   **fancy** 원하다, ~하고 싶다   **deadline** 기한, 마감 시간

빈출 표현 119

그건 스트레스 풀기에 딱이다.
It is ideal for relieving stress.

MP3 119

'이상적인'의 의미로 흔히 알고 있는 ideal은 우리말의 '딱인, 안성맞춤인'의 어감에 딱 맞
는 표현입니다. 뒤에 'for+(동)명사', 'to+동사원형'이 올 수 있습니다. 대체어로 superb,
wonderful, fabulous 등이 있지요. 스트레스를 푸는 건(relieving stress) 스트레스를 없애
는 것(getting rid of stress)이기도 하기에 두 표현이 번갈아 가며 자주 쓰입니다.

1 명상 음악을 듣는 건 긴장 완화에 **안성맞춤일 수 있다.**
Listening to meditation music **can be ideal for** relaxation.

2 요가와 스트레칭 운동은 뭉친 근육을 푸는 **데 딱이다.**
Yoga and stretching exercise **are ideal for** relaxing muscle knots.

3 쇼핑 중독자의 삶을 보여 주는 그 영화는 스트레스 해소용**으로 안성맞춤이다.**
The film showing the life of a shopping addict **is ideal for** relieving
stress.

4 큰돈 안 들이고 좋은 친구들과 시끄럽게 떠들며 재미있게 보낼 수 있기에 이것은 스트레스를
날리는 **데 딱이다.**
This **is ideal for** relieving stress because it doesn't cost a lot of money
and you can have rowdy fun with good friends.
—— rowdy 소란스러운, 소동을 벌이는

5 여행은 스트레스를 해소하기**에 최적의 방법이다.**
Traveling **is the ideal way to** relieve stress.

This low impact exercise **is ideal for** people with osteoporosis, mobility
problems, joint problems, poor posture, muscle tone problems.
<The Isle of Thanet News>
이 저충격 운동은 골다공증, 기동성 장애, 관절 질환, 안 좋은 자세와 근긴장 문제가 있는 사람들**에게
안성맞춤이다.** 〈아일 오브 타넷 뉴스〉

low impact 신체에 충격이 적은 **osteoporosis** 골다공증 **mobility** 기동성, 이동성
joint 관절 **posture** 자세 **muscle tone** 근긴장

CHAPTER 2

여행

여행은 많은 사람들이 좋아하는 여가 활동이자 '일상 탈출'입니다. 활력을 충전해 주며 일상에 원동력이 되는, 없어서는 안 되는 휴식이죠. 여행 하면 '열심히 일한 당신 떠나라'라는 광고 카피가 생각나는데, 이 말은 영어로 뭐라고 하면 좋을까요? 이때는 발상의 전환을 통해 속뜻을 헤아려 의역해야 합니다. 이것이 통번역의 필수 전략으로, '당신은 정말 열심히 일하셨어요. 훌쩍 떠나서 휴식을 즐길 자격이 있습니다.'라고 풀 수 있지요. 영어로 하면 You have worked really hard. So you deserve to get away from it all.이라고 표현할 수 있습니다. 여기서는 deserve가 핵심 단어로, '~할 자격[권리]이 있다'는 뜻이에요. 이처럼 영어를 제대로 구사하기 위해서는 '발상의 전환'을 적절하게 해야 하는데, 이는 지식과 경험을 쌓는 과정이고 자연스러운 영어를 체득하는 과정입니다.

여행 관련 주요 용어

1. 당일치기 여행 : day trip, one-day trip
   소풍 : excursion
2. 배낭여행 : backpacking
3. 패키지여행 : package tour
4. 유람선 여행 : cruise
5. 국내 여행
   : domestic trip[travel]
6. 해외여행
   : overseas trip[travel]
7. 맞춤 여행 : customized tour
8. 체제 일수 : length of stay
9. 관광 명소
   : tourist attraction, tourist hot spot
10. 여행 일정 : travel itinerary

11. 여행사 : travel agency
12. 관광 비자 : tourist visa
13. 단수 비자 : single entry visa
    복수 비자 : multiple entry visa
14. 호텔에서 식음료 등 서비스 용품을
    무료로 제공하는 것 : complimentary
15. 공항에서 수하물 찾는 곳
    : baggage claim
16. 단순 경유(공항에 잠시 머물다가 같은 항
    공편에 다시 합승) : transit
17. 환승(다른 항공편 탑승) : transfer
18. 기착(중간 기착지에 24시간 이상
    체류하는 것) : stopover, layover
19. 환전 : money exchange
20. 세관 신고 : customs declaration

빈출 표현 120

여행사들이 **호황을 누리고 있다.**
Travel agencies are enjoying
booming business.

MP3 120

'번창하다, 호황을 누리다'는 영어로 be thriving 또는 be booming이라고 하는데요, booming의 사전적인 뜻은 having a period of great prosperity or rapid economic growth(크게 번창하거나 급속한 경제 성장을 구가하는)입니다. 참고로 '성수기'는 peak season, '비수기'는 off season이나 low season이라고 합니다. 수요가 많은 시기(season of high demand)이니까 비용이 더 비싸지는 법이죠. 여름 여행 성수기는 peak summer travel season 또는 peak summer holiday season 등으로 표현할 수 있습니다.

1 테마파크는 중국에서 **호황을 누리고 있다.**
Theme parks **are enjoying booming business** in China.

2 2015년까지 관광업계가 **호황을 누렸다.**
The travel industry **used to be booming** until 2015.

3 **관광 및 숙박업 호황**이 경제 회복을 견인하고 있다.
The booming tourism and lodging industries are leading economic recovery.

4 유적지 관광 수요가 급증한 덕분에 **내 사업이 호황을 맞고 있다.**
Thanks to the surging demand for the sightseeing of ruins, **my business is booming.**

5 팬데믹이 세계를 지배하기 전에 관광업은 **호황사업**이었다.
Tourism used to be **a booming business** before the pandemic took a hold on the world.

──── take a hold on 지배하다

As passenger air traffic has dwindled significantly amid the coronavirus outbreak, cargo flights **are seeing a booming business.**
<Forbes>
코로나바이러스가 발발한 와중에 승객 항공 수송이 엄청나게 감소함에 따라 화물 항공기는 **호황을 맞이하고 있다.** 〈포브스〉

air traffic 항공 교통, 항공 수송(량)   **dwindle** 줄어들다   **amid** ~ 가운데, ~가 한창일 때
outbreak 발생, 발발   **cargo** 화물

이번 여행은 **3박 4일 일정이다.**
This trip is scheduled for 3 nights and 4 days.

MP3 **121**

우리나라에서는 가까운 동남아 지역으로는 일주일 이내에 충분히 여행을 다녀올 수 있습니다. 나흘간 여행을 간다면 I am going on a 4-day trip.이라고 하면 되고, 구체적으로 '3박 4일로'라고 말한다면 부사구로 I am going on a trip for 3 nights and 4 days.라고 하면 됩니다.

1   신혼여행은 **3박 4일 일정이다.**
    The honeymoon **will last for 3 nights and 4 days.**

2   캠핑과 등산 여행은 꼬박 **3박 4일 걸렸다.**
    The camping and hiking trip **took 3 full nights and 4 days.**

3   이 관광 패키지 상품은 **3박 4일 동안의** 무인도 **체류**를 포함하고 있다.
    This tour package includes **3 nights and 4 days of stay** at an uninhabited island.

4   잦은 항공기 결항으로 인해 여행 일정이 **3박 4일을 넘겼다.**
    Due to frequent flight cancellations, the trip **took longer than 3 nights and 4 days.**

5   이 **3박 4일 관광 상품**은 9월까지 매주 금요일에 시작해서 진행된다.
    This 3 nights and 4 days tour package starts every Friday and runs until September.

The tour duration would be 3 nights and 4 days, while the mode of travelling throughout the package would be train.
<India TV>

관광 기간은 3박 4일이며, 패키지 관광 내내 이동 방식은 열차일 것이다. 〈인디아 TV〉

duration 기간, 지속   **mode** 방식, 방법

그 여행사는 신혼부부를 **겨냥한** 상품을 출시했다.
The travel agency unveiled a package catering to newlyweds.

MP3 **122**

특정 상품이나 서비스가 누군가를 대상으로 하는 경우가 많습니다. 이를 cater to ~ 혹은 target ~, aim at ~이라고 표현합니다. 예를 들어, 어르신들 대상의 효도관광을 단어 뜻 그대로 직역해서 filial piety tourism이라고 하면 원어민이 못 알아듣습니다. '효도'란 뜻의 filial piety는 원어민들에게 굉장히 딱딱한 학술적인 단어거든요. 풀어서 a travel package catering to the elderly라고 하는 게 적절합니다. 한국어는 한자의 영향을 받아서 명사가 많은데, '풀어서' 설명해 줘야 영어다워지며, 이때 올바른 뭉치 단어를 활용해야 더 좋은 표현이 나오게 됩니다.

1   그 호텔은 20대가 원하는 것과 필요로 하는 것을 **충족시키는 걸 목표로 하고 있다.**
    The hotel **caters to** the wants and needs of people in their 20s.

2   이 관광 상품은 남녀노소 모두를 **겨냥하고 있다.**
    This tour package **caters to** men and women both young and old.

3   이 식당은 외국 관광객들의 입맛을 **겨냥한** 메뉴를 개발했다.
    This restaurant developed a menu that **caters to** the tastes of foreign tourists.

4   주요 호텔들은 이달 하순에 중국 관광객들을 **겨냥한** 판촉 행사를 일제히 진행한다.
    Major hotels are all launching promotions at the end of the month **targeting** Chinese tourists.

5   이 관광 명소는 다양한 여행객들의 욕구를 **충족시키는** 정보를 담은 카탈로그를 나눠 준다.
    This tourist hot spot gives out catalogues with information **catering to** the needs of all kinds of travelers.

Our goal is to continue to raise the bar in service excellence and further develop Vietnam as a luxury travel destination **catering to** the discerning travelers. <CNN>

우리 목표는 서비스 우수성의 수준을 꾸준히 높이고 더 나아가 안목이 있는 여행객들을 **겨냥해** 베트남을 고급 여행지로 더 개발하는 것이다. 〈CNN〉

raise the bar 기대치를 높이다   **excellence** 뛰어남. 탁월함   **further** 더 나아가
destination 목적지   **discerning** 안목이 있는

저가 항공사의 전성시대다.
It is the heydays of no-frills airlines.

MP3 123

국내에서는 저가 항공사들이 두드러진 성공을 거두지 못하고 있지만, 해외의 경우는 많이 다릅니다. 영국에서는 저가 항공사 덕분에 국내 여행과 운송이 활기를 띠며 지역 경제에 크게 일조하고 있다고 합니다. 저가 항공사를 영어로 budget airline, low cost airline, low cost carrier, 혹은 no-frills airline이라고 합니다. no-frills는 '잉여 서비스가 없는', 즉 '가장 기본적인 설비와 서비스를 갖춘'의 의미입니다.

1   **저가 항공사들**은 비싼 화물 요금을 청구한다.
   No-frills airlines impose hefty baggage charges.

2   **저가 항공사들**은 한 종류의 비행기만을 사용해서 비용을 절감한다.
   No-frills airlines cut costs by using only one type of airplane.

3   **저가 항공사**의 초저렴한 요금은 20대들에게 아주 매력적이다.
   The super-affordable costs of **no-frills airlines** appeal to those in their 20s.

4   많은 **저가 항공사들**이 특정 승객들에게 추가 요금을 물리는 방안을 추진하고 있다.
   Many **no-frills airlines** are pushing to charge extra fare on certain customers.

5   많은 **저가 항공사들**이 주요 항공사들과 일련의 제휴를 체결하고 있다.
   Many **low cost carriers** are concluding a series of alliances with major airlines.

Budget hotels and **no-frills airlines** operate close to capacity all year, tweaking prices to match supply with demand.
<Independent>

저가 호텔들과 **저가 항공사들**은 연중 최대 수용 능력 가까이 운영하고 있고, 수급을 맞추기 위해 가격을 약간 조정하고 있다. 〈인디펜던트〉

budget 저가의, 저렴한   **capacity** 수용 능력, (방·건물·탈것 등의) 정원
tweak 수정하다, 변경하다

CHAPTER 3

운동

요즘은 레저와 운동 하면 등산, 헬스, 필라테스, 요가, 수상 스키 등이 큰 인기인 것 같습니다. 또 집에서 혼자 운동하는 홈 트레이닝(일명 '홈트')도 자기 관리를 하고자 하는 사람들 사이에서 열풍입니다. SNS를 보면 운동 계획을 세우고 몸의 변화를 기록한 사진이나 영상을 많이 볼 수 있는데요, 진짜 열심인 사람들은 보디 프로필 사진을 찍고 멋진 복근과 탄력 있는 몸매를 자랑하기도 합니다. 탄력 있는 몸매의 비결은 유산소 운동과 근력 운동을 적절하게 병행하면서 건강식을 하고, 무엇보다 그것을 꾸준히 실천하는 것이라고 하죠. 그 사실을 명심하면서 이 장에서는 운동 관련 중요 뭉치 표현들을 배워 보겠습니다.

운동 관련 주요 용어

1. 운동하다 : work out, take exercise, exercise
   운동 : workout, exercise
2. 규칙적으로 운동하다 : take regular exercise, work out regularly
3. 신체 건강, 체력 단련 : physical fitness
4. 유산소 운동 : aerobic exercise
5. 무산소 운동 : anaerobic exercise
6. 근력 운동 : weight training
7. 맨몸 운동 : bodyweight exercise
8. 러닝머신 : treadmill
9. 실내 (운동용) 자전거 : stationary (exercise) bike
10. 아령 : dumbbell
11. 역도 : lifting weights
12. 무술 : martial arts
13. 등척 운동 : isometric exercise (벽·책상 등 고정된 것을 세게 밀거나 당겨서 하는 근육 훈련)
14. 코어 트레이닝 : core training (복부 및 등 하부 근육 강화를 주 목적으로 하는 운동)
15. 지구력 강화 훈련 : endurance training
16. 심박수를 높이다 : increase heart rate
17. 근육량을 늘리다 : increase muscle mass
18. 칼로리를 소모하다 : burn calories
19. 체중 감량 : weight loss
    체중 증가 : weight gain
20. 근육통 : muscle ache

가볍게 운동합시다.
Let's have a light workout.

MP3 **124**

'운동하다'의 뜻으로 영어 원어민들은 exercise보다 work out을 더 많이 씁니다. 명사로 '운동'은 work와 out을 붙여 쓴 workout입니다. 따라서 '가볍게 운동하다'는 have a light workout, '격렬하게 운동하다'는 have a rigorous workout이라고 표현합니다. 젊을 때는 한계에 도전하듯이(push the limit) 운동하는 게 효과적이지만, 나이 들면서는 관절 건강을 생각해서 가볍게 운동하는 게 좋다고 하네요.

1 그 선수는 토요일에 **가볍게 운동하고** 일요일에는 쉴 것이다.
   The athlete **will have a light workout** on Saturday and take Sunday off.

2 그는 팀 훈련을 하지 않고 **가벼운** 개인 **운동을 했다**.
   He did not take part in the team training and **had a light workout** by himself.

3 부상 후에는 되도록이면 **가벼운 운동을 하는** 게 권장된다.
   You are advised **to have a light workout** as much as possible after an injury.

4 우리 팀은 내일 **가볍게 운동하고** 모레 원정 경기에 대비할 것이다.
   We **will have a light workout** tomorrow and get ready for the away game the following day.

5 나는 무더운 날씨에는 **가볍게 운동하고** 겨울철에는 격렬하게 운동한다.
   I have a light workout in sultry weather and a rigorous one in the winter.

Atherley often will divide his team into two units, and **have a light workout** for the players who play regularly and a more strenuous one for the players who don't play as much.
<Bangor Daily News>

애덜리는 종종 팀을 둘로 나누고, 정기적으로 출전하는 선수들은 **가벼운 운동을 하게 하고** 그만큼 자주 뛰지 않는 선수들은 더 격렬하게 운동하게 한다. 〈뱅고어 데일리 뉴스〉

divide 나누다   **strenuous** 격렬한, 힘이 많이 드는

빈출 표현
125

운동을 통해 **활력을 되찾길** 바랍니다.
I hope you get recharged through a workout.

MP3 **125**

배터리 등을 '충전하다'가 charge이므로 '재충전하다'는 '재, 다시'라는 의미의 re를 붙인 recharge겠죠? '재충전하다'는 말 그대로 배터리를 재충전하는 것을 뜻할 수도 있지만, 우리 몸의 활력을 다시 찾는 것을 나타낼 수도 있습니다. 그렇게 '(몸의) 활력을 되찾다'는 get recharged라고 표현합니다. '다시 쌩쌩해지다'는 느낌으로 씁니다. 대체어로 get revitalized가 있는데, 이 표현은 약간 격식을 갖춰 말하는 어감이 있습니다.

1   **재충전을 위해** 잠시 쉬고 싶다.
   I want to take time off **to get recharged**.

2   낮잠을 자고 식사를 했더니 **다시 쌩쌩해졌다**.
   Taking a nap and having a meal **got me recharged**.

3   그는 매일 **활력을 되찾기 위해** 헬스클럽에 간다.
   He goes to a gym on a daily basis **to get recharged**.

4   낮잠을 자면 **몸이 활력을 되찾고** 피부가 다시 젊어질 수 있다.
   You **can get recharged** and even rejuvenate your skin by taking naps.
   ———— rejuvenate 다시 젊어 보이게 하다

5   나는 가능한 한 빨리 **활력을 되찾고** 최고의 컨디션을 회복하고 싶다.
   I want to **get recharged** as quickly as possible and get back into top form.

Daytime naps are also natural ways for our body to get some rest and **get recharged**. However, there should be a limit as to how long you can take a nap during the day. Prolonged naps can put your sleep-wake cycle off by affecting nighttime sleep.
<SWAAY>

낮잠 역시 우리 몸이 휴식을 취하고 **활력을 되찾는** 자연스러운 방법이다. 하지만 낮에 낮잠을 자는 시간에 대해서는 제한을 두는 게 좋다. 장시간의 낮잠은 밤 시간 수면에 영향을 줘서 수면 각성의 주기를 깰 수 있다. 〈SWAAY〉

as to ~에 관해서는   **prolonged** 장기적인, 오래 계속되는
sleep-wake cycle 수면 각성 주기

운동하는 습관을 들이면 건강해진다.
You will get fit if you make it a habit of exercising.

MP3 **126**

건강해지려면 운동을 해야 하고, 운동의 효과를 제대로 보려면 매일 꾸준히 하는 습관을 들여야 합니다. 이건 선택이 아닌 필수인 거죠(not a choice but a necessity). make it a habit of -ing는 '~하는 것을 습관으로 하다/~하는 게 습관이다'의 의미입니다. 이 표현은 발음이 중요한데요, /메이끼더 해애빗/과 같이 빠르게 연음이 된다는 점에 유의하세요. 참고로, get into the habit of -ing는 '(내 의지와 상관없이 본의 아니게) ~하는 습관이 생기다'는 뜻이니 구분해서 기억하세요. 즉, He got into the habit of passing the buck(그는 자신도 모르게 책임을 전가하는 습관이 생겼다).와 같이 쓰입니다.

1 처음에는 **운동하는 습관을 들이는 게** 쉽지 않았다.
At first, it was not easy **to make it a habit of exercising**.

2 물속에 들어가기 전에 그는 **스트레칭을 하는 습관을 들였다**.
He **made it a habit of stretching** before going in the water.

3 **운동하는 습관을 들이지** 않으면 눈에 띄는 효과를 볼 수 없을 것이다.
If you don't **make it a habit of exercising**, you will not get notable results.

4 그는 **운동하는 습관을 들였고** 체중을 70킬로그램 이하로 유지하고 있다.
He **has made it a habit of working out** and keeps his weight under 70 kilograms.

5 그는 주로 재택 근무를 하기 때문에 집에서 **운동하는 습관을 들였다**.
He **made it a habit of working out** at home because he usually works from home.

The Serb, who has 17 Grand Slam titles to his name, **has made it a habit of playing his best** when the stakes are the highest. Novak Djokovic has consistently been able to dig deep in times of adversity and strike back when his opponent least expects it, eventually turning the match on its head.
<Sportskeeda>

통산 17개의 그랜드 슬램 타이틀을 보유한 그 세르비아계 선수는 리스크가 가장 클 때 **최고의 경기력을 보이는 습관을 들였다**. 노박 조코비치는 역경이 닥쳤을 때 꾸준히 깊이 파고들어 상대 선수가 예상치 못하는 순간에 반격할 수 있었고 결국 경기의 판세를 뒤집었다. 〈스포츠키더〉

stakes are high 위험성이 높다. 리스크가 크다　**dig deep** 깊이 파고들다
strike back 반격하다　**turn ~ on its head** 완전히 뒤집다

CHAPTER 4

질병

2020년은 코로나19 바이러스로 인해 전 세계가 큰 어려움을 겪은 한 해로 역사에 기록될 것입니다. 전염병의 공포를 전 인류가 경험했죠. 코로나19 바이러스와 같은 감염성 질환은 바이러스 외에도 세균, 곰팡이, 기생충과 같이 질병을 일으키는 병원체가 인체에 침입하여 일으킵니다. 반면에 심장병, 고혈압, 당뇨병, 암 같은 병들은 외부의 병원체와 무관한 비감염성 질환입니다. 인간은 태어나면서부터 세상을 떠날 때까지 무수한 질병과 함께 살아갑니다. 질병은 우리 삶의 일부이고, 결국 대부분의 사람은 질병으로 인해 삶을 마감하게 되죠. 이 장에서는 그 질병과 관련한 뭉치 표현들을 배워 보도록 하겠습니다.

질병 관련 주요 용어

1. 만성 질환 : chronic disease
   급성 질환 : acute disease
2. 난치병, 불치병
   : incurable[fatal] disease
3. 희귀병 : rare disease
4. 고혈압 : high blood pressure
5. 심혈관 질환 : cardiovascular disease
6. 당뇨병 : diabetes
7. 암 : cancer
   악성 종양 : malignant tumor
   양성 종양 : benign tumor
8. 폐렴 : pneumonia
9. 알레르기성 비염 : allergic rhinitis
10. 천식 : asthma

11. 위염 : gastritis
12. 편두통 : migraine
13. 변비 : constipation
14. 치질 : hemorrhoid
15. 치매 : dementia, Alzheimer's
    (disease)
16. 유행병, 유행성 전염병 : epidemic
    전염병의 세계적 유행 : pandemic
17. 유행성은 아닌 전염병
    : infectious[contagious] disease
18. 진단 : diagnosis
19. 예후 : prognosis
20. (특정 질병의) 치사율 : fatality

빈출 표현 **127**

그는 어렸을 때 **병에 걸렸다.**

He contracted a disease when he was a child.

MP3 **127**

영어로 '병에 걸리다'는 contract a disease로 동사 contract를 사용하여 표현합니다. 동사 contract의 강세는 둘째 음절에 있습니다. 그러나 같은 단어가 명사로 '계약서'란 의미로 쓰일 때는 강세가 첫째 음절에 옵니다. 그럼 감기에 걸린다고 말할 때도 동사 contract를 쓸까요? '감기에 걸리다'는 get a cold나 catch a cold라고 하고, 감기에 걸린 상태는 have a cold라고 합니다. contract는 주로 '중병에 걸리다'란 의미로 사용하는 단어입니다.

1 그는 **수인성 질병에 걸렸다.**
   He **contracted a water-borne disease.**

2 그는 10대 때 **그 병에 걸렸다.**
   He **contracted the disease** when he was in his teens.

3 그는 40대 때 **불치병에 걸렸고** 50이 되기 전에 사망했다.
   He **contracted the fatal disease** in his 40s and died before he turned 50.

4 그 56세 남성은 **전염병에 걸려** 격리되어야만 했다.
   The 56-year-old man **contracted a contagious disease** and had to be quarantined.

5 가족이 알츠하이머 같은 **병에 걸리면** 가족 모두가 힘들다.
   If a family member **contracts a disease** such as Alzheimer's, the whole family goes through hard times.

I don't enjoy wearing a mask any more than others, but I do it to minimize the likelihood I'**ll contract a disease** that may kill me, a member of my family, a friend or a co-worker. I also wear one in case I already have it and could spread it to people I don't know.
\<The Sun Chronicle\>

나도 남들처럼 마스크를 착용하는 게 싫지만, 나 자신이나 가족이나 친구나 동료를 사망케 할 수 있는 **질병에 걸릴** 가능성을 최소화하기 위해서 마스크를 쓴다. 또한 내가 이미 병에 걸려서 모르는 사람들에게 퍼뜨릴 수 있을 경우에 대비하여 마스크를 착용한다. 〈선 크로니클〉

likelihood 가능성   **in case** ~할 경우에 대비하여   **spread** 퍼뜨리다, 전파시키다

빈출 표현
128

그녀는 **독감 진단을 받았다.**
She was diagnosed with the flu.

MP3 128

정확한 병명을 알기 위해서는 진찰과 검사를 통해 진단을 받아야 합니다. '~로 진단을 받다'는 be diagnosed with ~라고 표현합니다. He was diagnosed with flu.는 '그는 독감 진단을 받았다.'는 뜻입니다. 독감은 아닌데 독감 증세를 나타내는 경우라면 He was diagnosed with flu-like symptoms.라고 말합니다. 참고로, 이렇게 진단이 확실하지 않을 경우에는 의사들이 예후를 살펴보자고 하는데요, 예후는 의사가 환자를 진찰하고 전망하는 것으로, 영어로는 prognosis라고 합니다.

1   그 아이는 **독감 진단을 받고** 나서 사망했다.
The child died after **being diagnosed with the flu.**

2   환자들 중 4퍼센트가 **독감 진단을 받았다.**
4 percent of the patients **were diagnosed with the flu.**

3   검사를 받은 환자 4명 중 1명은 **독감 진단을 받았다.**
One in four people tested **was diagnosed with the flu.**

4   그녀는 처음에 **독감 진단을 받았고** 그것이 추후 폐렴으로 발전했다.
At first she **was diagnosed with the flu,** which developed into pneumonia.

5   그는 **독감 증상으로 진단을 받았는데** 후에 그 증상은 코로나19 변종으로 인해 유발된 것으로 확인되었다.
He **was diagnosed with flu-like symptoms** that were later found to have been caused by a variant of COVID-19.

At her mother's urging, she went to the doctor and **was diagnosed with "flu-like symptoms** and exacerbated asthma. The doctor prescribed a steroid and assured her that she was "through the worst of it" and her symptoms would subside in the next day or two.
<The Hollywood Reporter>

엄마가 재촉해서 그녀는 병원에 갔고 '**독감 같은 증상**과 천식 악화' **진단을 받았다.** 의사는 스테로이드를 처방했고, '지금 최악의 상황을 보내고' 있지만 하루 이틀 지나면 증상이 가라앉을 거라고 확실히 말했다. 〈할리우드 리포터〉

urge 재촉하다, 강력히 권고하다   **exacerbate** 질병을 악화시키다   **asthma** 천식
prescribe 처방하다   **assure** 확실히 ~라고 말하다, 장담하다, 보증하다
subside 가라앉다, 진정되다

빈출 표현
129

그는 상담과 약물 치료 병행을 **처방 받았다.**

He was prescribed both counseling and medication.

MP3 **129**

약이나 치료를 '처방하다'는 prescribe여서 '처방 받다'는 be prescribed입니다. 아울러 '처방전'은 prescription, '처방 받은 약을 구입하다'는 get the prescription filled라고 말합니다. 예전과 달리 요즘은 스트레스와 정신 건강 문제로 정신건강의학과를 찾는 일이 많아졌습니다. 정신과 치료를 받는 걸 바라보는 시선이 옛날과 달라져서, 몸이 아프면 병원에 가듯 마음이 아프면 당연히 병원에 가는 것으로 여기게 되었죠. 정신건강의학과에 갔을 때 상담(counseling)만 받는 경우도 있지만 약물 치료(medication)를 병행해야하는 경우도 많습니다.

1 무릎과 관절 부상 치료에 일상적으로 물리 치료 요법이 **처방된다.**
Physical therapy **is** routinely **prescribed** for knee and joint injuries.

2 그 신약은 미국과 멕시코 전역의 환자들에게 **처방되었다.**
The new drug **was prescribed** for patients across the US and Mexico.

3 예상과 달리, 항우울제가 통증 해소 치료를 위해 **처방되었다.**
Contrary to expectations, antidepressants **were prescribed** for pain relief.

4 그 10대 환자는 물리치료와 약물 치료 병행을 **처방 받았다.**
The teen patient **was prescribed** both physical therapy and medication.

5 친구나 가족에게 **처방된** 약을 복용하면 중독으로 이어질 수 있다.
Taking medication **prescribed** to a friend or family member can lead to addiction.

Methadone and buprenorphine are the only opioids that **can** legally **be prescribed** for addiction treatment or maintenance in the United States.
<Reason>

메타돈과 부프레노르핀은 미국에서 중독 치료나 관리를 위해 합법적으로 **처방될 수 있는** 유일한 아편 성분 진통제이다. 〈리즌〉

opioid 오피오이드(아편과 비슷한 작용을 하는 합성 진통·마취제)   **legally** 합법적으로
maintenance 유지, 관리

빈출 표현
130

그녀는 **입원했다.**
She was admitted to the hospital.

그녀는 **퇴원했다.**
She was discharged from the hospital.

MP3 130

큰 병에 걸리거나 다치면(get injured) 입원해서 치료를 받습니다. '입원하다'는 get hospitalized 또는 be admitted to the hospital이라고 하고, '퇴원하다'는 be discharged from the hospital이라고 표현합니다. discharge는 '속박/의무/근무 등에서 해방하다, 제대시키다, 퇴원시키다, 해고하다' 등의 뜻이어서 '퇴원하다'는 표현에 쓰이는 것 외에 be discharged from the military라고 쓰면 '군에서 전역하다'의 의미입니다. '입원하다'와 비교해서 '외래로 병원에 가서 진료를 받다'는 go see the doctor라고 합니다. 참고로, 동네에 있는 작은 의원은 clinic이고, hospital은 종합병원의 의미로, 주로 '중병'의 문맥에서 활용하는 단어입니다.

1   그녀는 2주 전에 **입원했다.**
    She **was admitted to the hospital** 2 weeks ago.

2   4주간의 치료를 마치고 오늘 **퇴원할 것이다.**
    I **will be discharged from the hospital** today after a 4-week-long treatment.

3   환자 10명이 고열과 숨이 찬 증상으로 **입원했다.**
    10 patients **were admitted to the hospital** with high fever and breathlessness.

4   그녀는 어제 **입원해서** 중환자실에서 치료를 받고 있다.
    She **was admitted to the hospital** yesterday and is getting treated in the Intensive Care Unit.

5   그는 3주 전에 의식을 잃고 **입원했는데** 언제 퇴원할지 모른다.
    He **was admitted to the hospital** 3 weeks ago unconscious but no one knows when he will be discharged.

A woman, whose daughter **was admitted to the hospital** in May with Covid-19, said her child was so young that she could not have left her with the health workers in the hospital.
<Hindustan Times>

딸이 5월에 코로나19로 **입원한** 한 여성은 자기 딸이 너무 어려서 병원 의료진에게만 맡길 수는 없었다고 말했다. 〈힌두스탄 타임스〉

그는 코로나바이러스19 **치료를 받고 있다.**
He is getting treatment for Covid-19.

MP3 131

어떤 병으로 진단을 받으면 거기에 맞는 치료를 받습니다. '(질병)으로 치료를 받다'는 'get treated for+질병' 또는 'get treatment for+질병'의 패턴으로 표현합니다. treatment 는 '치료'의 뜻 외에 '대우'의 의미도 있어서 He was angry with the bad treatment.는 '그 는 부실한 대우를 받고 화가 났다.'의 의미가 됩니다. epidemic은 '유행병, 유행성 전염병 [감염병]'으로 사스나 메르스, 그리고 현재 전 세계를 뒤덮고 있는 코로나19 등을 가리 키죠. pandemic은 전 세계적으로 유행하는 유행병이나 그런 상태를 가리킵니다.

1 그들은 독감 **치료를 받고 있다.**
They **are getting treatment for** the flu.

2 그녀는 3주 동안 **치료를 받았**지만 아직 완치되지 않았다.
She **got treatment** for 3 weeks but is still not cured.

3 그는 약물 남용**에 필요한 적절한 치료를 받아야 한다.**
He **needs appropriate treatment for** substance abuse.

4 피부병 **치료는** 바로 **받아야지** 기다리면 안 된다.
You **should get treatment for** skin disease right away and not wait.

5 그녀는 **치료 받는** 시기를 놓쳐서 귓병이 더 악화됐다.
Having missed the right timing for **getting treatment**, her ear infection has gotten worse.

If people have health care, they **will get treatment for** chronic conditions. They will have physician assistance in dealing with long-term issues like obesity, tobacco use and sedentary lifestyles.
<Tulsa World>

사람들은 건강 보험이 있으면 만성 질환 **치료를 받을 것이다.** 그들은 비만, 흡연과 좌식 생활 같은 장기적 문제를 처리하는 데 필요한 의사의 도움을 받을 것이다. 〈털사 월드〉

health care 의료 서비스, 의료 보험   **chronic** 만성적인   **physician** 의사, 내과 의사
assistance 도움, 지원   **obesity** 비만   **sedentary** 주로 앉아서 지내는

땀을 흘려 감기를 이겨 내는 건 좋은 생각이다.
It's a good idea to sweat out a cold.

MP3 132

사람마다 체질에 따라 땀을 흘리는 양에도 차이가 있습니다. 어떤 사람들은 남들보다 땀을 많이 흘리고(sweat profusely), 어떤 사람들은 웬만큼 운동해도 거의 땀을 흘리지 않는(hardly break out a sweat) 경우도 있습니다. 감기에 걸렸을 때 땀을 흘려서 감기를 떨어뜨리는 방식이 있는데, 이걸 sweat out a cold라고 합니다. '땀으로 감기를 배출시킨다'는 뉘앙스의 표현입니다.

1 **땀을 흘려 감기를 이겨 내려고** 하다가 탈수 증상이 나타났다.
Trying **to sweat out a cold** left me dehydrated.

2 어제 사우나에서 **땀을 쭉 뺐더니** 감기가 떨어진 것 같아.
I think I **sweat out a cold** at the sauna yesterday.

3 **땀을 흘려 감기를 이겨 낼 수 있다는** 생각은 근거가 없다고 한다.
They say that the idea of **sweating out a cold** is a myth.
————— myth 신화, 근거 없는 믿음

4 **땀을 흘려 감기를 이겨 낼 수 있다**는 건 오래된 생각이다.
It's a long-standing idea that you **can sweat out a cold**.

5 **땀을 흘려 감기를 이겨 낼 수 있다**는 걸 입증해 주는 증거는 거의 없다.
There is little evidence to prove that you **can sweat out a cold**.

As for **sweating out a cold** with exercise, hot baths, and lots of blankets, it might not be the best option. Dr. McCoy said it might make you feel better temporarily, but won't speed up your recovery time.
<WFMY News2>

운동을 하고, 뜨거운 물에 목욕을 하고, 이불을 많이 덮어 **땀을 흘려 감기를 이겨 내는 방법**에 관해서는, 그것이 최선의 선택이 아닐 수 있다. 맥코이 박사는 그렇게 하면 일시적으로는 몸 상태가 좋아진 것처럼 느껴질지 몰라도 회복 시간을 앞당겨 주지는 않는다고 말했다. 〈WFMY News2〉

temporarily 일시적으로   **speed up** 속도를 높이다   **recovery** 회복

CHAPTER 5

스트레스

스트레스는 만병의 근원이라고 합니다. 표준국어대사전에서는 스트레스를 '적응하기 어려운 환경에 처할 때 느끼는 심리적, 신체적 긴장 상태'라고 정의하며 장기적으로 지속되면 여러 신체적 질환과 심리적 부적응을 일으킬 수 있다고 명기하고 있습니다. 스트레스를 받지 않는 사람은 없습니다. 하지만 받은 스트레스는 가능한 한 빨리 날려 버리도록 노력해야 합니다. 적당한 스트레스는 인간이 살아가는 데 필요하다고 하지만, 과도한 스트레스는 면역력을 저하시키고 각종 질병을 유발할 수 있으니 다들 스트레스 관리에 만전을 기해 주세요. 그리고 스트레스 관련 중요 뭉치 표현도 배우고 활용해 봅시다.

스트레스 관련 주요 용어

1. 부담, 압박
   : pressure, burden, strain
2. 지나치게 걱정함 : overanxiousness
3. 안절부절 못함 : fidgetiness
4. 정신적 긴장 : mental strain
5. 신경 쇠약 : mental breakdown
6. 부적응 : maladjustment
7. 한계점 : breaking point
8. 불면증 : insomnia
9. 불안 장애 : anxiety disorder
10. 우울증
    : depression, depressive disorder

11. 과로, 혹사 : overwork
12. 지나친 노력 : overexertion
13. 만성 피로 : chronic fatigue
14. 번아웃 : burnout
    (신체적, 정신적으로 극도의 피로)
15. 번아웃 신드롬 : burnout syndrome
16. 탈진 : exhaustion
17. 면역력 : immunity
18. 염증 : inflammation
19. 스트레스를 날려 버리다
    : let off stress, blow away stress
20. 코르티솔 : cortisol (스트레스 호르몬)

빈출 표현 133

그는 **만성 피로에 시달린다.**

He suffers from chronic fatigue.

MP3 133

피로가 적절히 해소되지 못하고 쌓이면 만성 피로에 시달리게 됩니다. 이를 막기 위해서는 적절한 운동과 긍정적인 사고가 매우 중요합니다. '만성적인'은 chronic, '피로'는 fatigue로 '만성 피로'는 chronic fatigue입니다. 뉴스에서는 의학명인 chronic fatigue syndrome(만성 피로 증후군)도 많이 사용합니다. '만성적인'의 반대말 '급성의'는 acute로, '급성 호흡기 질환'은 acute respiratory disease라고 합니다. 병을 이야기할 때 suffer와 suffer from의 쓰임이 다른데요, suffer는 급성 질환에 쓰고, suffer from은 만성적인 장기 질환에 사용합니다. suffer a seizure(발작을 일으키다), suffer from diabetes(당뇨병을 앓다)처럼요. 하지만 원어민들은 종종 구분 없이 혼용하기도 합니다.

1 　미국 인구의 대다수가 **만성 피로에 시달리고 있다.**
　A majority of the US population **suffers from chronic fatigue.**

2 　무려 250만 명이 **만성 피로에 시달리고 있다**고 한다.
　As many as 2.5 million people are said to **suffer from chronic fatigue.**

3 　**만성 피로에 시달리는** 사람들은 종종 잠이 드는 데 어려움을 겪는다.
　People **suffering from chronic fatigue** often have trouble falling asleep.

4 　**만성 피로**로 인해 그는 어쩔 수 없이 여행을 취소하고 심지어 직장까지 그만둬야 했다.
　Chronic fatigue forced him to call off the trip and even quit his job.

5 　**만성 피로 증후군**은 여름에 종종 악화된다.
　Chronic fatigue syndrome often worsens in the summer.

With **chronic fatigue syndrome**, rest doesn't take away the fatigue and physical exertion can make the symptoms worse. People can **suffer from chronic fatigue syndrome** for months or years at a time—and about 90% go undiagnosed, according to the CDC.
<Good Housekeeping>

만성 피로 증후군의 경우, 쉰다고 피로가 풀리지 않고 육체적 과로는 증상을 악화시킬 수 있다. 사람들은 한 번에 몇 달 또는 몇 년간 **만성 피로 증후군에 시달릴** 수 있는데, 미국 질병관리센터에 따르면 약 90퍼센트는 진단을 받지 않은 채 지나간다. 〈굿 하우스키핑〉

exertion 매우 힘든 작업, 노력　**diagnose** 진단하다
CDC 미국 질병관리센터(**C**enters for **D**isease **C**ontrol)

빈출 표현
134

그녀는 **스트레스를 많이 받고 있다.**
She is under a lot of stress.

MP3 **134**

'스트레스를 많이 받고 있다'는 뭉치 표현으로 be stressed out 또는 be under a lot of stress라고 합니다. 영어에서 'be under+명사'는 '명사를 받고 있는[당하고 있는] 상태이다'의 뜻입니다. 예를 들어 '비난을 받고 있다'는 be under criticism[fire], '압박을 받고 있다'는 be under pressure, '공사 중이다'는 be under construction, '공격을 받고 있다'는 be under attack입니다. be under stress나 be stressed out은 사람이 주어일 때 쓰는 표현이고, 일이나 외부 요인이 스트레스를 줄 때는 그것이 stressful하다고 말합니다.

1   그녀는 최근에 **스트레스를 많이 받고 있다.**
    She **has been under a lot of stress** recently.

2   **스트레스를 많이 받으**면 두드러기 같은 피부 문제가 생길 수 있다.
    If you **are under a lot of stress**, you can get skin problems like hives.
    —— hive 벌집. 두드러기

3   환자 수가 급증해서 간호사들이 **스트레스를 많이 받고 있다.**
    Nurses **are under a lot of stress** from the surge in the number of patients.

4   정부 공무원들은 업무 과다로 **스트레스를 많이 받고 있다.**
    Government workers **are under a lot of stress** because they are overworked.

5   일련의 사건들 때문에 **우리는 많은 스트레스를 받고 있다.**
    A series of events **are putting us under a lot of stress.**

A Beijing student surnamed Fang who will graduate from middle school this year told the *Global Times* that she **is under a lot of stress** due to her upcoming high school entrance examinations but that the boy band's songs and speeches had cheered her up.
<Global Times>

성(姓)이 팽 씨로 올해 중학교를 졸업하는 베이징의 한 학생은 〈글로벌 타임스〉와의 인터뷰에서 다가오는 고등학교 입학시험 때문에 **스트레스를 많이 받고 있**지만 그 보이 밴드(BTS)의 노래와 연설이 기운을 내게 해 줬다고 말했다. 〈글로벌 타임스〉

surname 성. 성을 붙이다   **due to** ~ 때문에   **upcoming** 다가오는

학생들은 **과로 직전이다.**
Students are on the brink of overexertion.

MP3 **135**

요즘 학생들은 과거 어느 때보다도 공부로 인한 과로와 스트레스에 시달리는 듯합니다. 아무쪼록 건강에 큰 부담이 가지(put a huge burden on one's health) 않아야 할 텐데 말이죠. 이렇듯 '어떤 상태에 가기 직전이다'를 영어로 be on the brink[verge] of ~라고 표현합니다. brink는 '벼랑 끝'이라는 뜻인데요, 벼랑 끝에 위태롭게 서 있는 이미지를 떠올려 보세요. 그러면 어떤 상태가 되기 직전이라는 의미가 바로 이해될 겁니다.

1　너 자신만이 **과로 직전인지 아닌지** 아는 법이다.
Only you yourself know **whether you are on the brink of overexertion.**

2　**과로 직전이면** 몸이 보통 신호를 보낸다.
Your body usually gives out signals **when it is on the brink of overexertion.**

3　자신의 페이스를 유지해야 **과로 직전까지 가지 않는다.**
By keeping your pace, you **will not be on the brink of overexertion.**

4　며칠 동안 밤샘 공부를 해서 그는 **과로 직전이었다.**
Pulling all-nighters for several days, he **was on the brink of overexertion.**

———— all-nighter 밤샘 공부　　pull an all-nighter 밤샘 공부를 하다

5　고온의 날씨에 **과로 직전까지 가면** 열사병에 걸리기 쉽다.
When temperatures are high and you **are on the brink of overexertion**, this can be a recipe for heat stroke.

———— recipe 조리법, (특정 결과를 가져오는) 비결, 방안

According to previous research, 19,070 injuries occurred on construction sites in 2014 with workers **being on the brink of overexertion.** Construction robots can prevent these injuries by taking over repetitive or mundane tasks that could result in overexertion.
<Robotics Tomorrow>

이전 연구에 따르면, 2014년에 19,070건의 부상이 공사 현장에서 발생했는데, 이는 노동자들이 **과로 직전까지 갔기 때문이다.** 건설 현장에서 쓰이는 로봇은 과로를 야기할 수 있는 반복적이거나 재미없는 일을 대신함으로써 이런 부상을 방지할 수 있다. 〈로보틱스 투모로우〉

site 현장, 위치, 장소　**take over** 인계 받다　**repetitive** 반복적인
mundane 재미없는, 일상적인　**result in** ~을 야기하다

폭음은 건강에 해롭다.
Binge drinking is detrimental to your health.

MP3 **136**

예전에 담뱃갑에 적힌 유해성 경고 문구가 "Smoking is detrimental to your health(흡연은 건강에 해롭습니다)."였습니다. detrimental은 harmful의 격식 있는 표현입니다. 이후에 경고 수위가 높아져서 "Smoking kills."라고 바뀌었고, 보기에 끔찍한 사진도 실리게 되었습니다. 스트레스를 풀기 위해 폭음을 하는 분들도 계신데, binge drinking이 바로 '폭음'이란 뜻입니다. binge는 진탕 먹고 마신다는 의미를 내포하며 동사와 함께 쓰이는데요, binge shop은 '무절제하게 쇼핑하다', binge watch the US TV series는 '미드를 몰아서 정주행하다'는 뜻입니다.

1   남녀 불평등은 (함께 사는) 사회**에 해롭다**.
    Gender inequality **is detrimental to** society.

2   도박은 정신 건강**에 해롭다**.
    Gambling **is detrimental to** your mental health.

3   격렬한 운동은 관절**에 해로울 수 있다**.
    Strenuous workouts **can be detrimental to** your joints.

4   정부를 향한 불신은 지역 사회**에 해롭다**.
    Distrust in the government **is detrimental to** local communities.

5   하루에 커피를 다섯 잔 이상 마시는 건 건강**에 해로울 수 있다**.
    Drinking more than five cups of coffee a day **can be detrimental to** your health.

Michael Thor says for the paralyzed community, not going to the gym **is detrimental to** their health and recovery. "Sitting in your chair for months at a time without being able to work out can be deteriorating," said Thor.
<cbs17.com>

마이클 소어는 몸이 마비된 사람들의 경우, 헬스클럽에 안 가면 그들의 건강과 회복**에 해롭다**고 말한다. "운동을 못하는 상태로 한 번에 수개월 동안 의자에 앉아 있는 것은 상태를 악화시킬 수 있다"고 그는 말했다. 〈cbs17.com〉

paralyzed 마비된   **deteriorate** 악화시키다, 나쁘게 하다

137 스트레스를 날려 버려야 한다.
You need to blow away stress.

MP3 137

스트레스는 가능한 한 해소하고, 풀고, 날려 버리는 등 주변에 두지 말아야 합니다. 말 그 대로 '날려 버리다'는 blow away라고 합니다. 날려서(blow) 멀리 가 버리게(away) 하 는 것이니까요. 그런데 blow away가 꼭 이런 뜻으로만 쓰이지는 않습니다. I was blown away.라고 하면 '난 날려져 버렸다'는 뜻일까요? 이건 '난 감동받았다', 속된 말로 '뿅 갔 다'란 의미입니다. 그렇게 되면 스트레스를 날려 버릴 수 있으니 완전 동떨어진 의미는 아닐 수도 있겠네요. The beautiful scenery blew me away(아름다운 경치에 감동 받았다).

1   신나는 콘서트가 **학생들의 스트레스를 날려 버렸다**.
    The upbeat concert **blew away the students' stress.**

2   치맥은 **스트레스를 날려 주는** 최고의 간식이다.
    Chicken with beer is the perfect snack **to blow away stress.**

3   디퓨저는 **스트레스를 날리고** 두통을 해소하는 데 도움이 된다.
    Diffusers are helpful in **blowing away stress** and relieving headaches.

4   손톱 관리를 하는 게 **스트레스를 날리는** 최고의 방법 중 하나다.
    Getting your nails done is one of the best ways **to blow away stress.**

5   격렬한 운동 말고 마음을 편안하게 하는 명상이 **스트레스를 날리는 데** 도움이 된다.
    Relaxing meditation instead of strenuous workouts is helpful in **blowing away stress.**

Also, in modern society, you **can blow away stress** from work or relationships and heal well in temple. I hope you have a good time to look back at yourself in quiet and serene mountain scenery.
<Lotus Lantern International Meditation Center>

또한 현대 사회에서, 사찰에서 직장이나 대인관계로 인한 **스트레스를 날려 버리고** 잘 치유할 수 있다. 조용하고 평화로운 산 속 풍경에서 자신을 돌아보는 좋은 시간을 갖길 바란다. 〈연등국제선원〉

serene 고요한, 평화로운, 조용한   **lotus** 연꽃   **lantern** 등   **meditation** 명상

CHAPTER 6

비만

예전에는 비만이 미국 같은 남의 나라 일이기만 했을지 몰라도 우리나라 역시 서구식 식생활을 상당 부분 받아들이면서 비만 인구가 증가하고 있습니다. 국내에도 해마다 약 40만 명씩 비만 환자가 늘어나고 있다는 통계도 있지요. 비만은 고혈압, 당뇨병 등 심혈관 질환, 고지혈증 등 대사증후군, 소화기 질환, 여성 생식기계 이상, 근골격계 이상, 호흡기 질환, 각종 암 등 여러 가지 질병의 위험을 높이고 악화시키는 것으로 밝혀져서 그 자체로 질병으로 취급되고 있습니다. 따라서 건강을 생각한다면 비만은 반드시 해결하거나 사전에 예방하려는 노력이 필요합니다. 이 장에서는 그 비만과 관련한 주요 뭉치 표현들을 배워 보겠습니다.

비만 관련 주요 용어

1. 과체중의, 과체중 : overweight
2. 비만의 : obese
   비만 : obesity
3. 체지방 : body fat
4. 뱃살 : beer belly(남성),
   muffin top(여성의 치마나 바지 위로
   튀어나온 뱃살)
5. 허리의 군살 : love handles
6. 체질량 지수 : body mass index
7. 허리둘레 : waistline
8. 복부 비만 : abdominal obesity
9. 좌식 생활 습관
   : sedentary lifestyle
10. 대사증후군 : metabolic syndrome
11. 성인병
    : adult disease, lifestyle disease
12. 고혈압
    : high blood pressure, hypertension
13. 당뇨병 : diabetes
14. 심혈관 질환 : cardiovascular disorders
15. 고지혈증 : hyperlipidemia
16. 폭식 장애 : binge eating disorder
    (식이장애 : eating disorder)
17. 거식증 : anorexia
    과식증 : bulimia
18. 체중 조절 : weight-control
19. 체중 감량 : weight loss
20. 식이 요법을 하다, 다이어트를 하다
    : go[be] on a diet

비만 퇴치 노력이 절실하다.
Anti-obesity efforts are urgently needed.

MP3 138

'비만'은 obesity이고, '비만인, 살찐'은 obese입니다. 비만은 체내에 과다하게 많은 양의 체지방이 쌓여 있는 상태를 가리키고, '과체중(overweight)'은 단순히 체중이 정상보다 10~19%를 초과한 상태를 말합니다(지방 때문이 아니라 근육 때문일 수도 있습니다). '비만 퇴치'는 영어로 anti-obesity라고 할 수 있기에 '비만 퇴치 노력'은 anti-obesity efforts라고 할 수 있겠죠. '절실하다'는 '긴급하게, 절박하게'의 부사 urgently를 활용하여 be urgently needed(절박하게 필요하다)로 표현했습니다.

1   한국의 **비만 퇴치 노력**에 세계 각국이 찬사를 보내고 있다.
    Countries around the world are praising Korea for its **anti-obesity efforts**.

2   정부의 **비만 퇴치 프로그램**은 당초 예상했던 것만큼 성공적이지 못했다.
    The government's **anti-obesity program** was not as successful as expected.

3   30킬로그램 감량은 **비만 퇴치 알약**의 성공을 보여 주었다.
    The weight loss of 30 kilograms reflected the success of the **anti-obesity pill**.

4   **비만 퇴치 아기 분유**라는 발상은 과학자들 사이에서 놀랍다는 반응을 유발했다.
    The idea of an "**anti-obesity baby formula**" has raised eyebrows among scientists.
    ────── raise eyebrows 사람들을 놀라게 하다

5   정부는 해마다 1천5백만 파운드를 **비만 퇴치 프로그램** 예산에 할당하고 있다.
    The government allocates 15 million pounds a year in the budget for its **anti-obesity program**.

Despite vast amounts of money spent on research, and many reports published, **anti-obesity efforts** so far have not made a difference. Obesity rates are still increasing and it is clear that a new approach is needed.
<The Conversation>

연구에 엄청난 돈이 투입되고 많은 보고서들이 발표됐지만, **비만 퇴치 노력**은 이제껏 변화를 만들어 내지 못했다. 비만율은 여전히 증가하고 있고 새로운 접근이 필요하다는 것이 명백하다. 〈컨버세이션〉

vast 어마어마한, 방대한   **publish** 발표하다, 발행하다, 출판하다

빈출 표현 139

많은 남녀들이 **살과의 전쟁**을 벌인다.
Many men and women wage a battle of the bulge.

MP3 139

흔히 말하는 '(뱃)살과의 전쟁'은 영어로 a battle of the bulge라고 합니다. bulge는 불거져 나온 몸의 살을 가리킵니다. 불룩 튀어나온 살과 '전투를 벌인다(wage)'는 뉘앙스죠. 참고로, 대문자로 Battle of the Bulge라고 쓰면 제2차 세계 대전 때의 벌지 전투를 가리키는 말이 되니 꼭 소문자로 써야 합니다. 뱃살의 반대는 왕(王)자 복근인데, 이건 캔 맥주 6개들이 포장 단위에서 유래한 식스팩을 활용해 six pack abs라고 합니다. 우리말로도 '식스팩'이라는 표현을 쓰죠? 강한 코어를 상징하는 멋진 몸의 대명사입니다.

1 60대 여성들은 주름살, 그리고 **뱃살과의 전쟁**을 벌이고 있다.
Women in their 60s are fighting wrinkles and also waging **the battle of the bulge.**

2 '**살과의 전쟁**' 계획은 간헐적 단식을 포함하고 있다.
"The battle of the bulge" plan involves intermittent fasting.
—— intermittent fasting 간헐적 단식

3 이 개 사료를 먹이면 여러분의 반려견이 **살과의 전쟁**에서 이기는 데 도움을 줄 것이다.
This dog food will help your pet dog win **the battle of the bulge.**

4 전국의 학교들은 아동 비만을 억제하기 위해 '**살과의 전쟁**'을 선포했다.
The nation's schools announced a **"battle of the bulge"** to curb child obesity.

5 **살과의 전쟁**이 만만치 않아 보이지만, 그녀는 꾸준히 3년 넘게 다이어트를 해 왔다.
The battle of the bulge may seem daunting, but she has stuck to a diet for more than 3 years.
—— daunting 벅찬, 만만치 않은, 주눅 들게 하는

Southern states struggle the most in **the battle of the bulge**. Obesity is more prevalent in some states than in others.
<Market Watch>

남부 지역 주들이 **살과의 전쟁**에서 가장 애쓰고 있다. 비만은 다른 주들보다 일부 주에 더 만연해 있다. 〈마켓 워치〉

struggle 투쟁하다, 애쓰다   **prevalent** 널리 퍼져 있는, 만연한

빈출 표현 140

끼니를 거르면 **폭식** 위험이 있다.
Skipping meals may result in binge eating.

MP3 140

'폭식'과 '폭음'을 각각 binge eating과 binge drinking이라고 합니다. binge는 '무절제하게 하기', '흥청망청하기'의 의미로, 이처럼 동사와 결합해 다양하게 쓰입니다. 드라마 등을 몰아서 보는 것은 binge watching이라고 합니다. 다이어트하는 분들은 끼니를 거르면(skip meals) 살이 빠질 거라고 착각하는데, 끼니를 거르다가 먹으면 그다음 식사를 할 때 몸에서 영양분을 최대치로 흡수하려고 합니다. 오랫동안 영양분이 들어오지 않을 거라 예상하고 대비하려는 것이죠. 따라서 끼니를 거르는 것은 오히려 다이어트의 적입니다. 정시에 정량을 먹는 게 다이어트의 기본입니다.

1   불규칙적인 단식은 종종 **폭식**으로 이어질 수 있다.
Irregular fasting can lead to **binge eating**.

2   최근의 한 연구는 신경증과 **폭식**이 연관이 있다고 규정했다.
A recent study linked neuroticism to **binge eating**.

3   일부 사람들은 **폭식**이 정신과 치료를 요하는 장애라고 생각한다.
Some people believe **binge eating** is a disorder requiring psychiatric treatment.

4   자가 격리 중인 일부 주민들은 몇 주 동안 **폭식** 때문에 힘들어했다.
Some residents under self-quarantine struggled with **binge eating** for several weeks.

5   **폭식 장애**는 통제력을 잃고 **폭식**을 하며 죄의식을 느끼는 걸 포함한다.
Binge eating disorders comprise **binge eating** with a loss of control and a sense of guilt.

I nonetheless find myself growing frustrated by his lack of self-control and even find myself distancing myself from him emotionally when he has been overeating or **binge-eating**, which ultimately leaves me feeling despondent.
<The Guardian>

그럼에도 나는 그의 자제력 부족 때문에 점점 더 좌절감을 느끼게 되고, 남자 친구가 과식을 하거나 **폭식**을 한 경우, 정서적으로 그와 거리를 두게 된다. 그리고 이로 인해 결국에 실의에 빠지게 된다.
〈가디언〉

nonetheless 그럼에도 불구하고, 그래도   **distance oneself from** ~로부터 거리를 두다
ultimately 결국, 궁극적으로   **despondent** 낙담한, 실의에 빠진

균형 잡힌 식단이 비만을 **물리친다.**
A balanced diet wards off obesity.

MP3 141

You are what you eat.이라는 말이 있습니다. '네가 먹는 게 바로 너를 규정한다.'는 뜻으로, 동서고금을 막론하고 상당 부분 진리로 통하는 말 같습니다. 건강해지려면 건강한 식생활을 해야 하지요. 건강을 증진시키고 기운을 내려면 균형 잡힌 식단(a balanced diet)은 선택이 아닌 필수(not a choice but a necessity)입니다. ward off는 '물리치다'라는 뜻으로 다양한 경우에 사용하는 중요한 동사구이니 꼭 기억했다가 활용하세요.

1   통곡물을 더 많이 섭취하면 당뇨병을 **물리치는 데** 도움이 된다.
Eating more whole grains helps **ward off** diabetes.

2   균형 잡힌 식단을 꾸준히 지키면 각종 질병을 **물리칠 수 있다.**
Sticking to a balanced diet **may ward off** various diseases.

3   슈퍼푸드와 균형 잡힌 식단이 비만을 **물리치는 데** 도움을 줄 수 있는가?
Can superfoods and a well-balanced diet help **ward off** obesity?

4   건강하고 규칙적인 식사 습관은 성인병을 **퇴치하는 데** 확실히 도움이 된다.
A healthy and regular eating habit clearly helps **to ward off** adult diseases.

5   균형이 잘 잡힌 식단 외에도 비타민을 섭취해야 성인병을 **물리칠** 수 있다.
In addition to a well-balanced diet, taking vitamins can help **ward off** adult ailments.

If eaten often (and in combination), superfoods can also play a critical role in stabilizing blood glucose, help **to ward off** other conditions like certain cancers and heart disease, and simply promote overall healthy eating habits. <WebMD>

자주, (그리고 함께) 섭취했을 때 슈퍼푸드는 또한 혈당을 안정시키는 데 대단히 중요한 역할을 할 수 있고, 특정 암과 심장병 같은 다른 질환을 **물리치는 데** 도움을 줄 수 있으며, 단순히 전반적으로 건강한 식습관을 증진시켜 줄 수 있다. 〈WebMD〉

combination 조합, 결합   **stabilize** 안정시키다   **blood glucose** 혈당
promote 증진시키다

CHAPTER 7

중독

요즘은 정말 많은 종류의 중독이 있는 것 같습니다. 대표적인 것이 스마트폰 중독이죠. 5분이라도 스마트폰을 들여다보지 않으면 불안하다는 사람들이 있을 정도입니다. 이들에게서 스마트폰을 빼앗으면 초조함, 무기력감, 심한 경우 우울증이 생길 수도 있습니다. 니코틴 중독은 뿌리가 무척 깊어서 10시간이 넘는 장거리 비행을 하느라 니코틴을 충족할 수 없는 경우 손발이 떨리는 금단 증상이 생긴다고도 합니다. 중독이 무서운 건 사람이 살아가면서 기본적으로 해야 할 일들마저 할 수 없게 만들기 때문입니다. 이제부터는 중독되어도 별 문제 없고 오히려 더 좋은 독서나 운동, 영어 공부 등에 습관을 들여 보면 어떨까 싶네요. 그런 생각을 하면서 중독 관련 뭉치 표현들을 배워 봅시다.

중독 관련 주요 용어

1. 중독 : addiction
   중독자 : addict
2. 의존성 : dependence
3. 집착, 강박 상태 : obsession
4. 갈망 : craving
5. 습관화, 습관성 : habituation
6. 자제, 금욕 : abstinence
7. 인터넷 중독 : Internet addiction
   인터넷 중독자 : Internet addict
8. 게임 중독 : game addiction
   게임 중독자 : game addict
9. 일중독 : workaholism
   일중독자 : workaholic
10. 도박 중독 : gambling addiction
    도박 중독자 : gambling addict

11. 알코올 의존증 : alcoholism
    알코올 의존증 환자 : alcoholic
12. 마약 중독 : drug addiction
    마약 중독자 : drug addict
13. 약물 오남용
    : misuse and overuse of drugs
14. 중추신경계 : central nervous system
15. 환각, 환영, 환청 : hallucination
16. 금단 증상 : withdrawal symptoms
17. 상담 : counseling
18. 심리 요법, 정신 치료 : psychotherapy
19. 약물 치료 : medication treatment
20. 인지 행동 요법
    : cognitive behavioral therapy

청소년 인터넷 중독의 **뿌리가 깊다.**
Internet addiction is deep-rooted among teens.

MP3 142

'중독'은 영어로 addiction입니다. 따라서 '인터넷 중독'은 Internet addiction이라고 표현합니다. 마약 중독은 drug addiction이죠. 단, 알코올 중독(정식 명칭은 '알코올 의존증'입니다)은 alcoholism입니다. '뿌리 깊은'은 영어로 deep-rooted라고 합니다. -ed 형태의 형용사로, '공직 사회에 부패가 뿌리 깊다'는 Corruption is deep-rooted in the public service sector.라고 표현할 수 있습니다. '뿌리' 하면 동사 root out이 생각나는데요, '뿌리째 뽑다'라는 뜻입니다. 삶을 피폐하게 하는 안 좋은 중독은 뿌리째 뽑아야죠.

1 약물 중독은 그 지역에서 **뿌리가 깊다.**
Drug addiction **is deep-rooted** in that region.

2 중독이란 의지의 문제인가 **뿌리 깊은** 질병인가?
Is addiction a problem of will or a **deep-rooted** disease?

3 **뿌리 깊은** 인터넷 중독은 아이 어른 할 것 없이 모두에게 해롭다.
Deep-rooted Internet addiction is harmful not only to kids but also to adults.

4 그것이 문제가 되었다고 깨달을 때쯤 중독증은 **뿌리가 깊어진 상태다.**
By the time they realize it's become a problem, the addiction **is deep-rooted.**

5 알코올 의존증과 인터넷 중독은 20~30대 사이에 **뿌리가 깊다.**
Alcoholism and Internet addiction **are deep-rooted** among those in their 20s to 30s.

Though a **deep-rooted** addiction can be harder to curb, it is within human capacity to stop downing those sugar-laden treats.
<Telengana Today>

뿌리 깊은 중독 증세는 억제하기가 더 어려울 수 있지만, 설탕 범벅인 간식의 섭취를 멈추는 것은 인간의 능력으로 가능하다. 〈텔렌가나 투데이〉

curb 억제하다, 제한하다   **down** 먹다, 마시다, 삼키다   **-laden** ~가 가득한   **treat** 간식

그는 **온라인 게임에 중독되었다.**
He got hooked on online games.

MP3 143

청소년들 사이에서 온라인 게임 중독이 문제가 되고 있다고 합니다. 중국에서는 온라인 중독이 심각한 상태인 청소년들을 치료하기 위해 해병대 캠프 같은 시설에 보내는데, 그곳에는 야외 운동과 단체 규율을 배우며 금단 증상을 해소하는 프로그램이 있다고 하네요. 이처럼 뭔가에 '중독된 사람'은 addict, '중독(증)'은 addiction이라 하며, '~에 중독되다'는 be addicted to ~, be/get hooked on ~이라고 표현합니다. be/get hooked on ~에는 '~에 빠지다, 탐닉하다'의 어감이 있고, be addicted보다 약한 뉘앙스로 쓰입니다.

1   갈수록 많은 10대들이 **온라인 게임에 빠지고 있다.**
    An increasing number of teens **are getting hooked on online games.**

2   그녀는 **온라인 게임에 너무 중독되어** 내리 8시간까지 했다.
    She **was so hooked on online games** that she played for up to 8 hours straight.

3   예전에는 완강히 부인했지만 이제 그는 자신이 **온라인 게임에 빠져 있다고** 인정한다.
    Although he strongly denied it before, he now admits he **is hooked on online games.**

4   '**온라인 게임에 중독된** 내 아이, 어떻게 대처할 것인가?'라는 주제로 세미나가 열렸다.
    A seminar entitled "How should I deal with my child **hooked on online games?**" was held.

5   경찰은 **온라인 게임에 중독된** 한 씨라고 밝혀진 남자가 비디오 게임 비용을 마련하려고 범행을 저질렀다고 밝혔다.
    The police said that the man identified as Han who **is hooked on online games** committed the crime to come up with the money to play video games.

She traded the big city life for her first reporting job in Kalispell, where she shot, wrote and edited her own stories. That is where she fell in love with the outdoors and **got hooked on skiing and snowboarding.**
<CBS>

그녀는 대도시 생활을 버리고 칼리스펠에서 처음 기자 일을 시작했다. 그곳에서 직접 촬영을 하고, 글을 쓰고, 편집도 했다. 그곳에서 그녀는 도시를 벗어난 전원을 사랑하게 되었고 **스키와 스노보딩에 흠뻑 빠졌다.** 〈미국 CBS〉

reporting job 신문기자 등의 보도직   **edit** 편집하다

MP3 144

빈출 표현 144

담배를 **단박에 끊기**는 어렵다.
It is tough to quit smoking cold turkey.

'~를 단박에 끊다'는 quit ~ cold turkey라고 표현합니다. 칠면조의 살가죽은 축축하고 닭살이 돋아 있습니다. 담배나 마약을 끊으면 금단 현상(withdrawal symptoms) 때문에 식은땀이 나고 피부가 창백해진다고 해서 차가운 칠면조 살가죽을 비유해 생긴 표현이죠. 실제로 갑자기 뭔가를 끊은 사람을 차가운 칠면조 같다고도 말하는데요, He looks like a cold turkey.라고 표현합니다.

1 "너무 힘들었지만 담배를 **단박에 끊었다**."고 레이디 가가는 말했다.
   Lady Gaga said, "Although it was so hard, I **quit** smoking **cold turkey**."

2 많은 흡연자들이 **단박에 끊지** 않고 서서히 끊기를 원한다.
   Many smokers don't want to **quit cold turkey** but rather do it gradually.

3 대표이사는 10년 전에 술을 **단박에 끊고** 그 후로는 술을 입에 댄 적이 없다.
   The CEO **quit** drinking **cold turkey** 10 years ago and has never had a drink.

4 그 초등학교 학생들은 작심하고 탄산음료를 **단박에 끊었다**.
   The elementary school students made up their minds and **quit** soda **cold turkey**.

5 '**단박에 끊다**'라는 표현은 준비 없이 또는 서서히 줄이지 않고 뭔가를 갑자기 끊는 걸 의미한다.
   To "**quit cold turkey**" means an abrupt quitting of something without preparation or easing out.

Many people opt to **quit cold turkey** because it seems like the easiest method. Simply not smoking is easy, right? Wrong! Smoking isn't just a bad habit, it's an addiction.
<Econotimes>

많은 사람들은 **단박에 끊는** 방법을 택하는데, 그것이 가장 쉬운 방법처럼 보이기 때문이다. 그냥 담배를 안 피우는 게 쉽지 않나? 그렇지 않다! 흡연은 그냥 나쁜 습관일 뿐인 게 아니라 중독이다.
〈이코노타임스〉

opt to ~하기로 선택하다

빈출 표현 145

그는 오랫동안 **금단 증상에 시달렸다.**

He suffered withdrawal symptoms for a long time.

MP3 **145**

금단 증상(withdrawal symptoms)은 습관이 되거나 중독된 것을 끊었을 때 나타나는 신체적, 정신적으로 불쾌한 반응을 가리킵니다. 식은땀을 흘리고(break out in a cold sweat), 쉽게 짜증이 나고(get cranky), 심지어 분노 조절 장애(anger management issues)를 겪기도 합니다. '금단 증상에 시달리다'라고 표현할 때 '시달리다'는 동사 suffer를 쓰면 됩니다. 참고로, withdrawal은 문맥에 따라서 '(돈) 인출, (군대) 철수'의 뜻으로도 쓰인다는 것을 기억하세요.

1 중독자들은 **금단 증상을 겪기** 마련인데 이는 분노 문제를 야기할 수 있다.
   Addicts are bound to **suffer withdrawal problems** that can lead to anger problems.

2 우울증 치료제를 중단한 환자 절반 이상이 **금단 증상을 겪는다.**
   More than half of patients coming off antidepressants **suffer withdrawal symptoms.**
   ────── come off 약물이나 술 등을 끊다
   ────── antidepressant 우울증 치료제, 항우울제

3 인터넷 사용자들은 약물 중독과 유사한 **금단 증상을 겪을 수 있다.**
   Internet users **can suffer withdrawal symptoms** similar to an addiction to drugs.

4 인터넷으로부터 차단될 경우 일중독자들은 **금단 증상을 겪는다.**
   Workaholics **suffer withdrawal symptoms** when cut off from the Internet.

5 독서 삼매경에 빠지면서 나는 **금단 증상**을 이겨내기 시작했다.
   Immersed in reading, I started to overcome **withdrawal symptoms.**

Newborn infants **can suffer withdrawal symptoms** after being exposed to opioids during pregnancy. But the risk can be minimized.
<The New York Times>

신생아들은 임신 중에 아편 성분 진통제에 노출된 후 **금단 증상을 겪을 수 있다.** 하지만 그 위험을 최소화할 수 있다. 〈뉴욕 타임스〉

newborn (infant) 신생아   **be exposed to** ~에 노출되다   **pregnancy** 임신
minimize 최소화하다

CHAPTER 7 중독   **209**

뉴스와 방송 일을 하면서 가장 많이 하는 것이 기사 작성, 더빙, 그리고 영상 편집입니다. 이렇게 해서 뉴스 리포트 패키지(동영상과 녹음, 자막, 인터뷰 등이 포함된 완성본)를 만듭니다.

예컨대 '한국은행 콜금리 인하', '대통령의 UN 연설', '집중 호우 피해', '전염병 확산', 'BTS의 성공 신화', '전셋값 폭등' 등 여러 분야의 기사를 쓰고 녹음을 합니다. 당연한 거지만 문화 기사는 콜금리 기사를 녹음했던 어조와는 다른 느낌으로 녹음해야 분위기가 살고 '맛있게' 뉴스를 전달할 수 있지요.

태어날 때부터 영어를 사용해 온 원어민도 뉴스에 어울리게 전달하는 연습을 부단히 해야 '전달력'을 높일 수 있다는 건 뉴스 현장에서 많이 확인할 수 있습니다. 우리말이 모국어여도 누구나 다 아나운서 수준의 명료한 발음과 전달력을 갖고 있지 않은 것과 같은 이치죠.

우리나라 아나운서 지망생들은 방송국 제휴 아카데미나 사설 아카데미에서 많은 준비를 하고 채용 시험을 보는데, 카메라 오디션(외모)도 중요하지만, 신뢰를 주는 명확한 전달력(목소리와 좋은 발음, 물론 잘 쓰인 기사에 토대를 두어야겠죠.)이 합격의 큰 관건입니다. 그리고 전달력을 두고두고 발전시켜야 큰 자산이 되겠죠. 그래서 많은 기자들이 목에 좋은 음식도 먹고, 성대를 관리하기 위해 금연도 하고, 체력 관리를 해서 최상의 전달력과 자기만의 스타일을 구축하기 위해 끊임없이 노력합니다.

우리로서는 모국어가 아닌 영어로 전달력을 높이는 건 어려운 일이 아닐 수 없습니다. 게다가 미국식 발음이 좋은가 영국식 발음이 좋은가 하는 것에서부터 애로 사항을 겪을 수 있지요. 발음에 대해서 제 견해를 말씀 드리면, 너무 한쪽에 치우지지 않는 (가령 텍사스 주민의 발음이나 더블린 주민의 발음이 아닌) 중간 발음이 우리나라 사람들에게는 가장 무난하다고 생각합니다. 일각에서는 표준 발음이라고도 하지요. 이런 '중립'적인 발음이 미국인들에게 더 호소력 있고 좋은 인상을 심어 줍니다. 격이 있으면서 고등 교육을 받은 느낌을 준다는 평가를 받을 수 있지요.

단, 비원어민의 발음과 억양을 없애고 유창성을 키우는 것이 중요합니다. 그래서 발음을 교정하고, 평소에 소리 내어 연습을 많이 해야 합니다. 조금 더 욕심을 내자면 어떤 특정 진행자나 앵커를 벤치마킹해서 아침, 점심, 저녁, 그리고 취침 전에 거울을 보며 소리 내어 읽는 연습을 병행하면 도움이 많이 됩니다.

어려서 영어권 국가에 살아서 영어 환경에서 생활을 많이 했다면 회화 능력과 발음은 자동적으로 일정 수준까지 올라옵니다. 그러나 조금 늦은 나이에 본격적으로 영어 학습을 시작하면 구강 구조가 모국어에 맞게 굳어버린 뒤여서 많이 힘이 듭니다.

특이할 만한 점은 사람마다 잘 안 되는 발음이 있다는 사실입니다. 교포나 원어민들도 잘 안 되는 발음들이 간혹 있습니다. L과 R 발음의 구분, 장모음과 단모음의 구별, 연음 법칙 미숙 등이 그 예입니다. lips 같은 단어에서 혀짜래기소리가 나는가 하면, pass를 /path/로, sleep을 /theep/으로 잘못 발음하거나 train을 /twain/이라 발음하는 등 잘 교정되지 않은 발음들이 저마다 있습니다.

이런 문제를 해결하기 위해서는 우선 발음을 정확히 알고 있는 원어민으로부터 무엇이 문제인지 확인 받을 필요가 있습니다. 1분짜리 방송 뉴스 스크립트나 대화체의 인터뷰 등을 읽는 걸 들으면 원어민은 어색한 부분을 바로 집어내어 개선 방안을 제시할 수 있을 것입니다.

제가 신입 기자들을 교육시킬 때 사용하는 방법이 직접 글을 쓰고 그 글을 읽어 보게 하는 것입니다. 그러면서 단어 하나하나부터 구, 문장, 단락, 기사 전체를 비평적으로 피드백해 줍니다. 그 과정에서 공통된 문제들을 종종 발견할 수 있습니다.

기사 작성은 논외로 하고 발음만 얘기하자면 1) 억양 불명확 (너무 밋밋한 발성) 2) 부정확한 발음 3) 음의 강세나 억양 적용 부족 (너무 단조로움) 4) 힘 부족 등이 있습니다.

방송용 더빙은 일반 대화와는 어조와 발성이 다르지만 역시 구어체이기 때문에 최대한 명확하고 매끄럽게 발음하는 훈련을 많이 해야 잘할 수 있습니다.

발음 연습은 '나무'에서 '숲'으로 나아가듯 우선 단어 하나하나를 정확한 부분에 강세를 주며 발음 기호를 염두에 두고 발음하는 연습을 생활화해야 합니다. 이렇게 단어부터 정확하고 또렷하게 발음하는 연습을 한 다음, 뭉치 단위와 문장 단위로 말하는 연습을 하고, 나아가 스토리 텔링을 끊이지 않게, '음악적인' 느낌이 나게 읽는 연습을 해야 합니다. 영어는 강세-박자 언어(stress-timed language)인데, 이런 특성을 살리며 종합적 전달력이 내용과 조화를 이루도록 해야 합니다.

좋은 발음을 키우려면 많이 듣고, 따라 말하고(role playing), 뭉치 단위의 소리를 매끄럽게 처리하는 것이 매우 중요합니다. 다음 문장을 보세요.

The star swimmer/ broke/ the Asian/ swimming record/ that he set/ in 2017./
그 스타 수영 선수는 자신이 2017년에 세웠던 아시아 수영 기록을 깼다.

이 문장에서 매끄러운 발음을 좌우하는 구간은 'that he set'입니다. 소리는 /대디쎌/과 비슷하게 납니다. 철자 h의 발음은 종종 탈락되고 마지막 단어 set의 t는 굴림 소리가 되어 in과 연음되는 조합이 듣기와 말하기에서 부드러움을 좌우합니다.

연음 외에도 끊어 읽기, 강약 조절, 속도 완급, 억양, 리듬감이 영어의 발음을 결정하는 핵심 요소입니다.

PART 5

문화, 연예

CHAPTER 1

영화

영화, 연극, 공연은 대중의 큰 사랑을 받고 있는 문화 여가 활동입니다. 그중에서 특히 저렴하게 잠시 '현실을 탈피'할 수 있는 문화 활동은 영화죠. 영어로는 Movie is my favorite escape.라고 말할 수 있는데, 고된 현실을 잊게 해주는 청량제와 같다는 의미가 깔려 있습니다. 전 세계에서 해마다 수많은 영화가 만들어지고, 영화 평론가들은 관객들을 위해 평론을 내놓으며, 방송이나 신문, 인터넷에서도 문화 코너에서 영화를 소개합니다. 이번 장에서는 영화를 소개할 때 뉴스에서 자주 등장하는 핵심 표현들을 살펴보겠습니다.

영화 관련 주요 용어

1. 영화 산업
   : movie industry, film industry
2. 영화 팬, 영화 관객 : moviegoer
   영화광 : cinephile
3. 장편 극영화 : feature film
4. 단편 영화 : short film
5. 독립 영화, 인디 영화 : independent film
6. 감독 : director
7. 영화 제작자 : filmmaker
8. 촬영 감독 : director of photography
9. A급 배우 : A-list actor
10. 제작비 : production cost
11. 영화 배급 : film distribution
12. 영화 예고편 : movie trailer
13. 자막 : subtitle
14. 개봉 : opening, release, premiere
15. 흥행 실적 : box office record
16. 흥행작 : box office hit[success]
17. 대작, 대히트작 : blockbuster
18. 영화제 : film festival
19. 영화 평론가 : movie critic
20. 속편 : sequel

빈출 표현 146

이 영화의 **주연은 제니퍼 로렌스이다.**
This movie stars actress Jennifer Lawrence.

MP3 146

'이 영화의 주연은 ~다'는 간단하게 'This movie stars actor 배우 이름'이라고 표현하면 됩니다. 여기서 star는 동사로, '~에게 주연을 맡기다, 주연을 맡다'의 뜻이지요. 주연 배우는 leading actor, leading actress, 조연 배우는 supporting actor, supporting actress 라고 합니다. 영화제에서 '최우수 조연상 후보에 오르다'는 be nominated for best supporting actor[actress]라고 하고요. 배우와 비교하여 영화 속의 주연(등장 인물 중 주된 역할)은 leading role, lead character, 조연은 supporting role이라고 합니다.

1 영화 〈아이언맨〉의 **주연은 배우 로버트 다우니 주니어다.**
The movie *Iron Man* **stars actor Robert Downey Jr.**

2 이 영화는 **몇 명의 연기파 배우들이 주연한다.**
This movie **stars several talented actors.**

3 영화 〈타이타닉〉의 **주연은 그 유명한 레오나르도 디카프리오다.**
The movie *Titanic* **stars the famous Leonardo DiCaprio.**

4 이 영화에서는 전직 농구선수가 **깡패 역으로 주연으로 출연한다.**
A former basketball player **stars as a gangster** in this movie.

5 아카데미 남우주연상 2회 수상자 **톰 행크스가 이 영화에서 주연을 맡을 것이다.**
Two-time Academy Award Winner for Best Actor **Tom Hanks will star in this movie.**

Coming this week to DVD/Blue Ray and digital formats is an electrifying crime thriller that **stars Adam Sandler**—not in his usual, comfortable comedic role—but in a film that allows him the rare opportunity to display his talents in a dramatic role. In *Uncut Gems*, Sandler stars as Howard Ratner, a charismatic Jewish jeweler and gambling addict in New York City's Diamond District, whose addiction has left his family and career in shambles and him hundreds of thousands of dollars in debt.
<Herald-Standard>

이번 주에 DVD/블루레이와 디지털 포맷으로 출시되는 이 영화는 **아담 샌들러가 주연한** 박진감 넘치는 범죄 스릴러다. 샌들러는 평소 편안한 코믹 연기를 해 왔지만 이 영화에서는 보기 드물게 극적인 역할을 연기하는 재능을 보여 준다. 〈언컷 젬스〉에서 샌들러는 뉴욕 시 다이아몬드 상가 밀집 지역의 카리스마 넘치는 유대인 보석상 겸 도박 중독자인 하워드 래트너를 연기한다. 래트너는 도박 중독으로 인해 가정과 커리어가 엉망이 됐고 수십 만 달러의 빚더미에 올랐다. 〈헤럴드 스탠더드〉

electrifying 박진감 넘치는   **in shambles** 파괴된, 난장판이 된

이 영화는 실화에 **바탕을 두고 있다.**
This movie **is based on** a true story.

MP3 147

실화에 바탕을 둔 영화는 대체로 더 큰 감동을 줍니다. based는 '기초하고 있는'의 형용사로, be based on은 '~에 바탕을 두다'는 뜻입니다. 그래서 '실화에 바탕을 두다'는 be based on a true story입니다. '책 내용에 바탕을 두다'는 be based on a book인데요, 비슷한 뜻으로 be adapted from a book(책에서 각색하다)도 자주 볼 수 있는 표현입니다. 참고로, base는 명사로 '토대, 기초'의 뜻이고, 동사로는 '~에 근거지를 두다'라고 소재지를 나타내기도 합니다. 예를 들어, 'OECD 본부는 파리에 있다.'는 The OECD headquarters are based in Paris.라고 표현합니다.

1   이 영화는 1930년대의 실화에 **바탕을 두고 있다.**
   This movie **is based on** a true story in the 1930s.

2   영화 〈해리포터〉 시리즈는 소설에 **바탕을 두고 있다.** (즉, 원작이 소설이다.)
   The movie series *Harry Potter* **is based on** a novel.
   The Harry Potter movie franchise **is based on** a novel.

3   이 영화는 동명의 책을 **기초로 하고 있다.**
   This movie **is based on** the book by the same name.

4   그 영화는 한 심리학 교수의 납치 사건에 **기초하고 있다.**
   The movie **is based on** the kidnapping of a psychology professor.

5   영화 〈노인과 바다〉는 헤밍웨이가 쓴 소설에 **기초하고 있다.**
   The movie *The Old Man and the Sea* **is based on** the book written by Hemingway.

For as long as there have been stories about psychics, there have been stories about the government trying to use psychic abilities. Or, well, that's what the conspiracy theories tell us anyway. *The Men Who Stare at Goats* **is based on** the 2004 book of the same name by Jon Ronson, investigating military experiments into psychic abilities.
<Film Daily>

심령술사 관련 이야기들이 존재해 오는 동안 정부가 초능력을 사용하려고 했다는 이야기들이 존재해 왔다. 적어도 음모론에 의하면 그렇다. 영화 〈초(민망한)능력자들〉은 존 론슨의 2004년 작 동명 저서를 **기초로 하고 있다.** 그 책은 초능력으로 군사 실험을 조사하는 이야기이다. 〈필름 데일리〉

psychic 심령술사, 초능력자, 초자연적인, 초능력이 있는   **conspiracy** 음모

빈출 표현 148

영화 〈대부〉의 **배경은** 1940년대 미국**이다.**

The Godfather **is set in** the 1940s in the US.

MP3 148

set은 동사로 '연극, 소설, 영화의 배경을 설정하다'는 뜻이 있습니다. 그런 의미일 때는 주로 수동태로 쓰여서 'be set in ~ 시간/장소(~를 배경으로 하다/~가 배경이다)'의 형태로 쓰입니다. 위의 문장에서도 is set in the 1940s in the US라고 in이 두 번 쓰인 것이 보이시죠? 명사로도 set은 연극, 영화, 드라마의 무대 장치나 공연장, 촬영장을 가리킵니다. 동사 set은 다양한 동사구로 쓰이는데, set ~ up은 '설치하다, 세우다', set out은 '여행을 출발하다, 일에 착수하다', set off는 '출발하다'의 뜻입니다. 이런 동사구(two-word verb, phrasal verb)는 원어민들이 즐겨 사용하는 의미 뭉치이니 청취와 스피킹에서 활용해 보세요.

1 이 영화는 나이지리아**가 배경이다.**
This movie **is set in** Nigeria.

2 영화 〈일루셔니스트〉의 **배경은** 19세기**다.**
The movie *Illusionist* **is set in** the 19th century.

3 그 이야기는 1980년대 초 시카고**가 배경이다.**
The story **is set in** Chicago **in** the early 1980s.

4 이 영화는 제2차 세계대전이 발발하기 직전의 시기**를 배경으로 한다.**
This movie **is set in** the period right before the outbreak of World War II.

5 이 영화 〈정치적인 편집증〉은 미국과 소련이 대치하던 냉전 시대**를 배경으로 한다.**
This movie *Political Paranoia* **is set in** the Cold War era when the US and the former Soviet Union were locked in confrontation.

Set in Manchuria, northeastern China bordering North Korea, **in** the 1930s, the story follows three Korean outlaws hunting for hidden treasure and their dealings with the Japanese army and Chinese and Russian bandits. *The Good, The Bad, The Weird*, screened at the Cannes non-competition section this year, is one of the few Korean films to clinch both critical acclaim and commercial success amid the downward trend of the local movie industry.
<Yonhap News Agency>

1930년대 북한 접경 중국 동북부 지역 만주**를 배경으로 한** 그 이야기는 숨겨진 보물을 찾는 한국인 무법자 세 명과 그들이 일본군과 중국 및 러시아 도적들을 상대하는 이야기를 따라간다. 올해 칸 영화제 비경쟁 부문에서 상영된 영화 〈좋은 놈, 나쁜 놈, 이상한 놈〉은 국내 영화 산업의 하향세 속에서 호평과 상업적 성공을 모두 거머쥔 몇 안 되는 한국 영화 중 하나다. 〈연합뉴스〉

outlaw 무법자, 도망자　　**bandit** 강도, 도적　　**clinch** 성사시키다, 이뤄 내다　　**acclaim** 찬사

MP3 149

빈출 표현 149

그 영화는 **흥행에 성공을 거뒀다.**

The movie **was a box office hit.**

'영화가 흥행에 성공을 거두었다'란 뉴스 헤드라인을 종종 볼 수 있습니다. 쉬운 말로는 흥행 대박이 났다고 하죠. '흥행작'은 입장권을 판매하는 매표소 box office와 hit 또는 success를 결합해서 The movie was a box office hit[success].라고 표현할 수 있습니다. 이 외에도 The film was a huge success.라고도 말할 수 있습니다. 반대로 '실패작'은 a huge failure 또는 a flop이라고 주로 표현합니다. 참고로, box office를 응용한 영화 관련 표현이 여러 가지 있는데, fizzle at the box office는 '영화 매출이 시들하다, 용두사미로 끝나다'의 뜻입니다.

1   그 감독의 새 영화는 **흥행 성공을 거뒀다.**
    The director's new movie **was a box office hit.**

2   **흥행 성공작**을 점치기는 아직 너무 이르다.
    It is too early to predict **a box office hit.**

3   예상대로 그 영화는 **흥행에 성공했다.**
    As expected, the movie **was a box office hit.**

4   많은 비평가들은 이 영화가 **흥행작이 될 것으로** 예상하고 있다.
    Many critics expect this movie **will be a box office hit.**

5   〈마이 맨 갓프리〉는 개봉과 동시에 큰 호평을 받았으며 **흥행에 성공했다.**
    My Man Godfrey was released to great acclaim and **was a box office hit.**

There's a reason the film industry doesn't measure the success of modern movies against those of the past—movie ticket inflation isn't an exact science. There are so many factors behind what makes a movie **a box office success** and those factors have changed since the earliest days of cinema. For one, consumers have many more choices of what to spend their money on when it comes to entertainment.
<CNBC>

영화업계가 현대 영화의 성공을 과거 영화의 성공과 저울질하지 않는 이유가 있다. 즉, 영화 입장료 상승률이 정밀 과학이 아니기 때문이다. 한 영화의 **흥행 성공**을 뒤에서 좌우하는 요소가 너무나도 많고, 그 요소들은 영화 탄생 초기 이후로 계속 변해 왔다. 우선 오락에 관한 한 소비자들은 자신의 돈을 무엇에 쓸지 선택의 여지가 더 많아졌다. 〈CNBC〉

measure A against B B에 비교해 A를 저울질하다   **exact science** 정밀 과학(수학, 물리학 등)
when it comes to ~에 관한 한

빈출 표현 150

표가 **매진됐다**.

Tickets were sold out.

MP3 150

sell은 타동사로 '팔다'이고 이를 수동태로 쓴 be sold는 '팔리다'입니다. 여기에 out이 붙은 be sold out은 '완전히 팔리다', 즉 '매진되다'의 뜻이에요. out이 '완전히, 모두'의 의미를 포함하고 있어서 '다 팔리다'라고 해석할 수 있습니다. 응용 표현으로 a sell-out crowd가 있는데, 이는 공연 등의 표가 매진되어 '만석인 관객[관중]'이라는 뜻입니다. 참고로 '순식간에 매진되다'는 be sold out in a matter of minutes로 표현합니다.

1 연일 표가 **매진되고 있다**.
Tickets **are being sold out** every day.

2 오늘 상영 티켓이 전회 **매진됐다**.
All the tickets for today's screening **were sold out**.

3 총 13회 공연이 시작되기도 전에 **매진됐다**.
All 13 performances **were sold out** even before the run began.

4 주인공이 BTS라는 사실만으로 영화가 인기를 끌어서 표가 **매진될 정도였다**.
With just the fact that the star was BTS, the movie was so popular that the tickets **were sold out**.

5 BTS 컴백 공연 티켓이 발매가 시작된 지 5시간 만에 모두 **매진됐다**.
In just five hours since tickets went on sale for BTS's comeback concert, all the tickets **were sold out**.

The San Antonio Zoo has announced it has added more dates for Drive-Thru Experience for those who would like to take the kids out after being cooped up at home. However, you may be paying a bit more. Zoo officials told KPRC's sister station that tickets for the "once-in-a-lifetime" Drive-Thru Zoo Experience for May 1-3 **were sold out** within hours. The zoo will be open daily through May 17.
<Click2Houston>

샌안토니오 동물원은 집에 박혀 있던 아이들을 데리고 나가고 싶어 하는 사람들을 위해 드라이브스루 경험 행사일을 더 늘렸다고 발표했다. 하지만 방문객들은 입장료 웃돈을 내야 할지도 모른다. 동물원 관계자들이 KPRC의 자매 방송국과의 인터뷰에서 5월 1일부터 3일자 '일생 일대의' 드라이브스루 동물원 관람 경험 입장표가 몇 시간 만에 **매진되었다**고 말했다. 동물원은 5월 17일까지 매일 개장한다.
〈클릭2휴스턴〉

coop up 사람이나 짐승을 좁은 곳에 가두다

CHAPTER 2

✦

TV

TV를 통해 우리는 뉴스, 드라마, 예능, 다큐멘터리 등 많은 방송과 콘텐츠를 손쉽게 접합니다. 요즘은 케이블과 위성 TV, IPTV를 통해 국내외의 다양한 프로그램과 무수히 많은 콘텐츠를 즐길 수 있어서 그야말로 안방극장이라는 말이 잘 어울리는 세상이 되었죠. 방송 콘텐츠는 송출 방식의 차이에 따라 뉴스 같은 생방송, 드라마나 예능 등의 녹화방송, 또는 운동 경기 같은 중계 방송 등 다양합니다. 재방송도 빼놓을 수 없죠. 또 방송 형태에 따라 지상파 방송, 위성 방송, 인터넷 방송 등이 있습니다. 인기 있는 프로그램은 케이블에서도 여러 차례 재방송되어 반복 시청할 수 있습니다. 이 장에서는 TV와 관련한 몇 가지 고빈도 뭉치 표현을 배워 보겠습니다.

TV 관련 주요 용어

1. 시사 프로그램 : current affairs program
2. 토크쇼 : talk show(미국 영어), chat show(영국 영어)
3. 예능 프로그램 : TV show, variety show
4. 신파 연속극 : soap opera
5. 리얼리티 프로그램 : reality show
6. 시트콤 : sitcom, situation comedy
7. 뉴스 보도 : news coverage
8. 스포츠 중계 : sports broadcast
9. 일기 예보 : weather forecast
10. TV 광고 : commercial, TV ad, advert

11. 시청률 : (viewer) rating, viewership
12. 방송 시간 : air time
13. 황금 시간대 : prime time
14. 생방송 : live broadcast
15. 녹화방송 : pre-recorded broadcast
16. 본방송 : first airing, first run
17. 재방송 : rerun
18. 지상파 방송 : terrestrial broadcasting
19. 위성 방송 : satellite broadcasting
20. 인터넷 방송 : Internet broadcasting

이 뉴스 보도는 화요일 오후 8시에 **방송될 예정이다.**

This news report is set to air at 8 p.m. on Tuesday.

MP3 151

be set to는 '~할 예정이다'의 뜻이고 air는 동사로 '방송하다, 방영하다', 즉 be broadcast 와 같은 의미입니다. 따라서 be set to air는 '방송될[방영될] 예정이다'는 뜻이 됩니다. 대체어로 be slated to air와 be expected to air가 있습니다. be set to는 실전 청취 상황 에서 be said to(~라고 전해진다)와 발음이 같아서 혼동하기 쉬우니 문맥의 흐름을 따라 가며 센스 있게 파악할 필요가 있습니다.

1 이 프로그램은 오늘 밤 10시에 **방송될 예정이다.**
This program **is set to air** at 10 tonight.

2 본방송은 다음 주에 **첫 방송될 예정이다.**
The first run **is set to first air** next week.

3 이 드라마 시리즈는 이번 달 20일부터 **방영될 예정이다.**
This drama series **is set to air** from the 20th of this month.

4 남북정상회담은 오늘 오후에 전 세계로 **생방송될 예정이다.**
The inter-Korean summit **is set to air live** around the world this afternoon.

5 그 새 시리즈는 CNN에서 매주 화요일부터 목요일까지 밤 9시부터 10시 반까지 **방송될 예정이다.**
The new series **is set to air** on CNN every Tuesday through Thursday from 9 p.m. to 10:30 p.m.

The Cuban-born filmmaker has spent the last five years working on a landmark three-part, six-hour series that chronicles the 500-plus years of Latino contributions to the United States. The series, dubbed *Latino Americans*, **is set to air** nationally on PBS during Hispanic Heritage Month. It will premiere on Tuesday and run through Oct. 1.
<Huffington Post>

쿠바 출신인 그 영화감독은 지난 5년간 여섯 시간짜리 기념비적인 3부작 시리즈를 작업하는 데 보냈다. 그 작품은 500년이 넘도록 라틴계 민족이 미국에 기여한 바를 연대기 순으로 보여 주고 있다. 〈라틴계 미국인들〉이라고 이름 붙은 이 시리즈는 히스패닉 문화 유산의 달(9월15일~10월 15일) 기간 동안 PBS 채널에서 전국에 **방영될 예정이다.** 화요일에 첫 방송이 나가고 10월 1일까지 계속 방영될 것이다. 〈허핑턴 포스트〉

chronicle 연대기 순으로 기록하다 **dub** 새 이름[별명]을 붙이다 **heritage** 유산 **premiere** 처음 방송되다, 초연하다

빈출 표현
152

모든 뉴스는 **생방송으로 방영된다**.
All news **is broadcast live.**

MP3 **152**

모든 뉴스는 원칙적으로 생방송을 합니다. 뉴스의 생명이 신속, 정확이기 때문이지요. 생방송이기에 방송 사고가 곧잘 일어나기도 합니다. '~가 생방송되다'는 ~ be broadcast live라고 표현합니다. broadcast가 동사로 '~를 방송하다'의 뜻으로, '~가 방송되다'는 수동태로 be broadcast라고 합니다. '생방송되다'는 live를 덧붙이면 되는데, 여기서 live는 부사로 '생방송으로'의 의미입니다. '생방송되다'는 be televised live라고도 하는데, televise는 '텔레비전으로 방송하다'란 뜻입니다. 인터뷰 같은 경우는 사전에 녹화해서 내보내는 경우가 많은데, 이때는 이 사실을 사전에 언급하거나 화면 상단에 Pre-recorded 등의 자막으로 명시하는 것이 관례입니다.

1 아리랑 뉴스는 하루에 4번 **생방송된다**.
   Arirang News **is broadcast live** 4 times a day.

2 그 프로그램은 스튜디오 관객 앞에서 금요일마다 **생방송된다**.
   The program **is broadcast live** on Fridays before a studio audience.

3 이 프로그램은 TV와 라디오로 매일 밤 9시에 **생방송된다**.
   This program **is broadcast live** every night at 9 p.m. on both TV and radio.

4 한일 야구 경기는 전국에 **생방송될** 예정이다.
   The Korea-Japan baseball match is expected to **be broadcast live** nationwide.

5 그는 **생방송 프로그램**에 출연하여 (그 전에) 물의를 일으킨 것에 사과했다.
   Appearing on **a live broadcast**, he apologized for having created a stir.
   ——— 여기서 live는 형용사로 '생방송의'

Councilman Brian Unger and others want the city to press Comcast to provide funds or technology so that the city council and other meetings **can be broadcast live** and posted on the Web for home viewing on televisions or computers.
<APP.com>

시의원 브라이언 웅거와 다른 의원들은 시가 컴캐스트를 압박해서 그쪽에서 자금이나 기술을 지원해 주길 원하고 있다. 그렇게 해서 시의회와 기타 회의들이 **생방송으로 중계되고** 인터넷에 게시되어서 TV나 컴퓨터를 통해 가정에서 시청할 수 있기를 바라고 있다. 〈APP.com〉

councilman 시의회 의원   **press** 압박[압력]을 가하다   **city council** 시의회

153 빈출 표현

드라마 〈기묘한 이야기〉의 시청률이 **최고 기록을 세웠다.**
The viewership of the drama *Stranger Things* set a new record.

MP3 153

큰 인기를 끄는 프로그램과 함께 자주 볼 수 있는 표현이 '시청률이 기록을 세우다'입니다. '기록을 세우다'는 영어로 set a record라고 하는데요, 운동 경기의 기록이나 유튜브의 구독자 수나 시청자 수 등 기록과 관련하여 다양한 문맥에서 활용되는 굉장히 중요한 어구입니다. '역대 최고 기록을 세우다'는 set an all-time record라고 하죠. '기록을 세우다' 외에 '기록을 깨다, 갱신하다, 갈아치우다'라고도 말하는데요, 이에 해당하는 표현이 바로 각각 break the record, renew the record, replace the record입니다. 이 뭉치 표현들은 모두 매우 자주 쓰이므로 기억해 두었다가 잘 활용하세요.

1 이 드라마는 **역대 최고** 시청률 **기록을 세웠다.**
This drama **set an all-time record in** viewership.

2 〈1박2일〉은 **최고** 시청률 **기록 달성에** 실패했다.
The program *One Night and Two Days* failed to **set a new record in** viewership.

3 이 TV 방송국은 축구 최장 시간 중계 방송 **기록을 세웠다.**
This TV station **set a record for** the longest airing time in broadcasting soccer matches.

4 지난해 1억 명 이상이 그 경기를 시청했고 미국 TV 프로그램 사상 **최고** 시청률 **기록을 세웠다.**
Last year, more than 100 million people watched the game, **setting a record for** viewership for an American television program.

5 〈위킹 데드〉는 지난주에 이어 또 한 번 **시청률 기록을 갈아치웠다.**
The Walking Dead **replaced the viewership record** it had set last week.

Americans **set a record** for the number of votes cast in this presidential election but failed to make history with the percentage of voter turnout, experts said. Curtis Gans, director of American University's Center for the Study of the American Electorate, said Thursday that percentage turnout was lower because Republicans stayed away from the polls.
<CNN>

미국인들은 이번 대선에서 투표 수에 있어 **기록을 세웠**으나 투표율에 있어서는 역사적 기록을 달성하지 못했다고 전문가들은 말했다. 아메리칸 대학교의 미국 유권자 연구 센터 소장 커티스 갠스는 투표율이 더 낮았던 이유는 공화당 지지자들이 투표에 참가하지 않았기 때문이라고 목요일에 말했다. 〈CNN〉

votes cast 투표 수   **voter turnout** 투표율   **electorate** 유권자

이 프로그램은 주말에 **재방송될 것이다**.
This program will be rerun over the weekend.

MP3 154

예전에는 보고 싶은 프로그램을 놓치면 재방송 시간을 확인해서 챙겨 봤지만, 요즘은 IPTV로 언제든지 다시 볼 수가 있습니다. rerun은 명사로 '재방송', 동사로 '재방송하다'의 뜻입니다. run(방송하다, 사진이나 영상 등을 내보내다, 돌리다) 앞에 접두어 re-를 붙인 단어입니다. 프로그램을 목적어로 will rerun the program(프로그램을 재방송할 것이다)이라고 쓰거나 프로그램을 주어로 수동태로 the program will be rerun(프로그램이 재방송될 것이다)이라고 씁니다. 참고로, 재방송 말고 '본방송을 시청하다'는 뭐라고 할까요? catch the program when it first airs 또는 watch the first airing이라고 합니다.

1   이 프로그램은 당사의 케이블 채널에서 **재방송될 것이다**.
    This program **will be rerun** on our cable channel.

2   방송사들은 **재방송을 내보내면** 비용을 절감할 수 있다.
    When broadcasters **rerun programs**, they can save money.

3   〈프로젝트 런웨이 KOREA〉 6화는 18일 밤 11시에 **재방송된다**.
    The 6th episode of *Project Runway Korea* **will be rerun** at 11 p.m. on the 18th.

4   이 드라마를 **5편 몰아서 재방송**으로 보는 사람들이 늘고 있다.
    There are a growing number of people who are watching **5 straight reruns of** this drama.

5   본방을 놓친 사람들은 스포츠 채널 ESPN에서 3월 17일에 방송될 **재방송을 볼 수 있다**.
    Viewers who missed the first airing can **catch the rerun** that will air on March 17th on the sports channel ESPN.

Jeopardy! **is bringing back reruns** of Ken Jennings' 74-game winning streak from 2004. From May 4 to 15, reruns of select *Jeopardy!* episodes will air in syndication in place of regularly scheduled episodes, which stopped production in March. The two-week-long event will start with a re-airing of Jennings' first game ever, which originally aired June 2, 2004.
<The Wrap>

퀴즈쇼 〈제퍼디!〉는 2004년에 참가자 켄 제닝스가 세운 74연승 방송분을 **재방송할 예정이다**. 5월 4일부터 15일까지 정규 편성 프로그램 대신 엄선한 〈제퍼디!〉 재방송분이 방영될 것이다. 정규 프로그램 제작은 3월에 중단되었다. 2주간의 이 이벤트는 2004년 6월 2일에 본방송된 제닝스 씨의 최초 퀴즈 게임 재방송으로 시작할 것이다. 〈랩〉

streak 연속   **in place of** ~ 대신에

그 장면이 **검열에서 삭제되었다.**
The scene was edited out.

MP3 **155**

방송에서 자극적인 장면을 삭제하거나 초상권을 존중해서 얼굴을 모자이크 처리하는 걸 볼 수 있습니다. 이런 것을 edit out(편집하여 잘라내다)이라고 합니다. edit만 쓰면 '편집하다'의 뜻이며, edit out이라고 해야 '삭제하다'는 뜻이 되죠. censor (out)(검열하여 삭제하다)로 바꿔 쓸 수 있습니다. 그래서 '(검열에서) 삭제되다'는 be edited out이나 be censored (out)라고 씁니다. 그래서 an uncensored version은 '무삭제판'입니다. 참고로 욕설 같은 말을 '삐' 소리로 삭제하는 것은 bleep out이라고 합니다. 출연자가 자신의 실명을 밝히지 말라고 하는 경우도 있는데, '실명을 밝히지 말아 달라고 부탁하다'는 ask A not to use one's real name이라고 합니다. 이때 사용하는 가명은 alias라고 하죠.

1 불필요한 장면들은 **과감하게 삭제되었다.**
The gratuitous scenes **were thoroughly edited out**.
—— gratuitous 불필요한, 쓸데없는

2 이 장면은 심의 과정에서 **삭제되었다.**
This scene **was edited out** during the censorship process.

3 잔인한 장면들은 본방송 전에 **편집에서 삭제될 것이다.**
The graphic scenes **will be censored out** before the first airing.

4 그 영화는 국내 수입 불가 판정을 받았다가 2018년에 일부 장면이 **삭제된** 후 국내에 개봉됐다.
The film had been banned from domestic import but was later released in 2018 after some scenes **were edited out**.

5 결국에는 **무삭제판**으로 개봉하기로 결정이 났다.
In the end, it was decided that **the uncensored version** of the film be released.

After *House of Cards'* lead actor Kevin Spacey was hit with several allegations of sexual misconduct, Netflix put the show's upcoming season on an indefinite hiatus, and word broke that he'**ll be edited out** of his latest movie.
<Vice>

〈하우스 오브 카드〉의 주연 배우 케빈 스페이시가 성추행 혐의를 여러 차례 받고 난 뒤에 넷플릭스는 드라마의 향후 시즌 방영 계획을 무기한 중단했으며, 그는 최신 영화에서 **삭제될 것**이란 소식이 전해졌다. 〈바이스〉

allegation 혐의　**misconduct** 위법 행위, 비행　**hiatus** 중단, 틈
put ~ on a hiatus ~를 중단하다

CHAPTER 3

⚜

공연

요즘 영화가 뮤지컬이나 연극으로 각색되어 무대에 올려지는 경우가 적지 않습니다. 원작의 흥행에 힘입어 상업적인 성공을 꾀한다고 볼 수도 있겠으나 스크린이 아닌 무대를 통해 관객에게 더 가까이 다가가 감동과 웃음을 준다는 데 매력이 있다고 생각합니다. 조용히 보는 영화와 달리 음악 공연이나 뮤지컬에서는 감정을 발산하고 같이 호흡할 수 있어서 좀 더 역동적인 경험이 되지 않나 싶습니다. 이번 장에서는 공연과 관련한 다양한 표현을 알아봅니다.

공연 관련 주요 용어

1. 희극 : comedy
2. 비극 : tragedy
3. 연극배우 : theater actor, stage actor
4. 공연 예술 : performing arts
5. 공연 산업 : performing arts industry,
   음악 공연 사업 : concert industry
6. 공연 기획
   : concert organization
7. 자선 공연
   : charity concert, benefit concert
8. 교향악단 : symphony orchestra
9. 현악기 : string instrument
10. 타악기 : percussion instrument
11. 관악기 : wind instrument

12. 극단 : theater company
13. 무용단 : dance company,
    dance group, dance troupe
14. 기획사 : entertainment management
    company
15. 입석 : standing seat
16. 테크 리허설 : technical rehearsal
    (조명 큐, 음향 큐 등을 포함한 모든
    기술적 사항을 점검하는 연습)
17. 극작가, 각본가
    : playwright, dramatist, screenwriter
18. 마티네(연극·영화 등의 주간 공연·상영)
    : matinee
19. 총연습 : dress rehearsal
20. 예매하다 : book[reserve] a ticket

빈출 표현 156

이 뮤지컬은 흥행 영화를 각색한 것이다.

This musical **was adapted from a hit movie.**

MP3 156

'각색하다'는 영어로 adapt인데, 원래 '맞추다, 조정하다, 적응하다'란 뜻입니다. We need to adapt ourselves to the weather(우리는 날씨에 적응할 필요가 있다).처럼 말이죠. 원 작품에서 연극으로 옮길 때 연극이라는 무대에 맞게 조정해야 하는 거잖아요. 그래서 '각색하다'의 의미를 갖게 된 것입니다. 앞서 배운 be based on(~에 바탕을 두다)과 유사한 표현이고 혼용해서도 됩니다. 참고로 '~를 각색한 작품'은 an adaptation of ~라고 표현합니다.

1 그 인기 뮤지컬은 1966년에 나온 소설**에서 각색되었다.**
The popular musical **was adapted from** the 1966 novel.

2 그 12부작 드라마는 베스트셀러 소설**에서 각색됐다.**
The 12-part series **was adapted from** a bestselling novel.

3 갈수록 많은 뮤지컬이 영화**에서 각색되고 있다.**
More and more musicals **are being adapted from** movies.

4 영화 〈드래곤볼〉은 원작인 일본 만화**를 각색한 작품이다.**
The film *Dragon Ball Evolution* **was adapted from** the original Japanese comics.

5 〈해리포터〉**를 각색한** 영화 시리즈는 모두 흥행에 성공했다.
The movie series **adapted from** the book *Harry Potter* were all hits.

It has been hard to escape mention of *Normal People*, the heady, romantic TV series that's captured the attention of millions of viewers around the world. **Adapted from** Sally Rooney's Man Booker Prize-longlisted novel of the same name, the show follows the passionate on-off love story of Irish teenagers Connell and Marianne.
<The Sydney Morning Herald>

전 세계 수백만 시청자들의 관심을 사로잡은 자극적인 로맨스 TV 시리즈 〈노멀 피플〉의 언급을 피하는 건 힘든 일이었다. 맨부커 상 후보에 오른 적 있는 샐리 루니의 동명 소설**을 각색한** 이 드라마는 아일랜드 십 대 청소년 코넬과 마리앤의 만남과 이별이 반복되는 열정적인 사랑 이야기를 다루고 있다. 〈시드니 모닝 헤럴드〉

heady 자극적인, 흥분시키는   **-longlisted** 후보 목록에 오른

빈출 표현 157

아이들은 그 뮤지컬**에서 눈을 떼지 못했다.**

Kids **were transfixed by** the musical.

MP3 **157**

transfix는 '못박다, 그 자리에 고정시키다'란 뜻으로, 주로 수동태로 쓰여서 be transfixed by ~는 '~에 놀라서 얼어붙다'의 뜻입니다. 거기서 나아가 '눈앞에 펼쳐지는 광경에서 눈을 뗄 수 없다'는 의미도 갖게 되었죠. 큰 인기를 끌었던 애니메이션 〈슈렉〉은 뮤지컬로도 제작되어 정교한 분장과 무대 의상으로 역시 큰 인기를 끌었다고 하는데, 특히 아이들이 홀린 듯이 눈을 뗄 수 없었다고 합니다. 공연 시간이 거의 3시간이 되는데도 말이죠. 이렇게 공연에 홀려 꼼짝 못하는 모습이 바로 be transfixed입니다. '~에서 눈을 뗄 수 없다'를 다른 말로 can't take one's eyes off ~라고도 자주 표현합니다.

1   이야기 전개가 박진감이 넘쳐서 **잠시도 눈을 뗄 수가 없다.**
The story is so fast-paced that you **are transfixed by** what you see.

2   관객은 배우가 늑대로 변신하는 모습에서 **눈을 뗄 수 없었다.**
The audience **were transfixed by** the transformation of the actor into a wolf.

3   그녀는 무대가 농장에서 도시로 빠르게 변하는 모습에 **눈을 뗄 수 없었다.**
She **was transfixed by** the rapid transition of the stage from a farm to a city.

4   무대 의상이 너무 화려해서 우리는 **눈을 뗄 수가 없었다.**
We **were transfixed by** the stage costumes because they were very elaborate.

5   BTS는 **눈을 뗄 수 없을** 정도로 멋지다며 여성 팬들이 열광한다.
Female fans are going wild about BTS saying that they are so dashing that they **are transfixed by** them.

A young boy I took to see the musical **was transfixed by** Shrek and Seraphin didn't even get restless though the musical, based on the famous movie, runs two and a half hours. It's not easy being green. The show cost more than 20 million dollars to stage and having spent some time with the cast, I can certainly see why.
<ABC News>

내가 뮤지컬 관람에 데려간 어린 소년은 슈렉에게서 **눈을 떼지 못했**고, 유명한 영화를 각색한 그 뮤지컬의 공연 시간이 두 시간 반이나 됐지만 세라핀은 전혀 지루해하지 않았다. 초록색 분장을 하는 게 쉬운 일이 아니다. 무대에 올리기 위한 공연 제작비가 2천만 달러 이상이 들었는데, 배역진과 시간을 조금 내 보니 왜 그리 많은 돈이 들었는지 알 수 있다. 〈ABC News〉

restless (지루하거나 따분해서) 가만히 못 있는

빈출 표현
158

그 공연은 다음 주**까지 상연된다.**
The performance runs until next week.

MP3 158

공연을 소개할 때 필요한 건 상연 날짜, 시간, 장소, 입장료, 출연진 등일 것입니다. 시간과 장소는 영어로 time and venue(혹은 place)라고 하고, '~까지 상연됩니다'는 'run until+요일/날짜'로 씁니다. TV 광고나 공연 안내 기사와 포스터에서 많이 볼 수 있는 표현이죠. 전치사 by와 until은 우리말로 모두 '까지'라고 번역되어 혼동하기 쉬운데, by는 특정 시점의 '마감' 개념이어서 Hand in the assignment by Friday(금요일까지 숙제를 제출하세요).처럼 쓰이고, until은 그 기간 내내 '지속'의 개념으로 He waited for her until she arrived(그는 그녀가 도착할 때까지 기다렸다).처럼 활용합니다. 공연은 그때까지 계속 진행되는 것이므로 until을 씁니다.

1   이 뮤지컬은 3월 1일까지 계속 **공연될 예정이다**.
  This musical **will run until** March 1st.

2   공연이 4월 초**까지 상연되면** 올해 앵콜 공연 계획은 없다.
  When the performance **runs until** early April, there are no plans for an encore performance this year.

3   〈하드록 카페〉는 다음 주**까지** 서울에서 **상연된** 후 지방 순회 공연을 할 예정이다.
  Hard Rock Café will go on a road tour after the Seoul performance **running until** next week.

4   이달 말**까지 상연되는** 공연은 많은 외국 관객을 모을 전망이다.
  The performance **running until** the end of this month is expected to attract a lot of foreign audience.

The performance consists of no dialogue from the actors. "This can also be a selling point to foreigners as well, since they can easily relate to the performance, and enjoy the multi-colored side of Korean tradition," said Son. This performance **runs until** Oct. 29 at the Jeongdong Theater in central Seoul. Shows are held at 4 p.m. and 8 p.m. There are no shows on Mondays. Tickets cost between 40,000 won ($35.26) and 60,000 won.
<Korea JoongAng Daily>

공연에서 연기자들의 대사는 전혀 없다. 손 씨는 "이 점도 외국인들에게 장점이 될 수 있습니다. 그들이 공연에 쉽게 공감할 수 있고 한국 전통의 다채로운 면을 즐길 수 있기 때문이죠."라고 말했다. 이 공연은 서울 도심에 위치한 정동극장에서 10월 29일**까지 진행된다**. 공연은 오후 4시와 8시에 열린다. 월요일에는 공연이 없다. 입장권 가격은 4만원(35달러 26센트)에서 6만원 사이로 책정되어 있다.
〈코리아 중앙 데일리〉

selling point 장점   **relate to** 이해하다, 공감하다, ~와 관련되다

그 음악회에 대한 관객의 **반응이 뜨거웠다.**
The music concert got rave reviews from the audience.

MP3 159

공연과 관련해 '관객 반응이 뜨겁다/냉랭하다' 하는 뭉치 표현을 많이 씁니다. The response was positive/negative.라고도 말할 수 있지만, 원어민들이 잘 쓰는 단어로 rave가 있습니다. 형용사로 '격찬하는, 무척 열광하는'의 뜻입니다. 그리고 review는 '평가, 비평'의 뜻으로, 특정인의 비평이 아닌 전반적인 평가를 나타낼 경우 주로 복수로 씁니다. 관객들의 평가는 다양할 테니까요. 그래서 '~로부터 뜨거운 반응을 얻다'는 get rave reviews from ~으로 표현할 수 있습니다. reviews가 들어간 응용 표현으로 get bad reviews(혹평을 받다), get mixed reviews(엇갈린 평을 받다)도 같이 알아 두세요.

1 BTS의 뮤직 비디오에 대한 팬들**의 반응이 뜨겁다.**
The music video by BTS **is getting rave reviews from** fans.

2 그녀의 공연은 그녀를 '짜릿하다'고 보는 **뜨거운 반응을 받는** 경향이 있다.
Her performances tend to **get rave reviews** that deem her to be "electric."

3 새로운 접근법을 시도하는 그 공연에 대한 네티즌들**의 반응이 뜨겁다.**
The performance that uses a new approach **is getting rave reviews from** netizens.

4 두 톱스타의 키스 장면에 시청자들**의 반응이 뜨겁다.**
The kiss scene between the two top stars **is getting rave reviews from** the TV audience.

5 예상과 달리 전통 무용 공연이 관광객들**에게 뜨거운 반응을 얻고 있다.**
Contrary to expectations, the traditional dance performance **is getting rave reviews from** tourists.

The new series A World of Married Couple airing on Viu on Fridays and Saturdays **is getting rave reviews** on social media **from** Filipinos who are fans of Korean teleserye. A World of Married Couple stars Kim Hee Ae in the role of Ji Sun Woo, a doctor whose seemingly picture-perfect family life begins to crumble after discovering her husband has been cheating on her.
<Philippine Entertainment Portal>

드라마 앱 '비우'를 통해 금요일과 토요일에 방송되는 새 시리즈 〈부부의 세계〉가 SNS상에서 한국 TV 드라마 팬인 필리핀 사람들**에게서 뜨거운 반응을 얻고 있다.** 〈부부의 세계〉에서 배우 김희애는 주인공 지선우 역할을 맡고 있다. 의사 지선우의 겉으로는 완벽해 보이는 가정 생활은 남편이 바람을 피운다는 걸 알게 되면서 무너지기 시작한다. 〈필리핀 엔터테인먼트 포털〉

teleserye 연속극 형식의 TV 드라마(필리핀에서 통용되는 영어)   **crumble** 무너지다, 허물어지다이 공연은 연극에 새로운 시도를 보여 주고 있다.

This performance takes a fresh approach to plays.

MP3 160

'구태의연한(run of the mill)' 방식이나 '그저 그런(mediocre)' 것보다는 이전과 다른 새로운 시도가 호평을 받는 경우가 많습니다. 신선하고 새로운 방식이나 시도는 '청량제'라고 말하기도 합니다. 영어로는 a breath of fresh air라고 하죠. 즉, '신선한 공기'에 비유하기도 합니다. 이와 비슷한 뉘앙스로 '~에 새로운 접근을[시도를] 하다'를 take a fresh approach to ~라고 합니다. an outdated approach는 '구태의연한 접근'의 뜻으로, 이 표현도 함께 알아 두세요.

1 그 공연단은 마케팅에 새로운 시도를 해서 매표 매출이 급성장했다.
The performance troupe **took a fresh approach to** marketing and ticket sales took off.

2 그녀는 음악에 새로운 시도를 해서 음악 팬들의 뜨거운 반응을 얻었다.
She **had taken a fresh approach to** music and this earned rave reviews from music fans.

3 우여곡절이 많았지만 그는 꾸준히 연기에 새로운 시도를 했다.
Although there have been lots of ups and downs, he constantly **took fresh approaches to** his acting.

4 관객과 배우들 모두 이 새로운 공연 시도를 환영했다.
Both the audience and the actors welcomed **this fresh approach to** the performance.

5 공연 기획과 운영에 새로운 시도를 하지 않으면 우리는 이 난국을 타개할 수가 없다.
Unless **a fresh approach is taken to** the performance planning and management, we won't be able to overcome this crisis.

The performances were selected from 68 candidates across China, created by young and up-and-coming artists. Unlike traditional theaters, these innovative performances **take a fresh approach to** storytelling and artistry.
<Shine>

공연은 중국 전역의 젊고 유망한 아티스트들이 만든 68개 후보작 중에서 선정되었다. 전통 무대 공연과 달리 이 혁신적인 공연들은 스토리텔링과 예술성에 새로운 시도를 하고 있다. 〈샤인〉

up-and-coming 전도가 유망한, 떠오르는

CHAPTER 4

연예가 화제

연예인들의 일거수일투족을 따라다니는 파파라치들과 연예 전문 기자들이 시시각각 뉴스를 쏟아내는 세상입니다. 그중에서도 단골 메뉴가 sex와 scandal이죠. 유명인이 되면 어쩔 수 없이 감시와 관찰의 대상이 되는데, 사생활 침해의 경계도 모호해지고 온갖 소문이 따라다니게 됩니다. 그런 큰 불편함이 있지만, 인기를 얻으면 상당한 부와 영향력을 거머쥘 수 있으니 불편한 생활을 보상받을 수 있지요. 그래서 청소년들이 선호하는 직업 중에 연예인이 늘 상위에 오르는 것 같습니다. 이번 장에서는 연예가 화제에서 자주 등장하는 표현들을 알아보겠습니다. 할리우드도 우리나라처럼 연예인 관련 뉴스는 예측 가능한 부분이 많습니다. 그런데도 우리의 시선과 귀를 모으는 흡인력이 있는데요, 그만큼 연예인이 역할 모델이자 동경의 대상이 되는 존재이기 때문이 아닐까 생각합니다.

연예가 화제 관련 주요 용어

1. 유명인 : celebrity
2. 방송인 : TV personality
3. 누구나 아는 이름 : a household name
4. 하루아침에 유명해진 스타
   : an overnight sensation
5. 히트곡이 하나뿐인 가수
   : one-hit wonder
6. 한물간 사람들 : has-beens
7. 떠오르는 스타, 유망주 : rising star
8. 배우 지망생 : an aspiring actor,
   an actor wannabe, a would-be actor
9. 스타의 반열 : stardom
10. 현란함과 화려함
    : glitz and glamour

11. 사생활 침해 : invasion of privacy
12. 노이즈 마케팅 : publicity stunt
13. 특집 기사
    : feature story, feature article
14. 특종 : scoop
    독점 기사 : exclusive
15. 스타에게 반한 : starstruck
16. 전성기에 : in one's prime
17. 부귀영화(부와 명성)
    : fame and fortune
18. 악의적인 소문 : malicious rumor
19. 사실무근의 소문, 뜬소문
    : groundless rumor
20. 일파만파 퍼지다 : spread like wildfire

빈출 표현 161

그 신예 걸그룹은 음악계를 **강타했다.**

The new girl group **took** the music scene **by storm.**

MP3 161

뉴스 헤드라인을 보면 '한류, 아시아 강타', 'BTS, 전 세계 강타' 등의 표현이 종종 등장합니다. 최근 들어 점점 자주 만날 수 있는 기사죠. 강타한다는 건 혜성처럼 등장해 놀라움을 주고 돌풍을 일으킨다는 뜻으로, 이를 나타내는 영어 관용 표현이 take ~ by storm입니다. 인기나 영향이 사람들 사이에서, 또는 어떤 지역이나 특정 업계에서 돌풍을 일으킨다는 의미죠. take ~ by storm은 '~를 강타하다' 외에 '인기 몰이를 하다, 매료시키다'로도 번역할 수 있고, '급습하여 빼앗다'는 완전히 다른 뜻도 있으니 유의하세요.

1 드라마 〈리버데일〉이 한때 전국**을 강타한 적이 있다.**
The drama *Riverdale* **had** once **taken** the country **by storm.**

2 최근의 복고풍이 패션계**를 강타하고 있다.**
The recent retro-look **has been taking** the fashion world **by storm.**

3 그 보이밴드의 신곡이 가요계를 수개월째 **강타하고 있다.**
For months now, the new song by the boy band **has been taking** the pop music scene **by storm.**

4 2019년에 개봉한 〈기생충〉은 한국은 물론 전 세계**를 강타했다.**
The movie *Parasite* that was released in 2019 **took** not only Korea but also the world **by storm.**

5 그 신생 연예기획사는 괴물 신인들로 음악계**를 강타하고 있다.**
The start-up entertainment agency **is taking** the music circle **by storm** with incredible new talents.

Now, with a Rihanna co-sign, an album under her belt, and a freeing label dispute behind her, BIA **is taking** the world **by storm.** But if her elevation to one of music's brightest new stars feels abrupt, you're missing half the story.
<Highsnobiety>

이제 리한나의 공개적인 인정을 받았고, 앨범 하나를 출시했고, 음반사와의 분쟁이 종결되어 자유로워진 BIA는 세계**를 강타하고 있다.** 하지만 그녀가 별안간 음악계의 신성으로 등극했다고 느껴진다면 아직 그녀를 절반밖에 알지 못하는 것이다. 〈하이스노바이어티〉

co-sign 연대 보증인으로 서명(하다)
under one's belt (자랑거리가 될 만한 것을) 소유하여, 이미 겪은

빈출 표현 **162**

그 이상한 소문이 **급속도로 퍼졌다.**
The strange rumor spread like wildfire.

MP3 **162**

소문이 없다면 연예 뉴스가 그렇게 재미있지 않을 겁니다. 그런데 요즘은 인터넷 시대라서 근거 있는 소문이든 뜬소문이든 소문이 한번 생기면 들불처럼 걷잡을 수 없이 퍼지는 경우가 많습니다. 이를 영어로 spread like wildfire라고 표현하는데요, 들판에 난 불이 급속도로 걷잡을 수 없이 퍼지는 모습과 흡사하기 때문입니다. 때로는 통제불능 상태가 되기도 하는데, 이는 get out of control이라고 표현합니다.

1   예상치 못한 그 배우의 갑작스러운 죽음 소식이 **급속도로 알려졌다.**
    News of the sudden and unexpected death of the actor **spread like wildfire**.

2   그 톱배우의 굴욕적인 사진이 온라인상에 **급속도로 퍼졌다.**
    An unflattering picture of the A-list actor **spread like wildfire** over the Internet.

3   문제의 동영상은 순식간에 인터넷에 **급속도로 퍼졌다.**
    The video in question **spread like wildfire** over the Internet in just a matter of minutes.

4   그 스캔들이 터지자 충격이 할리우드에 **일파만파로 퍼졌다.**
    As the scandal broke out, the shockwaves **spread extensively like wildfire** in Hollywood.

5   27일 오후에 이와 관련한 뉴스 보도가 나온 후로 논란이 **급속도로 퍼졌다.**
    Since a related news report was released in the afternoon of the 27th, the controversy **spread like wildfire**.

Bruce is also a well-known social media content creator in the area. He shared his initiative through a video on several social media platforms, including Tik Tok and it **spread like wildfire**. The video has thousands of views and counting. Bruce, known to step to the beat of his own drum, says he has more creative plans in store.
<Spectrum News>

브루스는 그 분야의 SNS 콘텐츠 크리에이터로도 잘 알려져 있다. 그는 독창적인 영상을 제작해 틱톡을 포함한 여러 SNS 플랫폼에 올려 공유했고 이는 **일파만파 퍼졌다.** 그 영상은 수천 건의 조회수를 기록했고 지금도 계속 조회수가 올라가고 있다. 자신의 드럼 박자에 맞춰 댄스 스텝을 밟는 것으로 알려진 브루스는 더 창의적인 계획을 가지고 있다고 말한다. 〈스펙트럼 뉴스〉

initiative 창의성, 독창력, 계획

그 톱스타들은 **교제 중이라는** 것을 인정했다.
The top stars admitted they are in a relationship.

MP3 163

연예인들 스스로가 열애 중이라고 공개하는 경우도 있고, 비밀리에 데이트를 하다가 알려져서 사귀는 중이라고 인정하는 경우도 있습니다. 후자와 같은 경우 뉴스에 위와 같은 문장이 나올 수 있겠지요. be in a relationship은 '교제하다'는 뜻의 뭉치 표현입니다. 몰래 연애하는 '밀애를 하다'의 표현은 have a secret date 혹은 date under the radar라고 합니다. under the radar는 '감시망을 피해서'의 뜻입니다. 참고로, have an affair with ~ 는 '~와 바람을 피우다'는 뜻이라는 것, 알아 두세요.

1   이 카페는 **연예인 커플**들이 찾는 데이트 명소이다.
    This café is a popular dating site for **celebrities in a relationship**.

2   **교제 중**일 때 연예인들은 종종 그 사실을 비밀로 한다.
    When they **are in a relationship**, celebrities often keep it a secret.

3   일부 언론에서 말하는 것과 달리 둘이 **교제 중인 것은 아니다**.
    Unlike what some media suggest, the two **are hardly in a relationship**.

4   그들은 1년 정도 **교제하다** 최근에 헤어졌다.
    They recently broke up after **being in a relationship** for about a year.

5   미국에서 이루어진 한 연구에 따르면, **교제 중**이어도 연예인 커플 4쌍 중 1쌍은 한 사람에게만 충실하지 않는다고 한다.
    A US study says, even if they **are in a relationship**, one in four celebrity couples are not committed to each other.

When Cotillard filmed *Public Enemies* with Depp in 2008, there were rumors that the pair flirted heavily on set and that their chemistry was palpable, despite neither confessing to a relationship, especially as Depp may **have still been in a relationship with** Vanessa Paradis at the time.
<Vanity Fair>

2008년에 마리옹 코티아르가 조니 뎁과 영화 〈퍼블릭 에너미〉를 촬영할 당시에 두 사람이 세트장에서 애정 행각을 벌이고 서로에 대한 호감이 눈에 띄었다는 소문이 있었다. 하지만 두 사람은 교제 사실을 인정하지 않았는데, 특히나 뎁은 당시에 바네사 파라디**와 여전히 교제 중이었기** 때문이었을 것이다. 〈배니티 페어〉

flirt 추파를 던지다   **palpable** 분명한, 감지할 수 있는, 손으로 만질 수 있는

빈출 표현 164

그 톱스타는 스토커에게 시달렸다.

The top star was harassed by a stalker.

MP3 164

광팬들이 스토커로 변하는 경우를 영화에서, 그리고 현실에서 종종 볼 수 있습니다. 연락처를 알아내서 계속 전화를 하거나, 집에 찾아가거나, 따라다니면서 주변을 배회하는 등 괴롭히죠. '괴롭히다'는 단어로 harass가 있는데요, 이를 수동태로 쓴 be harassed by 는 '~에게 괴롭힘을 당하다'가 됩니다. harass의 명사형 harassment가 쓰이는 가장 잘 알려진 어구가 sexual harassment로, '성희롱'의 뜻입니다.

1 그 여가수는 종종 집 밖에서 한 팬에게 시달렸다.
The female singer **was** often **harassed by** a fan outside her house.

2 내성적이면 연예계에서 소외되고 괴롭힘의 대상이 될 수도 있다.
If you are an introvert, you **may be** isolated and **harassed** in show business.

3 톱스타 A 씨는 스토커에게 시달리다 결국 경찰에 신고했다.
Top star A **was harassed by** a stalker and eventually reported the case to the police.

4 여배우 니콜 키드먼이 수개월 동안 시달리다 못해 법원에 스토커에 대한 접근 금지 명령을 신청했다.
Actress Nicole Kidman was forced to file for a court injunction against a stalker after months of **being harassed**.

BBC Radio DJ Gilles Peterson **was harassed by** a stalker who shouted "you will die" at him as he left the corporation's central London HQ, a court heard. Peterson, 55, and his wife Atsuko, 53, were bombarded with abuse by a woman who repeatedly turned up outside their family home, it is said. Thames magistrates' court heard she allegedly struck the renowned DJ and music producer's car with a pole and hurled abuse through the front door.
<Evening Standard>

영국 BBC 라디오 디제이 길스 피터슨이 한 스토커에게 괴롭힘을 당했다. 이 스토커는 길스가 런던 중심부에 있는 방송국 본사를 나설 때 그에게 "넌 죽을 거야."라고 소리쳤다며 법원에서 심리가 열렸다. 한 여성이 55세인 피터슨과 53세인 그의 아내 아츠코 가족의 집 밖에 수시로 나타나 욕설을 퍼부었다고 한다. 템스 치안 판사 법원에서 밝혀진 바에 따르면 그 여성이 유명 디제이 겸 음악 프로듀서인 길스의 차량을 긴 막대로 내리쳤고 현관 문으로 욕설을 퍼부었다고 한다. 〈이브닝 스탠더드〉

hear (법정에서) 심리(공판)를 갖다 **be bombarded with** ~의 폭격[공격]을 받다
magistrates' court 치안 판사 법원 **hurl** 욕, 비난 등을 퍼붓다

CHAPTER 5

인플루언서

21세기는 바야흐로 SNS의 시대라고 해도 과언이 아닙니다. 학생, 연예인, 정치 지망생, 일반인 할 것 없이 페이스북이나 트위터, 인스타그램, 유튜브 등에서 자신을 홍보하며 소통의 장구로 활용하고 있습니다. 그러면서 사람들에게 영향을 끼치는 소위 '인플루언서'들이 인기를 얻고 있습니다. 이들은 자신들의 유튜브나 인스타그램을 보고 동경하는 일반인들에게 역할 모델이 되어 영감을 주고 좋은 영향을 끼치기도 합니다. 하지만 한편으로는 관심을 끌기 위해 소위 '어그로'를 끌며 자극적인 영상이나 글을 올리기도 하고, 심한 경우에는 각종 유혹에 빠져 사기와 탈세 등 불법을 저지르기도 하지요. 이 장에서는 시사 뉴스에서 심심찮게 등장하는 인플루언서 관련 뭉치 패턴을 배워 봅시다.

인플루언서 관련 용어 정리

1. SNS : social media
2. 피드 : feed(SNS의 메인 페이지로, 팔로잉하는 사용자들의 새 게시물이 보임)
3. 구독하다 : subscribe
   구독자 : subscriber
4. 팔로우하다 : follow
   팔로워 : follower
   언팔하다 : unfollow
5. SNS 쪽지 : DM (Direct Message)
6. 일반인 SNS 스타 : micro-influencer
7. 개인 브랜딩 : personal branding
8. 제휴 마케팅 : affiliate marketing
9. 클릭률 : click-through-rate
10. 클릭 유도 행위 : clickbait

11. 크라우드소싱 : crowdsourcing
12. 지지 고객 : brand advocate
13. 유행의 선도자 : trendsetter
14. 얼리 어답터 : early adopter
15. 자극적인 콘텐츠
    : provocative contents
16. 입소문 : word of mouth
17. 관종 : attention seeker
18. (온라인 콘텐츠) 참여율
    : engagement rate
19. 영향력 : influence, clout
20. 소셜 미디어상의 화젯거리를 이용한
    상품 홍보 : trendjacking

그는 결국 **스타의 반열에 올랐다**.
He eventually rose to stardom.

MP3 165

'스타의 반열, 스타덤'은 stardom이고 '오르다'의 동사는 rise입니다. 그래서 '스타의 반열에 오르다'는 rise to stardom이라고 표현하면 되겠죠. rise는 명사로 '올라감'이라는 뜻이어서 명사 rise를 쓴 rise to stardom은 '스타 등극'의 뜻입니다. 영어에서 접미어 -dom은 '상태'를 나타내는데, boredom(지루함, 지루한 상태), wisdom(지혜), freedom(자유)을 생각하면 쉽게 이해할 수 있습니다. 다르게 쓰이는 경우는 kingdom(왕국)과 officialdom(관료 집단) 등이 있으니 참고로 알아 두세요.

1 그는 많은 역경을 딛고 **스타의 자리에 올랐다**.
He **rose to stardom** overcoming many hardships.

2 이 영화는 그 배우의 **스타 등극**을 묘사하고 있다.
This movie describes the actor's **rise to stardom**.
—— 2~5번 문장에서 rise는 '등극'이라는 뜻의 명사

3 그의 **스타 등극** 스토리는 전형적인 개천에서 용 난 이야기다.
His **rise to stardom** is the typical rags-to-riches story.
—— rags-to-riches 가난뱅이에서 부자가 된

4 BTS의 눈부신 **스타 등극**은 많은 가수 지망생들에게 희망을 준다.
BTS's meteoric **rise to stardom** gives hope to many aspiring singers.
—— meteoric 일약 ~한, 화려한

5 많은 사람들이 생각하는 것과 달리 그가 **스타로 부상한 사연**은 순탄치 않았다.
Unlike what many people think, his **rise to stardom** wasn't a smooth ride.

Cristiano Ronaldo's **rise to stardom** is one of the biggest rags to riches tales in the modern era. The youngster, who was born to Dolores Aveiro and Jose Dinis Aveiro in the Portuguese island of Madeira, did not enjoy the best childhood. While his mother was a cook, his dad was a gardener, and it is he who introduced Cristiano Ronaldo to football as a young boy. The island of Madeira was one of the poorest neighbourhoods in Portugal at the time.
<Sportskeeda>

크리스티아누 호날두의 **스타 등극**은 현대의 가장 위대한 개천에서 용 난 이야기 중 하나다. 이 젊은이는 포르투갈령 마데이라 섬에서 돌로레스 아베이루와 호세 디니스 아베이루 사이에서 태어났는데, 힘겨운 유년기를 보냈다. 그의 어머니는 요리사, 아버지는 정원 관리인이었고, 아버지를 통해 크리스티아누는 소년 시절에 축구에 입문했다. 마데이라 섬은 그 당시 포르투갈에서 가장 빈곤한 동네 중 하나였다. 〈스포츠키더〉

빈출 표현 166
그녀는 10대들**에게 역할 모델이 되었다.**
She became a role model for teens.

MP3 166

SNS를 하다 보면 동경하고 닮고 싶은(take after) 사람을 만나게 됩니다. 관심 분야의 전문가이거나 멋진 연예인 또는 다이어트나 자신의 일에서 성공한 일반인 등이 그런 사람일 수 있죠. 이런 사람을 역할 모델, 또는 롤 모델(role model)이라고 합니다. '~에게 역할 모델이 되다'는 영어로 become a role model for ~라고 표현할 수 있습니다. 모범적이고(exemplary) 귀감이 되는 사람은 많은 이들에게 영감과 목표를 주기 때문에 소중한 의미가 있는 것 같습니다.

1 그는 많은 노인들**에게 역할 모델이 되어 왔다.**
He **has become a role model for** many old people.

2 당신은 남들이 우러러볼 수 있는 **역할 모델이 될 수 있는가?**
Can you **become a role model for** others to look up to?

3 김연아는 차세대 여자 피겨 스케이팅 선수들**의 롤 모델이 되었다.**
Yuna Kim **became a role model for** the next generation of female figure skaters.

4 BTS는 성공적인 SNS 활용으로 가수 지망생들**에게 역할 모델이 되었다.**
BTS **has become a role model for** would-be singers with its successful use of social media.

For me, it hits hard not only because Kobe Bryant was a great basketball player, but he **was a great role model** off the court as well. He was an example to all that even though you fall hard and hit a low in your life, you can overcome it. Kobe was a great father and a great family man to his wife. For me personally, it hits hard because of him growing up here in Los Angeles after he was drafted and traded. I always said he was my favorite player of all time, next to Magic Johnson.
<Los Angeles Daily News>

저에게 코비 브라이언트의 사망은 그가 훌륭한 농구 선수였을 뿐 아니라 코트 밖에서도 **훌륭한 역할 모델이었**기에 충격이 큽니다. 그는 인생에서 추락하여 바닥을 찍어도 극복할 수 있다는 걸 보여 주어 모든 사람들의 본보기였습니다. 코비는 훌륭한 아버지이자 아내에게 가정적인 훌륭한 남편이었습니다. 저에게는 개인적으로, 그가 선수로 선발되고 트레이드된 후 이곳 LA에서 성장했기 때문에 충격이 큽니다. 그가 매직 존슨 다음으로 제가 이제껏 가장 좋아한 선수였다고 저는 늘 말했습니다.
〈로스앤젤레스 데일리 뉴스〉

hit a low 저점을 기록하다, 바닥을 찍다   **draft** 선발하다

그 유튜버는 제품 홍보 **시류에 편승했다**.

The YouTuber jumped on the bandwagon of promoting products.

MP3 167

우리나라에서는 사람이나 트렌드가 인기를 끌면 거기에 붙어서 어떻게든 이익을 보려는 사람에게 '숟가락을 얹으려고 한다'고 말합니다. 영어에서는 이처럼 인기나 시류에 편승하는 행위를 jump on the bandwagon이라고 말합니다. 유래는 18세기 미국으로 거슬러 올라가는데, 당시 퍼레이드나 집회에서 이동할 때 음악가를 태운 마차가 긴 행렬의 선두에 섰는데, 흥에 겨워 그 마차에 뛰어 올라가는 사람들이 많았다고 합니다. 그래서 '앞장서는 마차에 올라타다'의 뜻에서 '시류에 편승하다'는 의미로 확장되었습니다.

1 다른 인플루언서들은 재빨리 **시류에 편승했다**.
   Other influencers were quick to **jump on the bandwagon**.

2 가장 최근에 **시류에 편승한** 인플루언서는 피트니스 유튜버였다.
   The latest **to jump on the bandwagon** was a fitness YouTuber.

3 그 제안은 인플루언서들이 **동참하게** 할 만큼 매력적이지 않았다.
   The offer was not attractive enough to get influencers to **jump on the bandwagon**.

4 그 미국 방송사는 **시류에 편승해** 그 영화의 리메이크 계약을 맺었다.
   The US broadcaster, **jumping on the bandwagon**, signed a deal to remake the movie.

5 전 세계적인 SNS **시류에 동참하지** 않으면 경쟁력이 떨어질 것이다.
   Unless you **jump on the global social media bandwagon**, you will lack a competitive edge.

It is not yet possible to do this with Instagram Reels, and although brands can pay to have their videos appear on TikTok's discovery page, many are reluctant to **jump on that bandwagon** due to brand safety concerns. There are, however, two other ways to amplify influencer campaigns and boost performance through media buys.
<Talking Influence>

아직 인스타그램 릴스로 이것을 하는 게 가능하지 않고, 브랜드에서 돈을 지불해서 틱톡의 발견 페이지에 영상을 노출시킬 수 있지만 많은 브랜드들은 브랜드 안전상의 우려 때문에 이런 **시류에 편승하기를** 꺼린다. 하지만 미디어 구매를 통해 인플루언서 캠페인을 확대하고 실적을 높일 두 가지 다른 방법이 있다. 〈토킹 인플루언스〉

amplify 확대하다, 증대하다, 증폭하다   **boost** 북돋우다

인기에 힘입어 그는 특별 할인 혜택을 받았다.
Backed by his popularity, he got a special discount.

MP3 168

인기와 인지도가 커지면 인기에 힘입어 더 많은 기회에 노출되기 마련입니다. '~에 힘입어'는 영어로 backed by ~라고 나타낼 수 있고, '인기'는 popularity입니다. 따라서 Backed by his popularity, he renewed his album contract.는 '인기에 힘입어 그는 앨범 계약을 갱신했다.'는 말입니다. 이처럼 인기가 생기면 좋은 일이 생기고, 개인의 능력과 경력 외에 인기가 커리어의 기회를 좌우할 수도 있습니다. backed by one's popularity 는 문장 앞이나 뒤에 쓸 수 있고, 인기를 등에 업고 승승장구하여 탄력이 붙는다는 뉘앙스를 담고 있습니다.

1 **뜨거운 인기에 힘입어** 그 영화가 재개봉되었다.
Backed by huge popularity, the movie was re-released.

2 **영화의 인기에 힘입어** 속편이 제작되고 있다.
A sequel is being produced **backed by the popularity of** the movie.

3 **폭발적인 인기에 힘입어** 그 여배우는 5편의 TV 광고 계약을 했다.
Backed by her explosive popularity, the actress signed 5 endorsement deals for television.
———— endorsement 유명인이 광고에 나와서 하는 상품 홍보

4 열혈 구독자들 사이에서의 **인기에 힘입어** 그는 추가 채널을 개설할 예정이다.
Backed by the popularity among avid subscribers, he is set to open an additional channel.

5 영화 주인공들의 **인기에 힘입어** 캐릭터 상품 매출이 두 배 이상 늘었다.
Backed by the popularity of the film characters, sales of merchandise have more than doubled.

In fact, *Avengers: Endgame* (CY2019) grew 67% over *Avengers: Infinity War* (CY2018) in India versus 37% growth worldwide. The report shows a growing market for Marvel superhero movies in India, **backed by the popularity of** a few Hollywood sequels in India and untapped opportunities.
<The New Indian Express>

사실, 인도에서 〈어벤져스: 엔드게임〉의 매출은 〈어벤져스: 인피니티 워〉보다 67퍼센트 증가했는데, 이는 전 세계에서 37퍼센트 증가한 것과 대조된다. 보고서에 따르면 인도에서 마블 슈퍼히어로 영화 시장이 커 가고 있는데, 이는 인도에서 개봉한 몇 편의 할리우드 속편들과 미개척 기회**의 인기에 힘입은 것이다**. 〈뉴 인디언 익스프레스〉

untapped 이용되지 않은, 손대지 않은

빈출 표현 169

구독자들은 그 유튜버에게 등을 돌렸다.

Subscribers turned their back on the YouTuber.

MP3 169

인플루언서들이 인기를 얻고 선한 영향력을 퍼뜨리기도 하지만, 좋지 않은 행동을 하여 스캔들에 연루되면 바로 호감도가 추락하고 구독자와 팬들이 등을 돌립니다. '~에게 등을 돌리다'는 영어로 turn one's back on ~이라고 하는데요, '등을 돌리다, 외면하다, 배신하다'는 뜻입니다. 목적어로 사람이나 사물이 올 수 있습니다.

1   팬들은 그 가수에게 등을 돌렸다.
    Fans **turned their backs on** the singer.

2   그는 절대로 팬들에게 등을 돌리지 않겠다고 다짐했다.
    He vowed he **would never turn his back on** his fans.

3   영향력 있는 사람들이 빈곤층에게 등을 돌려서는 안 된다.
    Those with influence **should not turn their backs on** the poor.

4   그는 "어떻게 그런 충성 팬들을 외면할 수 있나요?"라고 물었다.
    He asked, "How **can you turn your back on** such loyal fans?"

5   그들은 그녀가 무슨 짓을 했건 간에 그녀에게 등을 돌릴 수 없다고 했다.
    They said they **couldn't turn their backs on** her, no matter what she's done.

The 69 year-old took second billing behind Ford in *The Force Awakens* despite only appearing for a few seconds at the very end of the movie, before playing a much more substantial role in *The Last Jedi*. A lot of fans were furious, though, at how Rian Johnson depicted Luke as a bitter old man who **had turned his back on** everything that defined him, one who had no interest in either Rey or the fate of the Order itself.
<We Got This Covered>

69세의 그 배우(마크 해밀)는 영화 〈스타워즈: 깨어난 포스〉 말미에 겨우 몇 초만 등장했음에도 해리슨 포드 다음으로 큰 주목을 받았고, 이후 〈스타워즈: 라스트 제다이〉에서 훨씬 더 중요한 역할을 맡아 연기했다. 하지만 많은 팬들은 라이언 존슨(〈스타워즈: 라스트 제다이〉의 감독이자 시나리오 작가)이 루크를 지독한 노인으로 묘사한 것에 분노했다. 자신을 정의한 모든 것에 등을 돌리고 레이나 오더 자체의 숙명에 아무런 관심이 없는 사람으로 묘사했던 것이다.
〈위 갓 디스 커버드〉

take second billing (엔딩 크레딧에) 두 번째로 오르다 (그만큼 영향력이 크다는 것을 의미)
substantial 중요한, 실질적인

PART 6

스포츠

CHAPTER 1

축구

'히딩크의 마법'과 국가대표 선수들의 투혼으로 온 국민이 하나가 되었던 2002년 한일 월드컵을 기억하십니까? 국가 대항전인 월드컵의 이미지가 강한 축구를 'Soccer is a nationalistic sport(축구는 민족주의적인 스포츠다).'로 표현한 말도 있습니다. 두 개의 골대가 상징하는 것이 양국의 요새여서 골을 넣는 것이 요새를 장악하는 의미라는 것이죠. 그럴듯한 비유이지 않습니까? 축구의 발상지인 영국은 축구 종주국이라는 정통성으로 자부심이 상당했지만, 요즘은 국제화로 인해 프리미어 리그 선수진 대다수가 외국인입니다. 그래서 영국 내에서는 자국 선수진을 더욱 양성해야 한다는 보수적 의견이 고개를 들고 있습니다. 하지만 손흥민 선수를 비롯한 다국적 선수들이 뛰고 있는 덕분에 한국은 물론 전 세계 축구 팬들이 경기를 즐기며 열광할 수 있다는 좋은 점도 있습니다. 이번 장에서는 축구 경기와 관련한 유용한 뉴스 표현들을 배워 보겠습니다.

축구 관련 주요 용어

1. 전반전 : first half
   후반전 : second half
2. 감독 : head coach
3. 코치 : assistant coach
4. 주장 : captain
5. 공격수 : forward
   미드필더 : mid-fielder
   수비수 : defender
6. 심판 : referee
7. 예선전 : preliminary
8. 준결승 : semi-final
9. 결승전 : the final(s), final match
10. 주전 선수 : regular player
11. 선수 교체 : player substitution,
    a change[switch] of players
12. 득점 : goals, scoring goals
13. 선취골, 선제골
    : first goal, opening goal
14. 동점골 : equalizer
15. 결승골 : winning goal
16. 자책골 : own goal, suicide goal
17. 승부차기 : penalty shoot-out
18. 골 세리모니 : goal celebration
19 퇴장시키다
    : conduct away ∼, eject ∼,
    send ∼ off
20. 애매한 판정 : controversial decision,
    questionable call
    부당한 판정 : unfair call

우리 팀은 **골을 넣었다**. / 골키퍼가 **골을 허용했다**.
Our team scored a goal.
/ The goalie allowed a goal.

MP3 170

축구에서는 골을 넣기도 하고 상대 팀에게 골을 허용하기도 합니다. 이렇게 '골을 넣다' 는 표현을 할 때 goal을 동사로 쓰는 경우를 적지 않게 보는데요, 올바른 표현은 score a goal입니다. 여기서 score는 '득점하다'는 뜻의 동사입니다. scored 3 goals는 '세 골을 넣 었다'란 뜻이겠죠. 한 경기에서 이렇게 한 사람이 3골을 넣는 것을 해트트릭(hat trick)이 라고 하며, score a hat trick이라고 표현합니다. '골을 넣다'와 반대로 '골을 먹다, 골을 내 주다, 골을 허용하다'는 allow a goal 또는 concede a goal이라고 표현합니다. 축구 얘기 를 할 때 항상 쓰는 표현이니 꼭 알아 두고 활용하세요.

1 그가 마지막으로 **골을 넣은** 지가 좀 오래됐다.
   It has been a while since he last **scored a goal**.

2 그와 그의 동생이 각각 **골을 하나씩 넣었다**.
   He and his brother each **scored a goal**.

3 그는 **2골을 넣으며** 팀의 승리를 이끌었다.
   He **scored 2 goals** leading his team to victory.

4 골키퍼는 **3골을 내리 내줬다**.
   The goalie **allowed 3 straight goals**.

5 골키퍼는 5경기 연속 **1골도 허용하지 않았다**.
   The goalie **didn't allow a single goal** in 5 straight matches.

The New York Times reported that Son Heung-min **scored a goal** with 12 touches and covering 80 yards or 73.122 meters. This is the longest solo-run goal by the South Korean since his debut in the EPL, following his previous record of a 50-meter goal against Chelsea FC in November last year. He contributed to a big 5-0 win by the Spurs by additionally providing one assist, which led to his current record of 10 goals and nine assists in the season.
<The Dong-A Ilbo>

손흥민이 공을 열두 번 차며 80야드, 즉 73.122미터를 질주해 **골을 넣었다**고 〈뉴욕 타임스〉가 보도했다. 이것은 작년 11월 첼시 FC와의 경기에서 50미터를 질주해 넣은 골에 이어 손흥민 선수가 영국 프리미어 리그 진출 이후 단독 드리블로 득점한 골 중에서 가장 긴 거리였다. 이외에도 어시스트 하나를 더해서 토트넘의 5대 0 대승에 기여했는데, 이로써 그의 올 시즌 성적은 골 10개, 어시스트 9개 를 기록 중이다. 〈동아일보〉

빈출 표현 171

경기는 **연장전에 돌입했다.**

The match went into overtime.

MP3 **171**

영어의 overtime은 '초과 근무, 야근' 또는 운동 경기에서의 '연장전'을 나타냅니다. 회사에서 '연장 근무를 하다'는 work overtime이고 overtime pay는 '연장 근무 수당'이죠. 그리고 운동 경기에서 '연장전에 돌입하다'는 go into overtime이라고 표현합니다. 연장전도 전후반이 있어서 연장전 전반은 the first half of overtime, 연장전 후반은 the second half of overtime이라고 합니다. 경기가 박빙이다가 연장전에 돌입하면서 각본 없는 드라마가 펼쳐지고 승부가 갈리는 경우가 종종 있습니다. 그때 The overtime determined the winner(연장전이 승자를 결정지었다).처럼 the overtime을 주어로 사용하여 표현하면 더 영어다운 느낌을 전할 수 있습니다.

1   박빙의 축구 경기가 결국 **연장전으로 들어갔다**.
   The closely matched soccer game eventually **went into overtime**.

2   경기가 **연장전에 들어가**자 홈팀의 기세가 다시 살아났다.
   When the game **went into overtime**, the home team sprang back to life.

3   **연장전에 돌입하**자 양팀 선수들은 눈에 띄게 기운이 떨어졌다.
   The players of both teams were notably exhausted when the game **went into overtime**.

4   어시스트 4개와 **연장전**에서의 결정적인 골 때문에 그는 MVP로 뽑혔다.
   He was chosen as the MVP because of 4 assists and the decisive goal in **overtime**.

Conclusion of the second half and a scoreless game resulted in the Jacks **going into overtime**. When both teams can't score in two ten-minute periods , then the game ends in a tie. As overtime began, Jacks players began maneuvering the ball down to Monterey Bay's zone. A quick play set up by midfielder Kelsey Bess resulted in Kendal Spencer scoring the game-winning goal, and ending the match with the 1-0 Jacks win.
<The Lumberjack>

후반전이 무득점으로 끝남에 따라 잭스는 **연장전에 들어갔다**. 양팀이 10분짜리 연장 전후반전 동안 골을 못 넣으면 경기는 무승부로 끝난다. 연장전이 시작되자 잭스 선수들은 공을 몬터레이 베이 구역으로 몰고 가기 시작했다. 미드필더 켈시 베스가 만들어 낸 재빠른 세트 플레이로 켄달 스펜서가 승리에 쐐기를 박는 골을 넣으며 잭스가 1대 0으로 승리하며 경기를 마무리했다. 〈럼버잭〉

maneuver 교묘히 이동시키다

상대 팀은 아직 **갈 길이 멀다.**
The opponent still has a long way to go.

MP3 **172**

경기력이나 성적, 실적을 얘기할 때 장족의 발전을 했어도(have come a long way) 아직 갈 길이 멀다는 말을 종종 합니다. '아직 갈 길이 멀다'는 영어로 still have a long way to go라고 표현할 수 있는데요, 뒤에 생략된 말은 to catch up with somebody(누군가를 따라잡기에), to reach its goal(목표를 달성하기에) 등입니다. 여러분은 목표로 하는 영어 실력에 도달하시려면 아직 갈 길이 먼가요? 여러분 모두 라이벌을 따라잡고(catch up with) 앞서기기(get ahead of) 바랍니다.

1   그 신생팀은 여전히 **갈 길이 멀다.**
   The newly formed team still **has a long way to go.**

2   선두팀의 누적 골과 어깨를 나란히 하려면 우리는 아직 **갈 길이 멀다.**
   We still **have a long way to go** to rival the aggregate goals of the leader.

3   한국팀이 브라질팀을 따라잡으려면 **갈 길이 멀다.**
   Team Korea **has a long way to go** to catch up with Team Brazil.

4   **갈 길이 멀어** 보였지만 불과 1년 만에 그 약체팀은 리그 3위에 올랐다.
   Even though it looked like it **had a long way to go,** the underdog rose to the third place in the league.

———— underdog 약자, 약체

Brian Gutekunst, the Packers top personnel decision-maker, selected players in this year's draft that he is hoping will help in the change. But on defense, the Packers **have a long way to go** if they are going to emulate the 49ers defense. The 49ers had the top defense in the NFL last season. If the Green Bay Packers defense is going to improve, they are going to need major contributions from key young players to do so.
<LWOS>

패커스 팀의 선수 기용 의사 결정권자 브라이언 구테쿤스트는 올해 드래프트 선발에서 선수들을 뽑았고, 그는 이 선수들이 팀의 변화에 도움을 줄 것으로 기대하고 있다. 하지만 수비 면에서 패커스가 포티나이너스의 수비를 모방하려면 **갈 길이 멀다.** 포티나이너스는 지난 프로 미식축구 시즌 때 최고의 수비를 보여 주었다. 만약 그린베이 패커스 팀의 수비가 개선되려면 핵심적인 젊은 선수들이 수비를 개선하는 데 크게 기여해 줄 필요가 있을 것이다. 〈LWOS〉

personnel 인원, 인사과   **emulate** 모방하다, 따라가다   **NFL** 미국 프로 미식 축구 연맹

우리 팀은 짜릿한 **역전승을 거두었다.**
Our team achieved a stunning come-from-behind victory.

MP3 **173**

'역전승'이란 뒤처져 있다가 선두주자를 따라잡으면서 앞서는 것이어서, 영어로는 말 그 대로 come-from-behind victory입니다. '역전승을 거두다'는 보통 achieve a come-from-behind victory라고 표현하고, 동사는 achieve 외에 win과 make를 쓸 수 있습니다. 또한 come을 동사로 활용할 수도 있습니다. Manchester United came from behind to win the game(맨체스터 유나이티드가 역전승을 거두었다).처럼 말이죠. 역전승은 가까스로 이기는 경우가 많은데, '가까스로 이기다'는 achieve a narrow victory라고 하고, 굉장히 우세해서 '압승을 거두다'라고 할 때는 make a landslide victory 또는 crush the opponent 라고 표현합니다.

1   그들은 다행히도 **역전승을 거두었다.**
They were lucky to **achieve a come-from-behind victory**.

2   우리 팀은 막강한 팀을 누르고 **짜릿한 역전승을 이뤄 냈다.**
Our team **achieved a thrilling come-from-behind victory** over the formidable team.

3   한국팀은 연장전에서 2골을 넣으며 **짜릿한 4-3 역전승을 낚았다.**
The Korean team scored 2 goals in overtime and **achieved a stunning 4 to 3 come-from-behind victory**.

4   5분을 남겨 놓고 상대팀에 뒤처져 있던 서울 FC가 2골을 터뜨려 **역전승을 거머쥐었다.**
Trailing the opposing team and with 5 minutes left, Seoul FC (Football Club) fired 2 goals to **seize a come-from-behind victory**.

Korea got off to a strong start by taking a 2-0 lead in the first half. However, they **allowed a come-from-behind victory** to Turkmenistan in the second half and lost 2-3. This was Korea's first and last loss to Turkmenistan. Again, the two teams met for the second time in February 2008, during the third round of the 2010 FIFA World Cup qualifying matches at Seoul World Cup Stadium. Korea easily redeemed themselves by winning 4-0.
<Korea JoongAng Daily>

한국팀은 전반전에서 2대 0으로 리드하며 힘찬 출발을 보였다. 하지만 후반전에서 투르크메니스탄에 **역전승을 허용하며** 경기를 3대 2로 패했다. 이는 한국이 투르크메니스탄을 상대로 한 최초이자 마지막 패배였다. 또다시 양팀은 2008년 2월 서울 월드컵 경기장에서 2010 피파 월드컵 예선전 3라운드에서 두 번째로 격돌했다. 한국은 4대 0으로 승리하면서 수월하게 명예를 회복했다. 〈코리아 중앙 데일리〉

qualifying match 예선전   **redeem oneself** 명예를 되찾다, 설욕하다

빈출 표현
174

모든 열세(역경)에도 불구하고 우리 팀은 우승했다.
Our team won against all odds.

odds는 명사로 '(어떤 일이 있을) 가능성[가망], 역경, 곤란'의 뜻입니다. 반면에 odd는 형용사로 '이상한, 기묘한' 즉, strange의 뜻이죠. against all odds는 '모든 역경[어려움, 악조건, 열세]에도 불구하고'란 의미로, 자주 쓰이는 표현입니다. 팝을 좋아하시는 분들이라면 80년대 초에 발표된 Phil Collins의 Against All Odds라는 노래를 기억하실 겁니다. against all odds의 응용 형태로는 against heavy odds가 있습니다. against all odds와 비슷한 의미입니다. 또 The odds are against him(승산은 그에게 불리하다),라는 식으로도 활용되니 꼭 알아 두세요.

1 그 팀은 **모든 역경을 딛고** 정상에 올랐다.
The team came out on top **against all odds**.

2 약체팀은 **모든 열세에도 불구하고** 시합에서 승리했다.
The underdog won the match **against all odds**.

3 **모든 열세에도 불구하고** 영국팀은 기적 같은 우승을 이뤄 냈다.
Against all odds, England achieved a miraculous victory.

4 **모든 열세에도 불구하고** 한국팀은 정신력과 투지로 일본을 압도했다.
Against all odds, the Korean team outperformed the Japanese team with discipline and a fighting spirit.

5 **열세에도** 선수들은 마지막까지 포기하지 않았고 경기 종료 3분을 남기고 역전승을 일궈 냈다.
Despite all odds, the players did not give up throughout the end and achieved a come-from-behind victory with just 3 minutes left on the clock.

The chances of a young player from Canada's North making it professional? Slim, for sure. But as professional soccer grows in this country, you can't help but wonder: If Collingwood or Comox can, **against all odds**, produce professional footballers, where will the next geography-defying player come from?
<Canadian Premier League>

캐나다 북부 출신의 젊은 선수가 프로 선수로 성공할 가능성은 어떠한가? 분명 희박하다. 하지만 이 나라에서 프로 축구가 발전함에 따라 궁금하지 않을 수 없다. 콜링우드나 코목스가 **모든 역경에도 불구하고** 프로 축구 선수를 배출할 수 있다면, 다음의 '축구 전통 출신 지역을 거부하는 선수'는 어디에서 나올 것인가? 〈캐나디언 프리미어 리그〉

defy 거역하다, 반항하다, 무시하다

CHAPTER 2

야구

야구 하면 과거에 올림픽에서 우리나라가 우승했던 일과 WBC 야구 대회 덕분에 전국적으로 야구 열풍이 불었던 일이 생각납니다. 야구를 비롯하여 좋아하는 스포츠를 소재로 영어 원어민들과 이야기를 나누고 공감하면, 혹은 관련 기사를 읽으면 영어가 더욱 재미있고 실력이 늘지 않을까요? 영어 공부는 시험 점수를 따려고 하는 게 아니라 사람들과 소통하고 설득력 있게 의견을 펼치기 위해 해야 한다는 점을 명심하시기 바랍니다. 이번 장에서는 야구 경기와 관련해서 쓰이는 활용도 높은 표현을 배워 보겠습니다. 실제로 많이 응용할 수 있는 동사구들입니다. 잘 기억했다가 활용해 보세요.

야구 관련 주요 용어

1. 야구장 : baseball stadium, ballpark
2. 외야 : outfield
   내야 : infield
3. 홈경기 : home game
   원정 경기 : away game
4. -회 초 : top of the 숫자th inning
   -회 말 : bottom of the 숫자th inning
5. 공격 팀 : the team at bat
   수비 팀 : the team in the field,
   the defense team
6. 유격수 : shortstop
   중견수 : centerfielder
7. 외야수 : outfielder / 내야수 : infielder
8. 우익수 : right fielder
   좌익수 : left fielder
9. 선발 투수 : starting pitcher
   마무리 투수 : closing pitcher
   구원 투수 : relief pitcher
10. 타자 : hitter, batter
    지명 타자 : designated hitter
    포수 : catcher
11. 심판 : umpire
12. 완투하다 : throw the full nine innings
13. 완봉 : shutout
14. 안타 : hit, base hit
15. 무안타 경기 : no-hitter, no-hit game
16. 삼진, 스트라이크 아웃 : strikeout
17. 만루 : full base
    만루가 되다 : the bases are
    loaded[full]
    만루 홈런 : a bases-loaded home run,
    grand slam
18. 방어율 : ERA (earned run average)
19. 타점 : RBI (runs batted in)
20. 타율 : batting average

그 투수는 부상에도 **완투했다.**

The pitcher threw the full nine innings despite the injury.

MP3 175

야구에서는 개인 선수로 봤을 때 투수(pitcher)의 역할이 가장 큽니다. 해당 경기의 선발 투수(starting pitcher)가 그 경기를 혼자서 책임지면 완투했다고 표현합니다. 야구 팬들 은 이렇게 투수가 완투하거나 완봉승(shutout, 한 투수가 완투하는 동안 상대 팀에게 득점을 주지 않고 이기는 것)을 거두면 짜릿한 전율을 느낀다고 합니다. '완투하다'는 처음부터 끝 까지 던진다는 의미여서 full nine innings에 동사도 throw나 pitch를 써서 throw[pitch] the full nine innings라고 표현합니다.

1 투수 류현진은 쿠바를 상대로 **거의 완투했다.**
Pitcher Ryu Hyun-jin **threw nearly the full nine innings** against Cuba.

2 어깨 부상에도 불구하고 그는 용케 **완투를 해냈다.**
Despite a shoulder injury, he managed to **pitch the full nine innings.**

3 한 시즌에 그 에이스 투수는 15번의 **완투를 했다.**
In one season, the ace pitcher **threw the full nine innings** on 15 occasions.

4 어깨에 손상이 갈 수 있으니 자주 **완투를 하는** 것은 안 좋다.
It's not advised **to throw the full nine innings** often because you could strain your shoulder.

5 선발 투수는 **90이닝 동안** 삼진 6개를 잡고 2실점으로 **완투했다.**
The starting pitcher struck out 6 (batters) and gave away 2 runs **throwing the full nine innings.**

He allowed 8.5 hits per nine innings and had a solid WHIP of 1.15 last season. If he **had pitched the full nine innings** against Chunichi, he would've potentially allowed 16.2 hits in nine innings.
<Sportsbook Review>

그는 9회 등판 기준 8.5개의 안타를 허용했고 지난 시즌에 1.15라는 대단한 WHIP(한 이닝 주자 출루율, Walks and Hits Per Inning Pitched)을 기록했다. 만약 그가 주니치를 상대로 **완투했다면** 그는 9회 동안 잠재적으로 16.2개의 안타를 허용했을 것이다. 〈스포츠북 리뷰〉

solid 탄탄한, 대단한

빈출 표현 176

그의 기록은 다른 선수들의 기록을 **훨씬 뛰어넘었다.**

His record eclipsed those of other players.

MP3 176

lunar eclipse와 solar eclipse는 각각 '월식', '일식'을 뜻합니다. eclipse는 동사로 '그늘로 가리다, 퇴색시키다, 빛을 떨어뜨리다, 압도하다'는 뜻입니다. 그래서 '~의 기록을 뛰어넘다'의 표현을 할 때도 동사 eclipse를 쓸 수 있습니다. 예를 들어, 피겨스케이팅에서 김연아 선수가 독보적(in a league of her own)이어서 아사다 마오 등 경쟁자들을 뛰어넘었다고 할 때 eclipse를 쓸 수 있습니다. 대체어로는 pale, overshadow, dwarf 등의 동사가 있습니다.

1 그의 방어율은 다른 투수들과 비교해서 **훨씬 뛰어났다.**
His ERA **eclipsed** those of the other pitchers.

2 시즌 100호 홈런은 다른 어떤 선수의 기록도 **훌쩍 뛰어넘었다.**
The 100th home run of the season **eclipsed** the record of any other player.

3 류현진의 메이저리그 전적은 여전히 많은 선수들의 전적을 **훨씬 뛰어넘고 있다.**
Ryu Hyun-jin's major league career record still **eclipses** those of many players.

4 우리 팀의 현재 경기력은 압도적이고 다른 팀들의 경기력을 **퇴색시킨다.**
Our team's current performance is dominant and **eclipses** those of other teams.

5 그는 다른 MVP 후보들을 압도적인 표 차이로 **제치고** 수상했다.
He **eclipsed** the other MVP nominees in the number of votes and took home the prize.

What's become lost in all the years is that Mazeroski's solo home run in the ninth inning, one **eclipsed** in baseball lore perhaps only by Bobby Thomson's "Shot Heard Round The World" in 1951, might not have been the Pirates' biggest homer of the game.
<Los Angeles Daily News>

세월이 흐르면서 잊힌 것은 9회 마제로스키의 솔로 홈런은 파이어리츠의 해당 경기에서 가장 멋진 홈런이 아니었을지도 모른다는 사실이다. 야구 역사상 이 홈런을 **뛰어넘는** 유일한 홈런은 아마도 1951년에 보비 톰슨이 친 '전 세계에 울려 퍼진 한 방'인 역전 홈런일 것이다.
〈로스앤젤레스 데일리 뉴스〉

lore 전통, 전설   **Shot Heard Round The World** 전 세계에 울린 총소리, 역사적 사건을 가리키는 말   **homer** 홈런

빈출 표현 177

우리 팀은 **연승 가도를 달리고 있다.**

Our team is on a winning streak.

MP3 177

운동 경기에서 연승이나 연패가 이어지는 경우, 이를 영어로 각각 be on a winning streak(연전연승하다, 연속해서 이기다), be on a losing streak(연전연패하다, 연속해서 지다)라고 합니다. streak은 기다란 줄 모양을 가리키는데, 이것이 스포츠에서는 성공과 실패의 연속이라는 의미를 담게 되었습니다. 그래서 어떤 팀이 5연승을 했다고 할 때 The team is on a 5-game winning streak. 또는 The team won 5 games in a row.라고 말하는 거죠. 종종 be동사 없이 부사구로도 쓰입니다. on a winning streak은 '연승하여', on a losing streak은 '연패하여'의 뜻이지요.

1 그 팀은 **연승 행진을 이어 가고 있다.**
The team **is on a winning streak.**

2 그 팀은 **11연승 행진을 달리고 있다.**
The team **is on an 11-game winning streak.**

3 그녀는 3년 전부터 **연승 행진을 이어 가고 있다.**
She **has been on a winning streak** for 3 years.

4 닉스 팀은 시즌을 시작하며 **연승 가도를 달리고 있다.**
The Knicks opened the season **on a winning streak.**

5 나는 이미 **연승 가도를 달리고 있는** 팀에 합류했다.
I joined the team that **had already been on a winning streak.**

Mauch said that, when his team **was on a winning streak**, his job was to pop holes in the inflated egos of his players. When players are winning, they start thinking that they are so awesome that they can never be beaten. They get sloppy.
<Maple Money>

마우치는 팀이 **연승가도를 달릴** 때 선수들의 부푼 자부심에 구멍을 내는 것이 자신이 하는 일이라고 말했다. 경기를 이길 때 선수들은 자신을 과신하기 시작하고 절대 패할 수 없다고 생각한다. 한마디로 대충하게 된다. 〈메이플 머니〉

inflated ego 지나친 자부심   **sloppy** 대충하는, 칠칠맞은

빈출 표현 178

어느새 **만루 상황이 됐다.**

Before they knew it, the bases were loaded.

MP3 178

야구에서는 만루 상황에서의 역전 홈런이 가장 짜릿한 뒤집기가 아닐까 생각합니다. 가히 인생역전에 비유할 수도 있겠습니다. '만루 상황이다'는 꽉 찼다는 의미의 loaded를 사용해서 The bases are loaded.라고 합니다. The bases are full.로 표현할 수도 있고요. 야구의 '루, 베이스'는 base여서, '만루'는 a full base라고 합니다. 구어체 숙어 중에 could not even get to first base라는 말이 있습니다. '일루 출루조차 못했다'로, 전혀 진전이 없었다는 뜻이지요. 연애와 관련해서는 손만 잡고 키스는 못 한 상태를 말합니다. It has been 6 months since I met her, but I couldn't even get to first base(그녀랑 만난 지도 6개월이 됐는데 아직 키스도 못 했다니까).처럼 말이지요.

1   8회 말 **만루 상황이었다.**
The bases were loaded at the bottom of the 8th inning.

2   2사 **만루 상황에서** 투수가 최대 위기를 맞이했다.
The pitcher faced his worst crisis **with** two outs and **bases loaded.**

3   무사 **만루 상황에서** 4번 타자는 극적인 홈런을 날렸다.
When the bases were loaded with no outs, the cleanup hitter fired a dramatic home run.

4   한국은 선제적으로 3점을 내준 뒤 1사 주자 **만루 상황에서** 대량 득점을 노렸다.
After preemptively doling out three runs, Korea aimed to score big **as the bases were loaded** with just one out.

—— preemptively 선제적으로, 우선적으로   dole out 조금씩 나눠 주다

5   그 타자는 절호의 **만루** 찬스를 맞이했다.
The batter faced a great chance with **a full base.**

I remember screaming at the television. I couldn't believe my eyes. This was it—a chance at real baseball history, and not just the trivial kind. The etched-in-marble kind. **The bases were loaded**, and it was Daniel Nava's debut, and the pitch came in on rails, and I waited for deliverance. I'm still waiting.
\<Over the Monster>

TV를 보면서 소리를 질렀던 기억이 난다. 내 눈을 믿을 수 없었다. 진정한 야구의 역사를 만들 기회였던 것이다. 하찮은 역사가 아니라 대리석에 새겨질 절호의 기회였다. **만루** 상황에 다니엘 나바의 데뷔 경기였다. 투구는 예상대로 들어왔고 나는 해방될 기회를 기다렸다. 나는 지금도 기다리고 있다. 〈오버 더 몬스터〉

deliverance 구조, 구제, 해방

CHAPTER 2 야구   **255**

연봉 문제로 구단주와 감독 **사이가 틀어졌다.**
The team owner and the head coach
had a falling out due to salary issues.

MP3 179

어느 조직에서든 리더십과 팔로우십이 성공에 중요한 역할을 합니다. 얼마나 신의를 가지고 부하와 상사가 믿음으로 이끌고 따르느냐, 그것이 어떻게 성공으로 이어지느냐가 연구 대상이 되기도 합니다. 야구뿐 아니라 인간관계에서도 사이가 틀어지는 경우가 많이 있습니다. '사이가 틀어지다'는 have a falling out이라고 표현할 수 있습니다. 그 외에도 relations turn sour, relations become estranged로 나타낼 수 있습니다. 반대로 '관계가 좋다'는 have cozy[warm] relations라고 표현합니다.

1 두 선수는 **사이가 틀어졌고** 나중에 각자의 길을 갔다.
The two players **had a falling out** and later parted ways.

2 잦은 말다툼으로 두 선수는 **사이가 틀어졌다.**
The two players **had a falling out** from frequent arguments.

3 호흡을 오래 맞춘 투수와 포수가 왜 **사이가 틀어졌을까?**
Why **did** the pitcher and the catcher, long-time partners,
have a falling out?

4 구단주와 감독은 선수 채용 문제로 **사이가 틀어졌다.**
The team owner and the head coach **had a falling out** over recruiting
issues.

5 스타 선수의 소속팀과 국가대표팀은 이해 관계 상충 때문에 **사이가 틀어졌다.**
The star athlete's affiliated team and the national team **had a falling
out** because of a conflict of interest.

This special makes it seem as though Bill Veeck, who took over as White Sox
owner in Caray's sixth season with the club, hired him. There's no hint of how
—and why—Caray and subsequent Sox owner Jerry Reinsdorf **had a falling
out** that greased his departure for the Cubs ahead of the 1982 season.
<Chicago Tribune>

이 특별 대우 때문에 마치 빌 베크가 캐리를 고용한 것처럼 보인다. 빌 베크는 캐리가 화이트 삭스에서 여섯 번째 시즌을 계약했을 때 화이트 삭스의 구단주가 된 사람이다. 캐리와 화이트 삭스의 그다음 구단주 제리 라인스도프가 어떻게 그리고 왜 **사이가 틀어져서** 1982년 시즌을 앞두고 캐리의 시카고 컵스로의 이적이 가속화됐는지에 대해서는 전혀 단서가 없다. 〈시카고 트리뷴〉

grease 기름을[윤활유를] 바르다, 촉진하다, 빠르게 하다

CHAPTER 3

농구

한 시절을 풍미했던 농구 황제 마이클 조던의 다양한 개인기와 순발력, 파워에 매료됐던 시절이 떠오릅니다. 그의 재능이야말로 군계일학이라 할 수 있겠는데요, 이는 outstanding이라 하면 됩니다. 동사구 stand out을 형용사로 만든 단어로, '탁월한, 걸출한'이라고 해석합니다. 반면에 재능이 그저 그러하면 mediocre라고 하는데, 크게 두각을 나타내지 못하고 '(재능이) 평범한'의 의미입니다. 어쨌든 긴밀한 팀워크와 개인기를 모두 활용하는 농구는 겨울철 실내 스포츠의 대명사로, 팬들도 함성을 지르며 응원하다 보면 속이 후련해지는 경험을 하게 되죠. 이번 장에서는 농구와 관련된 표현을 배워 보겠습니다.

농구 관련 주요 용어

1. 포인트 가드 : point guard
   (코트에서 플레이 메이커 역할을 하며 팀을 지휘하고 관리하는 선수)
2. 파워 포워드 : power forward
   (센터나 가드로서도 탁월한 능력을 발휘하고 득점 능력도 뛰어난 포워드)
3. 깨끗한 득점(깨끗한 샷) : swish
4. 3점 슛 : three pointer
5. 속공(역습) : fast break (상대팀이 수비 태세를 갖추기 전에 빠르게 공격하는 것)
6. 에어볼 : air ball (림이나 백보드를 맞히지 못하고 득점이 되지 못한 슛)
7. 뱅크샷 : bank shot
   (백보드를 한 번 맞고 들어간 슛)
8. 어시스트 : assist (선수가 패스해서 다른 선수가 바로 득점하면 패스한 선수는 어시스트 한 개를 얻음)
9. 앨리웁 : Alley-Oop (공격을 할 때 상대의 블로킹을 따돌리고 공중에서 혼자 볼을 잡아 바로 넣는 덩크샷)
10. 필드골 시도 개수 : field goals attempted (자유투를 제외하고 경기 중에 넣은 골)

11. 스크린플레이 : screen play
    (상대편 선수의 진로를 막는 행위)
12. 허슬 플레이 : hustle play
    (거친 몸싸움을 마다하지 않는 플레이)
13. 블락 : block (슛하는 상대방 선수의 공을 손으로 막는 플레이)
14. 공격자 파울 : charge
    (공격 측 선수가 수비수에게 부딪치는 것)
15. 자유투 : free throw (파울을 당하면 한 선수가 자유투 라인 뒤에서 방해 없이 슛을 던져 1점을 얻을 수 있는 기회를 주는 것)
16. 턴오버 : turnover (공격수의 실책. 상대 수비수에게 스틸을 당했거나 패스 미스로 공격권을 빼앗기는 것)
17. 더블 드리블 : double dribble
    (드리블하던 볼을 잡았다가 다시 드리블하거나 양손으로 드리블하는 반칙)
18. 박스아웃 : box out (상대팀 선수들을 골 밑 지역에서 밀어내는 것)
19. 지역 방어 : zone defense (각 선수가 지정된 지역을 수비하는 전략)
20. 명예의 전당 : HOF (Hall Of Fame)

빈출 표현

180

팀의 시즌 전망은 **위태로웠다.**

The team's season was hanging in the balance.

MP3 180

hang in the balance는 '위기에 처해 있다, 극히 불안정한 상태에 있다, 미해결[미결정] 상태에 있다, 두 가능성 중 어느 쪽이 될지 모르는 상태다'의 뜻입니다. 저울에 매달려 어느 한쪽으로 확실히 기울어지지 않고 떠 있는 상태의 그림을 떠올려 보세요. 결정되지 않은 상태이자 아슬아슬하고 불안정한 상태지요? 대체 표현으로 be in an unstable[precarious] situation(불안정한[위태로운] 상태에 있다)이 있습니다. 그리고 당구에서 유래되어 많이 쓰이는 be behind the eightball(불리한 입장에 처해 있다)도 유사한 표현입니다.

1 우승 결정전은 이제 **승리팀을 점칠 수 없는 상태다.**
The playoffs **are** now **hanging in the balance.**

2 10점이 뒤처져 있어서 그 팀은 **매우 위태로웠다.**
10 points behind, the team **was hanging in the balance.**

3 LA 레이커스 팀의 시즌이 **위태로워 보였다.**
The season for the LA Lakers **was hanging in the balance.**

4 4쿼터 때에도 **누가 경기를 이길지 알 수 없었다.**
Even in the 4th quarter, the game **was hanging in the balance.**

5 그 팀이 예상치 못하게 이기게 되어 **누가** 시리즈에서 **우승할지 알 수 없게 됐다.**
The team's unexpected win left the series **hanging in the balance.**

What looked like an easy win **was hanging in the balance**, but unlike the Liberty—a team with seven rookies on the roster—the Fever have veterans like Candice Dupree and Natalie Achonwa who have a wealth of knowledge to pull from in the clutch.
<IndyStar>

쉽게 이길 걸로 보였던 경기가 **아슬아슬해졌**지만, 선수 명단에 신참이 7명 있는 리버티 팀과 달리 피버 팀은 캔디스 듀프리와 나탈리 어천와처럼 위기 상황에서 노련함을 발휘할 수 있는 풍부한 지식을 가진 베테랑들이 포진해 있다. 〈인디스타〉

roster 선수 명단, 근무자 명단   **clutch** 위기, (시합에서) 최대의 국면, 절박한 경우

그의 재능은 **위기 때** 빛이 난다.

His talent shines in the clutch.

MP3 181

clutch는 '(스포츠 시합에서) 최대의 국면, 중요한 순간'을 가리킵니다. 중요한 순간이라는 건 까딱 잘못하다가는 승패가 갈리는 위기의 순간이기도 하지요. 그래서 in the clutch는 '중요한 순간에, 최대의 국면에, 위기 상황에'로 해석할 수 있습니다. at a critical moment 라고 바꿔 쓸 수 있지요. His talent shines in the clutch.는 위기 상황에서 재능이 빛이 난 다는 말인데, 아무래도 경험자들(people with experience)이 경험이 없는 사람들보다 위기 상황에서 순발력이 뛰어나고 재능이 더욱 빛을 발하겠죠?

1   코비 브라이언트는 **위기 상황에서** 항상 두각을 나타냈다.
    Kobe Bryant was always remarkable **in the clutch**.

2   그는 **위기 상황에서** 종종 실수를 해서 팬들에게 실망감을 안긴다.
    He often chokes **in the clutch**, disappointing fans.
    —— choke 긴장하거나 해서 실패하다. 망치다

3   그는 또다시 **위기 상황에서** 팀원들과 팬들을 실망시켰다.
    He let teammates and fans down **in the clutch** again.

4   그녀는 **위기 상황을** 잘 헤쳐 나와 팀에 일조하는 것으로 유명하다.
    She is renowned for success **in the clutch**, contributing to the team.

5   이번 **위기 상황에서는** 운명의 여신이 그녀의 편이 아니었고 그녀의 팀은 패했다.
    Fate did not support her **in the clutch** this time and her team lost the game.

In a close encounter with the Thunder, the Rockets couldn't perform **in the clutch** as they ended losing in the fourth quarter thriller.
<Essentially Sports>

썬더 팀과의 접전에서 로켓츠 팀은 **위기 상황에서** 기량을 발휘하지 못하고 손에 땀을 쥐게 하는 4쿼터를 끝으로 패했다. 〈에센셜리 스포츠〉

그는 **후보 선수 신세를 면했다.**
He graduated from being a bench warmer.

MP3 **182**

경기에 자주 출전하지 못하고 벤치(bench)에만 앉아 있는 선수를 가리켜 bench warmer 라고 합니다. 계속 벤치에 엉덩이를 붙이고 있으니 벤치가 따뜻해지는 거죠. 우리말로 는 '후보 선수' 혹은 '대기 선수'라고 합니다. '후보 선수 신세를 면하다'를 말하려면 '~를 졸업하다, 극복하다'의 graduate from ~을 활용합니다. 그래서 graduate from being a bench warmer라고 쓰면 '후보 선수 신세를 면하다'의 뜻이 됩니다.

1 이렇게 말해서 유감이지만, 그는 평생 **후보 선수 신세를 면치** 못할 것 같다.
   I am sorry to say I don't think he **would ever graduate from being a bench warmer.**

2 프로 진출 10년 만에 그는 마침내 **후보 선수 신세를 면했다.**
   10 years into his professional career, he finally **graduated from being a bench warmer.**

3 그는 프로 진출만 하게 된다면 **후보 선수 신세를** 마다하지 않을 거라고 한다.
   As long as he makes it into the professional league, he doesn't mind **being a bench warmer.**

4 너무 오래 계속 **후보 선수로 있게** 되면 선수 생명이 짧아질 수밖에 없다.
   If you keep **being a bench warmer** for a prolonged time, your shelf life as an athlete is bound to be short lived.

5 그는 **후보 선수에서** 최고 선수로 **급부상했다.**
   He rapidly **emerged from being a bench warmer to** being the top player.

Dudley, who **has been a bench-warmer** for most parts of the season, has no shame in being so. He is happy to contribute to the team in the best way the organization sees fit. And his recent activity on social media is proof of that. <Essentially Sports>

시즌 중 대부분 기간 동안 **후보 선수로 지내 온** 더들리는 그런 신세를 수치스럽게 생각하지 않는다. 팀이 합당하다고 평가하는 기준에 맞춰 최선의 방식으로 팀에 기여하게 되어 좋다고 생각한다. 최근 SNS에서 보이는 그의 활동이 그 증거이다. 〈에센셜리 스포츠〉

183

그는 다른 선수들과 **궁합이 맞지 않는다.**
He has little chemistry with the other players.

MP3 183

미국의 리얼리티 프로그램 〈어프렌티스(The Apprentice)〉에서 진행자였던 도널드 트럼프가 한 참가자를 '해고'시키면서 이런 말을 한 적이 있습니다. "You broke the chemistry of the team and Andrea you are fired(팀의 화합을 깨뜨렸기 때문에 안드레아 당신은 해고입니다)." chemistry는 이성과의 궁합 또는 조직 내의 호흡이나 팀워크를 의미하기도 합니다. 잘 맞는 이성을 만나면 '화학 반응'을 일으킨다고 하죠? 그래서 have little chemistry는 '궁합/호흡/팀워크가 잘 맞지 않다'는 뜻입니다. 아예 나쁘다고 표현하려면 bad chemistry라고 하면 되겠죠? 반대로 have good chemistry는 '궁합이 잘 맞다, 잘 통하다'의 뜻입니다. '~와의 궁합/호흡/팀워크'는 chemistry with ~라고 표현합니다.

1 **팀워크가 안 좋아**서 우리는 오늘 경기에 졌다.
We lost today's game because of **bad chemistry within the team**.

2 그 에이스 선수는 다른 선수들과 **팀워크가 안 좋아**서 종종 따돌림을 받는다.
The ace is often shunned because he **has little chemistry** with the other players.

3 지금 나는 팀원들과 **팀워크가 안 좋아**서 선수들과 훈련을 더 해야겠다.
I should train more with the players because I **have little chemistry** at the moment.

4 이번 시즌에는 **우리 팀이** 다른 어떤 팀보다 **더 단단한 팀워크가 형성되었다**고 믿는다.
I believe **our team chemistry has become stronger than** any other team this season.

The Heat asked Dragić to move to the bench this season, to be their Manu Ginóbili, after Jimmy Butler's arrival. He responded by **building strong chemistry** with Butler that has kept him in Coach Erik Spoelstra's preferred lineup to close out games.
<The New York Times>

마이애미 히트 팀은 드라기치에게 이번 시즌에 후보 선수가 되어 달라고 요청했다. 지미 버틀러가 영입되면서 그들의 마누 지노빌리가 되어 달라는 것이었다. 드라기치는 버틀러와 **찰떡 호흡을 쌓는 것**으로 화답했고, 이 덕분에 에릭 스폴스트라 감독의 우선 출전 선수 진용에 들어 경기를 마칠 수 있었다.
〈뉴욕 타임스〉

마누 지노빌리: 아르헨티나 출신으로, 미국인이 아닌 선수로서 농구 유로리그, 올림픽, NBA에서 모두 우승한 유일한 선수

lineup 진용, 라인업   **close out** ~을 마무리짓다

CHAPTER 4

골프

앞서 살펴본 스포츠 종목들 외에도 상당히 많은 스포츠가 있습니다. 국력과 스포츠 대회 우승은 비례하기도 하고 그렇지 않기도 한데요, 유독 한국 선수들이 엄청난 강세를 보이는 종목들이 있습니다. 양궁, 쇼트트랙, 태권도, 레슬링, 유도 등 여러 종목이 있는데, 여기서 절대 빠지면 안 되는 것이 골프입니다. 한때 부자들만 즐기는 스포츠라는 인식이 강했으나, 요즘은 국민 스포츠가 되고 있다는 생각이 들 정도로 인기가 높습니다. 골프 전문 방송까지 여럿 있을 정도니까요. 특히 박세리 선수를 필두로 우리나라 여성 선수들이 세계 최정상을 수차례 차지하며 국위 선양(raising the prestige of the country)을 하고 있습니다. 골프에도 전문 용어가 많은데, 일상 회화에서 쓸 수 있는 뭉치 표현을 몇 개 배워 보겠습니다.

골프 관련 주요 용어

1. 골프장 : golf course
   회원제 골프장 : private golf course
2. 골프 회원권 : golf club membership
   골프 회원권을 분양하다 : issue[sell] membership
3. 골프 연습장 : driving range,
   (golf) practice range
4. 티어링 그라운드(처음 치는 구역)
   : teeing ground, tee box(구어체)
5. 페어웨이 안착률 : driving accuracy
6. 러프 : rough(골프장에서 풀이 길고 공을 치기가 힘든 부분)
7. 워터 해저드 : water hazard
   (코스 안에 있는 바다, 호수, 못, 하천, 도랑, 수로 등의 수역)
8. 벙커 : bunker(모래로 된 장애 구역)
9. 숏홀 : par 3 hole
10. 롱홀 : par 5 hole
11. 꺾어진 홀 : dog leg hole
12. 타수 : number of strokes
13. 파 : par(기준 타수, 파)
14. 보기 : bogey(파보다 1타 많은 타수)
15. 더블 보기 : double-bogey
    (파보다 2타 많은 타수)
16. 트리플 보기 : triple-bogey
    (파보다 3타 많은 타수)
17. 버디 : birdie(정해진 홀에 공을 넣기까지 소요된 타수가 기준 타수보다 1타 적은 것)
18. 이글 : eagle(정해진 홀에 공을 넣기까지 소요된 타수가 기준 타수보다 2타 적은 것)
19. 알바트로스 : albatross(정해진 홀에 공을 넣기까지 소요된 타수가 기준 타수보다 3타 적은 것)
20. 홀인원을 기록하다
    : make a hole in one
    (단번에 공이 홀에 들어가다)

빈출 표현 184

그는 마스터스 토너먼트에서 **출발이 아주 좋다.**

He **is off to a great start** in the Masters Tournament.

MP3 184

출발이 좋으면 결과도 좋을 가능성이 높죠? get off to a great start라고 동사 get을 쓰면 상태의 '변화'를 강조하여 전과 달리 출발이 아주 잘됐다는 의미이고, be동사를 써서 be off to a great start라고 하면 좋은 출발 '상태'에 맞춰 현재 출발한 상태가 좋다는 의미가 됩니다. I hope you get off to a great start in studying with this book and keep it up(이 책으로 산뜻하게 공부 시작하시고 계속 이어 가시기 바랍니다)!

1 이번 시즌에 그 여성 선수의 **출발이 아주 좋았다.**
She **got off to a great start** this season.

2 작년에 꼴찌를 했던 팀이 올해는 **출발이 아주 좋다.**
Last year's bottom ranked team **is off to a great start** this year.

3 올 한 해는 갓 프로로 전향한 그 선수에게 **출발이 아주 좋다.**
This year **is off to a great start** for the player who just turned pro.

4 그 선수는 **출발이 아주 좋았고** 이 기세를 죽 이어 가기를 바라고 있다.
He **got off to a great start** and hopes to keep the momentum going.

5 감독은 선수들에게 말했다. "한 주 **활기차게 시작하기를** 바랍니다."
The coach told the players, "I hope your week **is off to a great start.**"

India's Shubhankar Sharma **got off to a great start** with birdies on the first two holes but could not maintain the tempo and slid to tie in 110th place in the 2020 English Championship in Hertfordshire on Thursday.
<Scroll.in>

목요일에 하트퍼드셔에서 열린 2020년 잉글리시 챔피언십에서 인도의 슈반카 샤르마는 첫 두 홀에서 버디를 잡으며 **순조롭게 출발했으나** 템포를 유지하지 못하고 공동 110위로 밀려났다. 〈Scroll.in〉

빈출 표현 185

두 선수는 **공동 2위에 올랐다.**

The two players were tied in second place.

MP3 **185**

골프 토너먼트에서는 앞서거니 뒤서거니 하는 과정에서 다른 누군가와 공동 순위를 기록하는 경우가 많습니다. 단독 선두를 하는 것이 물론 좋고, 공동 2위를 기록하면 선수 입장에서는 아쉬울 수밖에 없겠죠. 경기 진행 중에 '공동 2위이다'는 영어로 be tied in second place로 표현합니다. 유의할 점은 '순위'를 나타내는 문맥에서는 서수 앞에 관사 the를 사용하지 않는다는 점입니다. 경기 결과 '비기다, 무승부로 끝나다'는 finish in a tie, end in a draw라고 표현합니다.

1   두 선수는 지난 시즌에 종종 **공동 2위를 했다.**
The two players **were** often **tied in second place** last season.

2   두 선수는 9번 홀까지 **공동 2위를 장식했다.**
The two golfers **have been tied in second place** until the 9th hole.

3   한국과 영국 선수들은 5언더파로 **공동 2위를 기록하고 있다.**
The Korean and British golfers **are tied in second place** with 5 under par.

4   두 선수는 지난 3개 연속 토너먼트에서 **공동 2위를 차지했다.**
The two players **were tied in second place** in the last three straight tournaments.

5   세 신인 선수들이 인기 투표에서 3일간 **공동 2위를 차지했다.**
The three rookies **were tied in second place** for three days in the popularity ratings.

England's Eddie Pepperell carded a superb 5-under 67 to take a one-shot lead at the Dubai Desert Classic on Friday. Pepperell moved to a shot clear of defending champion Bryson DeChambeau, who **is tied in second place**, after the Englishman made seven second-round birdies to lead at 8 under for the tournament.
<ESPN>

잉글랜드의 에디 페퍼럴이 금요일에 열린 두바이 데저트 클래식에서 멋진 5언더파 67타를 기록하며 한 타점 차 선두를 차지했다. 페퍼럴은 전년도 우승자 브라이슨 디섐보보다 한 타점 앞섰고 디섐보는 **공동 2위를 기록 중이다.** 페퍼럴은 2라운드에서 7개의 버디를 잡아내며 누적 8언더파로 대회 선두를 기록 중이다. 〈ESPN〉

card 득점을 스코어 카드에 적다   **defending champion** 전년도 우승자

MP3 **186**

빈출 표현 186

그녀는 **보기로 주춤했다**.

She suffered a stumble with a bogey.

골프의 기준 타수를 '파(par)'라 하고, 한 타수 많은 걸 '보기(bogey)'라고 합니다. 골퍼들이 '보기'를 범하면 경기 진행의 흐름이 끊기고 주춤하게 되어 경기에 차질을 빚을 수도 있는데요, '차질을 빚다'를 영어로 suffer a setback이라고 합니다. 비슷한 의미의 뭉치 표현으로 suffer a stumble도 있습니다. suffer a stumble with a bogey라고 하면 '보기로 주춤하다'는 뜻이 되겠죠. stumble을 동사로 써서 간단히 stumble with a bogey라고 할수도 있습니다. 반대로 보기를 하나도 범하지 않는다면 경기 진행이 아주 잘되겠죠? 그때는 without any bogey(보기 하나 없이)라고 말할 수 있습니다.

1   중요한 라운드에서 그는 **보기로 주춤했다**.
He **suffered a stumble with a bogey** in the crucial round.

2   그녀는 출발은 아주 좋았는데 **보기로 주춤했다**.
She got off to a great start but **stumbled with a bogey**.

3   그는 3라운드에서 **더블 보기를 범해 주춤했다**.
He **stumbled with a double bogey** in the third round.

4   그는 4라운드를 돌며 **보기 없이** 버디만 5개 기록했다.
Over 4 rounds, he carded 5 birdies **without any bogey**.

5   그녀는 **보기 하나 없이** 20언더파 196타를 쳐서 우승했다.
Without any bogey, she won the tournament with 20 under-par 196.

Ranked 73rd in the world, Lahiri **stumbled with a bogey** in his opening hole. He recovered quickly with a birdie on the second but was pegged back again by another two bogeys on holes four and five. Birdies on seven and 12 then brought Lahiri to even-par.
<Business Standard>

세계 73위에 랭크되어 있는 라히리는 첫 번째 홀에서 **보기로 주춤했다**. 두 번째 홀에서 버디 하나로 빠르게 회복했지만 4번과 5번 홀에서 두 개의 보기를 또 범하며 다시 뒤로 밀려났다. 7번과 12번 홀에서 버디를 잡으며 라히리는 기준 타수를 맞출 수 있었다. 〈비즈니스 스탠더드〉

peg ~ back ~가 우승을 하지 못하게 하다
even-par 이븐 파(규정 타수와 선수가 친 타수가 일치하는 일)

빈출 표현 187

그는 작년 시즌에 **두둑한 상금을 받았다.**

He earned a hefty paycheck in last year's season.

MP3 187

프로 선수가 되어 경기에서 우승하면 상금을 받게 됩니다. 프로 축구나 야구, 농구 선수들의 연봉을 들으면 입이 떡 벌어질 정도인데요, 세계적인 소득을 자랑하는 선수들 중에는 개인 종목인 골프 선수들이 특히 많은 것 같습니다. 경제 전문지 〈포브스〉에 따르면 역대 가장 많은 수입을 기록한 스포츠 선수는 1위 마이클 조던, 2위 타이거 우즈, 3위 아놀드 파머, 4위 잭 니클라우스 등으로 2~4위가 골프 선수입니다. 경기에서 우승하면 상당한 상금을 받는데, 이를 earn a hefty paycheck(큰 상금을 받다)이라고 표현합니다. hefty는 '많은, 두둑한'의 뜻이고, paycheck은 원래 '급여'나 '보수'의 뜻인데 hefty와 함께 쓰이면서 상금의 뜻을 갖게 됩니다. 참고로, '상금'은 prize money라고 합니다.

1 예상을 뒤엎고 그녀는 **두둑한 상금을 챙겼다.**
Bucking expectations, she **earned a hefty paycheck.**

2 토너먼트에서 우승하여 그는 **두둑한 상금을 받았다.**
He **earned a hefty paycheck** by winning the tournament.

3 그는 첫 PGA 투어 우승으로 **두둑한 상금을 받았다.**
He **earned a hefty paycheck** with his first PGA Tour victory.

4 그녀는 우승의 영예와 **두둑한 상금을** 모두 **챙겼다.**
She **earned** both the honor of victory and **a hefty paycheck.**

5 그녀는 100만 달러가 인상된 **두둑한 상금을 차지했다.**
She **earned a hefty paycheck** that was raised by 1 million dollars.

The veteran is nearly seven years removed from his lone Tour title in Puerto Rico, but he **earned a hefty paycheck** thanks to a bogey-free back nine as he carded 68 for the third straight day.
<Golfchannel>

그 베테랑 선수는 거의 7년 전에 푸에르토리코에서의 유일한 타이틀 말고는 우승을 차지한 적이 없었으나, 이번에 3일 연속 68타를 기록하며 백나인(18홀 코스의 후반 9홀)을 보기 없이 마무리한 덕분에 **두둑한 상금을 챙겼다.** 〈골프채널〉

CHAPTER 5

올림픽

지금도 그렇지만, 80~90년대에는 4년에 한 번씩 열리는 아시안 게임과 월드컵, 올림픽은 모두가 손꼽아 기다리는 스포츠 제전이었습니다. 저 역시 88 서울 올림픽을 시작으로 4년마다 돌아오는 올림픽을 감동적으로 봐 왔습니다. 1980년 독일의 바덴바덴에서 당시 사마란치 IOC 위원장이 1988년 올림픽 개최지를 "쎄울!"이라고 발표한 것도 생생히 기억납니다. 이렇듯 올림픽은 개최지 선정에서부터 초미의 관심사가 되고, 국가대표 선수들이 개인과 국가를 위해 혼신의 힘을 다하는 모습은 큰 울림과 감동을 줍니다. 스포츠 선수들에게 올림픽은 일생일대의 기회(once-in-a-lifetime opportunity)이며, 손에 땀을 쥐게 하는 승부는 각본 없는 한 편의 드라마입니다. 하계 올림픽, 장애인 올림픽, 동계 올림픽은 운동 선수들의 최고의 무대일 것입니다. 선수들의 꿈의 무대인 올림픽 관련 필수 뭉치를 공부해 보시죠.

올림픽 관련 주요 용어

1. 하계 올림픽 : Summer Olympics
2. 동계 올림픽 : Winter Olympics
3. 장애인 올림픽 : Paralympics
4. 국제 올림픽 위원회 : International Olympic Committee (IOC)
5. 오륜기 : Olympic flag
6. 올림픽 헌장 : Olympic Charter
7. 올림픽 성화 : Olympic torch
8. 성화 점화식 : torch-lighting ceremony
9. 성화 봉송 : torch relay
10. 개막식 : opening ceremony
    폐막식 : closing ceremony
11. 메달 순위 : medal ranking
    종합 메달 순위 : overall medal tally
12. 메달 시상식 : medal award[awarding] ceremony
13. 국가 : national anthem
14. 약물 검사 : doping test
15. 실격 : disqualification
16. 주관 방송사 : host broadcaster
17. 대회 유치 : hosting of the games
18. 10종 경기 : decathlon
19. 바이애슬론(크로스컨트리 스키와 사격을 혼합한 경기) : biathlon
20. 결승 : final games, finals

올림픽은 **2주간 열리는 세계 스포츠 축제**다.
The Olympics is a 2 week-long global sports gala.

MP3 **188**

올림픽은 2주간 열리는 세계인의 스포츠 축제입니다. 영어로 '2주간 열리는'은 a 2 week-long이라고 표현하며, 기간을 바꿔서 다양하게 활용할 수 있습니다. This is a 3 hour-long movie(이건 세 시간짜리 영화야)., It was a 4 day-long seminar(4일간 계속되는 세미나였어).처럼 말이죠. 중요 포인트는 앞에 숫자가 있어도 시간 단위를 나타내는 명사인 week, hour, day 등은 단수 형태로 써야 한다는 것입니다. 2-weeks long이나 3 hours-long은 틀린 표현입니다. gala는 '축제, 운동 경기 대회'를 가리킵니다.

1 **2주간의 스포츠 축제**가 다음 주 목요일 저녁 7시에 시작됩니다.
The 2 week-long sports gala will kick off at 7 p.m. next Thursday.

2 **2주간의 세계 스포츠 축제**로 가는 카운트다운이 시작됐습니다.
The countdown has begun for **the 2 week-long global sports gala**.

3 평창 동계 올림픽은 **2주간 열린 세계 스포츠 축제**였다.
The PyeongChang Winter Olympics was **a 2 week-long global sports gala**.

4 탄자니아는 **2주간 열리는 세계 스포츠 축제**인 올림픽 개최를 소망하고 있다.
Tanzania is hoping to host the Olympics which is **a 2 week-long global sports gala**.

5 **2주간 열리는 세계 스포츠 축제** 동안 기업들은 엄청난 돈을 들여 브랜드를 홍보한다.
Businesses spend huge amounts of money to promote their brands during **the 2 week-long global sports gala**.

Samsung Electronics Co. unveiled its limited edition Galaxy S7 Edge smartphone on Friday designed to celebrate the upcoming Rio Olympic Games. The South Korean tech giant said it will begin the sale of the special version in South Korea, Brazil, China, the United States and some other selected nations on July 18. Samsung is a long-time sponsor of **the quadrennial global sports gala**.
\<Yonhap News Agency\>

삼성전자는 다가오는 리우 올림픽을 경축하기 위해 디자인된 한정판 갤럭시 S7 엣지를 금요일에 공개했다. 한국의 거대 기술 기업인 삼성은 7월 18일에 한국, 브라질, 중국, 미국과 그 외에 선정된 몇몇 국가에서 특별판 판매를 시작하겠다고 했다. 삼성은 **4년마다 열리는 세계 스포츠 축제**의 오랜 후원사이다. 〈연합뉴스〉

quadrennial 4년마다의

189

두 나라는 결승전에서 **맞붙을 것이다.**

The two countries will go head to head in the final match.

MP3 189

경기에서 '격돌하다, 맞붙다'를 영어로 go head to head라고 표현합니다. 염소 두 마리가 서로 머리를 맞대고 버티는 모습을 떠올리면 기억하기 쉬울 겁니다. 이렇게 맞붙는 것을 face off라고도 하는데요, face off는 '경기를 시작하다'의 의미로도 씁니다. kick off도 '경기가 시작되다'의 의미인데, 사람이 주어인 face off와 달리 주어로 경기를 나타내는 단어가 쓰입니다.

1   챔피언과 도전자는 저녁 6시에 **격돌할 것이다.**
The champion and contender **will go head to head** at 6 p.m.

2   지역 축구 예선전에서 두 라이벌이 **격돌했다.**
The two rivals **went head-to-head** in the regional football preliminaries.

3   두 국가대표 선수는 TV 생방송으로 중계되는 경기에서 **맞붙을 것이다.**
The two national athletes **will go head-to-head** in a live televised match.

4   한국 국가대표팀은 일본 국가대표팀과 **격돌할 것이다.**
The Korean national team **will go head to head** with the Japanese national team.

5   오랜 앙숙인 호주와 뉴질랜드가 올림픽 결승전에서 **격돌할 것이다.**
Old rivals Australia and New Zealand **will go head to head** in the final match in the Olympics.

China PR and Korea Republic **will go head-to-head** for the region's last berth. The two-legged showdown is scheduled to be played in early 2021. The last ticket to Tokyo will go to either Cameroon, runners-up in the African qualifiers, or Chile, runners-up at the Copa America.
<FIFA.com>

중국과 대한민국은 지역의 마지막 진출 자리를 두고 **격돌할 것이다.** 홈과 원정 두 경기로 이루어진 결정전은 2021년 초에 개최될 예정이다. 도쿄 올림픽 진출 마지막 티켓은 아프리카 예선전 준우승팀 카메룬이나 코파 아메리카 경기의 준우승팀 칠레에 돌아갈 것이다. 〈피파닷컴〉

berth 정박지   **showdown** 마지막 결전   **runner-up** 2위 선수, 2위 팀
qualifier 예선전, 예선 경기, 예선 통과자

그 약체팀이 **예상을 뒤엎었다.**

The underdog bucked expectations.

MP3 190

우승권 밖에 있던 약체팀이 예상을 뒤엎고 승리하면 감동과 전율을 느끼게 됩니다. buck은 '발로 걷어차다'란 뜻으로, buck expectations는 '예상을[기대를] 뒤엎다'란 뜻입니다. 그 외에 기대와 관련해서 쓸 수 있는 표현으로 '기대에 부응하다'는 meet expectations, '기대에 못 미치다'는 fall short of expectations, '기대를 뛰어넘다'는 exceed expectations입니다. 많이 사용하는 뭉치 표현들이니 모두 기억해 두었다가 활용하세요.

1   그의 승리는 **팬들의 예상을 뒤엎었다.**
His win **bucked fans' expectations.**

2   무명의 선수는 **모든 관객의 예상을 뒤엎었다.**
The unknown athlete **bucked all the audience's expectations.**

3   **기대를 뒤엎으며** 한국은 종합 메달 순위에서 5위를 기록했다.
Bucking expectations, Korea ranked 5th in the overall medal tally.

4   경기 결과는 전 세계 관객의 **기대를 뒤엎었다.**
The outcome of the match **bucked the expectations** of audiences worldwide.

5   기대 이상의 점수는 전문가들의 **예상을 뒤엎었다.**
The better-than-expected score **bucked the expectations** of experts.

The 34-year-old, who was part of the Team GB side who won silver at the Rio Olympics, has played 91 times on the World Series circuit since 2008. The former Mosley player **bucked expectations** from when he failed to make the first-year rugby team during his time at the University of Birmingham.
<The Telegraph>

이 선수는 34세로 리우 올림픽에서 은메달을 수상한 팀 영국(영국 단일 올림픽 대표팀)의 멤버였고, 2008년 이후 월드 시리즈 연맹전에서 91차례 경기에 참여한 바 있다. 전 모슬리 선수였던 이 선수는 버밍엄 대학 시절 첫해 럭비 팀에 들어가지 못해 **예상을 뒤엎은 바 있다.** 〈텔레그래프〉

한국은 **종합 메달 랭킹 9위다.**
Korea ranks ninth on the overall medal tally.

MP3 191

올림픽 경기가 진행되는 동안 각국의 메달 경쟁과 국가별 메달 집계는 뉴스에 매일 소개될 정도로 초미의 관심사입니다. 신기하게도 국가별 순위는 국가의 경제력과 비례하는 경향이 있기도 하지요. 우리나라는 늘 경제력에 걸맞게 종합 10위 정도를 유지했습니다. '종합 메달 순위가 ~위다'는 rank 서수 on the overall medal tally로 표현하면 됩니다. 여기서 rank는 동사로 '(순위를) 차지하다'의 뜻입니다. tally는 '기록'의 뜻이어서 medal tally는 메달 집계[순위]를 뜻합니다. overall medal tally는 '종합 메달 집계[순위]'가 되겠죠.

1 한국은 러시아에 이어 **종합 메달 집계에서 8위에 랭크되었다.**
Korea **ranked eighth on the overall medal tally** behind Russia.

2 한국은 금메달 10개로 **종합 메달 집계에서 10위를 차지했다.**
South Korea **ranked 10th on the overall medal tally** with 10 gold medals.

3 미국은 1988년 서울 올림픽 **종합 메달 집계에서 1위를 차지했다.**
The US **ranked number one on the overall medal tally** at the 1988 Seoul Olympics.

4 한국은 **종합 메달 순위 5위 안에 드는 걸** 목표로 하고 있다.
Korea aims to **rank in the top five on the overall medal tally.**

5 **종합 메달 집계에서** 인도는 3위를 계속 유지한다.
On the overall medal tally, India holds on to the third position.

Australia **has finished sixth on the overall medal tally** with 33 gold, 9 silver and 14 bronze medals. The 15-strong Taekwondo team made history when they won every single weight division entered in Samoa, coming home with 15 gold medals.
<The Australian Olympic Committee>

호주는 금메달 33개, 은메달 9개, 동메달 14개로 종합 메달 순위 6위로 대회를 마쳤다. 15인으로 구성된 태권도 팀은 사모아에서 참가한 모든 단일 체급 경기에서 우승하고 15개 금메달을 차지하며 새 역사를 썼다. 〈호주 올림픽 위원회〉

EFL(English as a Foreign Language, 외국어로서의 영어) 환경에서 영어를 잘 구사하는 건 하나의 학문만큼 힘들 수 있다는 생각을 해 봅니다. 우리나라 환경이 ESL(English as a Second Language, 제2언어로서의 영어, 영어가 모국어는 아니지만 주 언어이거나 주 언어 중 하나인 경우)만 됐어도 많은 학습자들이 그리 고생하지는 않을 것 같습니다. 다시 말해서 영어가 공용어만 됐어도 이렇게 모두 영어에 과잉 집착해서 영어유치원이니, 조기유학이니, 기러기 아빠니 하는 사회 기현상이 생기지 않았을 거란 생각이 듭니다.

영어를 유창하게 하려면 분석적이고 끈기 있는 훈련이 필요할 것입니다. 얼마 전 한 예비 대학생이 듣고 받아쓰기에 관한 문의를 해 와서 답변을 한 적이 있습니다. 이 학생은 강세가 없는 단어, 즉 전치사나 관사, 관계사 등이 잘 들리지 않는다고 하소연했습니다. 저는 다음과 같이 상담을 해 주었습니다.

"평소에 연어와 구동사, 즉 함께 다니는 단어들을 많이, 제대로 익혀 두어야 청취하면서 놓치는 부분을 최소화할 수가 있어요. 그렇게 훈련해야 직감적으로 소리 덩어리의 감을 잡는다는 느낌이 들 겁니다. 또한 영어 내공을 쌓으면, 즉 읽기, 듣기, 말하기, 쓰기 실력을 상당히 쌓으면 '귀의 속도'가 자기 '말의 속도'와 일치하게 됩니다. 이런 경지에 다다르면 종합적인 영어 능력이 빛을 발합니다."

요즘은 학교 영어, 성인 영어가 따로 없고, 영어를 잘하는 고등학생은 웬만한 대학생보다 잘한다는 생각도 듭니다. 실제로 영어 실력은 나이와 학습 연수를 따질 수 없는 것 같습니다. 상담 후 되짚어 보니 '속도'에 대한 비유를 더 많이 공감할 수가 있어서 이를 좀 더 설명하고자 합니다.

들리는 대로 말하고, 쓰고, 읽고, 또 이런 언어 능력을 철저히 내 것으로 만들어 새로운 지식을 쌓아 갈 수 있으면 영어를 마스터한 거겠죠? 이를 위해 늦은 감이 있어도 열심히 소리 내어 말하고 글로 써 봐야 합니다. 짧은 문장을 많이 쓰고, 말을 해 보고, 속도감 있게 표현하는 훈련을 하는 게 좋습니다. 입에 달고 다니는 표현들이 많으면 많을수록 가속도가 붙습니다.

예전에 한 동료가 들려 준 이야기입니다. 그 동료의 외국인 친구가 한국에 유학을 왔는데, 많은 한국 학생들과 이야기를 나눠 본 결과, "Koreans like to make proclamations." 하는 경향을 발견했다고 합니다. 다시 말해서, 자신의 의견을 말하기보다는 일반화된 상식을 마치 선언하듯 한두 문장으로 말하기를 좋아한다는 겁니다. 따라서 주고받는 소통이 이루어지지 않고 대화가 잘 이어지지 않는다고 지적한 겁니다.

대다수가 유창성이 부족하니 저마다 이야기를 할라치면 "Korea is a homogeneous society." 내지는 "Koreans eat rice as a staple food." 아니면 "Unlike the U.S., Korea has a high literacy rate and almost everyone strives to enter university." 하는 식으로 말을 합니다.

위의 말들 중에서는 그래도 세 번째가 생각을 하고 미리 영작을 한 노력이 엿보이죠? 하지만 공통된 문제는 그런 말을 하고 나서 '침묵'이 흐른다는 겁니다. 계속해서 말을 이어 가지 못하는 거죠. 미리 얘기하고픈 주제에 대해 생각을 하고 '준비'가 되어 있다면 3문장 이상 말할 수 있고 상대방의 관심을 유도할 수 있겠죠. 이런 준비가 되어 있다면 원활한 의사소통은 물론 iBT TOEFL에도 한층 자신 있게 응시할 수 있지 않을까 합니다.

위의 문장들을 예로 들어 '이어서 말해 보기' 연습을 해 볼까요?

1. Korea is a homogeneous society. So it has a great sense of unity and togetherness. The amazing mass cheering for the national soccer team in front of city hall during the 2002 World Cup is a good example.

2. Koreans eat rice as a staple food. This is a common diet of Asians. There are many side dishes like kimchi and bulgogi to supplement rice in our daily meal.

3. Unlike the U.S., Korea has a high literacy rate and almost everyone strives to enter university. As a result, there is intense competition to get into the school of one's choice. SKY is an acronym of the most prestigious schools. They stand for Seoul National, Korea and Yonsei Universities. Interestingly, you can say Korean students try hard to reach for the SKY.

이처럼 모두가 다 아는 이야기와 소재를 가지고 문장을 몇 개 만들어 본 다음 파일로 정리해 놓으면 호환하고 병용해서 활용할 수 있을 것입니다. 나중에 살을 더 붙여 얘기하거나 글을 쓸 수 있지요. 단어와 숙어 및 예문만을 정리할 게 아니라 이처럼 글을 써 보는 훈련은 공부한 내용을 체화할 수 있는 좋은 방법입니다. 조바심을 버리고 '보약을 달여 먹는 정성'을 유념하시기 바랍니다.

공부를 하다 보면 글로 표현한 영어와 말로 표현한 영어의 경계가 모호해질 수 있습니다. 그런데 글쓰기는 특정 대상을 더 의식하는 경향이 있지요. 그리고 기록으로 남는 특성 때문에 어느 정도 난이도 높은 어휘를 곁들여 사용할 수 있어야 능숙하고 멋있는 글을 쓸 수 있습니다. 또 글쓰기에서도 연속으로 쓸 내용을 주제별로 정리해 보는 노력이 수반되어야 합니다.

'귀의 속도'와 '말의 속도'가 같아지려면 본인의 발음, 유창성, 배경 지식 등이 뉴스 앵커의 것과 유사해져야 합니다. 이런 언어 숙달도와 유창성을 육성하기 위해 주입식 교육 습관에서 벗어나 휴면 상태에 있는 영어 능력을 흔들어 깨워 활성화해야 합니다. 영어가 외국어인 환경의 학습자는 할 게 참 많습니다. 그렇다고 해서 청취 따로, 어휘 따로, 독해 따로 같은 구분은 더 이상 바람직하지 않습니다. 통합 실전 영어를 지향하기 위해 '우리말-영어'의 '뭉치 매칭'을 응용하고 다양한 '뭉치 표현'을 활용한 심도 있는 말하기와 글쓰기를 병행해야 합니다.

PART 7

환경

CHAPTER 1

오염

최근 몇 년 사이에 우리나라 뉴스에 자주 등장하는 환경 오염 뉴스는 대기 오염, 그중에서도 특히 미세먼지 뉴스가 아닐까 싶습니다. 미세먼지는 영어로 fine dust 또는 micro dust라고 하며, 초미세먼지는 ultrafine dust라고 합니다. 뉴스에서는 미세먼지를 PM10, 초미세먼지를 PM2.5라고 하는데, PM은 particulate matter(입자성 물질)의 뜻으로, PM10과 PM2.5는 각각 지름이 10마이크로미터와 2.5마이크로미터 이하를 나타냅니다. 대기 오염 외에 수질 오염, 토양 오염 등도 심각한 문제입니다. 이와 같은 환경 오염은 인간을 비롯한 지구상 생물들의 존재를 위협하기 때문에 무척 심각한 문제가 아닐 수 없습니다. 뉴스에서 본 내용들을 떠올리며 이번 챕터를 공부해 보세요.

오염 관련 주요 용어

1. 대기 오염 : air pollution
2. 미세먼지 : fine dust, micro dust, particulate matter
   초미세먼지 : ultrafine dust
3. 수질 오염 : water pollution
4. 토양 오염 : soil pollution
5. 방사성 오염 : radioactive contamination
6. 환경 오염 : environmental pollution
7. 환경 파괴 : environmental destruction
8. 환경 보호[보존] : environmental protection[conservation, preservation]
9. 환경 보호 운동 : environmental protection campaign
10. 환경 친화적인 : environment friendly, eco-friendly, green
11. 상생 : symbiotic coexistence
12. 청정 기술 : clean[green] technology
13. 허용 기준치 : permissible level
14. 지속 가능성(환경 파괴 없이 지속될 수 있음) : sustainability
    지속 가능한 개발 : sustainable development
15. 오염 물질 : pollutant, contaminant
    유해 물질 : harmful substance
    유독 물질 : toxic material
16. 배출량 저감 : reduction of emission
17. 오염 제거 : decontamination
18. 오염자 부담 원칙 : Polluters Pay Principle (PPP)
19. 환경 정화 : environmental clean-up
20. 환경 복원 : environmental restoration

환경 오염이 도를 넘었다.
Environmental pollution has gone too far.

MP3 192

환경이 파괴되면 돌이킬 수 없는(irrevocable) 재앙이 옵니다. 인간은 물론이고 지구상의 생물들이 제대로 살아가기 힘든 상황이 되죠. 그래서 전 세계적으로 환경을 지키고 후손들에게 좋은 환경을 물려 주자는 환경 보호 운동이 한창입니다. 그럼에도 환경 오염(environmental pollution)이 나날이 심해져서 점점 도를 넘어간다는 느낌이 듭니다. go too far가 '도를 넘다'는 뜻입니다.

1 산업 폐기물로 인한 **환경 오염**이 도를 넘었다.
   Environmental pollution from industrial waste has gone too far.

2 **환경 오염**이 도가 지나쳤고 더 이상 방관할 수가 없다.
   Environmental pollution has gone too far and can no longer be tolerated.

3 그 업체 대표는 **환경 오염**으로 실형을 선고 받았다.
   The company's president was sentenced for **environmental pollution**.

4 이러한 **환경 오염**은 해안 지역에서 흔히 볼 수 있다.
   This sort of **environmental pollution** can easily be seen in coastal regions.

5 그 공업 도시는 **환경 오염** 문제로 최근에 주요 뉴스를 장식했다.
   The industrial city has recently made leading news for **environmental pollution**.

Environmental racism refers to the way in which minority group neighborhoods are burdened with a disproportionate number of hazards such as toxic waste facilities, garbage dumps, and other sources of **environmental pollution**.
<Seacoast Online>

인종 차별적 환경 보호 정책은 소수 민족이 모여 사는 지역들이 유독 폐기물 시설, 쓰레기 하치장, 기타 **환경 오염**원들 같은 너무 많은 수의 위험 요소들로 인해 부담을 지는 방식을 일컫는다.
〈시코스트 온라인〉

environmental racism 인종 차별적 환경 보호 정책
disproportionate 균형이 안 맞는, 과잉의
garbage dump 쓰레기 하치장

생태계 파괴는 심각한 문제다.
Ecological destruction is a serious problem.

MP3 193

생태계는 영어로 ecology여서 생태계 파괴는 ecological destruction입니다. 생태계 파괴를 초래하는 요인들에는 태풍 같은 자연적 요인들(natural causes)과 오존층 파괴 같은 인위적 요인들(artificial causes)이 있습니다. 생태계가 파괴되면 단순히 먹이사슬(food chain)에 이상이 오는 데 그치지 않습니다. 멸종 위기 동물들이 생기고 극단적인 경우 인간의 생존을 위협할 수도 있습니다. 그래서 각국에서는 해양 및 육상 동식물의 종을 보존하고 생태계 파괴를 막기 위해 모든 대책을 강구하고 있습니다.

1   **생태계 파괴**의 주된 원인은 산업 개발이다.
The main cause of **ecological destruction** is industrial development.

2   이들 지역 사회는 **생태계 파괴** 문제를 상당히 잘 대처하고 있다.
These communities are handling **ecological destruction** exceptionally well.

3   **생태계 파괴**는 물론이고 대형 화재가 질병을 악화시킬 것이다.
Not to mention **ecological destruction**, the blazes will exacerbate illnesses.

4   시위자들은 **생태계 파괴**를 유발하는 기업 활동의 중단을 요구했다.
Protestors called for a stop to corporate activity that causes **ecological destruction**.

5   이 시설은 **생태계 파괴**를 조장하는 인간들의 행동에 대한 인식을 고취하고자 지어졌다.
This facility was built in order to raise awareness about human activity causing **ecological destruction**.

You do not need to be an economist or climate scientist to understand the simple reality that unfettered growth on a finite planet can only lead to **ecological destruction** and climate collapse.
<The Guildford Dragon News>

경제 전문가나 기상 과학자가 되지 않아도 유한한 지구에서 규제 없는 성장은 오로지 **생태계 파괴**와 기후 붕괴로 이어질 수밖에 없다는 단순한 현실을 이해할 수 있다. 〈길포드 드래곤 뉴스〉

unfettered 제한 받지 않는, 규제 없는 자동차가 **대기 오염**을 일으킨다.
Automobiles cause air pollution.

MP3 **194**

대기 오염(air pollution)을 유발하는 요소 중에 이산화탄소(carbon dioxide) 같은 온실가스 배출(emission of greenhouse gases)이 큰 비중을 차지합니다. 온실 효과를 유발하는 이산화탄소의 배출량을 탄소 발자국(carbon footprint)이라고 하며, 탄소 발자국을 줄이려는 노력을 각국이 하고 있습니다. 참고로, 세계 최대의 온실 가스 배출국(the biggest emitters of greenhouse gases)은 미국과 중국입니다.

1   수십 년 동안의 **대기 오염**으로 인해 대기질이 악화되었다.
    Decades of **air pollution** have led to worsened air quality.

2   정부는 **대기 오염**을 억제하기 위한 법안을 마련했다.
    The government has come up with a bill to control **air pollution**.

3   교통 분야가 **대기 오염**의 주요 원인 제공처라는 건 널리 알려져 있다.
    It is widely known that the transportation sector is a major contributor to **air pollution**.

4   **대기 오염**과 기후 변화가 가장 심각한 환경 문제 중 하나다.
    Air pollution and climate change are a couple of the most serious environmental problems.

5   가스불을 이용한 요리로 발생한 실내 **대기 오염**으로 호흡기 질환이 증가했다.
    Indoor **air pollution** caused by cooking with a gas stove has led to an increase in respiratory diseases.

Air pollution in India resulted in 1.67 million deaths in 2019—the largest pollution-related death toll in any country in the world—and also accounted for $36.8 billion (US) in economic losses, according to a new study led by researchers from the Global Observatory on Pollution and Health at Boston College, the Indian Council of Medical Research, and the Public Health Foundation of India. <News-Medical.net>

2019년에 인도에서 **대기 오염**으로 167만 명이 사망했는데 이 숫자는 전 세계 국가 중에서 오염 관련 사망자로는 최대 규모다. 또한 경제 손실액은 368억 미국 달러를 기록했다고 보스턴 칼리지의 국제 오염 건강 관측소와 인도의학연구협의회와 인도 공공보건재단 연구진이 주도한 새 연구는 보여 주고 있다. 〈News-Medical.net〉

death toll 사망자 수   **account for** 차지하다, 설명하다

소비자들은 **일회용품**을 줄이고 있다.
Consumers are cutting down on disposable products.

MP3 195

환경 보호[보존](environmental protection[conservation, preservation])에 대한 의식이 높아지면서 일회용품 줄이기 운동(campaign to cut down on disposable products)이 활기를 띠고 있습니다. '일회용품'은 disposable products, '줄이다'는 cut down on입니다. 프랜차이즈 커피숍에서는 개인 텀블러를 가져와서 주문하면 할인을 해 주는 등 기업들도 적극 동참을 하고 있는데요, 우리나라에서만 일회용품을 10퍼센트 줄이면 1년 동안 수천 억 원이 절감된다고 합니다. 비용보다 중요한 것이 일회용품으로 인한 쓰레기를 줄여서 환경 파괴를 줄일 수 있다는 점이겠죠.

1   재사용 가능 물품을 사용하는 것은 **일회용품**을 줄이기 좋은 방법이다.
Using reusable items is a good way to cut down on **disposable products**.

2   **일회용 종이 빨대**의 시장 점유율이 줄고 있다.
The market share of **disposable paper straws** is going down.

3   테이크아웃 식당의 **일회용 수저와 포크 등**을 거절하는 습관을 들이세요.
Make it a habit of rejecting **disposable cutlery** from takeout restaurants.

4   병원 가운 같은 **일회용품** 사용이 급감하고 있다.
The use of **disposable products** like hospital gowns is declining sharply.

5   독일 정부는 **일회용 플라스틱 제품** 사용을 금지하는 법안을 통과시켰다.
The German government passed a bill that bans the use of **disposable plastic products**.

The carrier says it is adopting a policy of "single tray, single main course, no table cloth and no beverage menu" for all cabin classes. All cutlery are single-use **disposable products**.
<Business Traveller>

그 항공사는 모든 객실 등급에 '단일 트레이, 단일 메인 식사를 제공하고 식탁보와 음료 메뉴는 제공하지 않는' 방침을 채택한다고 한다. 모든 포크와 나이프는 한 번 쓰는 **일회용 제품**이다. 〈비즈니스 트래블러〉

carrier 항공사   **cutlery** 포크와 나이프, 숟가락 등 식탁용 날붙이 그 시설은 **방사능 오염**을 유발했다.
The facility caused radioactive contamination.

MP3 196

오염 중에서도 방사능 오염(radioactive contamination)은 근처 환경에 포괄적인 피해 (extensive damage)를 끼칩니다. 원자력 발전소 사고로 방사능이 누출되어 인근 몇 백 킬로미터까지 모든 환경이 초토화되고 인체에 심각한 손상을 끼친 사례를 뉴스에서 볼 수 있습니다. 1986년 소비에트 연방 우크라이나의 체르노빌 원전 방사능 누출 사고, 2011년 동일본 대지진으로 인한 후쿠시마 원전 방사능 누출 사고 등이 대표적입니다. 환경 오염 중에서도 가장 치명적이라고 하겠습니다. 다른 오염에는 포괄적인 의미의 오염을 나타내는 pollution을 쓰지만 방사능 오염에는 contamination을 씁니다.

1 현지 주민들은 돌이킬 수 없는 **방사능 오염** 피해를 입었다.
Local residents suffered irrevocable damage from **radioactive contamination**.

2 부상자나 **방사능 오염**은 없었다고 관할 당국은 발표했다.
The authorities announced that there were no injuries or **radioactive contamination**.

3 **방사능 오염**으로 인한 피해자 수는 수만 명에 달했다.
The number of victims from **radioactive contamination** ranged in the tens of thousands.

4 국제원자력기구는 **방사능 오염** 지역에 검사원들을 파견했다.
The International Atomic Energy Agency has dispatched inspectors to the site of **radioactive contamination**.

5 방사능 폐기물의 부적절한 처리가 **방사능 오염**을 유발한 것으로 추정된다.
The improper disposal of radioactive waste is suspected to have caused the **radioactive contamination**.

Radioactive contamination of ground and surface water, air and soil near a uranium mining site is also a great concern. Uranium mining has not taken place in Queensland since 1982 and has been effectively banned by the State Government since 1989.
<NEWS.com.au>

우라늄 광산 인근의 지하수와 지표수, 대기와 토양의 **방사능 오염** 또한 큰 우려 사항이다. 우라늄 광산 개발은 1982년 이후로 퀸즐랜드에서 실시되지 않았고 1989년 이후로 주 정부가 사실상 금지해 왔다. 〈NEWS.com.au〉

effectively 사실상

CHAPTER 2

지구 온난화

지구 온난화는 전 지구의 평균 지표면 온도가 상승하는 현상을 가리킵니다. 지구 온난화가 환경 문제의 중심 화두가 된 지 이미 수십 년이 되었는데요, 지구 온난화로 인해 폭염이 일찍 시작되고 각종 기상 이변이 일어나는 것으로 알려져 있습니다. 우리나라보다도 오히려 해외에서 더 많이 보도되는 이슈 같다는 생각이 듭니다. 지구 온난화라는 이슈는 일상 회화뿐 아니라 비즈니스에서도 자주 등장합니다. 핵심 뭉치 표현들을 장착하시고 대화를 주도해 보시길 바랍니다.

지구 온난화 관련 주요 용어

1. 지구 온난화 : global warming
2. 기후 변화 : climate change
3. 화석 연료 : fossil fuel
4. 온실 가스 : greenhouse gas
   이산화탄소 : carbon dioxide
5. 온실 효과 : greenhouse effect
6. 프레온 가스 : chlorofluorocarbon
7. 탄소 발자국(사람이 활동하거나 상품을
   생산·소비하는 과정에서 직간접적으로
   발생하는 온실 가스의 총량)
   : carbon footprint
8. 탄소 중립(온실 가스 배출량에 맞먹는 환경
   보호 활동을 펼쳐 실질 배출량을 제로(0)로
   만드는 것) : carbon neutral
9. 만년설 : icecap
   빙하 : glacier
10. 영구 동토층 : permafrost
11. 범람, 침수 : inundation
12. 해수면 상승 : sea level rise
13. 삼림 파괴 : deforestation
14. 사막화 : desertification
15. 오존층 파괴 : ozone depletion
    오존층 : the ozone layer
16. 기상 이변 : extreme weather event
17. 해양 산성화 : ocean acidification
18. 인재(人災) : manmade disaster
19. 온실 가스 배출 감축 : reduction of
    greenhouse gas emission
20. 유엔 기후 변화 협약 : UN Framework
    Convention on Climate Change

빈출 표현 197

그 지역 사회는 **탄소 발자국을 줄이고 있다.**
The community is reducing carbon footprints.

MP3 197

탄소 발자국(carbon footprint)은 개인이나 기업, 국가 등의 단체가 상품을 생산하고 소비하거나 기타 활동을 하는 전체 과정을 통해 발생시키는 온실 가스, 특히 이산화탄소의 총량(aggregate amount of carbon dioxide)을 의미합니다. 탄소 발자국은 지구 온난화의 주범이라고 볼 수 있는데요, 이산화탄소의 발생량을 감소시키고자 하는 취지에서 이 용어가 사용되기 시작했다고 합니다.

1 **탄소 발자국을 줄이는** 간단한 방법은 그냥 운전을 덜 하는 것이다.
A simple way **to reduce carbon footprints** is to just drive less.

2 물건을 재사용하고 재활용하는 것은 **탄소 발자국을 줄이는** 데 큰 도움이 된다.
Reusing and recycling items greatly helps **reduce carbon footprints.**

3 오래된 차량을 연비 효율이 높은 차로 교체하는 것은 분명 **탄소 발자국을 줄여 준다.**
Replacing old vehicles with fuel-efficient ones definitely **reduces carbon footprints.**

4 그 회사는 소비자들이 **탄소 발자국을 줄이는** 데 당사가 어떻게 도움을 주고 있는지 설명해야 한다.
The company has to explain how it is helping consumers **reduce their carbon footprints.**

5 **가장 많은 탄소 발자국**을 남기는 나라들은 청정 에너지 정책을 지원할 가능성이 더 낮다.
Countries with **the heaviest carbon footprints** are less likely to support clean energy initiatives.

—— initiative 계획, 결단력, 주도권

Next, people should also think about their utilities. One of the ways that people create a larger **carbon footprint** than they should is through excess power usage.
<Nature World News>

그다음으로 사람들은 수도, 가스, 전기 등을 생각해야 한다. 사람들이 필요 이상으로 큰 **탄소 발자국**을 만드는 방법 중 하나는 과도한 전력 사용을 통해서이다. 〈네이처 월드 뉴스〉

utility 전기, 가스, 상하수도 등의 공익 설비

그 공장은 **온실 가스를 다량 배출한다.**
The plant **emits large amounts of greenhouse gases.**

MP3 198

온실 가스는 말 그대로 greenhouse gas, '(빛, 열, 가스, 소리 등을) 내다, 배출하다'는 emit 입니다. 따라서 '온실 가스를 배출하다'는 emit greenhouse gases라고 쓰면 되고, '온실 가스를 다량 배출하다'는 greenhouse gas 앞에 '다량의'의 뜻을 나타내는 a large amount of나 large amounts of를 써서 위 문장과 같이 쓰면 됩니다. 참고로 (빛, 열, 가스, 소리 등을) 배출하는 주체는 emitter, '배출'은 emission입니다. emit의 대체어로는 let out이나 release를 쓸 수 있습니다.

1 석탄으로 가동되는 화력 발전소는 **다량의 온실 가스를 배출한다.**
Coal-powered thermal power plants **emit large amounts of greenhouse gases.**

2 이 회사들은 이산화탄소 같은 **온실 가스를 다량 배출한다.**
These companies **emit large amounts of greenhouse gases** like carbon dioxide.

3 토지를 전용하면 **다량의 온실 가스를 배출할 수 있다.**
Converting land **can release large amounts of greenhouse gases.**

4 **온실 가스를 다량 배출하는** 기업들에게는 더 높은 세금이 부과될 것이다.
Companies **emitting large amounts of greenhouse gases** will be imposed with higher taxes.

5 건설업계는 **다량의 온실 가스를 발생시키는데,** 이는 환경과 사회에 부정적인 영향을 끼친다.
The construction industry **generates large amounts of greenhouse gases,** which negatively impact the environment and society.

Consequently, large-scale paper mills usually have cogeneration systems that supply both electricity and steam for the papermaking process. In China, almost all these cogeneration systems in paper mills are powered by coal combustion, which consumes a large amount of energy and **emits large amounts of greenhouse gas.**
<Journal of Cleaner Production>

따라서 대규모 제지 공장은 보통 종이를 만드는 공정을 위한 전력과 증기를 모두 공급하는 열병합 발전 시스템을 보유하고 있다. 중국에서, 제지 공장에서 사용되는 거의 모든 이 열병합 발전 시스템은 석탄을 연소하여 가동되는데, 이는 다량의 에너지를 소모하고 **다량의 온실 가스를 배출한다.**
〈저널 오브 클리너 프로덕션〉

cogeneration systems 열병합 발전 시스템   **combustion** 연소

빈출 표현
199

오존층 파괴가 가속화되고 있다.
Ozone depletion is accelerating.

MP3 199

헤어 스프레이, 냉장고와 에어컨의 냉매제 등에 사용되는 프레온 가스(chlorofluorocarbon)
가 대기 중에 과도하게 배출되면 오존의 밀도가 낮아져 파괴된다고 알려져 있습니다. 오
존층(the ozone layer)은 지구 대기의 차폐막 기능을 하는데, 오존층이 파괴되면 이를 통
과한 다량의 자외선으로 인해 피부암과 백내장이 심각해질 수 있다고 합니다. '오존층
파괴'는 ozone depletion, the ozone layer depletion이라고 보통 표현하는데, depletion
은 원래 '고갈, 소모'의 뜻입니다.

1   온실 가스 배출이 늘어남에 따라 **오존층 파괴**가 가속화되고 있다.
    Ozone depletion is accelerating with the increased emission of
    greenhouse gases.

2   화석 연료 사용을 줄이지 않으면 **오존층 파괴**는 가속화될 것이다.
    Unless we cut down on the use of fossil fuels, **ozone depletion** will
    accelerate.

3   냉장고를 재활용하면 냉매를 배출하게 되는데, 이 물질이 **오존층 파괴**의 주범이다.
    Recycling refrigerators releases CFC-11, which is the biggest cause
    of **ozone depletion**.
    —— CFC-11 트리클로로플루오로메탄(냉매, 용매, 발포제로 쓰임)

4   지구 온난화와 **오존층 파괴** 같은 환경 문제들은 이미 전 세계적인 걱정거리가 되었다.
    Environmental issues such as global warming and **ozone depletion**
    have already become a global concern.

5   **오존층 파괴**는 필연적으로 태양의 자외선이 대기로 더 많이 들어오는 결과를 가져올 것이다.
    The depletion of the ozone layer will inevitably lead to increased
    amounts of ultraviolet rays from the sun entering the atmosphere.

The ozone layer depletion, first identified to be a potential problem in
the early 1970s, is quite often thought of as a "solved environmental problem."
Is it really?
<Down to Earth>

1970년대 초에 처음 잠재적인 문제로 확인된 **오존층 파괴**는 종종 '해결된 환경 문제'로 간주되고 있다.
정말 그럴까? 〈다운 투 어스〉

286 **PART 7** 환경

북극의 **만년설이 녹고 있다.**
Arctic ice caps are melting.

MP3 **200**

ice cap은 기온이 낮은 높은 산꼭대기와 극지방의 만년설을 가리키는 것으로, 강설량이 눈이 녹는 양보다 많아서 1년 내내 남아 있는 눈입니다. 빙하(glacier)와 구분하시길 바랍니다. 지구 온난화가 심해지면서 만년설과 빙하가 빠른 속도로 녹고 있고, 따라서 해수면이 점점 상승하고 있다는 건 잘 알려져 있습니다. 이는 생태계 파괴에 큰 위협이 되고 있고요.

1   1979년 이래로 **만년설은** 꾸준한 속도로 **녹고 있다.**
    Since 1979, **ice caps have been melting** at a constant rate.

2   지구 온난화가 기후 변화를 유발하면서 **극지의 만년설이 녹아 내리고 있다.**
    The polar ice caps are melting as global warming causes climate change.

3   최신 연구에 따르면 **극지의 만년설은** 1990년대보다 여섯 배 빠른 속도로 **녹고 있다.**
    The polar ice caps are melting six times faster than in the 1990s, according to the latest study.

4   남극을 제외하면 전 세계의 **빙하와 만년설은** 아주 빠른 속도로 **녹고 있다.**
    With the exception of Antarctica, the world's **glaciers and ice caps are melting** at an accelerating rate.

5   기후 변화로 인해 지표면 온도가 상승하고, 해수면이 상승하며, **만년설은 녹고 있다.**
    Due to climate change, the earth's surface temperatures are increasing, sea levels are rising and **ice caps are melting**.

As a result of global warming, climate scientists say, **the polar ice caps are melting**, causing a significant rise in ocean levels. Extreme weather—hurricanes, heat waves, flooding and droughts—is another less quantifiable effect.
<New Jersey Monthly>

지구 온난화의 결과로 **극지의 만년설이 녹으며** 상당한 해수면 상승을 유발하고 있다고 기후 과학자들은 말한다. 기상 이변, 가령 허리케인, 폭염, 홍수, 가뭄은 정량화하기가 좀 어려운 또 다른 결과다.
〈뉴저지 먼슬리〉

quantifiable 정량화할 수 있는

빈출 표현 201 쓰나미는 **재앙을 몰고 왔다.**

The tsunami had catastrophic consequences.

MP3 201

'재난'은 영어로 disaster, '재앙'은 catastrophe라고 합니다. catastrophe는 우리말로 '참사'라고도 흔히 번역됩니다. 이 단어의 철자와 발음, 강세에 유의하세요. 두 번째 음절에 강세가 옵니다. 형용사는 catastrophic인데, 역시 발음이 쉽지 않습니다. 이때는 명사일 때와 달리 강세가 세 번째 음절에 옵니다. 쓰나미는 지진으로 인해 발생하는 엄청난 규모의 해일을 가리키죠. 영어로도 쓰나미(tsunami)입니다. '재앙을 몰고 오다'는 have catastrophic consequences라고 표현할 수 있습니다. '재앙과 같은 결과를 가져오다'는 의미이니 '재앙을 몰고 오다'라는 뜻이죠.

1   만년설이 녹으면 **재앙을 몰고 올 수 있다.**
    The melting of ice caps **can have catastrophic consequences.**

2   지구 온난화와 기후 변화는 전 세계에 **재앙을 몰고 올 수 있다.**
    Global warming and climate change **may have catastrophic consequences** for the whole world.

3   태풍과 쓰나미 같은 자연 재해는 모든 도시에 **재앙과 같은 결과를 가져올 수 있다.**
    Natural disasters like typhoons and tsunamis **can have catastrophic consequences** for whole cities.

4   시급한 문제에 우선순위를 두지 않으면 이는 환경 오염 같은 **재앙을 몰고 올 수 있다.**
    Unless urgent issues are given priority, this **may have catastrophic consequences** such as environmental pollution.

The ambitious target to reach net zero carbon by 2030 means Sky has committed itself to supporting the United Nations Global Compact's Business Ambition of limiting global warming to no more than 1.5 centigrade above pre-industrial levels. Scientists warn that anything above that level **will have catastrophic consequences** for the planet and the people living on it. The United Nations Global Compact is a non-binding United Nations pact to encourage businesses worldwide to adopt sustainable and socially responsible policies. <Sky Sports>

2030년까지 탄소 중립에 도달하겠다는 야심찬 목표를 세웠다는 사실은 스카이 스포츠가 유엔 글로벌콤팩트의 기업 목표 즉, 지구 온난화를 산업화 이전 수준의 최대 섭씨 1.5도 상승까지 제한한다는 계획을 지지한다고 약속한 것을 의미한다. 그 수준 이상의 온난화는 지구와 인류에 **재앙적인 결과를 초래할 것**이라고 과학자들은 경고하고 있다. 유엔 글로벌콤팩트는 전 세계 기업체가 지속 가능하고 사회적 책임을 다하는 정책을 도입하도록 권장하는 구속력 없는 유엔 협정이다. 〈스카이 스포츠〉

net zero 탄소 중립(인간의 활동에 의해 발생하는 온실 가스의 양을 0(제로)로 만들자는 목표)
pre-industrial level 산업화 이전 수준   **no more than** 고작   **non-binding** 구속력이 없는

PART 8

인터넷, 스마트폰

CHAPTER 1

인터넷

우리나라는 명실상부한 인터넷 세계 최강국으로, 인터넷 보급률이 전 세계 최고입니다. 무선 인터넷 WiFi와 5G 기술에서도 선두 주자여서 많은 나라와 기업들이 한국을 벤치마킹하고 있죠. 인터넷의 발달은 인류의 삶을 무척 편리하고 풍요롭게 만들어 주었습니다. 하지만 좋은 면만 있는 건 아닙니다. 인터넷의 익명성 때문에 각종 악플과 아님 말고 식의 무책임한 소문이 들불처럼 번지기도(spread like wildfire) 하죠. 이런 걸 보면 명과 암, 양날의 검(a double-edged sword)이란 말이 떠오릅니다. 우리가 인터넷을 하루에 몇 시간씩 이용하지만 이와 관련한 영어 표현은 잘 모르는 경우가 많습니다. 여기서는 뉴스와 기사에서 많이 등장하는 인터넷 관련 뭉치 표현들을 학습해 보겠습니다.

인터넷 관련 주요 용어

1. 아이피 주소
   : IP address (Internet Protocol)
2. 유알엘 : URL (uniform resource locator)
3. 와이파이 : WiFi (Wireless Fidelity)
4. 인터넷 서비스 제공자
   : Internet service provider
5. 전자 상거래 : e-commerce
6. 컴퓨터와 인터넷에 능한
   : cybersavvy
7. 인터넷 접속 : Internet access
8. 인터넷에서 정보를 검색하다
   : search the Internet
9. 인터넷 쇼핑을 하다
   : shop online
10. 해외 직구
    : overseas direct purchase (ODP)
11. 악플을 달다 : post malicious contents
12. 악플러 : Internet troll
13. 익명성 : anonymity
    익명성을 보장 받으며
    : under the cloak of anonymity
14. 유튜브 영상을 올리다
    : post YouTube videos
15. 유튜브 채널을 운영하다
    : run a YouTube channel
    유튜브 채널을 구독하다
    : subscribe to a YouTube channel
16. 사물인터넷 : IoT (Internet of Things)
17. 디지털 격차 : digital divide
18. 인터넷 검열 : Internet censorship
19. 잠복자(글을 올리지 않고 읽기만 하는 사람) : lurker
20. (온라인 게임이나 인터넷 커뮤니티의) 초심자, 초보 : noob

한국은 **세계 최고의 인터넷 보급률을 지닌 국가**이다.
Korea is the world's most wired country.

MP3 202

한국은 자타 공인 세계 최고 수준의 인터넷 보급률을 자랑하는 나라입니다. wired는 '인 터넷에 연결되어 있는'의 뜻이어서 most wired라고 하면 '인터넷 보급률이 최고인'이 라는 뜻을 간단히 나타낼 수 있습니다. most connected라고도 표현할 수 있지요. '인 터넷 보급률' 자체는 Internet penetration이어서 '인터넷 보급률이 최고이다'는 have the highest Internet penetration이라고 할 수도 있습니다. 참고로 '인터넷 연결성'은 Internet connectivity입니다.

1   한국은 **세계에서 가장 높은 인터넷 보급률**을 자랑한다.
    Korea has **the highest Internet penetration in the world**.

2   노르웨이는 **세계에서 인터넷 보급률이 가장 높은 나라 중 하나**다.
    Norway is **one of the most wired countries in the world**.

3   **초고속 인터넷 보급률**과 각종 온라인 서비스 등으로 한국은 '정보 기술(IT) 강국'이라는 별칭을
    얻고 있다.
    Due to **the ultra-high speed Internet penetration rate** and various
    online services, Korea has earned the nickname "IT powerhouse".
    ────── powerhouse 최강자, 발전소, 유력 집단

4   기술 개발 덕분에, 그리고 '빨리빨리' 기질 때문에 한국은 **세계 최고의 인터넷 보급률 국가**로
    우뚝 섰다.
    Thanks to technology development and the "hurry, hurry"
    temperament, Korea emerged **on top of the world as the most wired
    nation**.

Japan has a population of around 126 million people with **a high Internet
penetration** of 91%. eCommerce revenue is predicted to reach $99,130 million
by the end of 2020, amounting to an annual growth rate of 5% (CAGR 2020-2024).
While this means that digital marketing is now important for any brand, affiliate
marketing is an exception because it allows advertisers to pay based on performance.
<Acceleration Partners>

인구 약 1억 2천6백만 명의 일본은 91퍼센트라는 **높은 인터넷 보급률**을 보유하고 있다. 전자 상거래
수입은 2020년 말까지 991억 3천만 달러에 달할 것으로 예상되며 연 성장률이 5퍼센트에 달할 전망이
다(CAGR 2020-2024). 이것은 현재 디지털 마케팅이 어느 브랜드에나 중요하다는 걸 의미하지만,
제휴 마케팅은 광고주들이 실적에 따라 지불할 수 있기 때문에 예외다. 〈액셀러레이션 파트너스〉

amount to ~에 달하다[이르다]   **affiliate marketing** 제휴 마케팅

빈출 표현 203

그는 승인을 받아 이제 **인터넷에 접속할 수 있다.**
He got authorization and now has access to the Internet.

MP3 203

인터넷 덕분에 마우스 클릭 한 번으로 숙제나 뉴스 및 각종 정보를 입수할 수 있게 되었습니다. 그야말로 정보의 홍수 속에 살고 있지요. 하지만 각 개인에게 진정으로 의미 있는 정보화가 이루어질 여지는 아직 많이 남아 있는 것 같습니다. 이런 정보의 홍수에 빠지려면 인터넷에 접속해야 하는데요. have access to ~가 바로 '~를 이용하다, ~에 접속 권한을 가지고 있다'는 의미입니다. 그래서 '인터넷에 접속할 수 있다'는 have access to the Internet이라고 씁니다. access를 명사가 아닌 동사로 활용할 때는 전치사 to를 활용하지 않고 바로 access the Internet으로 사용합니다.

1 모든 공립학교에서는 **인터넷에 접속할 수 있다.**
   All public schools **have access to the Internet.**

2 2003년 이전까지 이라크인들은 **인터넷을 이용하지 못했다.**
   Iraqis before 2003 **didn't have access to the Internet.**

3 학생들의 1/3은 **인터넷을 이용하지 못하고 있다.**
   A third of the students **don't have access to the Internet.**

4 6억 명으로 추정되는 중국인들이 **인터넷을 이용한다.**
   An estimated 600 million Chinese **have access to the Internet.**

5 케냐인 중 약 30퍼센트만이 현재 **인터넷에 접속할 수 있다.**
   Only around 30% of Kenyans currently **have access to the Internet.**

"While most residents in Ontario **have access to the Internet**, the speed, quality, and cost vary significantly across the province. There are coverage gaps in rural and northern communities, as well as some urban areas," the letter continued. "Existing Internet connectivity gaps prevent many elementary and secondary students from accessing the same learning made available to all other Ontario students, affecting education equity."
<CP24 Toronto's Breaking News>

"온타리오주 주민들 대부분이 **인터넷을 이용하**지만, 인터넷 속도와 품질 그리고 비용은 주 전반에 걸쳐 상당히 다릅니다. 일부 도심 지역은 물론 지방과 북부 지역 사회에 보급 격차가 있습니다."라고 서신이 이어서 말했다. "현존하는 인터넷 연결 격차로 인해 많은 초·중등 학생들이 모든 다른 온타리오주 학생들에게 제공되는 동일한 학습을 받지 못하고 있고, 이는 나아가 교육 평등에 영향을 주고 있습니다."
〈CP24 토론토 브레이킹 뉴스〉

coverage 보급, (신문, TV, 라디오의) 보도, (연구, 보도, 취재) 범위   **equity** 공평, 공정

인터넷 **보안 시스템이 뚫렸다.**
The cyber security system was breached.

MP3 **204**

인터넷이 날로 발달하는 만큼 인터넷 보안 시스템과 SNS나 클라우드의 해킹도 심각한 문제로 떠오르고 있습니다. '해킹당하다, 해킹되다'라고 말할 때 영어로는 be hacked를 많이 쓰지만, 격식을 차리는 매체에서는 '뚫리다, (계약 따위가) 위반되다'는 의미의 be breached를 씁니다. '보안 시스템'은 security system입니다. 그래서 '인터넷 보안 시스템이 뚫렸다'는 The cyber security system was breached.라고 말하면 됩니다.

1 회사의 중요 인터넷 **보안 시스템이 뚫렸다.**
The company's major cyber **security system was breached.**

2 악의적인 공격으로 온라인 **보안 시스템이 뚫렸다.**
The online **security system was breached** by a malicious attack.

3 그 전자상거래 사이트의 인터넷 **보안 시스템이** 몇 번 **뚫렸다.**
The e-commerce site's online **security system was breached** several times.

4 온라인 **보안 시스템이 뚫려서** 개인 정보가 대량 유출되었다.
The online **security system was breached** and personal information was massively leaked.

5 컴퓨터 **보안 시스템이 뚫렸고** 관계자들은 추가 보안 조치를 취하고 있다.
The computer **security system was breached** and authorities are taking additional security safeguards.

The Bernards Township's computers **were breached** by a ransomware attack discovered Monday night that caused the township's website to go offline, the mayor and administrator said. Such a breach typically involves data being seized or locked, and it's not released until money, a ransom, is paid.
<Government Technology>

버나즈 타운십의 컴퓨터들이 월요일 밤 발견된 랜섬웨어 공격을 받아 **해킹됐고,** 타운십의 웹사이트가 오프라인 상태로 전환되었다고 시장과 행정관이 말했다. 그러한 해킹이 발생하면 대체로 정보가 압수되거나 잠기고, 랜섬, 즉 몸값이 치러지기 전에는 풀리지 않는다. 〈거번먼트 테크놀러지〉

breach 해킹하다, 위반하다, 해킹, 위반, 침해   **ransom** 몸값, 배상금

빈출 표현 205

로그아웃을 안 하는 건 **개인 정보 도난에 위협이 된다.**
Not logging out poses a threat to personal identity theft.

MP3 **205**

pose 하면 '포즈를 취하다'는 뜻의 자동사로 많이 알고 있지만, 뉴스에서는 '~이 되다'
란 뜻으로 훨씬 더 많이 쓰입니다. 예를 들어 pose a threat은 '위협이 되다'는 뜻입니
다. 요즘은 클라우드 의존도가 높아지면서 로그아웃을 하지 않는 경우가 많습니다. 이
런 습관이 a threat to personal identity theft(개인 정보 도난의 위협)가 되는 것 같습니다.
요즘은 문자 피싱(phishing) 사기도 많이 일어나는데요, Let's not have social media or
scammers pose a threat to personal identity theft(소셜 미디어나 사기꾼들이 개인 정보 도
난의 위협이 되지 않도록 합시다).

1 인공지능은 인간에게 **위협이 될 수 있다.**
AI **may pose a threat to** humans.

2 그는 누구에게도 **위협이 되지 않는다.**
He **doesn't pose a threat to** anyone.

3 인터넷 금융 거래는 **개인 정보 도난에 위협이 될 수 있다.**
Online financial transactions **may pose a threat to personal identity theft.**

4 잠재적인 해킹은 수백만 고객의 **개인 정보 도난에 위협이 될 수가 있다.**
A potential breach **may pose a threat to the personal identity theft** of millions of clients.

5 SNS나 채팅 앱이 수백만 명의 **개인 정보 도난에 위협이 되고 있다.**
Social media and chatting apps **are posing a threat to personal identity theft** for millions of people.

Once scammers get what they can from the company, they may set their sights on employees and customers by selling their personal data, which puts them at risk of **personal identity theft**, Harrison adds. Business identity theft probably happens more frequently than we know because many business owners don't want potential customers to know they've been a victim. <creditcards.com>

사기꾼들은 일단 회사로부터 얻을 수 있는 걸 얻으면 직원들과 고객들의 개인 정보를 팔아 이들을 겨냥할지도 모른다. 이것은 직원들과 고객들을 **개인 정보 도난**의 위험에 빠트리는 것이라고 해리슨은 덧붙인다. 기업 정보 도난은 아마도 우리가 아는 것보다 더 자주 발생할 텐데, 그 이유는 기업주들이 그들이 피해자가 됐다는 사실을 잠재 고객들에게 알리고 싶어 하지 않기 때문이다. 〈creditcards.com〉

scammer 사기꾼, 난봉꾼　　**set sight on** ~을 겨냥하다[조준하다]

이 인터넷 뱅킹 시스템은 **첨단 기술**을 사용한다.
This Internet banking system uses state-of-the-art technology.

MP3 206

과학 기술이나 인터넷과 관련해 첨단이란 말을 많이 쓰게 되는데요, '첨단'의 의미로 쓰이는 대표적인 영단어가 state-of-the-art입니다. art, 즉 경이로운 예술의 경지에 있기에 '첨단'이라는 의미를 전하고 있지요. 연음이 되어 빠르게 발음되면 청취할 때 많이 놓치는 단어 뭉치입니다. 동의어로 많이 쓰이는 단어가 cutting-edge(최첨단의, 칼날의)인데, 우리말 '첨단'과 의미가 통한다는 게 흥미롭습니다.

1 이 인터넷 TV는 **최첨단이다**.
This Internet TV is **state-of-the-art**.

2 이 사물 인터넷 앱은 **첨단 기술**을 사용한다.
This IoT app uses **state-of-the-art technology**.

3 **첨단 기술**이 인터넷 마케팅에 접목될 것이다.
State-of-the-art technology will be incorporated into online marketing.

4 그들은 **첨단 클라우드 솔루션**을 개발했고 이제 막 상용화하려 한다.
They have developed **state-of-the-art cloud solutions** and are about to commercialize it.

5 10억 달러를 들여 개발한 **첨단 인터넷 이용 가능 기술**이 주목 받고 있다.
State-of-the-art Internet-enabled technology that cost 1 billion dollars to develop is grabbing attention.

Little by little, SpaceX has managed to set a benchmark for affordable space travel with **state-of-the-art technology**. However, it isn't the only one with the dream to get humanity into space. Jeff Bezos's Blue Origin, Richard Branson's Virgin Orbit are some of the other contenders that are trying to compete in the "Billionaire space race".
<India Times>

스페이스 엑스는 **첨단 기술**을 활용해 비용이 저렴한 우주 여행을 위한 표준을 점진적으로 세우는 데 성공했다. 하지만 이 회사가 인류를 우주에 보내려는 꿈을 가진 유일한 회사는 아니다. 제프 베이조스의 블루 오리진과 리처드 브랜슨의 버진 오빗이 소위 '억만장자들의 우주 경쟁'에서 각축을 벌이고 있는 또 다른 몇몇 경쟁자들이다. 〈인디아 타임스〉

set a benchmark 표준을 정하다

CHAPTER 2

스마트폰

휴대폰이 2008년에 스마트폰으로 세대 교체가 되면서 디지털 혁명이 일어났습니다. 기본적인 통화 송수신은 물론 카메라, MP3 플레이어, 인터넷, mobile commerce, 그 외에 각종 애플리케이션에 이르기까지 스마트폰은 우리 생활의 필수불가결한 부분이 되었습니다. 스마트폰을 들여다보지 않으면 불안증이 생기고, 트위터와 인스타그램 등 각종 SNS에 중독되는 현상도 많이 볼 수 있습니다. 그래서 '디지털 디톡스'라는 말이 생길 정도이고, 스마트폰을 보느라 발생하는 운전 중 사고나 보행 중 사고도 흔해지고 있습니다. 우리 생활에 깊숙이 침투한 탓에 스마트폰 관련 용어도 굉장히 많은데요, 필수 용어와 뭉치 표현들을 배워 보겠습니다.

스마트폰 관련 주요 용어

1. 발신자 번호 : caller ID
2. 부재중 전화 : missed call
3. 벨소리 : ring tone
4. 알림 소리 : notification tone
5. 배경 화면 : wallpaper
6. 잠금 화면 : lock screen
7. 잠금 비밀번호 : lock password
8. 잠금 패턴 : lock pattern
9. 모바일 메신저
   : mobile messaging app
10. SMS 문자(텍스트 문자 서비스)
    : short message service
11. MMS 문자(텍스트, 음성, 동영상이 통합된 문자 서비스)
    : multimedia messaging service
12. 문자 메시지를 보내다
    : send a text message, text

13. 밀어서 화면의 잠금 상태를 해제하다
    : slide to unlock
14. 진동 모드로 하다
    : put on one's phone on vibration
    무음 모드로 하다
    : put one's phone on silent mode
15. 애플리케이션을 설치하다
    : install an app(lication)
16. 셀카를 찍다 : take a selfie
17. 화면을 캡처하다
    : take a screenshot
18. 배터리가 거의 다 되다
    : battery is running low
19. 배터리가 나가다 : battery is dead, battery[phone] is out of juice
20. 스마트폰을 충전하다
    : recharge a smartphone
    스마트폰을 급속 충전하다
    : fast-charge a smartphone

빈출 표현
207
그들은 **스마트폰에서 눈을 못 뗐다.**
Their eyes were glued to the smartphone.

MP3 **207**

혹시 여러분도 스마트폰에서 눈을 떼지 못하는 경우가 있으십니까? '스마트폰에서 눈을 못 떼다'를 영어로는 be glued to the phone이라고 표현할 수 있습니다. (눈을) 접착제(풀)로 휴대폰에 붙여 버렸다는 어감의 표현이죠. glue가 '접착제로 붙이다'는 뜻입니다. 아이들은 자기가 좋아하는 캐릭터가 TV에 나오면 눈을 못 떼는데요, 이런 모습을 be glued to the TV라고 말할 수 있습니다. be glued to 뒤에 TV나 스마트폰, 책, 게임기 등 눈, 귀, 손을 못 떼는 대상을 다양하게 써서 활용할 수 있습니다.

1   아이들은 종종 **스마트폰에서 눈을 떼지 못한다.**
    Kids' **eyes are** often **glued to the smartphone.**

2   그는 계속 **귀에다 휴대폰을 대고** 운전했다.
    He kept driving **with his ears glued to the mobile phone.**

3   그는 식당에 예약하려고 3시간 동안 **전화를 손에서 놓지 않았다.**
    He **was glued to the phone** for three hours trying to reserve a table at the restaurant.

4   그녀는 주말 내내 **책에 코를 박고 읽었다.**
    She **was glued to the book** the whole weekend.

5   그녀는 미드 시리즈를 몰아서 보느라 **TV에서 눈을 떼지 않았다.**
    She **was glued to the TV** binge watching the American TV series.
    —— binge watch (시리즈 영상물을) 몰아서 보다

In the coronavirus ad world, heroes are broadly defined. In plenty of commercials, the central figure is not a supermarket checker or a health care worker but someone stuck at home, **glued to the phone.**
<The New York Times>

코로나바이러스 시대의 광고계에서 영웅에 대한 정의는 포괄적이다. 많은 상업 광고에서 중심 인물은 슈퍼마켓의 계산원이나 의료 종사자가 아니라 집에 박혀 **스마트폰과 한몸이 된** 사람이다.
〈뉴욕 타임스〉

health care worker 의료계 종사자   **stuck** 갇힌

그는 스마트폰을 **무음 모드로 전환했다.**

He put his smartphone on silent mode.

MP3 208

행사장이나 전시회 등에 가 보면 장내 질서를 위해 '휴대폰을 진동이나 무음 모드로 전환해 주세요.'란 안내 멘트를 들을 수 있습니다. 영어로는 Please put your phone on vibration or silent mode.라고 합니다. 동사구 put A on B mode는 다양하게 활용될 수 있는데, 'A를 B 상태로 설정하다'는 의미입니다. be on B mode로도 표현할 수 있습니다. 'B 상태로 설정되어 있다'는 뜻이지요. 수신 전화를 자신만 받을 수 있게 비밀번호를 걸어 놓기도 하는데요, 위의 뭉치 표현을 활용하면 put the phone on password mode라고 할 수 있습니다.

1 내 스마트폰은 **무음 모드로 설정되어 있다.**
My smartphone **is put on silent mode.**

2 휴대폰을 *끄거나* **무음 모드로 해 주세요.**
Please turn off your cell phone or **put it on silent mode.**

3 수업 중에는 휴대폰을 **무음으로 해 두어야** 하고 사용해서는 안 된다.
Cell phones are to **be on silent mode** and not used during class.

4 시험 보는 3시간 내내 그는 휴대폰을 **무음 모드로 해 놔야 했다.**
His mobile phone **had to be put on silent mode** throughout the 3-hour exam.

5 그는 극장에서 **휴대폰을 무음으로 해 놓는 걸** 깜빡해서 벨소리가 울렸을 때 화들짝 놀랐다.
He forgot to **put his cell phone on silent mode** in the cinema and was startled when it rang.

For two hours the mobile phones **were put on silent mode** and the morning was dedicated to play, one of the most important things that we can do with our children.
<Tenterfield Star>
두 시간 동안 휴대폰은 **무음 모드로 설정되어 있었고** 아침 시간은 전적으로 놀이에 쓰였다. 놀이는 우리가 아이들과 할 수 있는 가장 중요한 일 중 하나다. 〈텐터필드 스타〉

빈출 표현 209

그는 재안내 **문자 메시지를 보냈다.**

He sent a text message as a reminder.

MP3 209

reminder는 '잊고 있던 내용을 상기시키는 것'이라는 의미가 있습니다. 따라서 send a text message as a reminder는 '이미 공지한 내용을 다시 알리는 문자 메시지를 보내다' 는 의미가 되지요. send a text message가 '문자 메시지를 보내다'이지만 text도 동사로 '문자 메시지를 보내다'의 뜻으로 쓰입니다. 미국 몇몇 주에서는 운전 중에 휴대폰으로 문자 메시지를 보내는 것이 법으로 금지되어 있고(texting while driving is banned by law in some states), No Texting While Driving이라는 캐치프레이즈도 존재합니다. 요즘은 블루투스로 전화 송수신을 많이 하지만, 운전 중 문자나 모바일 메신저 교환으로 인한 사고는 끊이지 않는 것 같습니다.

1 그들은 후보를 지지하는 **문자 메시지를 보냈다.**
They **sent a text message** expressing support for the candidate.

2 나는 SNS에서 내 팔로워들 모두에게 **문자를 보낼 수 있다.**
I **can send a text message** from social media to all my followers.

3 그는 순식간에 임직원들에게 **문자 메시지를 보냈다.**
He **sent a text message** to the staff and executives in a blink of an eye.

4 우리 회사가 고객들에게 **문자와 이메일을 보낼 것이다.**
Our company **will send both a text message and e-mail** to our clients.

5 요금은 **문자를** 받을 때가 아니라 **보낼** 때만 청구된다.
You are billed only when you **send a text message** and not when you get one.

Did you know that, on average, **6 billion SMS messages are sent** every day in the U.S. alone? That's 180 billion each month and 2.27 trillion each year. Globally, 4.2 billion people **are texting** worldwide. No doubt you're one of 'em—which means you fire off approximately 67 texts a day. That's a lot of "LOL"s.
<Popular Mechanics>

미국에서만 하루에 평균 **60억 개의 SMS 메시지가 발송되고 있다**는 걸 알고 있었는가? 한 달에는 1천8백억 개이고 일 년에는 2조 2천7백억 개의 문자라는 계산이 나온다. 전 세계적으로는 42억 명의 사람들이 **문자를 보내고 있다.** 당신도 분명 그들 중 한 명으로, 하루에 대략 67건의 문자 메시지를 보내고 있다는 걸 뜻한다. 이는 엄청나게 많은 ㅋㅋㅋ인 것이다. 〈포퓰러 미캐닉스〉

fire off 발사하다, 쏘다

내 업무용 전화에 **스팸 문자가 쇄도한다.**

빈출 표현 210

My business phone is flooded with spam messages.

MP3 210

하루에 몇 통씩 스팸 문자나 전화가 오는데요, 어떤 사이트에 가입하면 스팸 문자나 전화가 더 많아지는 경우가 흔합니다. 이런 원치 않는(청하지 않은) 메시지나 전화를 영어로 unsolicited messages/calls라고 하고, 간단히는 스팸(spam)이라고 하며, spam message(스팸 메시지), spam call(스팸 전화), spam e-mail(스팸 메일)로 표현하지요. 스팸 메시지가 쏟아져 들어올 때는 be flooded with spam messages라고 말할 수 있습니다. flood는 '홍수'란 뜻 외에 '물에 잠기게 하다, 대량으로 보내다'는 뜻의 동사로 쓰여서 be flooded with ~는 '~가 물밀 듯 밀려오다, 쇄도하다'의 의미입니다.

1 불과 이틀 만에 그들의 소셜 미디어에 **스팸 메시지가 쇄도했다.**
Their social media **were flooded with spam messages** in just two days.

2 그들의 스마트폰에 저금리 대출을 홍보하는 **문자가 쇄도하고 있다.**
Their smartphones **are flooded with spam messages** pitching loans at low interest.

3 앱을 다운 받은 뒤로 그의 스마트폰으로 **스팸 문자가 쇄도하고 있다.**
After downloading an app, his phone **is being flooded with spam messages**.

4 선거철에 그의 전화에는 **스팸 전화와 문자가 쇄도했다.**
During the election campaign, his phone **was flooded with spam calls and messages**.

5 스마트폰 전원을 켜자 **스팸 문자가 쇄도한 적 있지** 않나요?
Have you ever **been flooded with spam messages** after turning on your smartphone?

The DM filters is now available for all Twitter users on their Android smartphones and web platforms. Hopefully, this will lessen the stress on those that keep getting all those horrible DMs as well as **being flooded with spam messages**.
<Android Community>

안드로이드 스마트폰과 웹 플랫폼을 사용하는 모든 트위터 이용자들은 이제 DM 필터를 사용할 수 있다. 바라건대 이 필터는 **쇄도하는 스팸 문자**뿐 아니라 그 모든 지긋지긋한 DM을 계속 받는 사람들의 스트레스를 줄여 줄 것이다. 〈안드로이드 커뮤니티〉

horrible 지긋지긋한, 끔찍한

한국인이라면 누구나 모국어인 한국어를 자연스럽게 활용하며 의사소통을 합니다. 그러나 누구와 얘기하느냐, 어떤 상황에서 얘기하느냐에 따라 유행어(예컨대 '핵꿀잼', '쩔어', '간지', '강퇴' 등)를 사용하기도 하고, 점잖게 얘기하기도 합니다. 또한 같은 사람이라도 말로 하는 표현과 글로 쓰는 표현은 많이 다릅니다. 글을 쓸 때는 말을 할 때에 비해 의식적인 '검열'을 많이 하게 됩니다. 그리고 친구에게 보내는 이메일, 무역 서신, 입사지원서의 자기소개서 등 글의 종류에 따라 표현에 많은 차이가 나타납니다.

이렇게 다양한 말과 글을 만족스럽게 구사하기 위해서는 많이 읽고, 많이 쓰고, 많이 생각해야 합니다. 중국의 문장가 구양수가 주장한 '다독(多讀), 다작(多作), 다상량(多商量)'이 꼭 필요하다 하겠습니다.

이처럼 모국어로도 효과적인 의사소통을 위해서는 연습과 훈련이 필요한데, 외국어인 영어로 자기 의견을 효과적으로 개진하기란 정말 어려운 일이 아닐 수 없습니다. 일전에 한 통역대학원 입시 준비생이 제게 상담해 오길, "영어로는 하고자 하는 우리말을 10퍼센트 정도밖에 표현하지 못하겠습니다."라고 했습니다. 어느 정도 내공이 쌓인 학생인데도 이렇게 느낄 정도라면 우리나라 사람들의 평균 영어 구사력의 현주소는 어떨까요?

국내에서만 공부하신 분들은 대체로 교과 과정에 따라 읽기와 듣기에만 주력한 나머지 이해력과 분석력은 뛰어나지만 표현하는 능력은 거기에 보조를 맞추지 못하는 경향이 있습니다. 그럴 만도 한 것이, 영어에 노출될 기회가 많지 않고 영어를 활용할 기회 역시 별로 없기 때문이죠.

하지만 '잠자는 영어'를 누구나 구사 가능 상태로 활성화할 수 있다고 저는 확신합니다.

예전에 아리랑 TV에서 프로그램을 진행할 때 '길거리 인터뷰'란 것을 영어 자막용으로 번역한 적이 있습니다. '길거리 인터뷰'는 말 그대로 프로그램 스태프 한 사람이 길거리에 나가서 일반인들에게 한 주의 주요 뉴스가 뭐였는지 물어보고 이를 녹화해서 방송에 내보내는 코너였습니다.

그 인터뷰에서는 남녀노소 불문하고 어린이까지 포함하여 다양한 사회계층의 사람들이 실제로 쓰는 언어를 보여 줬는데, 특히 재미있었던 두 가지 실제 인터뷰를 소개하겠습니다. 정리가 안 된 말일수록 영어로 옮기는 과정에서 의미의 핵심을 잘 포착하고 뉘앙스를 살려서 영어로 잘 바꾸는 연습이 필요합니다. 그렇게 하면 추후에 영어를 실전에서 활용할 때, 그리고 통·번역 작업을 할 때 상당한 도움이 될 것입니다.

1. "뉴스에서 많이 추워지고 눈도 온다고 했는데, 생각만큼 춥지 않다가 갑자기 추워져서 너무 춥네요."

여기서 핵심 의미는 무엇일까요? '춥지 않아서 방심하고 있었는데 완전 무방비 상태에서 결빙 수준의 한파가 닥쳐서 고생한다.'가 아닐까요? 이런 의미를 중심으로 생각하는 것이 영어를 활성화하는 길잡이가 됩니다. 이런 의미를 파악해야 다양한 영어 표현을 떠올려서 구사할 수 있지요.

몇 가지 영역 샘플을 제시하겠습니다.

1) There was much hype about a sudden cold snap and snowfall. That was a false alarm. But then the weather really froze up.

2) Weather forecasters were warning about a plunge in temperature and heavy snowfall. That didn't happen. However, all of a sudden, it got really cold.

(원문의 의미를 생각하면 '뉴스'가 '기상 예보'를 말하는 거라고 간주했습니다.)

3) Reports strongly suggested a dip in the mercury and heavy snow. But it didn't feel that cold. But that all changed overnight.

(여기서는 '뉴스'를 '보도'로 바꿨고, '기온'을 비유적으로 표현하는 mercury, 즉 '수은주'라고 표현했습니다. 그리고 overnight은 관용적으로 '갑자기', '하루아침에'란 뜻으로 많이 사용합니다.)

이렇게 세 가지 버전으로 영문화해 봤습니다. 원문의 의미를 잘 파악하면 우리가 알고 있는 단어들을 가지고 다양하게 영어를 구사할 수 있습니다. 이런 훈련을 하고 교정을 받아야 어느 순간 '잠자는 영어'가 벌떡 깨어난다고 믿습니다.

길거리 인터뷰에서 한 시민이 했던 말을 하나 더 보겠습니다.

2. 6자 회담이 이달 8일에 다시 재개된다고 하는데, 오랫동안 시간이 걸려서 우리도 충분히 경험을 했지만, 크게 희망을 갖지 않고, 오랜 시간이 걸릴 거라 생각합니다.

말이 정돈되어 있지 않지만 무슨 의미인지 이해할 수 있죠. (사실, 일반인들의 언어는 이처럼 정돈이 안 된 경우가 많습니다.) 그 핵심은 '끝이 안 보이는 줄다리기 회담, 또 시작이네. 기대를 하면 안 되겠지.'가 아닐까요? 또한 '떡 줄 사람은 생각도 안 하는데 김칫국부터 마신다.'란 속담도 떠오릅니다.

그렇다고 판단했을 때 이 역시 여러 가지 영어 표현으로 옮길 수 있을 것입니다.

1) The 6-way talks will resume on February 8th. We've had plenty of time to experience what it was like. We should not have high expectations. Again it would probably take a long time.

2) The 6-way talks will restart on February 8th. The previous talks had been drawn out with little progress. Given such a track record, we should not keep our hopes high. It will be another long and tedious process.

(drawn out이란 표현과 little progress란 표현을 썼는데, 의미상, 즉 when reading between the lines하면 무리 없는 추정일 것입니다.)

직역을 하기보다는 이처럼 의미를 파악해서 영어로 옮기는 연습이 실전 영어 구사력을 높이는 방법입니다.

영어를 독해하면서 문장을 분석할 때 보통 '4형식 문장인데 직접 목적어가 의미상의 진주어네…' 등을 눈여겨보고 해석하지요. 하지만 이해하는 단계를 뛰어넘어 실제 활용할 수 있으려면 '의미'를 잘 파악하고, 영어적인 표현을 떠올리고, 이를 소리 뭉치로 체화하여 활용해야 합니다.

PART 9

사설, 논평

CHAPTER 1

긍정적 평가

뉴스를 보면 사설과 논평에 개인의 의견이 많이 반영됩니다. 일반 뉴스는 '사실 보도'와 '의견 인용'만 하지만 사설과 논평에는 논조가 있고 논리와 주장의 근거, 예증이 들어가는 등 일반 뉴스와는 사뭇 성격이 다르죠. 긍정적 평가, 비판적 평가, 요구, 의문 제시 등으로 독자나 시청자들에게 영향을 주고 공감을 이끌어 냅니다. 그리고 영어 사설이나 논평은 무척 다채로운 표현과 뭉치 표현의 향연이라는 느낌이 드는데요, 영어로 글을 쓰거나 말을 할 때 전략적으로 사용할 만한 단어의 보고입니다. 그 가운데 긍정적 평가의 표현들부터 배워 보겠습니다.

긍정적 평가 관련 주요 표현

1. 진가를 알아보다 : appreciate
2. 존경하다, 감탄하며 바라보다 : admire
3. 칭송하다, 환호를 보내다 : acclaim
4. 존경심에서, 경의를 표하여
   : in deference
5. 칭찬, 인정 : commendation
6. 박수를 치다, 갈채를 보내다
   : applaud
7. 열렬한 갈채를 받다
   : win hearty plaudits
8. 표창을 받다 : win an accolade
9. 돋보이게 하다 : play up
10. 지지하다 : support, back (up),
    stand by, advocate
11. 찬성이라고 외치다
    : shout one's approbation
12. 지지, 보증 : endorsement
13. ~에 매혹되다
    : be enamored by ~
14. 찬양하는 연설, 찬사, 추도 연설
    : eulogy
15. 크게 기뻐하다 : rejoice
16. 자화자찬하다
    : blow one's own horn
17. 완벽한 본보기, 전형 : epitome
18. 모범적인 : exemplary
19. 감탄할 만한 : admirable, laudable
20. 유례가 없는 : unprecedented

MP3 **211**

빈출 표현 211

우리는 **순탄한 앞날을 예상한다.**

We see a smooth road ahead.

순탄한 앞날이 기다리고 있다고 할 때 우리말로 앞날이 탄탄대로라고 말합니다. 마찬가지로 영어에서도 '순탄한 앞날이 예상된다'를 '순탄한 길'이라는 표현을 써서 see a smooth road ahead라고 말할 수 있습니다. 매끄러운 길을 말이나 차를 타고 달리면 편안하고 부드럽기 때문에 이런 표현이 '순탄한 앞날'을 비유적으로 표현하게 되었겠죠? 유의어는 silky road, 반의어는 bumpy road입니다.

1   나는 국가와 교육의 **앞날이 순탄하리라고 전망한다.**
     I **see a smooth road ahead** for the country and education.

2   거의 모든 네티즌들은 SNS의 **앞날이 순탄하리라고 본다.**
     Almost all netizens **see a smooth road ahead** for social media.

3   비트코인 구매자들은 향후 2개월간 **앞날이 순탄하리라고 전망한다.**
     Bitcoin buyers **see a smooth road ahead** for the next two months.

4.   그 주지사는 올해 말까지는 **순탄한 앞날을 전망하지 않는다.**
     The governor **doesn't see a smooth road ahead** until the end of the year.

5   그 프로젝트의 성공은 그 회사의 **앞날이 순탄하리라는 걸** 보장해 주었다.
     The success of the project ensured **a smooth road ahead** for the company.

We have witnessed women who were well known in the space, aeronautics, mathematics field of engineering. They were most often referred to as "Human Calculators" for their sheer calibre. Such women helped pave a way for all of us, and now is the time for more women to join the league as we already **have a smooth road ahead of us.**
<DataQuest>

우주, 항공학, 수학 공학 분야에서 저명한 여성들을 우리는 봐 왔다. 그들은 자신들의 뛰어난 역량 때문에 자주 '인간 계산기'라고 불렸다. 그런 여성들은 우리 모두를 위한 길을 터 주는 데 도움을 주었고, **우리의 앞날은** 이미 **순탄하기** 때문에 지금은 더 많은 여성들이 그 리그에 합류할 때이다.
〈데이터퀘스트〉

aeronautics 항공학   **sheer** 순전한, 순수한   **calibre** 역량, 자질

그의 탁월한 재능은 **유례가 없다**.

His outstanding talent **is unprecedented**.

MP3 **212**

뭔가를 극찬할 때 '전례가 없는' 내지는 '유례없는'이라는 말을 종종 합니다. 이것은 영어로 unprecedented라고 하지요. precedent가 '전례를 제시하다'는 뜻의 동사이고(명사로 '전례'라는 뜻도 있습니다), 거기서 파생된 형용사인 precedented는 '전례가 있는', 그 반의어로 unprecedented는 '전례 없는, 유례없는, 비길 데 없는'의 뜻입니다. 그래서 '최근의 주가 상승은 전례가 없다.'는 The latest stock price surge is unprecedented. 라고 하면 됩니다. 물론 부정적인 상황에서도 사용할 수 있습니다. The problem was unprecedented(그건 전례가 없는 문제였다).처럼 말이죠.

1 EU의 회복 계획은 **유례가 없지만** 필요하다.
   EU's recovery plan **is unprecedented** but necessary.

2 나이가 50대에 접어든 사람으로서 그는 **유례없는 성공**을 거두었다.
   For a man in his 50s, he achieved **unprecedented success**.

3 코로나바이러스 백신 개발 속도는 말 그대로 **유례가 없다**.
   The pace of coronavirus vaccine development **is** literally **unprecedented**.

4 지금 상황은 관광과 여행업계에서 **유례가 없다**.
   The current situation **is unprecedented** in the tourism and travel industries.

5 이런 위기는 **유례가 없고** 그 정부의 대응 역시 **유례가 없다**.
   This crisis **is unprecedented** and the handling by the government **is** also **unprecedented**.

"The impact of COVID-19 on our economy and communities **is unprecedented**," said Dr. Zafar Mirza, the head of the country's health ministry. "With the disruption of essential immunization services due to the COVID-19 pandemic, children are continuously at a higher risk of contracting polio and other vaccine-preventable diseases."
<Aljazeera>

"코로나19가 우리 경제와 지역 사회에 미치는 영향은 **유례를 찾아볼 수가 없습니다**."라고 그 나라 보건부 장관 자파르 미르자가 말했다. "코로나19 팬데믹으로 인한 필수 예방 접종 서비스 중단으로 인해 아이들은 소아마비와 기타 백신으로 예방 가능한 질병에 걸릴 위험이 계속 높아지고 있는 상태입니다."
〈알자지라〉

disruption 중단, 붕괴   **immunization** 예방 접종, 면역   **contract** (병에) 걸리다
polio 소아마비

MP3 213

빈출 표현 213

그는 영웅**으로 칭송 받았다.**

He was hailed as a hero.

동사 hail은 '~라고 일컫다, 묘사하다'의 뜻입니다. 보통 수동태로 be hailed as ~로 쓰여서 '~라고 불리다, ~라고 묘사되다, ~라고 칭송 받다, ~라는 찬사를 받다'의 뜻을 갖습니다. 그래서 '그는 영웅으로 칭송 받았다.'는 He was hailed as a hero.라고 표현할 수 있습니다. hail은 이외에도 크게 세 가지 뜻으로 많이 쓰입니다. 1) Hail the Queen! 여왕 만세! (환영이나 축복의 인사) 2) He hails from Busan. 그는 부산 사람이다. (출신지 표현) 3) She hailed a taxi. 그녀는 손을 흔들어 택시를 잡았다. (차, 배, 사람을 불러 세우다)

1 그는 인터넷상에서 희망의 상징**이라고 칭송을 받는다.**
He **is hailed as** a symbol of hope on the Internet.

2 어린 나이지만 그녀는 떠오르는 스타**라는 찬사를 받는다.**
Despite her tender age, she **is hailed as** a rising star.
────── tender 어린, 미숙한

3 그 회사는 AI 기술의 개척자**라고 칭송 받는다.**
The company **is hailed as** a pioneer of AI technology.

4 그 영화는 그 감독 최고의 성공작**이라는 극찬을 받는다.**
The film **is hailed as** the director's most successful movie.

5 그 여배우는 세계에서 가장 아름다운 여성**이라는 찬사를 받는다.**
The actress **is hailed as** the most beautiful woman in the world.

Boracay, another popular tourist destination in the country, made it to the 14th spot of the magazine's "World's Best Island" list. It **is hailed as** the fifth-best island in Asia this year as well.
<Inquirer.net>
그 나라(필리핀)의 또 다른 인기 있는 관광지인 보라카이 섬은 본 잡지 선정 '세계 최고의 섬' 목록에서 14위를 장식했다. 보라카이는 올해에 아시아 최고의 섬 5위**라는 찬사도 받고 있다.** 〈Inquirer.net〉
tourist destination 관광지

정부는 **장밋빛 전망을 그렸다.**

The government painted a rosy picture.

MP3 **214**

좋은 미래의 전망을 이야기할 때 종종 '장밋빛 그림'이라는 표현을 씁니다. 장밋빛이 예쁘기 때문이겠죠? paint a rosy picture는 말 그대로 '장밋빛 그림을 그리다'는 뜻으로, 전망을 밝게 그린다는 의미를 나타냅니다. rosy picture에 반대되는 표현은 bleak picture입니다. bleak는 '암울한, 절망적인'의 뜻이지요. '전망'을 뜻하는 명사로는 prospect, projection, outlook, forecast 등이 많이 쓰입니다.

1   정부 당국자들은 경제의 **장밋빛 그림을 그리고 있다.**
    Authorities **paint a rosy picture** of the economy.

2   현재의 상황은 암울하지만 그는 **장밋빛 그림을 그리고 있다.**
    While the current situation is gloomy, he **paints a rosy picture**.

3   정치인들은 **장밋빛 그림을 그리고 있**지만 국민들은 이를 납득하지 않고 있다.
    Politicians **paint a rosy picture**, but the people are not convinced.

4   그는 정부의 국정 운영 능력에 대한 **장밋빛 그림을 그리고 있다.**
    He **paints a rosy picture** of the government's handling of state administration.

5   현 상황을 회의적으로 보진 않지만 그는 **웬만해서는 장밋빛 그림을 그리진 않는다.**
    While he is not skeptical about the current situation, he **hardly paints a rosy picture**.

He said that while some individual hospitals may have shortages of protective equipment, about three-quarters have at least a 15-day supply of personal protective equipment and only 2 percent have under three days in supply. He also noted the surge in testing capacity that's quadrupled since April, as well as advances in treatments. "I'm not trying **to paint a rosy picture**, but we are definitely in a better spot than we were in March and April, but we have to take this incredibly seriously."
<NBC News>

일부 개별 병원들이 보호 장비 부족을 겪고 있을지는 몰라도 약 4분의 3은 적어도 15일분의 개인 보호 장비를 보유하고 있고 2퍼센트만 3일 미만의 공급량을 보유하고 있다고 그는 말했다. 그는 또한 4월 이후 네 배로 증가한 검사 역량 급증과 치료법의 진전에 주목했다. "**장밋빛 그림을 그리려는** 건 아니지만, 3월, 4월보다 우리는 분명 더 좋은 상황에 있습니다. 하지만 이 상황을 굉장히 심각하게 받아들여야 합니다." 〈NBC 뉴스〉

note 주목하다, 언급하다   **surge** 급증, 급등   **quadruple** 네 배가 되다

CHAPTER 2

부정적 평가

사회에서나 정치에서나 상대방에 대한 긍정적인 평가만큼 부정적인 평가도 늘 존재합니다. 정치와 사회가 분열 양상을 보이면서 독설과 막말을 하는 경우도 있고 내로남불이라는 말이 생길 정도로 자신을 합리화하는 행태도 적지 않습니다. 인신공격을 서슴지 않는 경우도 많고요. 부정적 평가를 하고 비판을 하더라도 예의를 지키고 배려하고 존중하는 자세를 잃지 말아야 할 것 같습니다. 부정적 평가와 비판, 비난 관련 단어나 패턴도 그 강도에 따라, 그리고 비유적인 표현 방식에 따라 아주 다양합니다. 이 장에서 몇 가지를 배워보도록 하겠습니다.

부정적 평가 관련 주요 표현

1. 규탄하다, 비난하다 : condemn
2. 매도하다 : decry
3. 깎아내리다, 약화시키다 : undermine
4. 존경심을 떨어뜨리다, 망신시키다
   : discredit
5. 오명을 씌우다, 낙인찍다
   : stigmatize
6. 혹평하다, 맹비난하다 : excoriate
7. 꾸짖다, 책망하다 : admonish
8. 반대하다 : oppose
9. 개탄하다 : deplore
10. 질책하다, 호되게 나무라다 : upbraid

11. 맹렬히 비판하다 : fulminate
12. 과소평가하다
    : underestimate, underrate
13. 폄하하다 : belittle, disparage
14. 혐오하다 : loathe
15. 굴욕감을 주다 : humiliate
16. 명예를 손상시키다 : dishonor
17. 유감스러운[미흡한] 점이 많다
    : leave a lot to be desired
18. 혹평, 신랄한 비평 : scathing criticism
19. 부적절한 : inappropriate, improper
20. 한심한 : pathetic

그 교수는 **평판을 떨어뜨렸다.**
The professor undermined his reputation.

MP3 **215**

지금은 사회적 지위나 명성을 지닌 사람이 큰 스캔들의 주인공이 되면 명예가 실추됨은 물론이고 자기 분야에서 생명이 끝날 수도 있는 세상입니다. 사람들의 마음이 떠나면서 비난이 빗발치기 마련이죠. undermine은 이미지, 평판, 신뢰 등을 '떨어뜨리다'는 뜻의 단어입니다. undermine one's reputation은 '평판을 떨어뜨리다'의 뜻이 되겠죠.

1 그 음모는 **그의 평판을 떨어뜨리기 위해** 계획되었다.
The conspiracy was designed **to undermine his reputation**.

2 **그녀의 평판을 떨어뜨리려는** 시도는 오히려 그녀에 대한 신뢰도를 강화시켰다.
Attempts **to undermine her reputation** only served to reinforce her credibility.

3 그의 정적들은 악의적인 소문을 퍼뜨려 **그의 평판을 떨어뜨리려고** 했다.
His political enemies tried **to undermine his reputation** by spreading malicious rumors.

4 그의 성추행 스캔들은 여성 인권 운동의 선구자라는 **그의 평판을 떨어뜨렸다.**
His sexual molestation scandal **undermined his reputation** as a leader of women's rights movement.

5 그의 지나치게 솔직한 발언과 표현 방식은 **그의 평판을 떨어뜨리기에** 충분했다.
His overly straightforward remarks and the way he presented them were enough **to undermine his reputation**.

The audience was a mixture of Russian reporters, many openly praising the Russian president, and foreign journalists, several of them pressing him on policies that have alarmed Western governments and **undermined his reputation** abroad.
<The New York Times>

청중에는 러시아 기자들과 외국 언론인들이 섞여 있었는데, 러시아 기자들 중 다수는 러시아 대통령을 공개적으로 찬양했고, 외국 기자들 중 몇 명은 러시아 대통령에게 서구 정부들에게 경각심을 일으키고 해외에서 **그의 평판을 실추시킨** 정책에 대해 압박 질문을 했다. 〈뉴욕 타임스〉

press 압박을 가하다   **alarm** 놀라게 하다, 위급을 알리다

빈출 표현 **216**

그 정치인은 **부적절한 행동** 때문에 맹비난을 받았다.
The politician was slammed for the inappropriate behavior.

 MP3 216

우리말 '부적절하다'는 어감에 가장 부합하는 영단어는 inappropriate입니다. '사회적으로 용인되지 않아서 부적절한'의 의미를 담고 있습니다. '부적절한 관계'는 an inappropriate relationship이죠. 반의어는 appropriate인데, '적절한, 적합한, 온당한'으로 번역되고 유의어는 suitable입니다. suitable은 '충분한, 적당한 양의, 사용하기에 가능한'의 의미입니다. 또 헷갈리는 단어로 proper가 있는데, 이는 '제대로 된, 알맞은'이란 뜻입니다. 원어민들도 다소 혼동하는 단어들인데요, 영어 원문의 문맥을 참고하실 것을 추천합니다. slam은 문 등을 '쾅 닫다'는 뜻으로(slam the door), 그런 어감에서 '맹비난하다'의 뜻도 있습니다. 그래서 be slammed로 쓰면 '맹비난을 받다'가 되고, be slammed for ~는 '~로[~에 대해] 맹비난을 받다'는 뜻이 됩니다.

1 그 아이는 계속 **부적절한 행동**을 하고 있다.
The child keeps engaging in **inappropriate behavior**.

2 **그녀의 부적절한 행동**은 대중의 빈축을 샀다.
Her inappropriate behavior was frowned upon by the public.

3 진심 어린 사과에도 불구하고 그는 **부적절한 행동**으로 맹비난을 받았다.
He was slammed for **the inappropriate behavior** despite his heartfelt apology.

4 그녀는 시상식에서의 **부적절한 발언과 행동**으로 맹비난을 받았다.
She was slammed for **her inappropriate remarks and behavior** at the awards ceremony.

5 그녀는 **그의 부적절한 행동**을 나무랐고 팀 전체에게 사과할 것을 요구했다.
She scolded him for **his inappropriate behavior** and demanded that he apologize to the whole team.

 Spelling out the consequences for **inappropriate behavior** and then following through with firm limits is emotionally and physically exhausting but it is our job and it does work.
<The New York Times>

부적절한 행동의 결과를 자세히 설명하고 확실한 한계 조치를 이행하는 것은 정서적으로 육체적으로 지치는 일이지만 우리가 해야 하는 일이고 실제로 효과가 있다. 〈뉴욕 타임스〉

spell out 자세히 설명하다   **follow through with** ~를 이행하다

그는 횡령 **혐의를 받고 있다.**

He is charged with embezzlement.

MP3 **217**

charge가 '기소하다, 고소하다, 비난하다, 책임을 맡기다' 등의 뜻을 지닌 동사이기 때문에 be charged with ~는 '~의 혐의를 받다, ~의 책임을 맡고 있다, ~로 고소를 당하다, ~로 기소되다' 등의 의미로 쓰이는 표현입니다. 대체 표현으로 be accused of ~가 있습니다. 위 문장의 be charged with embezzlement는 '횡령 혐의를 받다' 혹은 '횡령으로 고소를 당하다'는 뜻이고, '사기죄로 피소되다'는 be charged with fraud라고 말할 수 있습니다. be charged with는 사건 사고 뉴스에서 정말 많이 등장하는 표현이니 꼭 알아 두세요.

1 그는 과실 치사**로 기소됐다.**
He **was charged with** manslaughter.

—— manslaughter 살인, 과실 치사

2 그는 고위 공무원에게 뇌물을 준 **혐의로 기소될** 것이 분명하다.
He **will** certainly **be charged with** bribing a senior level official.

3 그는 그들을 기만하고 돈을 훔친 **혐의를 받았다.**
He **was charged with** deceiving them and stealing their money.

4 해커들은 사기 미수와 국가 보안 시스템을 뚫은 **혐의로 기소될 수 있다.**
Hackers **can be charged with** an attempted scam and breaching the state security system.

5 그는 올 들어 지금까지 음주운전**으로 기소된** 7번째 프로 운동 선수였다.
He was the seventh professional athlete so far this year **to be charged with** drunk driving.

Arrested in March 2019, Howard Owens **was charged with** unlawful possession of a weapon, cruelty to animals and unlawful discharge of a weapon. John Harrison of the Passaic County courthouse said Howard Owens was placed in pre-trial intervention on the cruelty charge for a period of three years. The charge could be dismissed or revived in July 2022.
<North Jersey.com>

2019년 3월에 체포된 하워드 오언스는 불법 무기 소지, 동물 학대 그리고 무기 불법 발포 **혐의로 기소됐다.** 퍼세이크 카운티 법정의 존 해리슨은 하워드 오언스가 학대 혐의로 3년간 재판 전 개입 조치를 받게 되었다고 했다. 그 혐의는 2022년 7월에 기각되거나 재개될 수 있다.
〈North Jersey.com〉

discharge 발사, 발포   **intervention** 개입, 조정   **revive** 재개하다, (법적 효력을) 부활시키다

빈출 표현 218

설상가상으로, 문제가 더 커졌다.

To make matters worse, the problem grew bigger.

MP3 218

'엎친 데 덮친 격으로, 설상가상으로'는 영어로 to make matters worse라고 말할 수 있습니다. 어떤 일이 더 꼬이거나 상황이 악화된다고 할 때 사용하는 표현입니다. 이를 대체할 수 있는 구문은 to add insult to injury입니다. '더 ~해지다'는 'grow[get]+형용사 비교급'으로 표현하므로, '더 커지다'는 grow bigger라고 하면 되겠죠.

1 **설상가상으로**, 그는 도주 시도 혐의를 받았다.
To make matters worse, he was charged with trying to flee.

2 **설상가상으로**, 투자금이 탕진됐다.
To make matters worse, the investment went down the drain.
— go down the drain 없어지다, 헛수고로 돌아가다

3 **설상가상으로**, 그 팀은 또 한 번 경기에 패했는데 이로써 5연패를 기록했다.
To make matters worse, the team lost another game for the fifth time in a row.

4 **설상가상으로**, 평판이 실추된 후 그의 건강이 급격히 나빠졌다.
To make matters worse, his health deteriorated rapidly after his reputation was undermined.

5 **설상가상으로**, 북한은 또 한 차례 미사일을 발사했는데, 이번에는 일본 열도 상공으로 날았다.
To make matters worse, North Korea fired another missile, this time over the Japanese archipelago.

Sand and rocks picked up by the wind ended up blasting trucks and cars. **To make matters worse,** drivers with their windows down got dust blown in their eyes, creating another hazard. Samuel Salazer, a long-hauler driving through southwest Idaho, spoke about what he and other truckers have to keep in mind while on the road.
<Idaho News>

바람에 날려 온 모래와 돌이 결국 트럭과 자동차를 후려쳤다. **설상가상으로** 창문을 열고 주행한 운전자들은 먼지가 바람에 날려 눈에 들어가면서 또 다른 위험이 발생했다. 남서부 아이다호를 가로질러 운전하는 장거리 트럭 운전기사 새뮤얼 살라저는 자신과 다른 트럭 운전사들이 주행 중에 명심해야 하는 것들을 이야기했다. 〈아이다호 뉴스〉

blast 후려치다   **long-haul** 트럭 등이 장거리인   **long-hauler** 장거리 트럭 운전사
trucker 트럭[화물차] 운전사

외교 관계는 **불안정한 상태에** 있다.
Diplomatic ties are in a precarious situation.

MP3 **219**

'불안정한, 위태로운'의 뜻인 precarious란 단어가 있습니다. 어감상 '아슬아슬한'으로 번역할 수도 있지요. 절벽 낭떠러지에 서 있는 사람을 생각해 보세요. 자칫하면 실족해서 생사가 위험해질 수도 있는 상황입니다. 그래서 in a precarious situation은 '불안정한 상황에'의 뜻이 됩니다.

1 소수 민족들은 **불안정한 상황에** 놓여 있다.
Ethnic minorities find themselves **in a precarious situation**.

2 그 나라는 6개월째 **위태로운 상황에** 빠져 있다.
The country has been **in a precarious situation** for 6 months.

3 세계 관광업계는 현재 **매우 불안정한 상황에** 있다.
The global tourism industry is now **in a very precarious situation**.

4 이미 **불안정한 상태에** 있는 주민들은 태풍을 세게 맞았다.
Those already **in a precarious situation** were hit hard by the typhoon.

5 하청업체의 도산으로 인해 우리 회사는 **위태로운 상황에** 놓이게 되었다.
The bankruptcy of the sub-contractor put us **in a precarious situation**.

This order, issued on July 6 encountered strong opposition from voices in academia, industry and politics after it left many of the more than 1 million foreign students in the U.S. **in a precarious situation**.
<The Hindu>

7월 6일에 발령된 이 명령은 미국 내 백만 명이 넘는 외국 학생들 다수를 **불안정한 상황에** 빠뜨리고 난 후 학계, 기업들, 그리고 정계로부터 강력한 반대에 직면했다. 〈힌두〉

academia 학계

빈출 표현 **220**

그들은 국민들의 요구 충족 **기대에 못 미쳤다.**

They fell short of expectations in meeting the people's needs.

MP3 **220**

'기대, 예상'은 영어로 expectation이고, '~에 못 미치다'는 fall short of ~입니다. 그래서 '기대[예상]에 못 미치다'는 fall short of expectations로 표현하면 됩니다. 반대로 '기대 [예상]을 뛰어넘다'는 exceed[go beyond, surpass] expectations라고 합니다. 또한 '기 대[예상]을 뒤집다'는 buck[overturn] expectations라고 표현합니다.

1 그의 공식 사과는 **기대에 못 미쳤다.**
His official apology **fell short of expectations**.

2 다행히도 피해 규모는 **예상에 못 미쳤다.**
Luckily, the scope of damage **fell short of expectations**.

3 그 회사의 1분기 수입은 **기대에 못 미쳤다.**
The company's first quarter revenue **fell short of expectations**.

4 회사의 상반기 매출은 **기대에 많이 못 미쳤다.**
The company's sales in the first half **fell far short of expectations**.

5 결과는 **기대에 못 미쳤고** 이로 인해 주가가 폭락했다.
The outcome **fell short of expectations** and this led to a plunge in stock prices.

For the second quarter, Coca-Cola reported better-than-expected profit, though revenue **fell short of expectations**. The stock was up 2.4% in Tuesday trading, though shares have tumbled 14.7% for the year to date.
<MarketWatch>

2분기에 코카콜라는 전체 수입은 **기대에 못 미쳤**지만 예상보다 높은 이익을 발표했다. 주가는 화요일 거래에서 2.4퍼센트 올랐지만 코카콜라의 주식은 올 들어 현재까지 14.7퍼센트가 하락했다. 〈마켓워치〉

revenue 전체 수입 **profit** 수익, 이익

CHAPTER 3

⚜

의문

요즘은 가짜 뉴스와 거짓 정보의 유포가 전 세계적으로 심각한 문제입니다. 그런 거짓 정보들은 독자를 오도하며 개인이나 단체의 이득을 위해 악이용 되는 경향이 있습니다. 도발적인 내용일수록 관심이 가지만, 결국 의문과 혼란을 야기하는 경우가 많지요. 가짜 뉴스와 거짓 정보가 더욱 큰 문제인 이유는, 그런 것들이 많이 유통될수록 사람들은 사실인 정보도 의심하게 된다는 점입니다. 사회에 큰 혼란이 초래되는 것이죠. 여기서는 의문, 의혹과 관련한 뭉치 표현들을 배워 보겠습니다.

의문 관련 주요 표현

1. 의문, 의심, 의혹 : doubt, question
2. 불신 : disbelief
3. 의구심 : doubt, misgiving, reservation
4. 확신이 없는, 의심을 품은, 의심스러운
   : doubtful
5. (부정행위를 한 것으로) 의혹을 갖는,
   의심스러운 : suspicious
6. 의심 많은, 못 믿겠다는 듯한
   : incredulous
7. 회의, 회의론 : skepticism
8. 우려, 불안, 걱정
   : anxiety, apprehension, misgiving
9. 냉소 : cynicism
10. 빈정대는, 비꼬는 : sarcastic
11. 조심, 경계심 : wariness
12. 양면성, 모순 : ambivalence
13. 경악, 망연자실 : consternation
14. 불만, 못마땅함 : discontent
15. 우유부단 : irresolution
16. 어리둥절함 : bewilderment
17. 모호함 : obscurity
18. 환상이 깨진 : disenchanted
19. 왜곡 가능성 : falsifiability
20. 경험에 의거한, 실증적인
    : empirical

그는 **도대체 왜** 그랬을까?
Why on earth did he do that?

MP3 **221**

의문이나 경악을 나타낼 때 우리말로 '도대체 왜 ~?', '대관절 왜 ~?'란 표현으로 감정을 표현하기도 합니다. 영어에서도 Why로 시작하는 질문에 그런 뉘앙스를 담을 수 있는데, 바로 그런 표현이 why on earth ~?입니다. '도대체 왜 뭉치 영어를 진작 몰랐을까?'는 Why on earth didn't I know about Moongchi English before?라고 말할 수 있습니다.

1   **도대체 왜** 당신은 그런 일을 하려는 거예요?
    Why on earth would you do such a thing?

2   **도대체 왜** 그녀가 최종 결정을 내려야 하는 거시?
    Why on earth does she have to make the final decision?

3   **도대체 왜** 영국 정치인들은 마스크를 안 쓰고 있는가?
    Why on earth aren't English politicians wearing face masks?

4   **도대체 왜** 한국 영어 학습자들은 상술에 현혹될까?
    Why on earth do Korean English learners fall for gimmicks?

    —— fall for ~에 속아 넘어가다   gimmick 관심을 끌기 위한 술책, 속임수

5   **도대체 왜** 누가 이 차를 사기 위해 1백만 달러 넘게 지불할까?
    Why on earth would anyone pay more than 1 million dollars
    for this car?

I remember driving to the ceremony and having a flash of wondering **why on earth** all these people were here. What difference does it make to them, I wondered, if we get married? Why didn't we just have a small wedding, a few family members and close friends?
<New Zealand Herald>

결혼식장에 운전하고 가면서 문득 **도대체 왜** 이 많은 사람들이 여기 참석하나 하는 의문을 가졌던 기억이 난다. 우리가 결혼한다면 그들에게 어떤 차이가 생기는지 궁금했다. 왜 우리는 가족과 친한 친구 소수만 초대해서 조촐한 결혼식을 하지 않았을까? 〈뉴질랜드 헤럴드〉

flash 번득임

도대체 뭔 생각이야? / 정말 어이가 없네.
What were they thinking?

MP3 **222**

누군가가 황당한 말이나 불쾌한 행동을 하면 소위 '멘붕'이 오기도 합니다. 과연 어떤 생각으로 그런 말이나 행동을 하는지, '과연 생각이란 걸 하긴 하는지' 의문이 들기도 하죠. 그때 사용하는 캐주얼하고 비꼬는 듯한 말이 What were they thinking?입니다. '어이가 없다'는 느낌으로 사용할 수 있으며, 비슷한 표현으로 It's ridiculous.와 It doesn't make sense. 등이 있습니다.

1   그 정부 기관은 **도대체 뭔 생각이야?**
What were they thinking at the government agency?

2   그는 시속 200킬로미터로 주행했다. **도대체 무슨 생각이었을까?**
He drove at 200 km per hour. **What was he thinking?**

3   그는 선수들을 상습적으로 구타했다. **도대체 정신이 있는 건지?**
He habitually beat the athletes. **What was he thinking?**

4   그녀는 부적절한 말을 했다. **정신이 있는 건지 원.**
She made inappropriate remarks. **What was she thinking?**

5   그녀는 여러 사람에게 거짓말하고 돈을 빌렸어. **도대체 무슨 생각이었던 거야?**
She borrowed money from many people telling them a lie.
What was she thinking?

But these offenders had also scrawled the nasty word and messed with the portrait of the King. **What were they thinking?** A harsh lesson awaits them when they are eventually apprehended by the authorities.
<The Star>

하지만 이들 범죄자들은 험담을 휘갈겼고 왕의 초상화를 훼손했다. **도대체 무슨 생각이었던 걸까?** 결국 이들이 당국에 체포되면 가혹한 벌을 받게 되는데 말이다. 〈스타〉

scrawl 휘갈겨 쓰다, 낙서하다   **nasty** 외설적인, 추잡한, 불쾌한   **apprehend** 체포하다

빈출 표현 223

그들은 다음에 무엇을 해야 할지 **전혀 모르고 있다.**

They don't have a clue about what to do next.

MP3 **223**

'영문도 모르다'는 어감을 나타낼 수 있는 영어 표현이 don't have a clue입니다. '전혀 모르다, 오리무중이다'는 의미로, clue는 '단서, 실마리'를 나타냅니다. be clueless도 don't have a clue와 같은 의미이며, 대체어로는 don't have any idea와 have no idea가 있습니다.

1 일주일이 지났는데 그들은 아직 **영문도 모른다.**
   They still **don't have a clue** even a week afterwards.

2 사람들은 내부자 거래에 대해 **전혀 알지 못하고 있다.**
   The people **don't have a clue** about the insider trading.

3 그들은 **전혀 알고 있지 못해**서 교육시키는 데 시간이 많이 걸린다.
   It takes a lot of time educating them because they **don't have a clue.**

4 그 병의 증상이 무엇인지 영국인들의 1/3 이상은 **전혀 모르고 있다.**
   More than a third of Brits **don't have a clue** what the symptoms of the disease are.

5 **전혀 알지 못하는** 분들에게 말씀드리자면, 그는 UN 사무총장입니다.
   For those readers who **don't have a clue,** he is the Secretary General of the United Nations.

He added: "People that **don't have a clue** about how to keep New Yorkers safe suddenly think they know about policing. I have another thing to tell them: they **don't have a goddamn clue** what they're talking about. But we are not going to let them destroy this city."
<Politico>

그는 덧붙여 말했다. "뉴욕 시민들의 안전을 지키는 일에 대해 **영문도 모르는** 사람들이 갑자기 치안 유지에 대해 안다고 생각합니다. 그들에게 할 얘기가 하나 더 있어요. 그들은 자신들이 무슨 말을 하는지 쥐뿔도 모릅니다. 하지만 우리는 그들이 이 도시를 파괴하게 놔두지 않을 겁니다." 〈폴리티코〉

CHAPTER 4

요구

사설과 논평의 논조를 보면 대책이나 각성을 요구하는 내용이 많이 등장합니다. 정부, 국회, 기업, 또는 일반 시민의 양심에 호소하는 요구들도 있죠. 공감 능력이 부족해지는 것 같은 이 시대에는 각종 요구의 목소리가 더욱 커지는 것 같습니다. '요청하다'는 보통 request, '요구하다'는 demand, 그리고 '촉구하다'는 urge로 구분해서 사용하시면 좋습니다. 이 장에서는 요구와 관련한 뭉치 표현들을 배워 보겠습니다.

요구 관련 주요 표현

1. 요구하다, 요청하다
   : call for, ask for, demand, require
2. 간청하다, 애원하다 : beseech, entreat, beg, implore
3. 강요하다, ~하게 만들다 : compel
4. 소환하다, 요구하다 : summon
5. 의무를 지우다, 강요하다 : obligate
6. 탄원하다, 청원하다, 청원 : petition
7. 필요하게 만들다 : necessitate
8. 정당화하다 : legitimize
9. 전제 조건 : prerequisite
10. 필요 조건: necessary condition
    충분 조건: sufficient condition
11. (~하도록) 겁을 주다 : intimidate
12. 덫으로 옭아매다 : entrap
13. 유혹하다, 꾀다 : seduce
14. 고집하다, 주장하다 : insist
15. 강압하다, 강제하다 : coerce
16. (격식을 갖춘 공식적) 요청, 신청
    : requisition
17. 탄원자, 애원자 : supplicant
18. 전복시키다, 뒤엎으려 하다 : subvert
19. 의무적인, 필수적인 : mandatory
20. 반드시 해야 하는, 긴요한
    : imperative

이 문제에 **즉각적인 행동이 요구된다.**
This problem calls for immediate action.

MP3 **224**

야구에 적시타(a timely hit)가 있듯이 요구도 시의적절하거나 즉각적이어야 효과적이겠죠. '요구하다'는 영어로 demand나 call for를 쓰면 됩니다. 따라서 '즉각적인 행동이 요구된다'는 demand immediate action이나 call for immediate action으로 표현할 수 있습니다. This problem calls for immediate action.은 무생물인 this problem이 주어로 '이 문제는 즉각적인 행동을 요구한다', 즉 '이 문제에 즉각적인 행동이 요구된다'는 의미입니다.

1 복구 작업이 **시급하다.**
Restoration work **calls for immediate action.**

2 노조는 임금 인상을 **즉시 해 줄 것을 요구했다.**
The labor union **called for immediate action** on the wage hike.

3 담배의 유해성 때문에 세계보건기구는 **즉각적인 행동을 요청하게 됐다.**
The hazards of smoking caused the WHO to **call for immediate action.**

4 그 사람들은 동물 학대를 반대하는 **즉각적인 행동을 요구했다.**
The group of people **called for immediate action** against cruelty toward animals.

5 UN은 그 비정부기구의 환경 보호에 대한 **즉각적인 행동 요구**를 지지했다.
The UN endorsed the NGO's **call for immediate action** to protect the environment.

Protesters have spent a fourth night camped on the roof of Bristol's City Hall, as they **call for immediate action** to improve the city's air quality. The group of five activists scaled the building last Thursday. They are demanding a commitment to ensure legally clean air in every part of the city.
< The Herald-Standard>

시위자들은 시의 대기질을 개선하기 위한 **즉각적인 행동을 요구하**면서 브리스틀 시청 옥상에서 나흘 밤째 야영을 했다. 운동가 5인은 지난 목요일에 건물을 타고 올라갔다. 그들은 시의 모든 지역에 법적 수준의 청정 공기를 보장하겠다는 약속을 요구하고 있다. 〈헤럴드 스탠더드〉

scale 높고 가파른 곳을 오르다　　**ensure** 보장하다

이번 인재는 **주의를 촉구하는 계기가 되었다.**
This man-made disaster served as a wake-up call.

MP3 **225**

호텔 등에서 해 주는 모닝콜 서비스를 a wake-up call이라고 합니다. 거기서 나아가 주의를 촉구하는 일이나 정신이 번쩍 드는 사건, 관심을 불러일으키는 사건도 a wake-up call이라고 합니다. serve as~ 는 '~ 역할을 하다'는 뜻으로, '~의 계기가 되다'로도 번역할 수 있습니다. 따라서 serve as a wake-up call은 '주의를 촉구하는 계기가 되다, 각성하는 계기가 되다'의 뜻입니다.

1 이 상황은 경영진에게 **각성하는 계기가 되어야 한다.**
This situation **should serve as a wake-up call** for the management.

2 그 보고서는 물을 더 소중히 여겨야 할 필요가 있다고 **각성하는 계기가 됐다.**
The report **served as a wake-up call** on the need to value water more.

3 그 사건은 추가 조치가 취해져야 한다는 **각성의 계기가 됐다.**
The incident **served as a wake-up call** that additional steps need to be taken.

4 그 테러 공격은 세계 모든 나라에게 **주의를 촉구하는 계기가 됐다.**
The terrorist attack **served as a wake-up call** to all countries around the world.

5 그 회사가 2백만 달러 손해를 봤다는 사실은 업계의 모든 경쟁사들에게 **각성의 계기가 됐다.**
The company losing 2 million dollars **served as a wake-up call** for all the competitors in the industry.

The tumble in the ratings **should serve as a wake-up call** for WWE that its remaining weekly TV viewers deserve more—and hopefully, this most recent turn of events with Orton and Big Show should be sign that this is precisely what they will get.
<CBR.com>

시청률 급락은 WWE에게 남아 있는 주간 TV 시청자들이 더 많은 방송을 볼 자격이 있다는 것을 **각성하는 계기가 되어야** 하며, 바라건대, 오턴과 빅쇼 관련 가장 최근의 이벤트가 이것이 바로 시청자들이 즐길 것이라는 신호가 되어야 한다. 〈CBR.com〉

tumble 폭락, 빠른 하락

그들은 종종 노조의 **요구에 순응한다.**

They often **comply with demands of the labor union.**

MP3 **226**

요구를 받은 당사자는 요구에 응하기도 하고 요구를 거절하기도 합니다. '~에 응하다'는 의미로 comply with나 abide by를 많이 씁니다. 그래서 '요구에 따르다, 응하다, 순응하다'는 comply with demands로 쓰면 됩니다. 반대로 '거절하다'는 reject를 많이 쓰기에 '단호히 거절하다'는 flatly reject나 flatly turn down이라고 하면 됩니다.

1   **요구에 응하지** 않으면 발포할 것이다.
   We will open fire if you don't **comply with demands.**

2   독일 최고법원은 페이스북이 **반드시 요구에 순응해야 한다**고 판결했다.
   Germany's top court ruled that Facebook **must comply with demands.**

3   기술자들은 **정부의 요구에 순응하기 위해** 데이터를 조작했다.
   The engineers manipulated the data **to comply with government demands.**

4   그 회사는 지방 정부의 **요구에 응하지** 않아서 블랙리스트에 올랐다.
   The company was blacklisted by the local government as it didn't **comply with demands.**

5   회사 임원들이 **요구에 따르기를** 거부할 경우 이들은 구속의 위험에 노출될 수 있다.
   Company executives could be exposed to risk of arrest if they refuse to **comply with demands.**

Police said he refused to **comply with demands** to give his license when asked 11 times by the responding officer and released dashcam video of the incident. Police are pursuing a felony charge against 23-year-old Jaylen Bond. <FOX2>

경찰은 출동한 경찰관이 면허증 제시를 11회 요청했을 때 그가 **요구에 응하길** 거부했다고 말하고 그 사건을 촬영한 블랙박스 영상을 공개했다. 경찰은 23세인 제일렌 본드를 상대로 중죄 혐의를 적용하고 있다. 〈폭스2〉

dashcam 블랙박스   **felony** 중죄   **charge** 혐의

증인은 **익명을 요구했다.**
The witness **asked for anonymity.**

양심 선언을 하거나 논란이 예상되는 폭로를 할 때 신원을 밝히지 않고 익명을 요구하는 경우가 많습니다. 후폭풍(backlash)을 우려해서죠. 이처럼 '익명을 요구하다'를 영어로 ask for anonymity라고 합니다. ask for ~가 '~을 요구하다'이고 anonymity가 '익명'입니다. ask for anonymity 대신에 ask not to be identified라고 말할 수도 있습니다. identify 가 '~의 신원을 확인하다'는 뜻이어서 be identified는 '신원이 밝혀지다'입니다. 따라서 ask not to be identified는 '신원이 밝혀지지 않기를 청하다', 즉 '익명을 요구하다'가 됩니다.

1 보복을 우려해서 그는 **익명을 요구했다.**
   Fearing retaliation, he **asked for anonymity.**

2 과거 부패 거래에 연루된 사람이 **익명을 요구했다.**
   A person involved in the past corruption deals **asked for anonymity.**

3 그는 사적인 대화 내용을 공개할 때 **익명을 요구했다.**
   He **asked for anonymity** when disclosing private details of the conversation.

4 **익명을 요구한** 한 주민은 용의자가 현장을 바로 도주했다고 했다.
   A resident, who **asked for anonymity,** said the suspect fled the scene right away.

5 직장 내 조직적 인종 차별 행위에 대해 이야기할 의향을 보인 제보자는 **익명을 요구했다.**
   Willing to talk about the systemic racism at work, the informant **asked for anonymity.**

"I have quite a few groups that I connect with via WeChat: my family in China, my friends in China, my Chinese friends who are here in North America, or around the world for that matter," said a Chinese Canadian working in the US who **asked for anonymity** because of the topic's political sensitivity.
<South China Morning Post>

"저는 꽤 많은 그룹들과 위챗으로 소통합니다. 중국에 있는 가족, 친구들, 여기 북미 또는 전 세계에 있는 중국인 친구들과 그 문제로 말이죠."라고 미국에서 일하는 한 중국계 캐나다인이 사안의 정치적 민감성 때문에 **익명을 요구하고** 말했다. 〈사우스 차이나 모닝 포스트〉

sensitivity 민감성, 세심함

CHAPTER 5

변화

'변화'라고 하면 급격히 변화하고 발전하는 첨단 기술, 그리고 거기에 맞춰 가는 우리의 마음자세와 실천이 떠오릅니다. 얼리 어답터는 못 되더라도 남들보다 뒤처지기 시작하면 점점 더 뒤처지는 시대입니다. 좋든 싫든 변화의 속도를 따라잡지 못한다면 도태되는 건 시간문제라는 생각이 듭니다. 비단 기술에 국한된 건 아니죠. 이 책의 마지막 장까지 공부한 여러분도 꾸준함과 변화에 대응하는 유연한 자세로 끈기 있게 노력해서 영어 공부에 성공하시길 진심으로 바랍니다.

변화 관련 주요 표현

1. 전환하다, 개조하다
   : convert (명사 conversion)
2. 수정하다, 바꾸다
   : modify (명사 modification)
3. 서로 다르다, 변화를 가하다,
   다양하게 하다 : vary (명사 variation)
4. 변하다, 변경하다, 바꾸다
   : alter (명사 alteration)
5. 다양화하다, 다각화하다
   : diversify (명사 diversification)
6. (법안 등을) 개정하다
   : amend (명사 amendment)
7. (의견·계획을) 수정하다, 책을 개정하다
   : revise (명사 revision)
8. 정제하다, 개선하다
   : refine (명사 refinement)
9. 질을 높이다 : enrich (명사 enrichment)
10. 돌연변이가 되다, 돌연변이를 만들다
    : mutate (명사 mutation)
11. 변동을 거듭하다
    : fluctuate (명사 fluctuation)
12. 조정하다
    : adjust (명사 adjustment)
13. 재활성화하다, 새로운 활력을 주다
    : revitalize (명사 revitalization)
14. 변형시키다 : transform
    (명사 transformation)
15. 바꾸다, 변화시키다
    : transmute (명사 transmutation)
16. 뒤바꾸다, 반전시키다
    : reverse (명사 reversal)
17. 변경하다, 재편성하다
    : realign (명사 realignment)
18. 대신하다, 대체하다
    : replace (명사 replacement)
19. 개선하다 : improve, ameliorate
    (명사 improvement, amelioration)
20. 보완하다 : compensate, make up for

빈출 표현
228

회사는 **변화의 물결을 타고 있다.**
The company is riding the tides of change.

MP3 228

'변화의 물결'은 영어로 tides of change나 waves of change로 말할 수 있습니다. 그리고 '타다'는 ride입니다. 그래서 '변화의 물결을 타다'는 ride the tides[waves] of change라고 하면 됩니다. Can you give me a ride(차 좀 태워 줄래)?에서 ride는 차를 타고 달리는 것을 가리킵니다. 이때는 차량이나 자전거, 말을 타고 달리는 것을 가리키는 명사죠.

1   그는 **변화의 물결을 타고** 발전할 준비가 되어 있지 않다.
He is not ready to **ride the waves of change** and better himself.

2   그의 노력과 네트워킹은 **변화의 물결을 탈** 수 있게 해 주었다.
His effort and networking enabled him to **ride the tides of change**.

3   코로나 이후 시대에 **변화의 물결을 탈** 수 있어야 한다.
In a post-pandemic world, we must be able to **ride the tides of change**.

4   보건 분야로 밀려드는 **변화의 물결**은 예측 불가능하다.
The waves of change rolling onto the healthcare industry are unpredictable.

5   그는 누구보다 먼저 배달 음식 업계에 다가올 **변화의 물결**을 보았다.
He saw **the waves of change** in the delivery food industry coming before anyone else.

We have already felt **the waves of change** in recent years. Not all by the hand of conflict, but also innovation. The exponential advancement of technology; a true X-factor and elephant in the room.
<The Startup>

우리는 최근 몇 년 사이에 이미 **변화의 물결**을 느꼈다. 이는 전적으로 갈등의 손뿐 아니라 혁신으로부터도 온 것이다. 기술의 기하급수적인 발전은 진정한 성공의 중대 변수이자 누구나 알고 있지만 말하기 꺼리는 문제다. 〈스타트업〉

exponential 기하급수적인   **X-factor** X인자(성공에 필수적인 특별한 요소)
elephant in the room 누구나 알고 있지만 말하기 꺼리는 문제, 금기시되는 문제

빈출 표현
229

그 학생들은 **틀을 벗어나 생각한다.**
The students think outside the box.

MP3 **229**

예나 지금이나 한 가지 방식을 고수하면 틀에 박히기 마련입니다. 틀을 벗어나 생각해야 새로운 시각을 가질 수 있고 통찰력을 키울 수 있죠. 이렇게 틀을 벗어나서 생각하는 것을 영어로 think outside the box라고 합니다. 말 그대로 상자, 즉 틀에서 벗어나 생각한다는 것이죠. 참고로 '일상의 틀에 박힌 생활을 하다'는 뜻으로 사용하는 표현은 be stuck in a rut입니다.

1   위기 상황이니만큼 여러분은 **틀을 벗어나 생각해야** 한다.
    The crisis requires you to think outside the box.

2   뭔가를 창조하는 사람들은 **틀을 벗어나 생각하는 게** 습관이다.
    It's a habit for creators to think outside the box.

3   선거 운동원들은 **틀에서 벗어나 생각하려고** 노력한다.
    Election campaigners try to think outside the box.

4   **틀을 벗어나 생각한다는 건** 말이 쉽지 실천하기 어려운 일이다.
    Thinking outside the box is easier said than done.

5   그 평사원은 사장까지 고속 승진했는데, **틀에서 벗어나 생각하고** 실천력을 발휘하기 때문이다.
    The staff member-turned-president was able to climb the corporate ladder because he thinks outside the box and puts ideas into action.

While studying music, you'll learn and be able to **think outside the box** while trying to solve the task at hand. You'll learn the importance of improvising and how to deal with challenges that may arise before or during a performance. <Griffith News>

음악을 공부하는 동안, 당면 과제를 해결하려 노력하면서 **틀에서 벗어나 생각하는** 법을 배우고 그런 능력을 갖추게 될 것이다. 임기응변의 중요성을 배우고 공연 전이나 도중에 발생할지 모르는 어려움에 대처하는 방법을 배울 것이다. 〈그리피스 뉴스〉

improvise 즉흥적으로 하다

그들은 **큰 변화를 만들어 냈다.**
They made a world of difference.

MP3 **230**

노력과 비전, 그리고 끈기가 만나면 큰 변화와 발전을 창출할 수 있지 않을까요? make a difference는 '차이를 만들어 내다, 변화를 만들어 내다'는 뜻입니다. make a difference가 '일반적인 변화'를 만들어 내는 것이라면, '획기적인 변화와 차이를 만들어 내다'는 make a world of difference라고 표현합니다. make a world of difference를 대체할 수 있는 표현으로 make all the difference in the world가 있습니다.

1 이 기회는 영어 학습자들에게 **큰 변화를 가져올 것이다.**
This opportunity will make a world of difference for English learners.

2 비타민을 꾸준히 복용해서 그의 건강에 **큰 변화가 일어났다.**
He kept taking the vitamins and this **made a world of difference** to his health.

3 새 가구와 벽지는 집 분위기에 **큰 변화를 가져왔다.**
New furniture and wallpaper **made a world of difference** to the feel of the house.

4 은행 대출은 회사에 새 활력을 불어넣고 **엄청난 변화를 가져왔다.**
The bank loan breathed new life into the company and **made a world of difference.**

5 영어와 선생님이 그에게 가르쳐 준 모든 것이 그의 삶에 **큰 변화를 가져왔다.**
English and everything that his teacher taught him **made a world of difference** in his life.

Deals have become even more important during the COVID-19 outbreak. As people try to manage their finances more sustainably, deals, discounts, and rewards **can make a world of difference.**
<Manila Bulletin>

코로나19가 발생한 기간 동안 특가 행사가 훨씬 더 중요해졌다. 사람들이 더 지속 가능하게 재정 상태를 관리하려고 노력함에 따라 특가 행사, 할인, 그리고 보상 이벤트가 **큰 변화를 만들어낼 수 있다.**
〈마닐라 불러틴〉

deal (= bargain) 거래, 특가품   **outbreak** 발생, 발발   **sustainably** 지속 가능하게
bulletin 뉴스 단신, 뉴스 속보, 게시, 고시

1 ad hoc
(라틴어) 특별한[히], 특별한 목적을 위한[위하여], 임시변통[임기응변]의[으로]
an ad hoc committee
특별 위원회

2 alumnus (라틴어) 남자 졸업생, 동창생 (pl. alumni)
I am going to an alumni meeting tomorrow.
나는 내일 동창 모임에 간다.

3 alma mater (라틴어) 모교
She returned to her alma mater to become a teacher.
그녀는 모교로 돌아와 교사가 되었다.

4 bon appetite (불어) 맛있게 드세요.
Bon appetite! = Enjoy your meal!

5 bon voyage (불어) 여행 잘 다녀오세요.
Bon voyage! = Have a nice trip!

6 bona fide (라틴어) 진실된, 진짜의
What is the bona fide reason?
진짜 이유가 뭐야?

7 carte blanche (불어) 백지 위임장, 전권 위임
We were given carte blanche to choose the subcontractor.
우리는 하청업체를 선정할 전권을 위임 받았다.

8 carpe diem (라틴어) 현재를 즐겨라, 현재의 기회를 잡아라
Carpe diem! = Seize the day!

9 cause célèbre (불어) 유명한 쟁점[사안]
The scandal has become a cause célèbre.
그 스캔들은 유명한 쟁점이 되었다.

10 coup (d'état) (불어) 쿠데타
When there is a coup, a group of people seize power in a country.
쿠데타가 일어나면 일단의 사람들이 국가 권력을 장악한다.

11　de facto (라틴어) (법적으로는 받아들여지지 않더라도) 사실상의, 실질적인
He is the de facto leader of the company.
그 남자가 그 회사의 실질적 리더다.

12　déjà vu
(불어) 데자뷔, 기시감(지금 일어나는 일을 전에도 경험한 적 있는 것처럼 느끼는 것)
I had a sense of déjà vu when I got there.
그곳에 도착했을 때 전에 와 본 느낌이 들었다.

13　dolce vita (이탈리아어) (방종한) 감미로운 생활, 달콤한 생활
Don't expect life to be La Dolce Vita.
인생이 쾌락과 사치의 향연일 거라고 기대하지 마.

14　doppelgänger (독일어) 도플갱어(어떤 사람과 똑같이 생긴 사람)
She is like a doppelgänger of the late businesswoman.
그녀는 고인이 된 사업가의 도플갱어 같아.

15　en masse (불어) (보통 많은 수가) 집단으로[일제히]
The executives resigned en masse.
임원들이 집단으로 사직했다.

16　force majeure (불어) 불가항력
This is based on the provisions entitled "Force Majeure".
이는 '불가항력'이라는 제목의 조항에 기초하고 있다.

17　haute couture
(불어) 오트 쿠튀르(고급 여성복 제조업 또는 그런 디자이너의 여성복)
She designed haute couture until she turned 70.
그녀는 70세가 될 때까지 오트 쿠튀르를 디자인했다.

18　laissez-faire (불어) 자유방임주의
Laissez-faire can do more harm than good in bringing up children.
자유방임주의는 자녀 양육에 득보다 해가 많을 수 있다.

19　mea culpa (라틴어) 내 탓이로소이다, 자기 잘못의 인정
His mea culpa lacked sincerity.
그의 사과에는 진정성이 없었다.

20　modus vivendi
(라틴어) (의견·사상이 아주 다른 사람들·조직들·국가들이 서로 다투지 않고 살아가기 위해
맺는) 협정[타협]
We must bury the hatchet and seek a modus vivendi.
우리는 화해하고 타협해야 한다.

21 modus operandi (라틴어) (작업) 방식[절차]
We are not familiar with the modus operandi.
우리는 그 작업 방식이 낯설다.

22 noblesse oblige
(불어) 노블레스 오블리주(사회적 지위가 높은 사람들에게 요구되는 도덕적 의무와 사회적 책임)
That is an exemplary act of noblesse oblige.
그것은 귀감이 되는 노블레스 오블리주 행위다.

23 non sequitur (라틴어) 불합리한 추론, 그릇된 결론
Their argument is a non sequitur.
그들의 주장은 불합리한 추론이다.

24 nouveau riche (불어) 벼락부자, 졸부
The nouveau riche living in Gangnam are the subject of envy and mockery.
강남의 벼락부자들은 부러움과 조롱의 대상이다.

25 per annum (라틴어) 1년에
The company's net profit amounts to more than US 10 billion dollars per annum.
그 회사의 연간 순이익은 100억 달러가 넘는다.

26 per capita (라틴어) 1인당
The per capita annual income exceeded 30 thousand dollars.
1인당 연소득이 3만 달러를 넘었다.

27 per se (라틴어) 그 자체가, 그 자체로는
His attendance per se is critical for the success of the forum.
그의 참석 그 자체가 포럼의 성공에 매우 중요하다.

28 persona non grata
(라틴어) (특정 장소에서) 환영 받지 못하는 사람, (특정 국가 정부로부터) 출국 요청을 받는 인물
He is a persona non grata in South Korea.
그는 한국에서 기피 인물이다.

29 prima donna
(라틴어) 프리마돈나(오페라의 주역 여가수나 제1 여가수), 자기가 아주 잘난 줄 아는 사람, 변덕쟁이 여성
He doesn't have many friends as he behaves like a prima donna.
그는 잘난 척이 심해서 친구들이 많지 않다.

30 prima facie
(라틴어) (나중에 거짓으로 드러날지라도) 처음에 진실로 여겨지는, 일단[우선] 볼 때의
The court said it recognizes prima facie evidence.
법원은 우선 진실로 보이는 증거를 인정한다고 말했다.

31 pro bono (라틴어) (특히 법률 관련 업무가) 무료의
She took on the burglary case pro bono.
그녀는 절도 사건의 무료 변론을 맡았다.

32 pro rata (라틴어) ~에 비례하는, 비례하여
If the costs of raw materials go up, there will be a pro rata hike in prices.
원자재 비용이 증가하면 그에 비례하는 가격 인상이 있을 것이다.

33 quid pro quo (라틴어) (~에 대한) 보상[대가]으로 주는 것
There is no free lunch. There is a quid pro quo in every offer.
세상에 공짜는 없다. 모든 제안에는 대가가 있는 법이다.

34 raison d'être (불어) 존재 이유
Her kids seem to be her sole raison d'être.
그녀의 아이들이 그녀의 유일한 존재 이유인 것 같다.

35 savoir faire (불어) (사교적인) 재치[수완], 임기응변의 재주
Whomever she meets, she displays brilliant savoir faire.
누구를 만나든지 간에 그녀는 뛰어난 사교술을 발휘한다.

36 status quo (라틴어) 현재의 상황, 현상(現狀)
People usually want to maintain the status quo.
사람들은 보통 현상을 유지하고 싶어 한다.

37 sub rosa (라틴어) 남몰래, 은밀히(privately)
The meeting was held sub rosa at the headquarters.
회의는 본사에서 비공개로 열렸다.

38 tête-à-tête (불어) 둘만의 사담(私談)
The lover's tête-à-tête was interrupted by the abrupt fight.
연인의 밀담은 갑자기 싸움이 나서 깨졌다.

39 tour de force (불어) 놀라운 솜씨, 역작
The skyscraper was a tour de force that took 10 years to build.
그 마천루는 완공하는 데 10년이 걸린 훌륭한 건축물이었다.

40 zeitgeist (독일어) 시대정신
Grit and passion have become the zeitgeist of the young generation.
투지와 열정은 젊은 세대를 대변하는 시대정신이 되었다.

INDEX

ㄱ

가까스로 승리를 거머쥐다	win by a narrow margin	28
가볍게 운동하다	have a light workout	184
가장 즐기는 취미	favorite pastime	174
~를 각색하다	be adapted from	228
갈 길이 멀다	have a long way to go	248
강세장에서 약세장으로 급변하다	suddenly shift from a bullish to bearish market	106
~를 강타하다	take ~ by storm	234
개발하다	tap into	129
개선의 여지	room for improvement	154
개인 정보 도난에 위협이 되다.	pose a threat to personal identity theft	295
거물 정치인	political heavyweight	46
건강해지다	get fit	186
검열에서 삭제되다	be edited[censored] out	226
~을 겨냥하다	cater to ~, target ~, aim at ~	181
결혼하다	tie the knot, get married, marry, exchange vows, get hitched, walk down the aisle	146
경쟁력을 높여 주다	hone one's competitive edge[competitiveness]	158
경제의 기둥	the backbone of the economy	113
계류 중이다	be pending approval	33
고령화 사회	aging society	138
고부가가치 산업	high value-added industry	114
골을 넣다	score a goal	246
골을 허용하다	allow[concede] a goal	246
공동 2위이다	be tied in second place	264
과로 직전이다	be on the brink of overexertion.	197

과잉 수요	excess demand	88
교제 중이다	be in a relationship	236
국민의 욕구를 충족하다	meet the people's needs	318
국수주의를 적극 지향하다	promote nationalist ideals[nationalism]	66
국회	The National Assembly	31
국회 청문회	a parliamentary hearning	32
굴뚝 산업	a smokestack industry	111
궁합/호흡/팀워크가 잘 맞지 않다	have little chemistry	261
균형 잡힌 식단	balanced diet	204
금단 증상에 시달리다	suffer withdrawal symptoms	209
금리를 인상하다	hike interest rates	94
급속도로 퍼지다	spread like wildfire	235
기간산업	key industry	113
기대에 못 미치다	fall short of expectations	318
기러기 아빠 현상	the orphan father phenomenon	148
기상 이변	extreme weather events	170
기업 공개를 하다	go public	109
긴밀한 관계를 유지하다	maintain close relations	63
긴장이 고조되고 있다	tension is mounting	64

ㄲ

| ~까지 상연되다 | run until | 230 |
| 끼니를 거르다 | skip meals | 203 |

ㄴ

난관에 봉착하다, 관계가 많이 삐걱거리다	hit rough waters	69
남북 장관급 회담을 재개하다	resume[revive] inter-Korean ministerial talks	50
노조	labor union	326
~에서 눈을 떼지 못하다	be transfixed by, can't take one's eyes off	229
뇌물 수수로 구속되다	be arrested for taking bribes	46
능력주의	meritocracy	157

ㄷ

다자간 협력을 하다	engage in multilateral cooperation	65
~을 단박에 끊다	quit ~ cold turkey	208
대기 오염	air pollution	280
대체 에너지 개발에 박차를 가하다	spur the development of alternative energy	130
대출을 받다	take out a loan	97
대통령으로 취임하다	be sworn in as president take office as president	37
대폭적인 가격 인상을 유발하다	lead to price spikes	88
도대체 뭔 생각이야?	What were they thinking?	321
도대체 왜	why on earth	320
도를 넘다	go too far	278
독감 진단을 받다	be diagnosed with the flu	189
두둑한 상금을 받다	earn a hefty paycheck	266
~에게 등을 돌리다	turn one's back on	243
뒤처지다	lag behind	156
뒤처지다	fall behind	116
~에 딱이다	be ideal for	177
땀을 흘려 감기를 이겨 내다	sweat out a cold	193
또래 압력 현상	peer pressure	159

ㅁ

만년설이 녹다	ice caps melt	287
만루 상황이 되다	the bases are loaded	255
만성 피로에 시달리다	suffer from chronic fatigue	195
만연하다, 미친 듯이 날뛰다	run amok	42
맞붙다	go head to head, face off	269
매진돼다	be sold out	220
~로[~에 대해] 맹비난을 받다	be slammed for	314
모든 열세(역경)에도 불구하고	against all odds	250
몹시 흥분시키는	adrenaline-charged	176
무력 도발	an armed provocation	57

무력 분쟁을 벌이다	engage in armed conflict	51
무력을 과시하다	rattle one's saber, flex one's muscle	56
무역 분쟁	a trade dispute	100
무역 적자를 기록하다	post a trade deficit	101
무역 제재를 가하다	impose[place] trade sanctions	102
무음 모드로 전환하다	put ~ on silent mode	299
무차별적 테러 공격	random terrorist attacks	71
문자 메시지를 보내다	send a text message	300
물리치다	ward off	204

ㅂ

바닥을 치다	hit rock bottom	84
~에 바탕을 두다	be based on	217
~의 반응이 뜨겁다	get rave reviews from	231
반정부 시위를 벌이다	stage anti-government protests	39
방사능 오염	radioactive contamination	282
방송될 예정이다	be set[slated, expected] to air	222
배경은 ~이다	be set in	218
법안	a motion	33
법안을 표결에 부치다	put the bill to a vote	30
변화의 물결을 타다	ride the tides[waves] of change	329
병에 걸리다	contract a disease	188
병역을 기피하다	dodge the draft, evade the draft	54
보기로 주춤하다	suffer a stumble with a bogey stumble with a bogey	265
부적절한 행동	the inappropriate behavior	314
부정부패가 만연하다	irregularities and corruption run amok	42
불안정한 상태에	in a precarious situation	317
불티나게 팔리다	fly off the shelves, sell like hotcakes	119
비만 퇴치 노력	anti-obesity efforts	201
비밀리에	under the radar, secretly, covertly, clandestinely	131
빈곤을 퇴치하다	eliminate poverty	143

ㅃ

뿌리가 깊다	be deep-rooted	206

ㅅ

사양 산업	a waning industry	111
사이가 틀어지다	have a falling out	256
살과의 전쟁	a battle of the bulge	202
상대적 박탈감	a sense of relative deprivation	142
상승 자세를 누리다	enjoy a bull market	105
새 무역 정책을 시행하다	implement a new trade policy	103
~에 대한 새로운 시도를 보여 주다	take a fresh approach to	232
생방송으로 방영되다	be broadcast live	223
생태계 파괴	ecological destruction	279
선거를 실시하다	hold elections	24
설상가상으로	to make matters worse	316
섭씨 영하 20도	minus 20 degrees Celsius	169
성 불평등을 해소하다	resolve gender inequality	151
성비 불균형	the gender ratio imbalance	153
성희롱	sexual harassment	152
세계 최고의 인터넷 보급률을 지닌 국가	the world's most wired country	292
세대 차이를 좁히다	bridge[narrow] the generational gap	139
소득 격차	the income divide[gap]	141
소비를 줄이다	tighten one's purse strings reduce[cut back on] spending	90
소비자 물가	consumer prices	85
소위원회	sub-committee	32
수상쩍은 거래	shady dealings, suspicious dealing	44
수요가 공급을 앞지르다	demand outstrips supply	89
수위를 높이다	up the ante, raise the stakes	59
수은주가 뚝 떨어지다	the mercury plunges	167
수입과 지출의 균형을 맞추다	make both ends meet	91
수출 주도형 국가	an export-driven economy	99
순매수	net buying	107

순탄한 앞날을 예상하다	see a smooth road ahead	308
스마트폰에서 눈을 못 뗐다	one's eyes are glued to the smartphone	298
스타의 반열에 오르다	rise to stardom	239
스트레스를 날려 버리다	blow away stress	175, 199
스트레스를 많이 받다	be under a lot of stress, be stressed out	196
스팸 문자가 쇄도하다	be flooded with spam messages	301
승인을 받다	get authorization	293
~에게 시달리다	be harassed by	237
시류에 편승하다	jump on the bandwagon	241
시스템이 뚫리다	a security system is breached	294
신혼부부	newlyweds	181
실업률	the jobless[unemployment] rate	140
실화	a true story	217

ㅇ

아등바등 겨우 먹고살다	make both ends meet	91
안보 동맹을 구성하다	form[forge] a security alliance	48
압승을 거두다	win by a landslide	27
야당	the opposition party	27
약물 치료	medication	190
여권 신장	women's empowerment	154
여성 차별	prejudice against women	150
여파가 크다	have a far-reaching fallout	138
역전승을 거두다	achieve[win, make] a come-from-behind victory	249
~에게 역할 모델이 되다	become a role model for	240
~에 연루되다	be involved[implicated] in ~	45
연승 가도를 달리다	be on a winning streak	254
연장전에 돌입하다	go into overtime	247
영양실조에 맞서 싸우다	fight malnutrition	144
영토 분쟁에 휘말려 있다	be embroiled in a territorial dispute	52
예상을 뒤엎다	buck expectations	270
오존층 파괴	ozone depletion, the ozone layer depletion	286

온라인 게임에 중독되다	get hooked on online games	207
온실 가스를 다량 배출하다	emit large amounts of greenhouse gases	285
완투하다	throw[pitch] the full nine innings	252
외교 관계	diplomatic ties	317
외교 관계를 수립하다	establish diplomatic ties	68
외환 보유고	the foreign currency reserves	95
요구에 순응하다	comply with demands	326
운동하는 습관을 들이다	make it a habit of exercising	186
위기 때	in the clutch, at a critical moment	259
위태롭다	hang in the balance, be in an unstable[precarious] situation	258
유권자들에게 지지를 호소하다	woo voters	25
유동성을 제고하다	improve liquidity	93
유례가 없다	be unprecedented	309
이렇게 경기가 어려울 때	in these tough economic times	83
이혼 소송을 제기하다	file for divorce	147
익명을 요구하다	ask for anonymity, ask not to be identified	327
익스트림 스포츠	extreme sports	176
인기에 힘입어	backed by one's popularity	242
인재	man-made disaster	325
인터넷에 접속할 수 있다	have access to the Internet	293
일회용품	disposable products	281
임금 인상을 받다	get a pay raise	124
임금 체불	back pay, back wage	125
임기가 만료되다	one's term expires	40
입원하다	be admitted to the hospital, get hospitalized	191
(~에 대한) 의존도가 높다	have a heavy dependence on ~, be heavily dependent on	127

ㅈ

장기 계약을 맺다	conclude a long-term contract	117
장밋빛 전망을 그리다	paint a rosy picture	311
장사가 잘되다	get a lot of business	118

재방송되다	be rerun	225
재앙을 몰고 오다	have catastrophic consequences	288
저가 항공사	no-frills airlines, budget airline, low cost airline, low cost carrier	182
저출산율	the low birth rate	136
전혀 모르고 있다	don't have a clue	322
전년 대비	on-year, year-on-year, from a year earlier, compared to the same period a year ago	85
전력을 생산하다	generate electricity	128
전성시대	heydays	182
전쟁 억제력	war deterrence capability	55
전쟁이 발발하다	a war breaks out	58
접경 지역	the border area	58
정경유착의 고리	the collusive ties between business and politics	43
정권 교체를 이루다	bring about a transition of power	36
정당	a political party	34
정리해고당하다	get laid off	123
정말 어이가 없네.	What were they thinking?	321
정면충돌하다	collide head-on	161
정책을 수립하다	draw up a policy	38
종합 메달 랭킹 9위다	rank ninth on the overall medal tally	271
주가가 반등하다	stock prices rebound	84
주식이 저평가되다	stocks are undervalued	108
주연은 배우 ~다	star actor[actrees]	216
주의를 촉구하는 계기가 되다	serve as a wake-up call	325
줄이다	cut down on	281
즉각적인 행동이 요구되다	call for immediate action	324

ㅊ

차별적인 정책	biased policies	67
책임을 ~에게 전가하다	pass the buck ~ to	163
~에 책임을 지다	be held accountable for	164
처방 받다	be prescribed	190

첨단 기술	state-of-the-art[cutting edge] technology	296
체감 온도	the wind chill factor, real temperature, sensory temperature	169
초당적인 노력을 하다	make bipartisan efforts	34
최고 기록을 세우다	set a new record	224
출근하다	get to work	121
출발이 아주 좋다	be off to a great start	263
충격을 완화시키다	cushion the impact	162
취미를 가져 보다	pick up a hobby	175
~ 치료를 받다	get treatment[treated] for	192
~로 칭송받다	be hailed as	310

ㅋ

| 큰 변화를 만들어 내다 | make a world of difference, make all the difference in the world | 331 |

ㅌ

탄소 발자국을 줄이다	reduce carbon footprints	284
탈세 비리에 연루되다	be implicated in a tax evasion scandal	45
테러 공격에 대비하다	prepare against terrorist attacks	72
테러 공격을 받기 쉽다	be prone to terrorism	73
퇴근하다	get off work	121
퇴원하다	be[get] discharged from the hospital	191
투표율이 사상 최고다	the voter turnout is the highest ever	26
틀을 벗어나 생각하다	think outside the box	330

ㅍ

파급 효과가 크다	have a huge spillover effect	114
파산하다	go bankrupt, go bust, go under, go belly-up, go insolvent	96
파행 중이다	be mired in conflict	31

평균 기대 수명	the average life expectancy	137
평판을 떨어뜨리다	undermined one's reputation	313
폭식	binge eating	203
폭음	binge drinking	198

ㅎ

학벌지상주의	elitism	157
한파 주의보를 발령하다	issue a cold wave advisory	168
합동 군사 훈련을 하다	conduct a joint military exercise	49
~에 해롭다	be detrimental to	198
해외 천연 자원	overseas natural resources	129
~ 혐의를 받다	be charged with	315
호전될 전망이다	be set for an upturn	82
호황을 누리다	enjoy booming business	179
화창하고 맑은 날씨	clear and sunny weather	166
확산되다	go viral	148
환경 오염	environmental pollution	278
활력을 되찾다	get recharged[revitalized]	185
회사에서 승승장구하다	climb up the corporate ladder	122
획기적인 발전을 이루다	make a breakthrough	112
횡령	embezzlement	315
후보 선수 신세를 면하다	graduate from being a bench warmer	260
훨씬 뛰어넘다	eclipse	253
휴전 협정에 서명하다	sign a ceasefire[truce] agreement	60
흥행에 성공을 거두다	be a box office hit[success]	219
~의 희생자가 되다	fall victim to	61

기타

2주간 열리는 세계 스포츠 축제	a 2 week-long global sports gala	268
3개월 연속	for the third straight month	101
3박 4일 일정이다	be scheduled for 3 nights and 4 days	180

A

achieve[win, make] a come-from-behind victory

역전승을 거두다   249

adrenaline-charged   몹시 흥분시키는   176

against all odds   모든 열세(역경)에도 불구하고   250

aging society   고령화 사회   138

aim at ~   ~을 겨냥하다   181

air pollution   대기 오염   280

allow[concede] a goal   골을 허용하다   246

an armed provocation   무력 도발   57

an export-driven economy   수출 주도형 국가   99

anti-obesity efforts   비만 퇴치 노력   201

ask for anonymity   익명을 요구하다   327

ask not to be identified   익명을 요구하다   327

at a critical moment   위기 때   259

(the) average life expectancy   평균 기대 수명   137

B

(the) backbone of the economy   경제의 기둥   113

back pay   임금 체불   125

back wage   임금 체불   125

backed by one's popularity   인기에 힘입어   242

balanced diet   균형 잡힌 식단   204

(the) bases are loaded   만루 상황이 되다   255

(a) battle of the bulge   살과의 전쟁   202

be a box office hit[success]	흥행에 성공을 거두다	219
be adapted from	~를 각색하다	228
be admitted to the hospital,	입원하다	191
be arrested for taking bribes	뇌물 수수로 구속되다	46
be based on	~에 바탕을 두다	217
be broadcast live	생방송으로 방영되다	223
be charged with	~ 혐의를 받다	315
be deep-rooted	뿌리가 깊다	206
be detrimental to	~에 해롭다	198
be diagnosed with the flu	독감 진단을 받다	189
be edited[censored] out	검열에서 삭제되다	226
be embroiled in a territorial dispute	영토 분쟁에 휘말려 있다	52
be flooded with spam messages	스팸 문자가 쇄도하다	301
be hailed as	~로 칭송받다	310
be harassed by	~에게 시달리다	237
be heavily dependent on	(~에 대한) 의존도가 높다	127
be held accountable for	~에 책임을 지다	164
be ideal for	~에 딱이다	177
be implicated[involved] in ~	~에 연루되다	45
be in a relationship	교제 중이다	236
be in an unstable[precarious] situation		
	위태롭다	258
be mired in conflict	파행 중이다	31
be off to a great start	출발이 아주 좋다	263
be on a winning streak	연승 가도를 달리다	254
be on the brink of overexertion	과로 직전이다	197
be pending approval	계류 중이다	33
be prescribed	처방 받다	190
be prone to terrorism	테러 공격을 받기 쉽다	73
be rerun	재방송되다	225
be scheduled for 3 nights and 4 days	3박 4일 일정이다	180
be set for an upturn	호전될 전망이다	82
be set in	배경은 ~이다	218

be set[slated, expected] to air	방송될 예정이다	222
be slammed for	~로[~에 대해] 맹비난을 받다	314
be sold out	매진돼다	220
be stressed out	스트레스를 많이 받다	196
be sworn in as president	대통령으로 취임하다	37
be the highest ever	사상 최고다	
be tied in second place	공동 2위이다	264
be transfixed by	~에서 눈을 떼지 못하다	229
be under a lot of stress	스트레스를 많이 받다	196
be unprecedented	유례가 없다	309
be[get] discharged from the hospital	퇴원하다	191
become a role model for	~에게 역할 모델이 되다	240
biased policies	차별적인 정책	67
binge drinking	폭음	198
binge eating	폭식	203
blow away stress	스트레스를 날려 버리다	175, 199
(the) border area	접경 지역	58
bridge[narrow] the generational gap	세대 차이를 좁히다	139
bring about a transition of power	정권 교체를 이루다	36
buck expectations	예상을 뒤엎다	270
budget airline	저가 항공사	182

C

call for immediate action	즉각적인 행동이 요구되다	324
can't take one's eyes off	~에서 눈을 떼지 못하다	229
cater to ~	~을 겨냥하다	181
clandestinely	비밀리에	131
clear and sunny weather	화창하고 맑은 날씨	166
climb up the corporate ladder	회사에서 승승장구하다	122
collide head-on	정면충돌하다	161
(the) collusive ties between business and politics		
	정경유착의 고리	43

compared to the same period a year ago		
	전년 대비	85
comply with demands	요구에 순응하다	326
conclude a long-term contract	장기 계약을 맺다	117
conduct a joint military exercise	합동 군사 훈련을 하다	49
consumer prices	소비자 물가	85
contract a disease	병에 걸리다	188
covertly	비밀리에	131
cushion the impact	충격을 완화시키다	162
cut down on	줄이다	281

D

demand outstrips supply	수요가 공급을 앞지르다	89
diplomatic ties	외교 관계	317
disposable products	일회용품	281
dodge the draft	병역을 기피하다	54
don't have a clue	전혀 모르고 있다	322
draw up a policy	정책을 수립하다	38

E

earn a hefty paycheck	두둑한 상금을 받다	266
eclipse	훨씬 뛰어넘다	253
ecological destruction	생태계 파괴	279
eliminate poverty	빈곤을 퇴치하다	143
elitism	학벌지상주의	157
embezzlement	횡령	315
emit large amounts of greenhouse gases		
	온실 가스를 다량 배출하다	285
engage in armed conflict	무력 분쟁을 벌이다	51

engage in multilateral cooperation	다자간 협력을 하다	65
enjoy a bull market	상승 자세를 누리다	105
enjoy booming business	호황을 누리다	179
environmental pollution	환경 오염	278
establish diplomatic ties	외교 관계를 수립하다	68
evade the draft	병역을 기피하다	54
excess demand	과잉 수요	88
exchange vows	결혼하다	146
extreme sports	익스트림 스포츠	176
extreme weather events	기상 이변	170

F

face off	맞붙다	269
fall behind	뒤처지다	116
fall short of expectations	기대에 못 미치다	318
fall victim to	~의 희생자가 되다	61
favorite pastime	가장 즐기는 취미	174
fight malnutrition	영양실조에 맞서 싸우다	144
file for divorce	이혼 소송을 제기하다	147
flex one's muscle	무력을 과시하다	56
fly off the shelves	불티나게 팔리다	119
for the third straight month	3개월 연속	101
(the) foreign currency reserves	외환 보유고	95
form[forge] a security alliance	안보 동맹을 구성하다	48
from a year earlier	전년 대비	85

G

| (the) gender ratio imbalance | 성비 불균형 | 153 |
| generate electricity | 전력을 생산하다 | 128 |

get a lot of business	장사가 잘되다	118
get a pay raise	임금 인상을 받다	124
get authorization	승인을 받다	293
get fit	건강해지다	186
get hitched	결혼하다	146
get hooked on online games	온라인 게임에 중독되다	207
get hospitalized	입원하다	191
get laid off	정리해고당하다	123
get married	결혼하다	146
get off work	퇴근하다	121
get rave reviews from	~의 반응이 뜨겁다	231
get recharged[revitalized]	활력을 되찾다	185
get to work	출근하다	121
get treatment[treated] for	~ 치료를 받다	192
go bankrupt	파산하다	96
go belly-up	파산하다	96
go bust	파산하다	96
go head to head	맞붙다	269
go insolvent	파산하다	96
go into overtime	연장전에 돌입하다	247
go public	기업 공개를 하다	109
go too far	도를 넘다	278
go under	파산하다	96
go viral	확산되다	148
graduate from being a bench warmer		
	후보 선수 신세를 면하다	260

H

hang in the balance	위태롭다	258
have a falling out	사이가 틀어지다	256
have a far-reaching fallout	여파가 크다	138
have a heavy dependence on ~	(~에 대한) 의존도가 높다	127

have a huge spillover effect	파급 효과가 크다	114
have a light workout	가볍게 운동하다	184
have a long way to go	갈 길이 멀다	248
have access to the Internet	인터넷에 접속할 수 있다	293
have catastrophic consequences	재앙을 몰고 오다	288
have little chemistry	궁합/호흡/팀워크가 잘 맞지 않다	261
heydays	전성시대	182
high value-added industry	고부가가치 산업	114
hike interest rates	금리를 인상하다	94
hit rock bottom	바닥을 치다	84
hit rough waters	난관에 봉착하다, 관계가 많이 삐걱거리다	69
hold elections	선거를 실시하다	24
hone one's competitive edge[competitiveness]		
	경쟁력을 높여 주다	158

I

ice caps melt	만년설이 녹다	287
implement a new trade policy	새 무역 정책을 시행하다	103
impose[place] trade sanctions	무역 제재를 가하다	102
improve liquidity	유동성을 제고하다	93
in a precarious situation	불안정한 상태에	317
in the clutch	위기 때	259
in these tough economic times	이렇게 경기가 어려울 때	83
(the) inappropriate behavior	부적절한 행동	314
(the) income divide[gap]	소득 격차	141
irregularities and corruption run amok		
	부정부패가 만연하다	42
issue a cold wave advisory	한파 주의보를 발령하다	168

J

| (the) jobless rate | 실업률 | 140 |
| jump on the bandwagon | 시류에 편승하다 | 241 |

K

| key industry | 기간산업 | 113 |

L

labor union	노조	326
lag behind	뒤처지다	156
lead to price spikes	대폭적인 가격 인상을 유발하다	88
(the) low birth rate	저출산율	136
low cost airline[carrier]	저가 항공사	182

M

maintain close relations	긴밀한 관계를 유지하다	63
make a breakthrough	획기적인 발전을 이루다	112
make a world of difference	큰 변화를 만들어 내다	331
make all the difference in the world	큰 변화를 만들어 내다	331
make bipartisan efforts	초당적인 노력을 하다	34
make both ends meet	수입과 지출의 균형을 맞추다, 아둥바둥 겨우 먹고살다	91
make it a habit of exercising	운동하는 습관을 들이다	186
man-made disaster	인재(人災)	325
marry	결혼하다	146
medication	약물 치료	190
meet the people's needs	국민의 욕구를 충족하다	318
the mercury plunges	수은주가 뚝 떨어지다	167
meritocracy	능력주의	157

minus 20 degrees Celsius	섭씨 영하 20도	169
(a) motion	법안	33

N

The National Assembly	국회	31
net buying	순매수	107
newlyweds	신혼부부	181
no-frills airlines	저가 항공사	182

O

one's eyes are glued to the smartphone		
	스마트폰에서 눈을 못 뗐다	298
one's term expires	임기가 만료되다	40
on-year	전년 대비	85
the opposition party	야당	27
the orphan father phenomenon	기러기 아빠 현상	148
overseas natural resources	해외 천연 자원	129
ozone depletion	오존층 파괴	286
the ozone layer depletion	오존층 파괴	286

P

paint a rosy picture	장밋빛 전망을 그리다	311
(a) parliamentary hearning	국회 청문회	32
pass the buck ~ to	책임을 ～에게 전가하다	163
peer pressure	또래 압력 현상	159
pick up a hobby	취미를 가져 보다	175
political heavyweight	거물 정치인	46
(a) political party	정당	34

pose a threat to personal identity theft

개인 정보 도난에 위협이 되다.   295

post a trade deficit   무역 적자를 기록하다   101

prejudice against women   여성 차별   150

prepare against terrorist attacks   테러 공격에 대비하다   72

promote nationalist ideals [nationalism]

국수주의를 적극 지향하다   66

put ~ on silent mode   무음 모드로 전환하다   299

put the bill to a vote   법안을 표결에 부치다   30

Q

quit ~ cold turkey   ~을 단박에 끊다   208

R

radioactive contamination   방사능 오염   282

random terrorist attacks   무차별적 테러 공격   71

rank ninth on the overall medal tally   종합 메달 랭킹 9위다   271

rattle one's saber   무력을 과시하다   56

real temperature   체감 온도   169

reduce carbon footprints   탄소 발자국을 줄이다   284

reduce[cut back on] spending   소비를 줄이다   90

resolve gender inequality   성 불평등을 해소하다   151

resume [revive] inter-Korean ministerial talks

남북 장관급 회담을 재개하다   50

ride the tides[waves] of change   변화의 물결을 타다   329

rise to stardom   스타의 반열에 오르다   239

room for improvement   개선의 여지   154

run amok   만연하다, 미친 듯이 날뛰다   42

run until   ~까지 상연되다   230

S

score a goal	골을 넣다	246
secretly	비밀리에	131
(a) security system is breached	시스템이 뚫리다	294
see a smooth road ahead	순탄한 앞날을 예상하다	308
sell like hotcakes	불티나게 팔리다	119
send a text message	문자 메시지를 보내다	300
a sense of relative deprivation	상대적 박탈감	142
sensory temperature	체감 온도	169
serve as a wake-up call	주의를 촉구하는 계기가 되다	325
set a new record	최고 기록을 세우다	224
sexual harassment	성희롱	152
shady dealings	수상쩍은 거래	44
sign a ceasefire[truce] agreement	휴전 협정에 서명하다	60
skip meals	끼니를 거르다	203
a smokestack industry	굴뚝 산업	111
spread like wildfire	급속도로 퍼지다	235
spur the development of alternative energy		
	대체 에너지 개발에 박차를 가하다	130
stage anti-government protests	반정부 시위를 벌이다	39
star actor[actrees]	주연은 배우 ~다	216
state-of-the-art[cutting edge] technology		
	첨단 기술	296
stock prices rebound	주가가 반등하다	84
stocks are undervalued	주식이 저평가되다	108
stumble with a bogey	보기로 주춤하다	265
sub-committee	소위원회	32
suddenly shift from a bullish to bearish market		
	강세장에서 약세장으로 급변하다	106
suffer a stumble with a bogey	보기로 주춤하다	265
suffer from chronic fatigue	만성 피로에 시달리다	195

suffer withdrawal symptoms	금단 증상에 시달리다	209
suspicious dealing	수상쩍은 거래	44
sweat out a cold	땀을 흘려 감기를 이겨 내다	193

T

take ~ by storm	~를 강타하다	234
take a fresh approach to	~에 대한 새로운 시도를 보여 주다	232
take office as president	대통령으로 취임하다	37
take out a loan	대출을 받다	97
tap into	개발하다	129
target ~	~을 겨냥하다	181
a tax evasion scandal	탈세 비리	45
tension is mounting	긴장이 고조되고 있다	64
think outside the box	틀을 벗어나 생각하다	330
throw[pitch] the full nine innings	완투하다	252
tie the knot	결혼하다	146
tighten one's purse strings	소비를 줄이다	90
to make matters worse	설상가상으로	316
a 2 week-long global sports gala	2주간 열리는 세계 스포츠 축제	268
(a) trade dispute	무역 분쟁	100
(a) true story	실화	217
turn one's back on	~에게 등을 돌리다	243

U

under the radar	비밀리에	131
undermined one's reputation	평판을 떨어뜨리다	313
(the) unemployment rate	수위를 높이다	140
up the ante	실업률	59

V

| the voter turnout | 투표율 | 26 |

W

walk down the aisle	결혼하다	146
(a) waning industry	사양 산업	111
a war breaks out	전쟁이 발발하다	58
war deterrence capability	전쟁 억제력	55
ward off	물리치다	204
What were they thinking?	도대체 뭔 생각이야? 정말 어이가 없네.	321
why on earth	도대체 왜	320
the wind chill factor	체감 온도	169
win by a landslide	압승을 거두다	27
win by a narrow margin	가까스로 승리를 거머쥐다	28
the wind chill factor	체감 온도	169
women's empowerment	여권 신장	154
woo voters	유권자들에게 지지를 호소하다	25
the world's most wired country	세계 최고의 인터넷 보급률을 지닌 국가	292

Y

| year-on-year | 전년 대비 | 85 |